Schwarze

Mathematik für Wirtschaftswissenschaftler
Band 3: Lineare Algebra, Lineare Optimierung und Graphentheorie

„Freilich habe ich seinerzeit auch einige Semester Mathematik auf der Universität studiert, und es gibt auf den deutschen volkswirtschaftlichen Fakultäten noch immer solche Kreise, die von der Erkenntnis, daß ein Fachkollege nebenbei auch etwas von Mathematik versteht, ebenso peinlich berührt sind, als wenn sie entdeckt hätten, daß derselbe im stillen eine Hafenschenke leite oder die Funktion eines Scharfrichters ausübe."

Aus: O. Anderson: Und dennoch mehr Vorsicht mit Indexzahlen. Allgem. Stat. Archiv 34 (1950), S. 37.

NWB-Studienbücher · Wirtschaftswissenschaften

Mathematik für Wirtschaftswissenschaftler

Band 3: Lineare Algebra, Lineare Optimierung und Graphentheorie

Von Professor Dr. Jochen Schwarze

8. Auflage

NWB
Verlag Neue Wirtschafts-Briefe · Herne/Berlin

CIP-Titelaufnahme der Deutschen Bibliothek

Schwarze, Jochen:
Mathematik für Wirtschaftswissenschaftler / von Jochen Schwarze. – Herne ; Berlin : Verl. Neue Wirtschafts-Briefe.
(NWB-Studienbücher Wirtschaftswissenschaften)

Bd. 3. Lineare Algebra, lineare Optimierung und Graphentheorie. – 8. Aufl. – 1989
ISBN 3-482-56338-1

ISBN 3-482-**56338**-1 – 8. Auflage 1989

Druck: Poeschel & Schulz-Schomburgk, Eschwege

Vorwort zur 8. Auflage

Während Lineare Algebra und angrenzende Gebiete, Lineare Optimierung und Graphentheorie in die Lehrpläne der Schulen erst in den letzten Jahren langsam Eingang finden, hat dieses Teilgebiet innerhalb der Anwendung mathematischer Methoden auf die Lösung wirtschaftlicher Fragestellungen einen festen Standort. Bei der Lösung von Entscheidungsproblemen der wirtschaftlichen Praxis werden in zahlreichen Fällen Verfahren aus den genannten Gebieten herangezogen. Vielfach handelt es sich dabei um Ansätze, die man heute meistens in das Operations Research einordnet. Wegen der weiten Verbreitung der Linearen Algebra, der Linearen Optimierung und der Graphentheorie in den Wirtschaftswissenschaften und wegen ihrer Bedeutung für die praktische Anwendung, ist für den Studierenden der Wirtschaftswissenschaften eine Einführung in diese Gebiete unerläßlich. Der vorliegende 3. Band "Mathematik für Wirtschaftswissenschaftler" ist deshalb den Grundzügen dieser Verfahren gewidmet.

Wie die beiden ersten Bände ist auch dieser Teil aus Lehrerfahrungen des Verfassers hervorgegangen. Die jedem Abschnitt beigegebenen Übungsaufgaben sollen dem Leser die Kontrolle des erlernten Wissens bei einer selbständigen Durcharbeitung des Buches erleichtern. Dazu sind am Schluß des Bandes die Lösungen angegeben. Das Stichwortverzeichnis soll dem Leser die Benutzung des Buches auch als Nachschlagewerk erleichtern.

Zur 6. Auflage wurde der Text vollständig überarbeitet. Aus didaktischen Gründen wurde die Einführung in die Lineare Algebra umgestellt, und es wurden dabei weite Passagen neu geschrieben. Das Kapitel über Graphentheorie wurde neu aufgenommen. Dies rechtfertigt allein schon die große praktische Bedeutung dieser mathematischen Disziplin. Für die jetzt vorgelegte 8. Auflage wurde der Text erneut überarbeitet.

Herzlichen zu danken habe ich wieder Frau Ing.grad. Renate Bennhardt, Frau Barabara Messerschmidt und Herrn Dipl.-Inform. F.-J. Bohlke für ihre tatkräftige Mitwirkung. Meinen Dackel Butzi muß ich diesmal lobend erwähnen. Er fiel, wie schon bei der Überarbeitung von Band 1, nur durch das Zerbeißen einiger überarbeitungsbedürftiger Seiten auf.

Braunschweig, im September 1989 Jochen Schwarze

HINWEISE ZUR DURCHARBEITUNG DIESES BUCHES

Definitionen, Regeln, Beispiele, Figuren, Gleichungen und Aufgaben sind abschnittsweise fortlaufend numeriert. Durch ausgestellte große Buchstaben wurden kenntlich gemacht mit:

D Definitionen
R Regeln
B Beispiele
F Figuren
G Gleichungen
Ü Übungsaufgaben.

Die fortlaufende Numerierung führt dazu, daß z.B. D 18.1.9 (eine Definition), B 18.1.10 (ein Beispiel) und F 18.1.11 (eine Figur) aufeinanderfolgen.

● Beispiele sind am Rand zusätzlich durch Punkte hervorgehoben.

*** Übungsaufgaben sind am Rand zusätzlich durch Sterne gekennzeichnet.

Das Buch "Schwarze, J.: Mathematik für Wirtschaftswissenschaftler - Elementare Grundlagen für Studienanfänger, Verlag Neue Wirtschafts-Briefe, Herne/Berlin" wurde im Text mit "Elementare Grundlagen ..." zitiert.

Inhaltsverzeichnis

Seite

17. Grundlagen der Matrizenrechnung

17.1 Matrizen und Vektoren

Durch eine Funktion wird dem Wert einer (oder den Werten mehrerer) unabhängiger Variablen eindeutig ein Wert der abhängigen Variablen zugeordnet. Diese Tatsache benutzt man, um Zusammenhänge zwischen ökonomischen Größen durch Funktionen zu beschreiben. In den Wirtschaftswissenschaften und in der betriebs- und volkswirtschaftlichen Praxis hat man es manchmal mit Zusammenhängen oder Beziehungen zu tun, die durch eine rechteckige, tabellenähnliche Anordnung von Zahlen beschrieben werden können. Dazu werden zunächst einige Beispiele betrachtet.

B 17.1.1 a) Die Außenhandelsbeziehungen von 4 Ländern während eines Zeitraums lassen sich übersichtlich wie folgt darstellen:

		Land			
		I	II	III	IV
Land	I	0	28	19	37
	II	14	0	25	46
	III	45	9	0	50
	IV	5	17	80	0

Zu jedem Land gehört eine Zeile und eine Spalte. In der Zeile eines Landes stehen die Exporte in die jeweils anderen Länder. In der zu einem Land gehörigen Spalte stehen die Importe von den jeweils anderen Ländern.

b) Entfernungen zwischen Orten werden (z.B. in Autoatlanten) in Entfernungstabellen der folgenden Art zusammengestellt:

		Ort				
		A	B	C	D	E
Ort	A	0	12	24	6	18
	B	12	0	5	29	40
	C	24	5	0	36	7
	D	6	29	36	0	3
	E	18	40	7	3	0

c) Ein Warenhaus, das 4 Lagerhäuser und 7 Filialen besitzt, kann die Kosten für den Transport einer Tonne Ware von den Lagerhäusern zu den Filialen wie folgt zusammenstellen:

		Filiale						
		1	2	3	4	5	6	7
Lagerhaus	1	12	6	5	4	1	9	18
	2	7	12	9	7	4	8	14
	3	4	3	6	2	3	1	3
	4	9	17	5	2	9	4	2

d) In einem Betrieb gibt es die Abteilungen A, B und C. Jede Abteilung gibt an die beiden anderen Leistungen ab. Die Leistungsbeziehungen können graphisch wie in F 17.1.2 oder tabellarisch dargestellt werden.

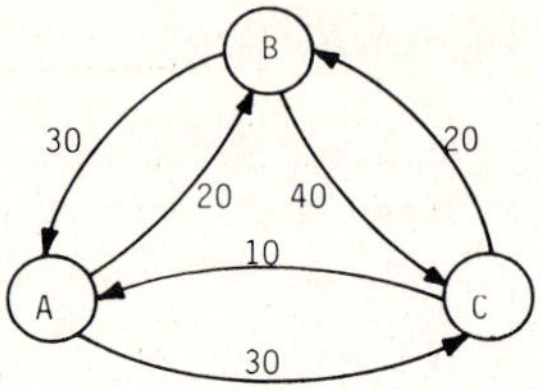

	A	B	C
A	0	20	30
B	30	0	40
C	10	20	0

F 17.1.2

Charakterisiert man die Zusammengehörigkeit der rechteckigen Anordnung von Zahlen dadurch, daß man sie in Klammern setzt, dann spricht man von einer Matrix.

D 17.1.3

Das rechteckige Zahlenschema

$$\begin{pmatrix} a_{11} & a_{12} & \cdots & a_{1j} & \cdots & a_{1n} \\ a_{21} & a_{22} & \cdots & a_{2j} & \cdots & a_{2n} \\ \vdots & \vdots & & \vdots & & \vdots \\ a_{i1} & a_{i2} & \cdots & a_{ij} & \cdots & a_{in} \\ \vdots & \vdots & & \vdots & & \vdots \\ a_{m1} & a_{m2} & \cdots & a_{mj} & \cdots & a_{mn} \end{pmatrix}$$

heißt **Matrix** mit m **Zeilen** und n **Spalten** oder **mxn-Matrix**. Die a_{ij} (i=1,...,m; j=1,...,n) heißen **Elemente** der Matrix.

Bei den Elementen gibt der erste Index (i) immer die Zeile und der zweite Index (j) die Spalte an, in der das Element steht. m und n geben die **Ordnung der Matrix** an.

B 17.1.4 Zu B 17.1.1a) und c) gehören folgende Matrizen

a) $\begin{pmatrix} 0 & 28 & 19 & 37 \\ 14 & 0 & 25 & 46 \\ 45 & 9 & 0 & 50 \\ 5 & 17 & 80 & 0 \end{pmatrix}$ 4x4-Matrix c) $\begin{pmatrix} 12 & 6 & 5 & 4 & 1 & 9 & 18 \\ 7 & 12 & 9 & 7 & 4 & 8 & 14 \\ 4 & 3 & 6 & 2 & 3 & 1 & 3 \\ 9 & 17 & 5 & 2 & 9 & 4 & 2 \end{pmatrix}$ 4x7-Matrix

In den folgenden Ausführungen werden Matrizen mit halbfetten Großbuchstaben des lateinischen Alphabets bezeichnet (**A**, **B** usw.). Elemente von Matrizen werden mit Kleinbuchstaben des lateinischen Alphabets bezeichnet (vgl. D 17.1.3).

Außer der in D 17.1.3 gegebenen Form sind folgende Schreibweisen einer mxn-Matrix gebräuchlich:

$(a_{ij})_{mn}$; $\mathbf{A}_{mn}$; (a_{ij}); $\mathbf{A}$.

Auf die Angabe der Ordnung der Matrix wird meistens verzichtet, da sie aus dem Zusammenhang hervorgeht.

D 17.1.5

> Eine Matrix, die nur aus einer einzigen Spalte besteht, also
>
> $$\begin{pmatrix} a_1 \\ a_2 \\ \vdots \\ a_m \end{pmatrix}$$, heißt **Spaltenvektor.**
>
> Eine Matrix, die nur aus einer einzigen Zeile besteht, also $(a_1,a_2,\ldots,a_n)$, heißt **Zeilenvektor.**

Spaltenvektoren werden durch halbfette Kleinbuchstaben des lateinischen Alphabets (**a, b** usw.) oder mit (a_i), (b_i) usw. bezeichnet und Zeilenvektoren zusätzlich mit einem hochgestellten Strich (') oder T versehen $\mathbf{a}'$, $\mathbf{a}^T$, $(a_i)'$ oder $(a_i)^T$. Die Elemente von Zeilenvektoren werden hier der besseren Lesbarkeit wegen durch Kommas getrennt. Sind die Elemente Dezimalbrüche, so werden Semikolons verwendet.

B 17.1.6 a) Eine Unternehmung, die 6 Güter herstellt, kann die in einem Monat produzierten Mengen der Güter (x_1=5; x_2=9; x_3=2; x_4=28; x_5=0; x_6=17) als Vektor schreiben:

$\mathbf{x}' = (x_1,x_2,x_3,x_4,x_5,x_6) = (5,9,2,28,0,17)$.

Außer diesem Mengenvektor gibt es auch einen Preisvektor für die Preise der Güter:

$\mathbf{p}' = (p_1,p_2,p_3,p_4,p_5,p_6) = (80,50,90,10,200,70)$.

In beiden Fällen können auch Spaltenvektoren verwendet werden.

b) Der Export eines Landes A in verschiedene andere Länder in einem Jahr kann als Vektor geschrieben werden:

Land 1	Land 2	Land 3	Land 4
(108,	72,	15,	80).

Ein **Vektor** ist also ein geordnetes m- bzw. n-Tupel von Zahlen. Vektoren sind Sonderfälle von Matrizen. Die Elemente von Vektoren heißen auch **Komponenten.**

Ein spezieller Sonderfall von Matrizen ist die 1 x 1-Matrix. Es ergibt sich dafür eine reelle Zahl, die im Rahmen der Matrizenrechnung auch als **Skalar** bezeichnet wird.

Das folgende Beispiel zeigt eine wirtschaftswissenschaftliche Anwendung von Matrizen, und zwar aus der Input-Output-Analyse.

B 17.1.7 In einer Volkswirtschaft gibt es drei Industriezweige. In jedem Industriezweig werden eigene Produkte und Produkte aus den anderen Industriezweigen im Produktionsprozeß als Input eingesetzt. Alle Produkte (Output), die nicht wieder für die Produktion verwendet werden, gehen an Endnachfrager bzw. Konsumenten (Staat, private Haushalte, Export).

Die Beziehungen zwischen dem Input und dem Output (Input und Output sind dabei als Wertgrößen zu verstehen) kann man in einer sogenannten Input-Output-Matrix zusammenstellen:

		Industriezweig A	Industriezweig B	Industriezweig C	Endnachfrage	Gesamtoutput
Industriezweig	A	1	2	1	4	8
	B	3	1	0	2	6
	C	1	2	1	3	7

Die Elemente geben den Output an, der von dem zu der Zeile gehörenden Industriezweig zu dem der Spalte entsprechenden Industriezweig bzw. der Endnachfrage geht.

Den Spaltenvektor für den Gesamtoutput erhält man durch Summation aller in einer Zeile stehenden Elemente.

Dividiert man unter Vernachlässigung der Endnachfrage die Elemente der Matrix durch den zu der betreffenden Spalte gehörenden gesamten Output, also die Elemente der 1. Spalte durch 8, die der 2. Spalte durch 6 und die der 3. Spalte durch 7, so erhält man folgende Matrix

$$\begin{array}{c} \\ A \\ B \\ C \end{array} \begin{array}{c} \begin{array}{ccc} A & B & C \end{array} \\ \begin{pmatrix} \frac{1}{8} & \frac{1}{3} & \frac{1}{7} \\ \frac{3}{8} & \frac{1}{6} & 0 \\ \frac{1}{8} & \frac{1}{3} & \frac{1}{7} \end{pmatrix} \end{array} .$$

Die Elemente dieser Matrix geben an, welchen Anteil seines Outputs der zu der betreffenden Spalte gehörende Industriezweig von dem zu der Zeile gehörenden Industriezweig erhält. Die Zahl $\frac{1}{3}$ in der 1. Zeile besagt also, daß Industriezweig B $\frac{1}{3}$ seines gesamten Outputs von Industriezweig A (als Input) empfängt.

Aufgaben

Ü 17.1.1 Gegeben ist die Matrix

$$\mathbf{A} = (a_{ij}) = \begin{pmatrix} 3 & 4 & -1 & 9 & -6 \\ -2 & 5 & 2 & -8 & 5 \\ -1 & -3 & -3 & 7 & -8 \\ 2 & 5 & 2 & 8 & -5 \\ 3 & -4 & 1 & -9 & 6 \end{pmatrix}$$

a) Wie lauten die Elemente $a_{15}, a_{34}, a_{43}, a_{52}, a_{41}$?

*****
b) Bestimme $\sum_{i=1}^{5} a_{i2}$ und $\sum_{j=1}^{5} a_{2j}$.

Ü 17.1.2 Die Matrix $\mathbf{B}_{mn} = (b_{ij})$ sei folgendermaßen definiert: $b_{ij} = i+j-1$.

****
a) Schreibe die Matrix $\mathbf{B}_{34}$ auf.

b) Bestimme $\sum_{i=1}^{3} b_{ij}$ für $j = 1,\ldots,4$.

c) Bestimme $\sum_{i=1}^{3} \sum_{j=1}^{4} b_{ij}$.

17.2 Grundbegriffe zu Matrizen und Vektoren

Im folgenden sind die wichtigsten Begriffe und Zusammenhänge für Matrizen definiert. Soweit keine besonderen Definitionen angegeben sind, gelten sie auch für Vektoren als Sonderfälle von Matrizen.

D 17.2.1

Zwei m x n-Matrizen $\mathbf{A} = (a_{ij})$ und $\mathbf{B} = (b_{ij})$ heißen einander **gleich**, also $\mathbf{A} = \mathbf{B}$, wenn $a_{ij} = b_{ij}$ für $i = 1,\ldots,m$ und $j = 1,\ldots,n$.

Die Gleichheit ist also nur für Matrizen gleicher Ordnung definiert.

D 17.2.2

Gegeben seien zwei m x n-Matrizen $\mathbf{A} = (a_{ij})$ und $\mathbf{B} = (b_{ij})$. Gilt $a_{ij} < b_{ij}$ für $i = 1,\ldots,m$ und $j = 1,\ldots,n$, also für alle Elemente der Matrix, so schreibt man $\mathbf{A} < \mathbf{B}$. Gilt $a_{ij} \leqq b_{ij}$ für alle i und j, so schreibt man $\mathbf{A} \leqq \mathbf{B}$.

Damit sind auch **Ungleichungen** für Matrizen definiert. Dabei wird manchmal noch eine zusätzliche Unterscheidung getroffen:
Gilt bei $\mathbf{A} \leqq \mathbf{B}$ für wenigstens ein Element $a_{ij} < b_{ij}$, d.h. wird die Gleichheit zwischen den Elementen nicht für alle gleichzeitig zugelassen, so schreibt man $\mathbf{A} \leq \mathbf{B}$ (mit nur einem waagerechten Strich).

D 17.2.3

Eine Matrix, deren sämtliche Elemente Null sind, heißt **Nullmatrix** und wird mit **0** bezeichnet. Ein Vektor, bei dem alle Elemente Null sind, heißt **Nullvektor.**

D 17.2.4

> Eine n x n-Matrix, bei der Zeilenzahl und Spaltenzahl übereinstimmen, heißt **quadratische Matrix n-ter Ordnung.**

In einer quadratischen Matrix bilden die Elemente a_{11}, a_{22}, a_{33} usw. die **Hauptdiagonale.** Die Elemente a_{ij} mit $i+j = n+1$ bilden die **Nebendiagonale.** (Beide sind in der nebenstehenden Matrix hervorgehoben.)

$$\begin{pmatrix} \mathbf{a_{11}} & a_{12} & a_{13} & a_{14} & \mathbf{a_{15}} \\ a_{21} & \mathbf{a_{22}} & a_{23} & \mathbf{a_{24}} & a_{25} \\ a_{31} & a_{32} & \mathbf{a_{33}} & a_{34} & a_{35} \\ a_{41} & \mathbf{a_{42}} & a_{43} & \mathbf{a_{44}} & a_{45} \\ \mathbf{a_{51}} & a_{52} & a_{53} & a_{54} & \mathbf{a_{55}} \end{pmatrix}$$

D 17.2.5

> Eine quadratische Matrix n-ter Ordnung heißt **Diagonalmatrix** n-ter Ordnung, wenn alle Elemente, die nicht auf der Hauptdiagonalen liegen, gleich Null sind.

Eine Diagonalmatrix, bei der alle Elemente auf der Hauptdiagonalen gleich sind, heißt auch **skalare Matrix.**

D 17.2.6

> Eine Diagonalmatrix n-ter Ordnung, deren Diagonalelemente alle gleich 1 sind, heißt **Einheitsmatrix** n-ter Ordnung und wird mit **E** bezeichnet.

Diagonalmatrix

$$\begin{pmatrix} a_{11} & 0 & 0 & \dots & 0 \\ 0 & a_{22} & 0 & \dots & 0 \\ 0 & 0 & a_{33} & \dots & 0 \\ . & . & . & \dots & . \\ 0 & 0 & 0 & \dots & a_{nn} \end{pmatrix}$$

Einheitsmatrix

$$\begin{pmatrix} 1 & 0 & 0 & \dots & 0 \\ 0 & 1 & 0 & \dots & 0 \\ 0 & 0 & 1 & \dots & 0 \\ . & . & . & \dots & . \\ 0 & 0 & 0 & \dots & 1 \end{pmatrix}$$

D 17.2.7

> Ein Vektor, dessen i-te Komponente "1" ist und der sonst nur "0" enthält, heißt **i-ter Einheitsvektor** und wird mit $\mathbf{e}_i$ bezeichnet.

Einheitsvektoren sind also von folgender Gestalt: (0,0,...,0,1,0,...,0) und entsprechend als Spaltenvektor.

D 17.2.8

> Eine quadratische Matrix, bei der sämtliche Elemente auf einer Seite der Hauptdiagonalen gleich Null sind, heißt **Dreiecksmatrix.** Man unterscheidet:

obere Dreiecksmatrix und **untere Dreiecksmatrix**

$$\begin{pmatrix} a_{11} & a_{12} & a_{13} & \dots & a_{1,n-1} & a_{1n} \\ 0 & a_{22} & a_{23} & \dots & a_{2,n-1} & a_{2n} \\ 0 & 0 & a_{33} & \dots & a_{3,n-1} & a_{3n} \\ \cdot & \cdot & \cdot & \dots & \cdot & \cdot \\ 0 & 0 & 0 & \dots & 0 & a_{nn} \end{pmatrix} \qquad \begin{pmatrix} a_{11} & 0 & 0 & \dots & 0 & 0 \\ a_{21} & a_{22} & 0 & \dots & 0 & 0 \\ a_{31} & a_{32} & a_{33} & \dots & 0 & 0 \\ \cdot & \cdot & \cdot & \dots & \cdot & \cdot \\ a_{n1} & a_{n2} & a_{n3} & \dots & a_{n,n-1} & a_{nn} \end{pmatrix}$$

D 17.2.9 Gegeben sei eine m x n-Matrix $\mathbf{A} = (a_{ij})$. Die n x m-Matrix $\mathbf{B} = (b_{ji})$ mit $b_{ji} = a_{ji}$, $j = 1,\dots,n$; $i = 1,\dots,m$ heißt **transponierte Matrix** zu **A** (oder kurz **Transponierte** zu **A**) und wird mit **A'** (manchmal auch mit $\mathbf{A}^T$) bezeichnet.

Die Transponierte **A'** der Matrix **A** erhält man also, indem man die Zeilen von **A** als Spalten von **A'** und damit die Spalten von **A** als Zeilen von **A'** schreibt.

B 17.2.10

$$\mathbf{A} = \begin{pmatrix} 3 & 2 \\ 4 & 0 \\ 1 & 6 \end{pmatrix} \quad ; \quad \mathbf{A}' = \begin{pmatrix} 3 & 4 & 1 \\ 2 & 0 & 6 \end{pmatrix} .$$

Als Transponierte eines Spaltenvektors ergibt sich ein Zeilenvektor und als Transponierte eines Zeilenvektors ein Spaltenvektor.

D 17.2.11 Gilt für eine quadratische Matrix **A** = **A'**, dann heißt die Matrix **symmetrisch.**

Die Symmetrie ist also nur für quadratische Matrizen definiert und meint immer Symmetrie bezüglich der Hauptdiagonalen.

B 17.2.12

$$\mathbf{A} = \begin{pmatrix} 1 & 7 & 2 \\ 7 & 3 & 8 \\ 2 & 8 & 5 \end{pmatrix} \quad ; \quad \mathbf{A}' = \begin{pmatrix} 1 & 7 & 2 \\ 7 & 3 & 8 \\ 2 & 8 & 5 \end{pmatrix} ,$$

die Matrix **A** ist symmetrisch.

Die Zeilen und Spalten einer Matrix können als Vektoren aufgefaßt werden. Eine Matrix selbst kann man sich dann als aus Zeilenvektoren oder Spaltenvektoren zusammengesetzt vorstellen.

D 17.2.13 Eine Matrix **A***, die man durch Streichen von Zeilen und/oder Spalten aus einer Matrix A erhält, heißt **Teilmatrix** von **A.**

B 17.2.14

Zu $\mathbf{A} = \begin{pmatrix} 3 & 4 & -2 & -1 & 13 \\ 4 & 12 & 3 & 0 & 11 \\ 6 & 9 & 5 & 0 & 2 \\ 8 & 16 & 2 & 8 & 4 \\ 7 & 1 & 2 & -9 & 15 \end{pmatrix}$ sind $\mathbf{A}_1^* = \begin{pmatrix} 3 & 4 & -1 & 13 \\ 4 & 12 & 0 & 11 \\ 6 & 9 & 0 & 2 \\ 7 & 1 & -9 & 15 \end{pmatrix}$ und $\mathbf{A}_2^* = \begin{pmatrix} 4 & 12 & 11 \\ 8 & 16 & 4 \\ 7 & 1 & 15 \end{pmatrix}$

Teilmatrizen. Bei $\mathbf{A}_1^*$ sind 4. Zeile und 3. Spalte gestrichen, bei $\mathbf{A}_2^*$ 1. und 3. Zeile und 3. und 4. Spalte.

Aufgaben

Ü 17.2.1 Bestimme die Transponierten zu

*****

$\mathbf{A} = \begin{pmatrix} 3 & 2 & 8 \\ 4 & 1 & -7 \end{pmatrix}$; $\mathbf{B} = \begin{pmatrix} 5 & 17 & -2 & 29 \\ 6 & 12 & 3 & 18 \\ 2 & -9 & 14 & 32 \end{pmatrix}$; $\mathbf{C} = \begin{pmatrix} 12 & 8 & 16 \\ -7 & 9 & 7 \\ 34 & 2 & -3 \end{pmatrix}$

Ü 17.2.2 Welche der folgenden Matrizen sind symmetrisch?

****

$\mathbf{A} = \begin{pmatrix} 3 & 4 & 1 & 9 & 6 \\ 2 & 5 & 2 & 8 & 5 \\ 2 & 3 & 3 & 7 & 8 \\ 2 & 5 & 2 & 8 & 5 \\ 3 & 4 & 1 & 9 & 6 \end{pmatrix}$; $\mathbf{B} = \begin{pmatrix} 9 & 6 & 3 & 6 & 9 \\ 8 & 4 & 2 & 4 & 8 \\ 7 & 6 & 5 & 6 & 7 \\ 3 & 4 & 9 & 4 & 3 \\ 1 & 2 & 1 & 2 & 1 \end{pmatrix}$; $\mathbf{C} = \begin{pmatrix} 9 & 6 & 5 & 2 & 1 \\ 6 & 7 & 4 & 3 & 3 \\ 5 & 4 & 2 & 1 & 4 \\ 2 & 3 & 1 & 1 & 8 \\ 1 & 3 & 4 & 8 & 2 \end{pmatrix}$

Ü 17.2.3 Vervollständige die Matrizen **A** und **B** zu symmetrischen Matrizen.

****

$\mathbf{A} = \begin{pmatrix} 1 & 5 & -1 & 4 & 9 \\ . & 2 & 2 & 0 & 8 \\ . & . & 6 & 1 & 7 \\ . & . & . & 0 & 7 \\ . & . & . & . & 3 \end{pmatrix}$; $\mathbf{B} = \begin{pmatrix} 5 & 1 & 3 & 2 \\ 1 & 2 & 0 & . \\ 3 & 0 & . & . \\ 2 & . & . & . \end{pmatrix}$.

17.3 Addition von Matrizen

Für Matrizen sind verschiedene Rechenoperationen definiert, von denen hier zunächst die Addition behandelt wird. Dazu wird zuerst ein Beispiel betrachtet.

B 17.3.1 Ein Betrieb produziert die drei Güter I, II und III und liefert diese an die Händler A, B, C und D. Im ersten bzw. zweiten Halbjahr 1984 wurden dabei folgende Mengen abgegeben:

1. Halbjahr

	A	B	C	D
I	12	8	0	20
II	7	5	20	10
III	14	4	6	15

2. Halbjahr

	A	B	C	D
I	13	12	5	10
II	13	7	8	20
III	12	8	7	15

Die von den verschiedenen Produkten an die einzelnen Händler 1984 insgesamt abgegebenen Mengen erhält man, indem die jeweils an gleicher Stelle stehenden Elemente addiert werden, also

1 9 8 4 Gesamt

	A	B	C	D
I	12+13 = 25	8+12 = 20	0+5 = 5	20+10 = 30
II	7+13 = 20	5+ 7 = 12	20+8 =28	10+20 = 30
III	14+12 = 26	4+ 8 = 12	6+7 =13	15+15 = 30

Stellt man die Mengenabgaben im 1. Halbjahr und im 2. Halbjahr als Matrizen dar, dann entspricht die Bestimmung der Gesamtmenge für 1984 der Matrizenaddition.

R 17.3.2

Zwei **Matrizen gleicher Ordnung** $A = (a_{ij})$ und $B = (b_{ij})$ werden addiert bzw. subtrahiert, indem man die in den Matrizen an gleicher Stelle stehenden Elemente addiert bzw. subtrahiert: $(a_{ij})+(b_{ij}) = (a_{ij}+b_{ij})$; $(a_{ij})-(b_{ij}) = (a_{ij}-b_{ij})$.

Eine Addition zweier Matrizen ist also nur möglich, wenn beide Matrizen die gleiche Anzahl von Zeilen und die gleiche Anzahl von Spalten haben, also von gleicher Ordnung sind.

B 17.3.3 a) $\begin{pmatrix} 1 & 2 \\ 3 & 4 \end{pmatrix} + \begin{pmatrix} 5 & 6 \\ 7 & 8 \end{pmatrix} = \begin{pmatrix} 1+5 & 2+6 \\ 3+7 & 4+8 \end{pmatrix} = \begin{pmatrix} 6 & 8 \\ 10 & 12 \end{pmatrix}$

b) Für B 17.3.1 ergibt sich

$$\begin{pmatrix} 12 & 8 & 0 & 20 \\ 7 & 5 & 20 & 10 \\ 14 & 4 & 6 & 15 \end{pmatrix} + \begin{pmatrix} 13 & 12 & 5 & 10 \\ 13 & 7 & 8 & 20 \\ 12 & 8 & 7 & 15 \end{pmatrix} = \begin{pmatrix} 25 & 20 & 5 & 30 \\ 20 & 12 & 28 & 30 \\ 26 & 12 & 13 & 30 \end{pmatrix}$$

c) $\begin{pmatrix} 3 & 6 & -2 \\ 11 & 12 & 18 \\ -2 & 8 & 0 \end{pmatrix} - \begin{pmatrix} 2 & 4 & 3 \\ 10 & -2 & 11 \\ -5 & 4 & -2 \end{pmatrix} = \begin{pmatrix} 1 & 2 & -5 \\ 1 & 14 & 7 \\ 3 & 4 & 2 \end{pmatrix}$

Auch Vektoren können nach R 17.3.2 addiert bzw. subtrahiert werden.

B 17.3.4 a) $\begin{pmatrix} a_1 \\ a_2 \\ \vdots \\ a_m \end{pmatrix} + \begin{pmatrix} b_1 \\ b_2 \\ \vdots \\ b_m \end{pmatrix} = \begin{pmatrix} a_1+b_1 \\ a_2+b_2 \\ \vdots \\ a_m+b_m \end{pmatrix}$ b) $(a_1,a_2,\dots,a_n)+(b_1,b_2,\dots,b_n)$
$= (a_1+b_1,\ a_2+b_2,\dots,a_n+b_n)$.

Ist **A** eine beliebige Matrix und **0** eine Nullmatrix gleicher Ordnung, so gilt **A** + **0** = **A** und **A** - **0** = **A**.

R 17.3.5

Für die Matrizenaddition gelten
Kommutativgesetz: **A** + **B** = **B** + **A** und
Assoziativgesetz: (**A** + **B**) + **C** = **A** + (**B** + **C**).
Monotoniegesetze:
Aus **A** = **B** folgt $\mathbf{A} \pm \mathbf{C} = \mathbf{B} \pm \mathbf{C}$ und
aus $\mathbf{A} \leqq \mathbf{B}$ folgt $\mathbf{A} \pm \mathbf{C} \leqq \mathbf{B} \pm \mathbf{C}$.

Die Monotoniegesetze besagen, daß Matrizengleichungen oder -ungleichungen erhalten bleiben, wenn auf beiden Seiten der Gleichung bzw. Ungleichung die gleiche Matrix addiert bzw. subtrahiert wird.

Aufgaben

Ü 17.3.1 Gegeben seien die Matrizen

$$\mathbf{A} = \begin{pmatrix} 3 & 4 & 5 & 6 \\ 7 & 2 & 0 & 1 \\ 4 & 9 & 3 & 8 \end{pmatrix}, \quad \mathbf{B} = \begin{pmatrix} 1 & 3 & 5 & 4 \\ 7 & 2 & 2 & 8 \\ 6 & 1 & 9 & 3 \end{pmatrix}, \quad \mathbf{C} = \begin{pmatrix} 4 & 7 & 6 \\ 3 & 0 & 1 \\ 2 & 4 & 9 \end{pmatrix}.$$

Berechne a) $\mathbf{A} + \mathbf{B}$; b) $\mathbf{A} - \mathbf{B}$; c) $\mathbf{B} - \mathbf{A}$; d) $\mathbf{A} + \mathbf{C}$.

Ü 17.3.2 Gegeben seien die Matrizen

$$\mathbf{A} = \begin{pmatrix} 1 & 2 \\ 3 & 4 \\ 5 & 6 \end{pmatrix} \text{ und } \mathbf{B} = \begin{pmatrix} -3 & -2 \\ 1 & -5 \\ 4 & 3 \end{pmatrix}.$$

Bestimme die Matrix **C** so, daß gilt $\mathbf{A} + \mathbf{B} - \mathbf{C} = \mathbf{0}$, wobei **0** die Nullmatrix bezeichnet.

Ü 17.3.3 Gegeben seien die Vektoren

$$\mathbf{a}' = (5,4,-3), \quad \mathbf{b}' = (1,1,0), \quad \mathbf{c} = \begin{pmatrix} 4 \\ 3 \\ -3 \end{pmatrix}, \quad \mathbf{d} = \begin{pmatrix} -2 \\ 1 \\ 0 \\ 1 \end{pmatrix}.$$

Bestimme **a+b, a-b-c, a'+b', a'+c, b+d, b'+c'-d', a'+b'+c'**.

Ü 17.3.4 Eine Unternehmung besitzt drei Teilelager, in denen jeweils drei Artikel lagern. Die in zwei aufeinanderfolgenden Monaten verbrauchten Mengen sind in den folgenden Tabellen wiedergegeben:

1. Monat

		Teilelager		
		1	2	3
Artikel	1	3	5	4
	2	2	6	1
	3	0	3	4

2. Monat

		Teilelager		
		1	2	3
Artikel	1	2	1	0
	2	3	2	1
	3	2	1	4

Schreibe die verbrauchten Mengen als Matrizen und bestimme den Gesamtverbrauch in den beiden Monaten je Artikel und je Teilelager.

17.4 Multiplikation einer Matrix mit einem Skalar

Matrizen können mit einer reellen Zahl bzw. einem Skalar multipliziert werden. Dazu wird zunächst ein Beispiel betrachtet.

B 17.4.1 Die Außenhandelsbeziehungen zwischen den Ländern A, B, C sind durch die folgende Matrix gegeben (Exporte in den Zeilen, Importe in den Spalten).

$$\begin{array}{c} \\ A \\ B \\ C \end{array} \begin{array}{c} \begin{array}{ccc} A & B & C \end{array} \\ \begin{pmatrix} 0 & 12 & 8 \\ 6 & 0 & 4 \\ 10 & 2 & 0 \end{pmatrix} \end{array}$$

Die Zahlen geben den Wert in US \$ an. Will man die Werte in DM haben, und rechnet man für 1\$ als Wechselkurs DM 1,80, so erhält man die DM-Werte, indem man jede Zahl mit 1,8 multipliziert.

$$\begin{array}{c} \\ A \\ B \\ C \end{array} \begin{array}{c} \begin{array}{ccc} A & B & C \end{array} \\ \begin{pmatrix} 1{,}8\cdot 0 & 1{,}8\cdot 12 & 1{,}8\cdot 8 \\ 1{,}8\cdot 6 & 1{,}8\cdot 0 & 1{,}8\cdot 4 \\ 1{,}8\cdot 10 & 1{,}8\cdot 2 & 1{,}8\cdot 0 \end{pmatrix} \end{array} \text{bzw.} \begin{array}{c} \\ A \\ B \\ C \end{array} \begin{array}{c} \begin{array}{ccc} A & B & C \end{array} \\ \begin{pmatrix} 0 & 21{,}6 & 14{,}4 \\ 10{,}8 & 0 & 7{,}2 \\ 18 & 3{,}6 & 0 \end{pmatrix} \end{array}$$

In dem Beispiel wird jedes Element der Matrix mit der gleichen Zahl multipliziert. Zur Vereinfachung sagt man auch "die Matrix wird mit der Zahl multipliziert" und definiert:

D 17.4.2 Eine Matrix $\mathbf{A} = (a_{ij})$ wird mit einer Zahl c (einem Skalar) multipliziert, indem man jedes Element der Matrix mit dieser Zahl multipliziert: $c(a_{ij}) = (ca_{ij})$.

B 17.4.3

$$4\cdot\begin{pmatrix} 3 & 0 & 8 \\ -2 & 5 & 9 \\ 1 & -6 & 2 \end{pmatrix} = \begin{pmatrix} 4\cdot 3 & 4\cdot 0 & 4\cdot 8 \\ 4\cdot(-2) & 4\cdot 5 & 4\cdot 9 \\ 4\cdot 1 & 4\cdot(-6) & 4\cdot 2 \end{pmatrix} = \begin{pmatrix} 12 & 0 & 32 \\ -8 & 20 & 36 \\ 4 & -24 & 8 \end{pmatrix}$$

R 17.4.4 Für die Multiplikation einer Matrix mit einem Skalar gelten

Kommutativgesetz: $c\mathbf{A} = \mathbf{A}c$,
Assoziativgesetz: $(c\cdot d)\mathbf{A} = c(d\mathbf{A})$,
Distributivgesetze: $c(\mathbf{A}+\mathbf{B}) = c\mathbf{A}+c\mathbf{B}$
$(c+d)\mathbf{A} = c\mathbf{A}+d\mathbf{A}$.

Monotoniegesetze:
Aus $\mathbf{A} = \mathbf{B}$ folgt $c\mathbf{A} = c\mathbf{B}$,
aus $\mathbf{A} \leqq \mathbf{B}$ folgt $c\mathbf{A} \leqq c\mathbf{B}$ falls $c \geqq 0$,
aus $\mathbf{A} \leqq \mathbf{B}$ folgt $c\mathbf{A} \geqq c\mathbf{B}$ falls $c \leqq 0$.

Aufgaben

Ü 17.4.1 Gegeben seien die Matrizen

$$\mathbf{A} = \begin{pmatrix} 4 & 2 \\ 1 & 0 \end{pmatrix};\ \mathbf{B} = \begin{pmatrix} 1 & 1 \\ 1 & 1 \end{pmatrix};\ \mathbf{C} = \begin{pmatrix} -2 & -1 \\ -3 & -2 \end{pmatrix}$$

Bestimme: a) $5\cdot\mathbf{A}$; b) $(-2)\cdot\mathbf{B}$; c) $3\cdot\mathbf{A} - 2\cdot\mathbf{B} + \mathbf{C}$; d) $\mathbf{A} - 10\cdot\mathbf{B} - 3\cdot\mathbf{C}$.

Ü 17.4.2 Gegeben seien die Vektoren

$$\mathbf{a} = \begin{pmatrix} 5 \\ 4 \\ -3 \end{pmatrix}; \quad \mathbf{b} = \begin{pmatrix} 1 \\ 1 \\ 0 \end{pmatrix}; \quad \mathbf{c} = \begin{pmatrix} 1 \\ 0 \\ -3 \end{pmatrix}.$$

Bestimme Werte für λ und μ, so daß gilt:

$$\mathbf{a} + \lambda\mathbf{b} + \mu\mathbf{c} = \mathbf{0} = \begin{pmatrix} 0 \\ 0 \\ 0 \end{pmatrix}.$$

Ü 17.4.3 Bestimme a, b, c und d so, daß gilt:

$$3\begin{pmatrix} a & b \\ c & d \end{pmatrix} = \begin{pmatrix} a & 6 \\ -1 & 2d \end{pmatrix} + \begin{pmatrix} 4 & a+b \\ c+d & 3 \end{pmatrix}.$$

17.5 Skalares Produkt von Vektoren

Zur Einführung des skalaren Produktes von Vektoren sei folgendes Beispiel betrachtet:

B 17.5.1 Ein Möbelhändler verkauft an einem Vormittag $x_1 = 6$ Stühle, $x_2 = 3$ Tische und $x_3 = 10$ Sessel. Die verkauften Mengen können als Zeilenvektor folgendermaßen geschrieben werden:

$$\mathbf{x}' = (x_1, x_2, x_3) = (6,3,10).$$

Die Preise der Möbel betragen: Stuhl: $p_1 = 10$,-DM/St.; Tisch: $p_2 = 20$,-DM/St.; Sessel: $p_3 = 30$,-DM/St.. Die Preise können als Spaltenvektor geschrieben werden:

$$\mathbf{p} = \begin{pmatrix} p_1 \\ p_2 \\ p_3 \end{pmatrix} = \begin{pmatrix} 10 \\ 20 \\ 30 \end{pmatrix}.$$

Der von dem Möbelhändler getätigte Umsatz errechnet sich nun wie folgt:

$$U = x_1p_1 + x_2p_2 + x_3p_3 = 6 \cdot 10 + 3 \cdot 20 + 10 \cdot 30 = 60 + 60 + 300 = 420 \text{ DM}.$$

Es werden also, wenn man von den beiden Vektoren ausgeht, die beiden ersten Elemente, die beiden zweiten Elemente und die beiden dritten Elemente der Vektoren miteinander multipliziert. Die Produkte werden dann addiert. In dieser Weise ist das skalare Produkt eines Zeilenvektors mit einem Spaltenvektor definiert:

$$\mathbf{x}'\mathbf{p} = (x_1, x_2, x_3)\begin{pmatrix} p_1 \\ p_2 \\ p_3 \end{pmatrix} = x_1p_1 + x_2p_2 + x_3p_3.$$

D 17.5.2

Gegeben seien ein Zeilenvektor **a'** = $(a_1,a_2,\ldots,a_n)$ und ein Spaltenvektor **b** = $\begin{pmatrix} b_1 \\ \vdots \\ b_n \end{pmatrix}$, die beide die gleiche Ordnung haben. Unter dem **skalaren** oder **inneren Produkt** der beiden Vektoren versteht man den Skalar

$$\mathbf{a'b} = (a_1,a_2,\ldots,a_n)\begin{pmatrix} b_1 \\ \vdots \\ b_n \end{pmatrix} = a_1b_1+a_2b_2+\ldots+a_nb_n = \sum_{i=1}^{n} a_ib_i.$$

Ein Zeilenvektor und ein Spaltenvektor gleicher Ordnung werden miteinander multipliziert, indem man die an der gleichen Stelle stehenden Elemente, also die ersten, die zweiten, die dritten usw. Elemente, miteinander multipliziert und diese Produkte dann addiert.

B 17.5.3 a) $(1,5,-2)\begin{pmatrix} 3 \\ 8 \\ 2 \end{pmatrix} = 1\cdot 3+5\cdot 8-2\cdot 2 = 3+40-4 = 39;$

b) $(1,3,0,-4,6)\begin{pmatrix} 4 \\ 0 \\ 2 \\ 2 \\ 1 \end{pmatrix} = 4+0+0-8+6 = 2.$

Das skalare oder innere Produkt ist nur definiert, wenn beide Vektoren von der gleichen Ordnung sind, also die gleiche Anzahl von Elementen aufweisen. Der Zeilenvektor muß an erster Stelle stehen und der Spaltenvektor an der zweiten Stelle. Multipliziert man einen Spaltenvektor mit einem Zeilenvektor, so ist das Ergebnis eine Matrix (vgl. nächsten Abschnitt).

Sind sämtliche Elemente eines Vektors "1", so ergibt das skalare Produkt die Summe der Elemente des anderen Vektors.

B 17.5.4 a) $(3,8,0,-4,6)\begin{pmatrix} 1 \\ 1 \\ 1 \\ 1 \\ 1 \end{pmatrix} = 3+8+0-4+6 = 13;$

b) $(1,1,1,1)\begin{pmatrix} 4 \\ -9 \\ 6 \\ 0 \end{pmatrix} = 4-9+6+0 = 1.$

Ein Vektor, dessen sämtliche Elemente "1" sind, wird deshalb auch als **summierender Vektor** bezeichnet.

Ist im skalaren Produkt ein Vektor ein Einheitsvektor i-ter Ordnung (vgl. D 17.2.7), dann ergibt das Produkt das i-te Element des anderen Vektors. Für $\mathbf{a}' = (a_1, a_2, \ldots, a_i, \ldots, a_n)$ gilt also $\mathbf{a}'\mathbf{e}_i = \mathbf{e}'_i\mathbf{a} = a_i$.

R 17.5.5

> Für das skalare Produkt von Vektoren gelten
> **Kommutativgesetz:** $\mathbf{a}'\mathbf{b} = \mathbf{b}'\mathbf{a}$
> **Distributivgesetz:** $(\mathbf{a}'+\mathbf{b}')\mathbf{c} = \mathbf{a}'\mathbf{c} + \mathbf{b}'\mathbf{c}$.
> **Monotoniegesetze:**
> Aus $\mathbf{a}' = \mathbf{b}'$ folgt $\mathbf{a}'\mathbf{c} = \mathbf{b}'\mathbf{c}$, c beliebig;
> aus $\mathbf{a}' \leq \mathbf{b}'$ folgt $\mathbf{a}'\mathbf{c} \leq \mathbf{b}'\mathbf{c}$ falls $\mathbf{c} > \mathbf{0}$;
> aus $\mathbf{a}' \leqq \mathbf{b}'$ folgt $\mathbf{a}'\mathbf{c} \geqq \mathbf{b}'\mathbf{c}$ falls $\mathbf{c} < \mathbf{0}$.

Aufgaben

Ü 17.5.1 Gegeben sind die Vektoren

$$\mathbf{a} = \begin{pmatrix} 1 \\ 2 \\ 1 \end{pmatrix}, \quad \mathbf{b} = \begin{pmatrix} -1 \\ 0 \\ 1 \end{pmatrix}, \quad \mathbf{c} = \begin{pmatrix} 2 \\ -1 \\ 0 \end{pmatrix}, \quad \mathbf{d}' = (1,-2,1,0).$$

Bestimme: $\mathbf{a}'\mathbf{b}$; $\mathbf{b}'\mathbf{c}$; $\mathbf{c}'\mathbf{d}$; $\mathbf{c}'\mathbf{b}$; $\mathbf{c}'\mathbf{a}$; $\mathbf{ac}$.

Ü 17.5.2 Gegeben sind $\mathbf{a}' = (3,4,-6,8)$, $\mathbf{e}'_3 = (0,0,1,0)$ und $\mathbf{s}' = (1,1,1,1)$. Bestimme $\mathbf{a}'\mathbf{e}_3$, $\mathbf{e}'_3\mathbf{a}$, $\mathbf{a}'\mathbf{s}$ und $\mathbf{s}'\mathbf{a}$.

Ü 17.5.3 In einem Monat verkauft ein Unternehmen von 4 Produkten die Mengen x_1, x_2, x_3, x_4 zu den Preisen p_1, p_2, p_3, p_4. Mengen und Preise können zu Vektoren **x** bzw. **p** zusammengefaßt werden.

a) Der Umsatz U soll mindestens U* betragen. Schreibe diese Bedingung unter Verwendung des skalaren Produktes von Preis- und Mengenvektor.

b) Die Gesamtmenge aller Produkte soll mindestens 1000 Stück betragen. Schreibe diese Bedingung unter Verwendung von Vektoren.

17.6 Multiplikation von Matrizen

Für Matrizen ist ebenfalls eine Multiplikation definiert. Dazu wird folgendes Beispiel betrachtet:

B 17.6.1 In einem Chemiewerk wird Steinkohle und Braunkohle durch Hydrierung zunächst zu leichtflüssigen und gasförmigen Kohlenwasserstoffen verarbeitet. Dafür erhält man die folgenden Input-Output-Beziehungen, wobei die Zahlen jeweils angeben, wieviel t Kohlenwasserstoffe man aus einer t Kohle erhält.

Rohstoffe \ Halbprodukte	Kohlenwasserstoffe leichtflüssige (y_1)	gasförmige (y_2)
Steinkohle (x_1)	$a_{11} = 0{,}5$	$a_{12} = 0{,}2$
Braunkohle (x_2)	$a_{21} = 0{,}4$	$a_{22} = 0{,}3$

Werden x_1t Steinkohle und x_2t Braunkohle eingesetzt, so erhält man $y_1 = a_{11}x_1+a_{21}x_2 = 0{,}5x_1+0{,}4x_2$t leichtflüssige Kohlenwasserstoffe und $y_2 = a_{12}x_1+a_{22}x_2 = 0{,}2x_1+0{,}3x_2$t gasförmige Kohlenwasserstoffe.
Die Halbprodukte werden zu Paraffin, Schmieröl und Dieselöl weiterverarbeitet. Je Tonne Halbprodukt ergeben sich für die Fertigprodukte die in der folgenden Input-Output-Tabelle angegebenen Mengen:

Halbprodukte \ Fertigprodukte		Paraffin (z_1)	Schmieröl (z_2)	Dieselöl (z_3)
Kohlenwasserstoffe	leichtflüssige (y_1)	$b_{11} = 0{,}3$	$b_{12} = 0{,}4$	$b_{13} = 0{,}2$
	gasförmige (y_2)	$b_{21} = 0{,}2$	$b_{22} = 0{,}3$	$b_{23} = 0{,}4$

Hat man y_1t leichtflüssige Kohlenwasserstoffe und y_2t gasförmige Kohlenwasserstoffe, so erhält man die Mengen z_1,z_2 und z_3 der Fertigprodukte Paraffin, Schmieröl und Dieselöl wie folgt

$$z_1 = b_{11}y_1+b_{21}y_2 = 0{,}3y_1+0{,}2y_2;$$
$$z_2 = b_{12}y_1+b_{22}y_2 = 0{,}4y_1+0{,}3y_2;$$
$$z_3 = b_{13}y_1+b_{23}y_2 = 0{,}2y_1+0{,}4y_2.$$

Die Mengen der Fertigprodukte hängen davon ab, welche Rohstoffmengen (Steinkohle und Braunkohle) eingesetzt werden. Den Zusammenhang zwischen den Rohstoffmengen x_1 und x_2 und den Fertigprodukten z_1,z_2 und z_3 erhält man, indem man in die Gleichungen für z_1,z_2 und z_3 die weiter oben angegebenen Beziehungen für y_1 und y_2 einsetzt. Man erhält

$$z_1 = b_{11}(a_{11}x_1+a_{21}x_2)+b_{21}(a_{12}x_1+a_{22}x_2)$$
$$z_2 = b_{12}(a_{11}x_1+a_{21}x_2)+b_{22}(a_{12}x_1+a_{22}x_2)$$
$$z_3 = b_{13}(a_{11}x_1+a_{21}x_2)+b_{23}(a_{12}x_1+a_{22}x_2)$$

und daraus durch Umformen der rechten Seiten

$$z_1 = (a_{11}b_{11}+a_{12}b_{21})x_1+(a_{21}b_{11}+a_{22}b_{21})x_2,$$
$$z_2 = (a_{11}b_{12}+a_{12}b_{22})x_1+(a_{21}b_{12}+a_{22}b_{22})x_2,$$
$$z_3 = (a_{11}b_{13}+a_{12}b_{23})x_1+(a_{21}b_{13}+a_{22}b_{23})x_2.$$

Setzt man die numerischen Werte für die Koeffizienten der Input-Output-Tabellen ein, so ergibt sich

$$z_1 = 0{,}19x_1+0{,}18x_2; \quad z_2 = 0{,}26x_1+0{,}25x_2; \quad z_3 = 0{,}18x_1+0{,}20x_2.$$

Zwischen Rohstoffen und Fertigprodukten besteht somit folgende Input-Output-Beziehung:

Fertigprodukte / Rohstoffe	Paraffin (z_1)	Schmieröl (z_2)	Dieselöl (z_3)
Steinkohle (x_1)	$a_{11}b_{11}+a_{12}b_{21}$ $=0{,}19$	$a_{11}b_{12}+a_{12}b_{22}$ $=0{,}26$	$a_{11}b_{13}+a_{12}b_{23}$ $=0{,}18$
Braunkohle (x_2)	$a_{21}b_{11}+a_{22}b_{21}$ $=0{,}18$	$a_{21}b_{12}+a_{22}b_{22}$ $=0{,}25$	$a_{21}b_{13}+a_{22}b_{23}$ $=0{,}2$

Schreibt man die Input-Output-Beziehungen allgemein als Matrizen, so erhält man für die beiden Produktionsstufen

$$\mathbf{A} = \begin{pmatrix} a_{11} & a_{12} \\ a_{21} & a_{22} \end{pmatrix} \quad \text{bzw.} \quad \mathbf{B} = \begin{pmatrix} b_{11} & b_{12} & b_{13} \\ b_{21} & b_{22} & b_{23} \end{pmatrix}$$

und für die Beziehungen zwischen Rohstoffen und Fertigprodukten

$$\mathbf{C} = \mathbf{AB} = \begin{pmatrix} a_{11}b_{11}+a_{12}b_{21} & a_{11}b_{12}+a_{12}b_{22} & a_{11}b_{13}+a_{12}b_{23} \\ a_{21}b_{11}+a_{22}b_{21} & a_{21}b_{12}+a_{22}b_{22} & a_{21}b_{13}+a_{22}b_{23} \end{pmatrix}.$$

Die Elemente der Matrix **C** erhält man als skalare Produkte der Zeilen von **A** und der Spalten von **B**. In dieser Weise ist das Produkt der Matrix **A** mit der Matrix **B** definiert.

D 17.6.2

Das **Produkt** der m x n-Matrix $\mathbf{A} = (a_{ij})$ mit der n x r-Matrix $\mathbf{B} = (b_{jk})$ ist definiert als

$$\mathbf{C} = \mathbf{AB} = \left(\sum_{j=1}^{n} a_{ij}b_{jk}\right) \text{ und ist eine m x r-Matrix.}$$

Das Element c_{ik} des Produktes **C** erhält man als skalares Produkt der i-ten Zeile von **A** und der k-ten Spalte von **B**.

Die Matrizenmultiplikation ist nur definiert für den Fall, daß die Spaltenzahl des ersten Faktors mit der Zeilenzahl des zweiten Faktors übereinstimmt. Das Ergebnis ist eine Matrix, die soviel Zeilen hat wie der erste Faktor und soviel Spalten wie der zweite Faktor. Gemäß der Definition des Matrizenproduktes werden die Zeilenvektoren der ersten Matrix mit den Spaltenvektoren der zweiten Matrix multipliziert. Das skalare Produkt der Zeile i der ersten Matrix mit der Spalte k der zweiten Matrix ergibt das Element, welches in der Ergebnismatrix in der Zeile i und der Spalte k steht.

B 17.6.3

$$\begin{pmatrix} 4 & 1 \\ 2 & 5 \\ 6 & 0 \\ 2 & 8 \end{pmatrix} \cdot \begin{pmatrix} 2 & 1 & 3 \\ 5 & 1 & 0 \end{pmatrix} = \begin{pmatrix} 4\cdot 2+1\cdot 5 & 4\cdot 1+1\cdot 1 & 4\cdot 3+1\cdot 0 \\ 2\cdot 2+5\cdot 5 & 2\cdot 1+5\cdot 1 & 2\cdot 3+5\cdot 0 \\ 6\cdot 2+0\cdot 5 & 6\cdot 1+0\cdot 1 & 6\cdot 3+0\cdot 0 \\ 2\cdot 2+8\cdot 5 & 2\cdot 1+8\cdot 1 & 2\cdot 3+8\cdot 0 \end{pmatrix}$$

$$= \begin{pmatrix} 13 & 5 & 12 \\ 29 & 7 & 6 \\ 12 & 6 & 18 \\ 44 & 10 & 6 \end{pmatrix}$$

Die Multiplikation von Matrizen kann mit Hilfe des sogenannten Falkschen Schemas veranschaulicht werden. Für das Produkt **AB** sieht dieses Schema wie folgt aus:

$$\begin{array}{cc} & \begin{pmatrix} b_{11} & b_{12} & \cdots & b_{1k} & \cdots & b_{1r} \\ b_{21} & b_{22} & \cdots & b_{2k} & \cdots & b_{2r} \\ \cdots & & & & & \\ b_{j1} & b_{j2} & \cdots & b_{jk} & \cdots & b_{jr} \\ \cdots & & & & & \\ b_{n1} & b_{n2} & \cdots & b_{nk} & \cdots & b_{nr} \end{pmatrix} \\ \begin{pmatrix} a_{11} & a_{12} & \cdots & a_{1j} & \cdots & a_{1n} \\ a_{21} & a_{22} & \cdots & a_{2j} & \cdots & a_{2n} \\ \cdots & & & & & \\ \hdashline a_{i1} & a_{i2} & \cdots & a_{ij} & \cdots & a_{in} \\ \hdashline \cdots & & & & & \\ a_{m1} & a_{m2} & \cdots & a_{mj} & \cdots & a_{mn} \end{pmatrix} & \begin{pmatrix} c_{11} & \cdots & & & & c_{1r} \\ \cdots & & & & & \cdots \\ & & & & & \\ \hdashline & & & c_{ik} & & \\ \hdashline \cdots & & & & & \cdots \\ c_{m1} & \cdots & & & & c_{mr} \end{pmatrix} \end{array}$$

Es ist $c_{ik} = (a_{i1},\ldots,a_{in}) \begin{pmatrix} b_{1k} \\ \vdots \\ b_{nk} \end{pmatrix} = \sum_{j=1}^{n} a_{ij} b_{jk}$.

B 17.6.4 Es sei $\mathbf{A} = \begin{pmatrix} 1 & 2 & 3 \\ 4 & 5 & 6 \end{pmatrix}$ und $\mathbf{B} = \begin{pmatrix} 3 & 5 & 1 \\ 1 & 3 & 4 \\ 2 & 4 & 2 \end{pmatrix}$.

Mit dem Falkschen Schema ergibt sich

$$\begin{array}{cc} & \begin{pmatrix} 3 & 5 & 1 \\ 1 & 3 & 4 \\ 2 & 4 & 2 \end{pmatrix} \\ \begin{pmatrix} 1 & 2 & 3 \\ 4 & 5 & 6 \end{pmatrix} & \begin{pmatrix} 11 & 23 & 15 \\ 29 & 59 & 36 \end{pmatrix} \end{array} .$$

Das Element $c_{12}(=23)$ entsteht z.B. dadurch, daß die 1. Zeile der Matrix **A** mit der zweiten Spalte der Matrix **B** multipliziert wird:

$$1 \cdot 5 + 2 \cdot 3 + 3 \cdot 4 = 23 .$$

R 17.6.5 Für die Multiplikation einer Matrix **A** mit einer Einheitsmatrix **E** geeigneter Ordnung gilt **AE** = **EA** = **A.**

Der Einheitsmatrix kommt also bei der Matrizenmultiplikation die gleiche Bedeutung zu, wie der "1" bei der Multiplikation reeller Zahlen. Diese Eigenschaft können jedoch auch andere Matrizen haben, wie das folgende Beispiel zeigt.

B 17.6.6

$$\mathbf{A} = \begin{pmatrix} 2 & -3 & -5 \\ -1 & 4 & 5 \\ 1 & -3 & -4 \end{pmatrix} ; \quad \mathbf{B} = \begin{pmatrix} 2 & -2 & -4 \\ -1 & 3 & 4 \\ 1 & -2 & -3 \end{pmatrix}$$

Der Leser kann nachrechnen, daß für die beiden Matrizen folgendes gilt:

$$\mathbf{AB} = \begin{pmatrix} 2 & -3 & -5 \\ -1 & 4 & 5 \\ 1 & -3 & -4 \end{pmatrix} = \mathbf{A} \text{ und } \mathbf{BA} = \begin{pmatrix} 2 & -2 & -4 \\ -1 & 3 & 4 \\ 1 & -2 & -3 \end{pmatrix} = \mathbf{B} \quad .$$

Es ist also **AB** = **A** und **BA** = **B,** obwohl **B** im ersten Produkt und **A** im zweiten nicht die Einheitsmatrix sind.

R 17.6.7 Ist in einem Matrizenprodukt einer der beiden Faktoren eine Nullmatrix **0,** so ist das Produkt ebenfalls eine Nullmatrix: **A0** = **0** bzw. **0A** = **0.**

Die Nullmatrix entspricht also der Null bei den reellen Zahlen. Man beachte aber, daß es auch Produkte zweier von der Nullmatrix verschiedener Matrizen gibt, die als Ergebnis die Nullmatrix liefern, wie folgendes Beispiel zeigt.

B 17.6.8

$$\mathbf{A} = \begin{pmatrix} 2 & -3 & -5 \\ -1 & 4 & 5 \\ 1 & -3 & -4 \end{pmatrix} ; \quad \mathbf{B} = \begin{pmatrix} -1 & 3 & 5 \\ 1 & -3 & -5 \\ -1 & 3 & 5 \end{pmatrix}$$

Es ist **AB** = **0** und **BA** = **0.**

Die Multiplikation einer Matrix mit einem Vektor ist nach der Definition der Matrizenmultiplikation durchführbar, da ein Vektor als 1 x n- bzw. m x 1-Matrix aufgefaßt werden kann.

B 17.6.9

$$(1,3,-1)\begin{pmatrix}4 & 2\\ 6 & 1\\ 5 & 4\end{pmatrix} = (4+18-5, 2+3-4) = (17,1);$$

$$\begin{pmatrix}3 & 6 & 0\\ 0 & 1 & 2\end{pmatrix}\begin{pmatrix}4\\ 1\\ 5\end{pmatrix} = \begin{pmatrix}12+6+0\\ 0+1+10\end{pmatrix} = \begin{pmatrix}18\\ 11\end{pmatrix}.$$

Die Multiplikation eines Zeilenvektors mit einer Matrix ergibt einen Zeilenvektor, und das Produkt aus Matrix und Spaltenvektor ist ein Spaltenvektor.

Das Produkt eines Spaltenvektors mit einem Zeilenvektor ergibt nach der Definition der Matrizenmultiplikation eine Matrix.

B 17.6.10

$$\begin{pmatrix}3\\ 1\\ 0\\ 5\end{pmatrix}(4,1,2,-1) = \begin{pmatrix}12 & 3 & 6 & -3\\ 4 & 1 & 2 & -1\\ 0 & 0 & 0 & 0\\ 20 & 5 & 10 & -5\end{pmatrix}$$

Ist **A** eine Matrix und $\mathbf{e}_i$ ein Einheitsvektor geeigneter Ordnung, dann ergibt $\mathbf{A}\mathbf{e}_i$ die i-te Spalte von **A** und $\mathbf{e}_i'\mathbf{A}$ die i-te Zeile.

Ist **s** ein summierender Vektor (alle Elemente "1"), so ergibt **As** einen Spaltenvektor, dessen Elemente die Zeilensummen von **A** sind und **s'A** einen Zeilenvektor, dessen Elemente die Spaltensummen von **A** sind.

Aus den meisten angeführten Beispielen ergibt sich unmittelbar:

R 17.6.11

> Die Matrizenmultiplikation ist **nicht kommutativ** $\mathbf{AB} \neq \mathbf{BA}$.

Um die Reihenfolge der Faktoren zu kennzeichnen, spricht man manchmal auch davon, daß die Matrix **A** von links bzw. von rechts mit der Matrix **B** multipliziert wird.

R 17.6.12

> Für die Matrizenmultiplikation gelten
> **Assoziativgesetz:** $\mathbf{A}(\mathbf{BC}) = (\mathbf{AB})\mathbf{C} = \mathbf{ABC}$
> **Distributivgesetz:** $\mathbf{A}(\mathbf{B}+\mathbf{C}) = \mathbf{AB}+\mathbf{AC}$
> bzw.
> $(\mathbf{A}+\mathbf{B})\mathbf{C} = \mathbf{AC}+\mathbf{BC}$.
> **Monotoniegesetze:**
> Aus $\mathbf{A} = \mathbf{B}$ folgt $\mathbf{AC} = \mathbf{BC}$ und $\mathbf{DA} = \mathbf{DB}$;
> aus $\mathbf{A} \leqq \mathbf{B}$ folgt $\mathbf{AC} \leqq \mathbf{BC}$ für $\mathbf{C} \geqq \mathbf{0}$ und $\mathbf{DA} \leqq \mathbf{DB}$ für $\mathbf{D} \geqq 0$;
> aus $\mathbf{A} \leqq \mathbf{B}$ folgt $\mathbf{AC} \geqq \mathbf{BC}$ für $\mathbf{C} \leqq \mathbf{0}$ und $\mathbf{DA} \geqq \mathbf{DB}$ für $\mathbf{D} \leqq 0$.

Eine für die praktische Anwendung wichtige Regel über die Matrizenmultiplikation bezieht sich auf das Transponieren der beiden Matrizen eines Produktes:

R 17.6.13 Die **Transponierte eines Produktes** zweier Matrizen ist gleich dem Produkt der Transponierten der beiden Matrizen in umgekehrter Reihenfolge: $(\mathbf{AB})' = \mathbf{B}'\mathbf{A}'$.

B 17.6.14

$$\mathbf{A} = \begin{pmatrix} 1 & 0 & -2 \\ 3 & 5 & 1 \\ 2 & -1 & 0 \end{pmatrix}; \mathbf{B} = \begin{pmatrix} 4 & 3 \\ 1 & -1 \\ 0 & 1 \end{pmatrix}; \mathbf{AB} = \begin{pmatrix} 1 & 0 & -2 \\ 3 & 5 & 1 \\ 2 & -1 & 0 \end{pmatrix} \begin{pmatrix} 4 & 3 \\ 1 & -1 \\ 0 & 1 \end{pmatrix} = \begin{pmatrix} 4 & 1 \\ 17 & 5 \\ 7 & 7 \end{pmatrix};$$

$$\mathbf{B}'\mathbf{A}' = \begin{pmatrix} 4 & 1 & 0 \\ 3 & -1 & 1 \end{pmatrix} \begin{pmatrix} 1 & 3 & 2 \\ 0 & 5 & -1 \\ -2 & 1 & 0 \end{pmatrix} = \begin{pmatrix} 4 & 17 & 7 \\ 1 & 5 & 7 \end{pmatrix}.$$

Für Matrizen können auch Potenzen definiert werden, allerdings nur für quadratische Matrizen.

R 17.6.15 Unter der **n-ten Potenz einer quadratischen Matrix A** versteht man das n-fache Produkt der Matrix **A** mit sich selbst.

$$\mathbf{A}^n = \underbrace{\mathbf{A} \cdot \mathbf{A} \cdot \mathbf{A} \cdot \ldots \cdot \mathbf{A}}_{\text{n-mal}}$$

B 17.6.16

$$\mathbf{A} = \begin{pmatrix} 1 & 2 \\ 1 & 0 \end{pmatrix}; \mathbf{A}^2 = \begin{pmatrix} 3 & 2 \\ 1 & 2 \end{pmatrix}; \mathbf{A}^3 = \begin{pmatrix} 5 & 6 \\ 3 & 2 \end{pmatrix}; \mathbf{A}^4 = \begin{pmatrix} 11 & 10 \\ 5 & 6 \end{pmatrix}; \mathbf{A}^5 = \begin{pmatrix} 21 & 22 \\ 11 & 10 \end{pmatrix}.$$

Für Matrizenpotenzen gilt

R 17.6.17 $\mathbf{A}^n\mathbf{A}^m = \mathbf{A}^{n+m}$ und $(\mathbf{A}^n)^m = \mathbf{A}^{nm}$

Zum Abschluß dieses Abschnitts seien noch zwei weitere Beispiele für die ökonomische Anwendung der Matrizenmultiplikation gegeben.

B 17.6.18 Eine Unternehmung produziert zwei Güter in den Mengen x und y. Ihr Absatzplan für das erste Quartal eines Jahres ergibt sich aus:

$$\mathbf{A}: \begin{matrix} \text{Jan.} \\ \text{Febr.} \\ \text{März} \end{matrix} \overset{\begin{matrix} x & \;\; y \end{matrix}}{\begin{pmatrix} 5 & 3 \\ 9 & 7 \\ 4 & 11 \end{pmatrix}}.$$

Die Absatzpreise sind für alle Monate gleich. Sie werden gegeben durch:

$$\mathbf{p}': \quad \begin{matrix} x & y \\ (50, & 90) \end{matrix} \; .$$

Die monatlichen Erlöse **u** ergeben sich damit als Produkt der monatlichen Mengenvektoren mit dem Preisvektor **p** bzw. als **Ap:**

$$\mathbf{u} = \mathbf{Ap} = \begin{pmatrix} 5 & 3 \\ 9 & 7 \\ 4 & 11 \end{pmatrix} \begin{pmatrix} 50 \\ 90 \end{pmatrix} = \begin{pmatrix} 520 \\ 1080 \\ 1190 \end{pmatrix} \begin{matrix} \text{Jan.} \\ \text{Febr.} \\ \text{März.} \end{matrix} \; .$$

Zur Produktion der geplanten Absatzmengen werden drei Einzelteile R, S und T benötigt. Der Verbrauch an den Einzelteilen je Mengeneinheit der Güter x und y ergibt sich aus:

$$\mathbf{B}: \quad \begin{matrix} \\ x \\ y \end{matrix} \begin{matrix} R & S & T \\ \begin{pmatrix} 4 & 2 & 1 \\ 0 & 5 & 3 \end{pmatrix} \end{matrix} \; .$$

Die monatlich für die Produktion benötigten Einzelteile ergeben sich dann aus dem Produkt der Matrizen **A** und **B:**

$$\mathbf{C} = \mathbf{AB} = \begin{pmatrix} 5 & 3 \\ 9 & 7 \\ 4 & 11 \end{pmatrix} \begin{pmatrix} 4 & 2 & 1 \\ 0 & 5 & 3 \end{pmatrix} = \begin{matrix} R \quad S \quad T \\ \begin{pmatrix} 20 & 25 & 14 \\ 36 & 53 & 30 \\ 16 & 63 & 37 \end{pmatrix} \end{matrix} \begin{matrix} \text{Jan.} \\ \text{Febr.} \\ \text{März.} \end{matrix} \; .$$

Die Kosten je Einheit der Einzelteile sind in dem Kostenvektor $\mathbf{k}_1'$ zusammengestellt:

$$\mathbf{k}_1': \quad \begin{matrix} R & S & T \\ (5, & 2, & 4) \end{matrix} \; .$$

Durch die Montage der Einzelteile entstehen je Mengeneinheit der Enderzeugnisse Montagekosten $\mathbf{k}_2'$:

$$\mathbf{k}_2': \quad \begin{matrix} x & y \\ (7, & 8) \end{matrix} \; .$$

Um den Gewinn der Unternehmung in den einzelnen Monaten zu ermitteln, sind von den bereits ermittelten Erlösen die Gesamtkosten abzuziehen. Die Kosten für die Einzelteile ergeben sich aus dem Produkt $\mathbf{Ck}_1$:

$$\mathbf{k}_1^* = \mathbf{Ck}_1 = \begin{pmatrix} 20 & 25 & 14 \\ 36 & 53 & 30 \\ 16 & 63 & 37 \end{pmatrix} \begin{pmatrix} 5 \\ 2 \\ 4 \end{pmatrix} = \begin{pmatrix} 206 \\ 406 \\ 354 \end{pmatrix} \begin{matrix} \text{Jan.} \\ \text{Febr.} \\ \text{März.} \end{matrix} \; .$$

Die Monatskosten ergeben sich aus dem Produkt $\mathbf{Ak}_2$:

$$\mathbf{k}_2^* = \mathbf{Ak}_2 = \begin{pmatrix} 5 & 3 \\ 9 & 7 \\ 4 & 11 \end{pmatrix} \begin{pmatrix} 7 \\ 8 \end{pmatrix} = \begin{pmatrix} 59 \\ 119 \\ 116 \end{pmatrix} \begin{matrix} \text{Jan.} \\ \text{Febr.} \\ \text{März.} \end{matrix} \; .$$

Die Gesamtkosten betragen also:

$$\mathbf{k} = \mathbf{k}_1^* + \mathbf{k}_2^* = \begin{pmatrix} 265 \\ 525 \\ 470 \end{pmatrix} \begin{matrix} \text{Jan.} \\ \text{Febr.} \\ \text{März.} \end{matrix} \; .$$

Der Gewinn ergibt sich somit aus der Differenz **u-k** = **g**

$$\mathbf{g}: \quad \begin{matrix} \text{Jan.} \\ \text{Febr.} \\ \text{März} \end{matrix} \begin{pmatrix} 255 \\ 555 \\ 720 \end{pmatrix} .$$

B 17.6.19 Ein anderes Anwendungsbeispiel der Matrizenmultiplikation erhält man bei der Betrachtung der zeitlichen Entwicklung eines Marktes, auf dem mehrere Güter miteinander konkurrieren.
In einem Land werden die drei wöchentlich erscheinenden Illustrierten A, B und C verkauft. Die Möglichkeit eines Abonnements ist ausgeschlossen. In einer bestimmten Woche haben die Illustrierten folgende Marktanteile. A: 40%; B: 20%; C: 40%. Von den Käufern der Illustrierten A in dieser Woche kaufen in der folgenden Woche 80% wieder A, 10% kaufen B und 10% C. 20% der Käufer von A wechseln also in der nächsten Periode zu einer anderen Illustrierten.

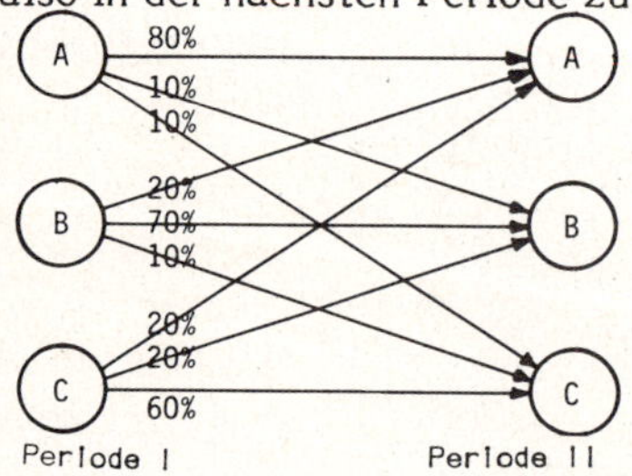

Von den Käufern der Illustrierten B kaufen in der Folgewoche wieder 70% B, während 20% A und 10% C kaufen. Die Käufer der Illustrierten C kaufen zu 60% wieder C, während 20% A und 20% B kaufen. Von einer zur anderen Woche wechselt also ein Teil der Leser die Illustrierte. Die Zeichnung veranschaulicht dies graphisch.

F 17.6.20

Das Verhalten der Käufer beim Übergang von einer Periode zur nächsten kann man durch eine Matrix beschreiben, wobei hier statt der Prozentzahlen Dezimalbrüche verwendet werden:

$$\begin{matrix} \\ A \\ B \\ C \end{matrix} \begin{matrix} \begin{matrix} A & \quad B & \quad C \end{matrix} \\ \begin{pmatrix} 0{,}8 & 0{,}1 & 0{,}1 \\ 0{,}2 & 0{,}7 & 0{,}1 \\ 0{,}2 & 0{,}2 & 0{,}6 \end{pmatrix} \end{matrix} .$$

Die Zahlen der Matrix geben zeilenweise an, welcher Anteil der Käufer von A, B, C in einer Periode in der nächsten Periode A, B, C kauft.

Hat man in einer bestimmten Periode die oben angegebenen Marktanteile (40%; 20%; 40%), so kann man die Marktanteile der nächsten Periode durch Multiplikation der angeführten Matrix mit dem Vektor der Marktanteile bestimmen. Von neuen oder ausscheidenden Käufern wird abgesehen. Man erhält:

$$(40;20;40) \begin{pmatrix} 0{,}8 & 0{,}1 & 0{,}1 \\ 0{,}2 & 0{,}7 & 0{,}1 \\ 0{,}2 & 0{,}2 & 0{,}6 \end{pmatrix} = (44;26;30).$$

Für die folgende Periode (III) ergibt sich

$$(44;26;30) \begin{pmatrix} 0{,}8 & 0{,}1 & 0{,}1 \\ 0{,}2 & 0{,}7 & 0{,}1 \\ 0{,}2 & 0{,}2 & 0{,}6 \end{pmatrix} = (46{,}4;28{,}6;25).$$

Bleibt das Übergangsverhalten der Käufer konstant, dann können mittels des beschriebenen Ansatzes die Marktanteile für alle folgenden Perioden berechnet werden.
Einen Prozeß der beschriebenen Art nennt man auch **Markovprozeß bzw. Markovkette.**

Aufgaben

Ü 17.6.1 Folgende Matrizen seien gegeben:

$$\mathbf{A} = (1, 3, 5); \quad \mathbf{B} = \begin{pmatrix} 2 \\ 4 \\ 3 \\ 1 \end{pmatrix}; \quad \mathbf{C} = \begin{pmatrix} 2 & 3 & 4 & 6 \\ 1 & 2 & 3 & 4 \\ 1 & 1 & 1 & 2 \end{pmatrix}; \quad \mathbf{D} = \begin{pmatrix} 1 & 2 & 3 \\ 3 & 2 & 2 \\ 2 & 1 & 4 \\ 1 & 2 & 1 \end{pmatrix}.$$

Führe folgende Matrizenmultiplikation durch, sofern sie definitionsgemäß durchführbar sind.

a) **AB**; b) **BA**; c) **AC**; d) **BC**; e) **CB**; f) **CD**; g) **DC**.

Ü 17.6.2 Gegeben seien folgende Vektoren und Matrizen:

$$\mathbf{A} = \begin{pmatrix} 2 & 3 \\ -5 & 1 \end{pmatrix}; \quad \mathbf{B} = \begin{pmatrix} -3 \\ -2 \end{pmatrix}; \quad \mathbf{C} = \begin{pmatrix} -1 & 4 & -2 \\ 2 & 3 & 5 \end{pmatrix}$$

$$\mathbf{D} = \begin{pmatrix} 3 & 1 \\ -2 & 4 \\ 1 & -3 \end{pmatrix}; \quad \mathbf{E} = \begin{pmatrix} -1 & -4 \\ 3 & 2 \end{pmatrix}; \quad \mathbf{F} = \begin{pmatrix} -1 \\ 2 \\ -3 \end{pmatrix}; \quad \mathbf{G} = (5,7).$$

Bestimme: a) **AB**; b) **BA**; c) **AE**; d) **EA**; e) **CD**; f) **DC**; g) **GA**; h) **GB**; i) **BG**; k) **FC**; l) **CF**; m) **ED**; n) **DE**; o) $\mathbf{A}^2$; p) $\mathbf{A}^4$.

Ü 17.6.3 Unter welchen Voraussetzungen für m und n sind folgende Matrizenmultiplikationen definiert, und welcher Ordnung sind die resultierenden Matrizen?

a) $\mathbf{A}_{m1}\mathbf{B}_{1n}$; b) $\mathbf{A}_{1n}\mathbf{B}_{m1}$; c) $\mathbf{A}_{mn}\mathbf{B}_{m1}$; d) $\mathbf{A}_{mn}\mathbf{B}_{1n}$; e) $\mathbf{A}_{1n}\mathbf{B}_{mn}$; f) $\mathbf{A}_{m1}\mathbf{B}_{mn}$.

Ü 17.6.4 Gegeben seien die Matrizen $\mathbf{A}_{mn}$ und $\mathbf{B}_{nr}$ ($m,n,r \in \mathbb{N}$). Für welche Werte m,n,r ist das Ergebnis der Multiplikation **AB**

a) ein Skalar; b) ein Zeilenvektor; c) ein Spaltenvektor;
d) eine Matrix mit einer Zeilenzahl und Spaltenzahl größer 1?

Ü 17.6.5 Gegeben seien die Matrizen

$$\mathbf{A} = \begin{pmatrix} -2 & 2 & -3 \\ 2 & 1 & -6 \\ -1 & -2 & 0 \end{pmatrix}; \quad \mathbf{b} = \begin{pmatrix} 3 \\ 0 \\ 1 \end{pmatrix}; \quad \mathbf{c} = \begin{pmatrix} -1 \\ -2 \\ 1 \end{pmatrix}.$$

Bestimme: a) **Ab**; b) **Ac**.

Ü 17.6.6 Ein zweistufiger Produktionsprozeß wird durch die beiden folgenden Produktionsmatrizen beschrieben:

$$\begin{array}{cc|ccc} & & \multicolumn{3}{c}{\text{Zwischenprodukt}} \\ & & 1 & 2 & 3 \\ \text{Roh-} & 1 & 3 & 1 & 2 \\ \text{stoff} & 2 & 2 & 3 & 4 \end{array} \qquad \begin{array}{cc|cc} & & \multicolumn{2}{c}{\text{Endprodukt}} \\ & & 1 & 2 \\ \text{Zwischen-} & 1 & 3 & 1 \\ \text{produkt} & 2 & 0 & 3 \\ & 3 & 1 & 2 \end{array}$$

Die Rohstoffpreise betragen $q_1 = 2$, $q_2 = 4$ und die Preise des Endproduktes $p_1 = 70$, $p_2 = 95$.

a) Bestimme die Matrix der Gesamtverarbeitung.
b) Welche Rohstoffkosten entstehen je Einheit des Endproduktes?
c) Welche Rohstoffmengen werden für 10 Einheiten des ersten und 5 Einheiten des zweiten Endproduktes benötigt?
d) Welcher Erlös wird für die unter c) angegebenen Endproduktmengen erzielt?

Ü 17.6.7 Auf einem Markt konkurrieren die Güter A, B und C miteinander. Im Monat Januar eines Jahres haben die Güter Marktanteile von 40%, 20%, 10%. 30% der möglichen Käufer haben weder A noch B noch C gekauft. Das Verhalten der Käufer (einer Marke treu bleiben, überwechseln zu einer anderen Marke oder gar nicht kaufen) beim Übergang von einem Monat zum nächsten gibt die folgende Zeichnung an, wobei die Menge der "Nichtkäufer" mit X bezeichnet wurde.

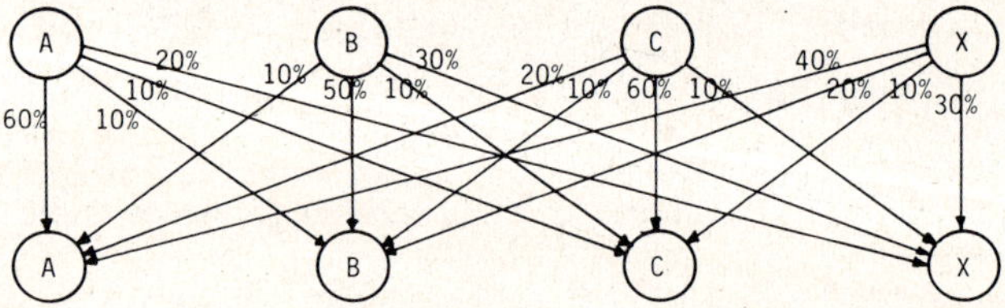

Bestimme die Marktanteile und den Anteil der Nichtkäufer für die Monate Februar, März und April.

17.7 Inverse einer Matrix

Die Inverse der reellen Zahl a ist $a^{-1} = \frac{1}{a}$. Es gilt $aa^{-1} = 1$.

D 17.7.1

> Für eine quadratische Matrix A ist die **Inverse oder inverse Matrix A^{-1}** als eine Matrix definiert, für die gilt
>
> $$\mathbf{A^{-1}A = AA^{-1} = E}.$$

Für nichtquadratische Matrizen ist die Inverse nicht definiert.

B 17.7.2 $\mathbf{A} = \begin{pmatrix} 3 & -7 \\ 2 & -5 \end{pmatrix}$; $\mathbf{A}^{-1} = \begin{pmatrix} 5 & -7 \\ 2 & -3 \end{pmatrix}$; $\mathbf{AA}^{-1} = \begin{pmatrix} 1 & 0 \\ 0 & 1 \end{pmatrix}$.

Für die Bestimmung der Inversen einer Matrix gibt es verschiedene Möglichkeiten, auf die weiter unten eingegangen wird (Abschnitte 18.6 und 19.5).

Eine Anwendung der inversen Matrix zeigt das folgende Beispiel, welches an Beispiel 17.1.7 anknüpft.

B 17.7.3 In Beispiel 17.1.7 waren die Produktionsverflechtungen von drei Industriezweigen einer Volkswirtschaft durch die folgende Input-Output-Matrix gegeben:

$\mathbf{X} = (x_{ij}) = \begin{pmatrix} 1 & 2 & 1 \\ 3 & 1 & 0 \\ 1 & 2 & 1 \end{pmatrix}$. Die Vektoren $\mathbf{x} = (x_j) = \begin{pmatrix} 8 \\ 6 \\ 7 \end{pmatrix}$ und $\mathbf{y} = (y_j) = \begin{pmatrix} 4 \\ 2 \\ 3 \end{pmatrix}$

geben den gesamten Output der Industriezweige bzw. die Endnachfrage an. Die Elemente der Matrix

$$\mathbf{A} = (a_{ij}) = \begin{pmatrix} \frac{1}{8} & \frac{1}{3} & \frac{1}{7} \\ \frac{3}{8} & \frac{1}{6} & 0 \\ \frac{1}{8} & \frac{1}{3} & \frac{1}{7} \end{pmatrix} \qquad \text{mit } a_{ij} = \frac{x_{ij}}{x_j}$$

geben an, den wievielten Teil seines Outputs der zu einer Spalte gehörige Industriezweig (j) von dem zu der betreffenden Zeile gehörigen Industriezweig erhält. Für jeden Industriezweig i ist die Endnachfrage (y_i) gleich der Differenz aus gesamtem Output (x_i) und dem Output an die anderen Industriezweige : $y_i = x_i - \sum_j x_{ij}$.

In Matrizenschreibweise erhält man $\mathbf{y} = \mathbf{x} - \mathbf{Xs}$, wobei $\mathbf{s}$ ein summierender Vektor (alle Elemente sind 1) ist. Wegen

$a_{ij} = \frac{x_{ij}}{x_j}$ gilt nun $\mathbf{Xs} = (\sum_j x_{ij}) = (\sum_j \frac{x_{ij}}{x_j} x_j) = \mathbf{Ax}$.

Damit ergibt sich, da außerdem $\mathbf{x} = \mathbf{Ex}$ gilt: $\mathbf{y} = \mathbf{x}-\mathbf{Ax} = \mathbf{Ex}-\mathbf{Ax} = (\mathbf{E}-\mathbf{A})\mathbf{x}$. Multipliziert man in dieser Matrizengleichung beide Seiten von links mit $(\mathbf{E}-\mathbf{A})^{-1}$, so erhält man $(\mathbf{E}-\mathbf{A})^{-1}\mathbf{y} = \mathbf{x}$.

Den gesamten Output der Industriezweige kann man über diesen Ansatz bei bekannter Endnachfrage und Kenntnis der Matrix **A** der Input-Output-Koeffizienten bestimmen.

Aufgaben

Ü **17.7.1** Sind die Matrizen **A** und **B** zueinander invers?

***** $\mathbf{A} = \begin{pmatrix} 1 & 0 & 2 \\ 2 & -1 & 3 \\ 4 & 1 & 8 \end{pmatrix}$; $\mathbf{B} = \begin{pmatrix} -11 & 2 & 2 \\ -4 & 0 & 1 \\ 6 & -1 & -1 \end{pmatrix}$.

Ü 17.7.2 In einer Volkswirtschaft gibt es 4 Industriezweige (A,B,C und D), deren gegenseitige Leistungsverflechtungen durch die folgende Input-Output-Tabelle gegeben sind:

	A	B	C	D	Endnachfrage
A	6	2	4	2	6
B	2	3	1	1	3
C	6	4	4	2	4
D	1	3	1	3	2

a) Bestimme den gesamten Output für jeden Industriezweig.
b) Bestimme die Matrix **A** der relativen Input-Output-Koeffizienten.
c) Bestimme die Endnachfrage mittels des Ansatzes $\mathbf{y} = (\mathbf{E}-\mathbf{A})\mathbf{x}$.

Ü 17.7.3 Zeige für die folgende Matrix, daß gilt $A = A^{-1}$.

$$A = \begin{pmatrix} -1 & -2 & -2 \\ 1 & 2 & 1 \\ -1 & -1 & 0 \end{pmatrix}.$$

17.8 Matrizen als spezielle Funktionen

Die Kenntnis der Matrizenmultiplikation erlaubt es, Matrizen als spezielle Funktionen aufzufassen. Eine spezielle lineare Funktion mit einer unabhängigen Variablen ist $y = ax$, $a \in \mathbb{R}$. Bei mehreren unabhängigen Variablen hat man als spezielle lineare Funktion

$$y = \sum_{i=1}^{n} a_i x_i.$$

Dabei wird den n unabhängigen Variablen $x_1,\dots,x_n$ die eine abhängige Variable y zugeordnet. Matrizen können nun als lineare Abbildungen aus einer Menge von n-Tupeln in eine Menge von m-Tupeln aufgefaßt werden:

$$\text{Mit } \mathbf{y} = \begin{pmatrix} y_1 \\ y_2 \\ \vdots \\ y_m \end{pmatrix} \quad \text{und } \mathbf{x} = \begin{pmatrix} x_1 \\ x_2 \\ \vdots \\ x_n \end{pmatrix}$$

und der m x n-Matrix $\mathbf{A} = (a_{ij})$ erhält man $\mathbf{y} = \mathbf{A}\mathbf{x}$.

Die Mengen der n-Tupel bzw. m-Tupel (Vektoren mit n bzw. m Elementen) werden üblicherweise als n- bzw. m-dimensionale Vektorräume bezeichnet. Der obige Ansatz entspricht dann einer linearen Abbildung von einem n-dimensionalen Vektorraum in einen m-dimensionalen Vektorraum.

17.9 Linearkombinationen von Vektoren

D 17.9.1

> Unter einer **Linearkombination** der Vektoren
>
> $$\mathbf{a}_1 = \begin{matrix} a_{11} \\ a_{21} \\ \vdots \\ a_{m1} \end{matrix}, \quad \mathbf{a}_2 = \begin{matrix} a_{12} \\ a_{22} \\ \vdots \\ a_{m2} \end{matrix}, \ldots, \quad \mathbf{a}_n = \begin{matrix} a_{1n} \\ a_{2n} \\ \vdots \\ a_{mn} \end{matrix}$$
>
> versteht man eine Summe der Form
>
> $$c_1\mathbf{a}_1 + c_2\mathbf{a}_2 + \ldots + c_n\mathbf{a}_n = \sum_{i=1}^{n} c_i\mathbf{a}_i$$
>
> oder
>
> $$c_1\mathbf{a}'_1 + c_2\mathbf{a}'_2 + \ldots + c_n\mathbf{a}'_n = \sum_{i=1}^{n} c_i\mathbf{a}'_i,$$
>
> wobei die c_i Skalare sind.

Die Multiplikation eines Vektors mit einer Zahl ergibt wieder einen Vektor, so daß die $c_i\mathbf{a}_i$ bzw. $c_i\mathbf{a}'_i$ wieder Vektoren sind. Die Summe von Vektoren ergibt ebenfalls wieder einen Vektor, so daß gilt:

R 17.9.2

> Jede Linearkombination von Vektoren gleicher Ordnung ergibt einen Vektor derselben Ordnung.

B 17.9.3 a)

$$\mathbf{a}_1 = \begin{pmatrix} 3 \\ 0 \\ 1 \\ -4 \end{pmatrix}, \quad \mathbf{a}_2 = \begin{pmatrix} 1 \\ 2 \\ -2 \\ 3 \end{pmatrix}, \quad \mathbf{a}_3 = \begin{pmatrix} 12 \\ 20 \\ 9 \\ 4 \end{pmatrix} \qquad c_1 = 3, \quad c_2 = -1, \quad c_3 = 4$$

$$c_1\mathbf{a}_1 + c_2\mathbf{a}_2 + c_3\mathbf{a}_3 = 3\cdot\begin{pmatrix} 3 \\ 0 \\ 1 \\ -4 \end{pmatrix} + (-1)\cdot\begin{pmatrix} 1 \\ 2 \\ -2 \\ 3 \end{pmatrix} + 4\cdot\begin{pmatrix} 12 \\ 20 \\ 9 \\ 4 \end{pmatrix}$$

$$= \begin{pmatrix} 9 \\ 0 \\ 3 \\ -12 \end{pmatrix} + \begin{pmatrix} -1 \\ -2 \\ 2 \\ -3 \end{pmatrix} + \begin{pmatrix} 48 \\ 80 \\ 36 \\ 16 \end{pmatrix} = \begin{pmatrix} 9 - 1 + 48 \\ 0 - 2 + 80 \\ 3 + 2 + 36 \\ -12 - 3 + 16 \end{pmatrix} = \begin{pmatrix} 56 \\ 78 \\ 41 \\ 1 \end{pmatrix}$$

b) $\mathbf{b}'_1 = (3,9,7)$; $\mathbf{b}'_2 = (1,-1,0)$; $\mathbf{b}'_3 = (12,8,9)$

$c_1 = 12$; $c_2 = -40$; $c_3 = -5$

$$c_1\mathbf{b}'_1 + c_2\mathbf{b}'_2 + c_3\mathbf{b}'_3 = 12\cdot(3,9,7) + (-40)\cdot(1,-1,0) + (-5)\cdot(12,8,9)$$

$$= (36,108,84) + (-40,40,0) + (-60,-40,-45)$$

$$= (-64,108,39)$$

D 17.9.4 Eine Linearkombination $\sum_{i=1}^{n} c_i \mathbf{a}_i$ der Vektoren $\mathbf{a}_i$ (i=1,...,n) mit $\sum_{i=1}^{n} c_i = 1$ heißt **konvexe** Linearkombination.

B 17.9.5 Eine Unternehmung produziert zwei Güter, die auf den Maschinen A und B bearbeitet werden. Die Bearbeitungszeiten je Stück und die verfügbaren Maschinenzeiten sind in der folgenden Tabelle wiedergegeben (Zeiten in Minuten).

	Gut 1	Gut 2	Verfügbare Zeit je Woche
Maschine A	6	10	2400
Maschine B	8	4	2400

Die produzierbaren Mengen sind durch die verfügbaren Zeiten beschränkt. Zulässige Produktionspläne sind dann z.B.

$$\mathbf{a}_1 = \begin{pmatrix} 100 \\ 100 \end{pmatrix}; \mathbf{a}_2 = \begin{pmatrix} 200 \\ 20 \end{pmatrix}; \mathbf{a}_3 = \begin{pmatrix} 10 \\ 200 \end{pmatrix},$$

wobei die Elemente der Vektoren die Mengen der beiden Güter angeben. Jede konvexe Linearkombination dieser Vektoren gibt dann wieder einen zulässigen Produktionsplan, also z.B.

$$\frac{1}{10} \cdot \begin{pmatrix} 100 \\ 100 \end{pmatrix} + \frac{2}{5} \cdot \begin{pmatrix} 200 \\ 20 \end{pmatrix} + \frac{1}{2} \cdot \begin{pmatrix} 10 \\ 200 \end{pmatrix} = \begin{pmatrix} 95 \\ 118 \end{pmatrix}.$$

Aufgaben

Ü 17.9.1 Bestimme Linearkombinationen der Vektoren (2,3,0,1); (4,7,-3,0); (-3,-2,1,2) mit a) $c_1 = 3$, $c_2 = -1$, $c_3 = 2$; b) $c_1 = 1$, $c_2 = 3$, $c_3 = 4$.

18. Lineare Gleichungssysteme

18.1 Der Begriff des linearen Gleichungssystems

In **linearen Gleichungen** treten die Variablen nur in der ersten Potenz auf, und es kommen auch keine Produkte der Variablen vor. Der einfachste Fall ist die lineare Gleichung mit einer Variablen, die allgemein von der Form $ax+b = c$ ist und die Lösung $x = (c-b)/a$ hat (vgl. dazu und zu Gleichungen mit 2 Variablen Kapitel 7 der "Elementaren Grundlagen ...").

Bei vielen ökonomischen Anwendungen kommen lineare Gleichungen mit mehreren Variablen vor.

B 18.1.1 Der Student Paul geht morgens zum Kaufmann und holt sich 2 Brötchen und 1 l Milch für sein Frühstück. Er bezahlt dafür 1,80 DM. Als er zu Hause ausrechnen will, was 1 Brötchen und 1 l Milch kosten, versucht er, dafür eine Gleichung aufzustellen. Er bezeichnet den Brötchenpreis mit B und den Milchpreis mit M und erhält folgende lineare Gleichung mit 2 Variablen: $2B + 1M = 1{,}80$.

Im allgemeinen Fall hat man es mit n Variablen zu tun.

D 18.1.2

> Eine Gleichung der Form
> $$a_1x_1+a_2x_2+\ldots+a_nx_n = \sum_{i=1}^{n} a_ix_i = b$$
> (a_i = const. ($i = 1,\ldots,n$); b = const.) mit den n Variablen $x_1,\ldots,x_n$ heißt **lineare Gleichung in n Variablen.**

In einer linearen Gleichung kommen die Variablen nur in der ersten Potenz vor, und es gibt keine Produkte von Variablen.

Eine einzige lineare Gleichung in n Variablen ist für x_i ($i = 1,\ldots,n$) nicht eindeutig lösbar, da man die Werte von n-1 der Variablen beliebig wählen kann, bzw. weil der Wert jeder der Variablen x_i von den Werten der anderen Variablen abhängt.

B 18.1.3 Die lineare Gleichung aus Beispiel 18.1.1 $2B+M = 1{,}80$ kann z.B. folgende Lösung haben: $B = 0{,}15$, $M = 1{,}50$; $B = 0{,}20$, $M = 1{,}40$; $B = 0{,}30$, $M = 1{,}20$; $B = 0{,}40$, $M = 1{,}00$. Der Student Paul kann aus der einen Gleichung den Brötchenpreis und den Milchpreis nicht ausrechnen.

Eine lineare Gleichung mit mehreren Variablen hat allgemein unendlich viele Lösungen. Lineare Gleichungen mit mehreren Variablen treten jedoch üblicherweise nicht einzeln auf, sondern man hat mehrere lineare Gleichungen mit den gleichen Variablen, ein sogenanntes **lineares Gleichungssystem.**

B 18.1.4 Es wird an Beispiel 18.1.1 angeknüpft. Der Student Paul hat am nächsten Morgen Besuch von seiner Freundin und er kauft 5 Brötchen, 2 l Milch und 4 Eier für das Frühstück und bezahlt 4,70 DM. Das führt zu der Gleichung 5B+2M+4E = 4,70, wobei E den Eierpreis bezeichnet. Am Tag darauf kauft er wieder 5 Brötchen und 2 l Milch aber 6 Eier für 5,10 DM und notiert folgende Gleichung 5B+2M+6E = 5,10DM. Paul hat nunmehr folgende Gleichungen:

$$
\begin{aligned}
2B + M \quad &= 1{,}80 \\
5B + 2M + 4E &= 4{,}70 \\
5B + 2M + 6E &= 5{,}10.
\end{aligned}
$$

D 18.1.5 Die m linearen Gleichungen

$$
\begin{aligned}
a_{11}x_1 + a_{12}x_2 + \dots + a_{1n}x_n &= \sum_{j=1}^{n} a_{1j}x_j = b_1 \\
a_{21}x_1 + a_{22}x_2 + \dots + a_{2n}x_n &= \sum_{j=1}^{n} a_{2j}x_j = b_2 \\
\cdot \qquad \cdot \qquad \cdots \quad \cdot \quad & \qquad \cdot \qquad \cdot \\
a_{m1}x_1 + a_{m2}x_2 + \dots + a_{mn}x_n &= \sum_{j=1}^{n} a_{mj}x_j = b_m
\end{aligned}
$$

ergeben ein **lineares Gleichungssystem.**

Ein lineares Gleichungssystem kann man entweder ausführlich oder unter Verwendung des Summenzeichens schreiben, wie D 18.1.5 zeigt. Mit dem Summenzeichen kann für das Gleichungssystem verkürzt auch

$$\sum_{j=1}^{n} a_{ij}x_j = b_i, \qquad i = 1,\dots,m$$

geschrieben werden.

Eine andere Schreibweise ergibt sich bei Verwendung von **Matrizen.** In einer einzelnen linearen Gleichung der Form

$$a_1x_1 + a_2x_2 + a_3x_3 + \dots + a_nx_n = b$$

läßt sich die linke Seite als skalares Produkt von Vektoren auffassen:

$$a_1x_1 + a_2x_2 + a_3x_3 + \dots + a_nx_n = (a_1, a_2, \dots, a_n) \begin{pmatrix} x_1 \\ x_2 \\ \vdots \\ x_n \end{pmatrix} = \mathbf{a}'\mathbf{x}$$

Für die lineare Gleichung ergibt sich dann

$$\mathbf{a}'\mathbf{x} = b.$$

In der entsprechenden Weise kann man die linke Seite eines linearen Gleichungssystems als Produkt der Matrix

$$\mathbf{A} = \begin{pmatrix} a_{11} & a_{12} & \cdots & a_{1n} \\ a_{21} & a_{22} & \cdots & a_{2n} \\ \cdot & \cdot & \cdots & \cdot \\ a_{m1} & a_{m2} & \cdots & a_{mn} \end{pmatrix} \quad \text{mit dem Vektor } \mathbf{x} = \begin{pmatrix} x_1 \\ x_2 \\ \vdots \\ x_n \end{pmatrix}$$

auffassen:

$$\begin{pmatrix} a_{11}x_1 + a_{12}x_2 + \cdots + a_{1n}x_n \\ a_{21}x_1 + a_{22}x_2 + \cdots + a_{2n}x_n \\ \cdot \quad\quad \cdot \quad\quad \cdots \quad\quad \cdot \\ a_{m1}x_1 + a_{m2}x_2 + \cdots + a_{mn}x_n \end{pmatrix} = \begin{pmatrix} a_{11} & a_{12} & \cdots & a_{1n} \\ a_{21} & a_{22} & \cdots & a_{2n} \\ \cdot & \cdot & \cdots & \cdot \\ a_{m1} & a_{m2} & \cdots & a_{mn} \end{pmatrix} \begin{pmatrix} x_1 \\ x_2 \\ \vdots \\ x_n \end{pmatrix} .$$

Mit dem Vektor $\mathbf{b}' = (b_1, b_2, \ldots, b_m)$ lautet das lineare Gleichungssystem in Matrizenschreibweise

$$\begin{pmatrix} a_{11} & a_{12} & \cdots & a_{1n} \\ a_{21} & a_{22} & \cdots & a_{2n} \\ \cdot & \cdot & \cdots & \cdot \\ a_{m1} & a_{m2} & \cdots & a_{mn} \end{pmatrix} \begin{pmatrix} x_1 \\ x_2 \\ \cdot \\ x_n \end{pmatrix} = \begin{pmatrix} b_1 \\ b_2 \\ \cdot \\ b_m \end{pmatrix}$$

oder kürzer

$$\mathbf{Ax} = \mathbf{b}.$$

Die Matrix **A** der Koeffizienten des linearen Gleichungssystems heißt **Koeffizientenmatrix.**

B 18.1.6 Die drei Gleichungen aus Beispiel 18.1.4 lauten in Matrizenschreibweise

$$\begin{pmatrix} 2 & 1 & 0 \\ 5 & 2 & 4 \\ 5 & 2 & 6 \end{pmatrix} \begin{pmatrix} B \\ M \\ E \end{pmatrix} = \begin{pmatrix} 1{,}80 \\ 4{,}70 \\ 5{,}10 \end{pmatrix} .$$

Vor allem bei Anwendungsproblemen kommt es vor, daß lineare Gleichungssysteme zunächst nicht in der Form **Ax** = **b** gegeben sind. Durch äquivalente Umformungen (Durchführung der gleichen Rechenoperation mit der gleichen Zahl auf beiden Seiten der Gleichung) kann aber jedes Gleichungssystem auf die genannte Form gebracht werden.

B 18.1.7

$$\left.\begin{matrix} 5x-2y = 24-2z \\ 3y-4z = 5+3x \\ 6z = 12+4x-2y \end{matrix}\right\} \Longrightarrow \left\{\begin{matrix} 5x-2y+2z = 24 \\ -3x+3y-4z = 5 \\ -4x+2y+6z = 12 \end{matrix}\right\} \Longrightarrow \begin{pmatrix} 5 & -2 & 2 \\ -3 & 3 & -4 \\ -4 & 2 & 6 \end{pmatrix} \begin{pmatrix} x \\ y \\ z \end{pmatrix} = \begin{pmatrix} 24 \\ 5 \\ 12 \end{pmatrix}$$

Es wird deshalb folgendes definiert:

D 18.1.8

> **Ax** = **b** heißt **Normalform** eines linearen Gleichungssystems.

In den folgenden Ausführungen wird vor allem die Normalform von linearen Gleichungssystemen betrachtet.

D 18.1.9

> Ist bei einem linearen Gleichungssystem **Ax** = **b** der Vektor **b** = **0**, so heißt das Gleichungssystem **homogen.** Ist wenigstens ein Element von **b** von Null verschieden (**b** ≠ **0**), so heißt das Gleichungssystem **inhomogen.**

Bei einem linearen Gleichungssystem stellt sich nun die Aufgabe, die Lösungen des Gleichungssystems zu bestimmen. Bevor darauf im einzelnen eingegangen wird, werden hier zunächst noch einige Beispiele wirtschaftlicher Fragestellungen angeführt, die auf lineare Gleichungssysteme führen.

B 18.1.10 **Verrechnung innerbetrieblicher Leistungen**

Es wird von einem einfachen Betrieb ausgegangen, der drei Abteilungen A, B und C hat. Die Abteilungen sind durch Leistungsabgaben gegenseitig verflochten. So kann etwa in einem Industriebetrieb die Abteilung "Heizung" Leistungen an eine Abteilung "Reparaturen und Instandhaltung" abgeben, und umgekehrt nimmt die "Heizung" die Dienste der Abteilung "Reparaturen und Instandhaltung" in Anspruch.
Die Leistungsverflechtungen der drei Abteilungen A, B und C sind aus der folgenden Figur 18.1.11 ersichtlich. Die Zahlen an den Pfeilen geben die Leistungsabgaben in Mengeneinheiten an. Jede Abteilung gibt außerdem Leistungen nach außen (an den Markt) ab, und zwar A 50, B 80 und C 40 Mengeneinheiten. In jeder Abteilung fallen nun unmittelbare Kosten an, in denen die Leistungen der anderen Abteilungen noch nicht berücksichtigt sind. Dazu gehören z.B. Löhne und Gehälter, Abschreibungen für Maschinen, Stromverbrauch usw. Diese Kosten nennt man **Primärkosten.** Um die Kosten ("Preise") für eine Mengeneinheit der Leistungen jeder Abteilung berechnen zu können, muß man auch die durch den innerbetrieblichen Leistungsaustausch entstehenden Kosten kennen. Diese Kosten nennt man **Sekundärkosten.**

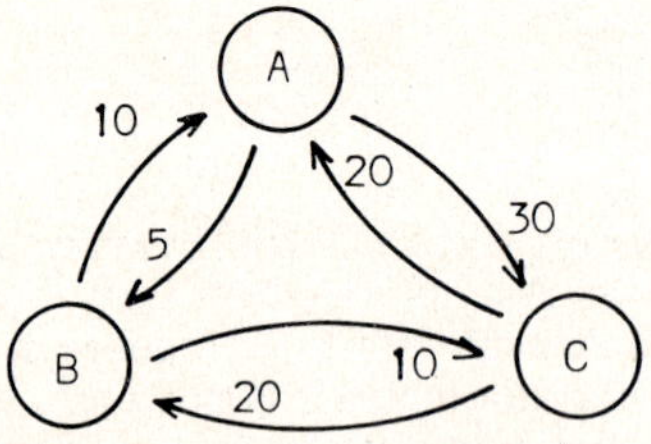

F 18.1.11

Um nun die Kosten für eine Leistungseinheit bei Abteilung A berechnen zu können, braucht man die Kosten je Einheit bei B und C. Um die Kosten bei B zu berechnen, braucht man die Einheitskosten bei A und C usw. Es sieht also so aus, als ob sich das Problem nicht lösen läßt. Das ist richtig, wenn man die Kosten der Abteilungen nacheinander berechnen will. Man kann jedoch das Problem durch gleichzeitige

Bestimmung aller Kosten je Einheit lösen. Dazu sind in der folgenden Zeichnung alle Angaben zusammengestellt.

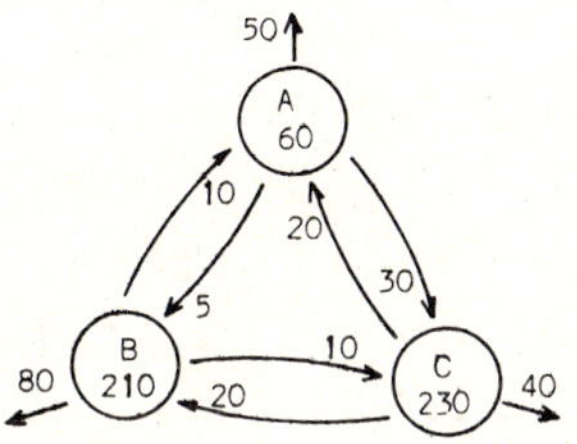

Die Zahlen in den Kreisen geben die Primärkosten an (F 18.1.12). Die Kosten je Einheit (Verrechnungspreis) für die Abteilungen A, B bzw. C werden mit a, b bzw. c bezeichnet. Mittels der zu bestimmenden Verrechnungspreise soll eine Verrechnung aller Kosten sichergestellt werden. Die Abteilung A gibt insgesamt 50+5+30 = 85 Mengeneinheiten ab. Es werden also Kosten in Höhe von 85 a weitergegeben. Bei Abteilung A entstehen Primärkosten in Höhe von 60 und Sekundärkosten in Höhe von 10b+20c, denn 10 Mengeneinheiten werden von B empfangen und 20 Leistungseinheiten von C. Da entstehende und zu verrechnende Kosten gleich sein sollen, erhält man folgende Gleichung:

F 18.1.12

$$85a = 60 + 10b + 20c.$$

Die gesamte Leistungsabgabe von B beträgt 100 und es entstehen Kosten von 210 (Primärkosten) sowie 5a+20c (Sekundärkosten). Das führt ähnlich wie bei A zu folgender Gleichung 100b = 210+5a+20c. Entsprechend erhält man bei C die Gleichung 80c = 230+30a+10b. Formt man die Gleichungen um, dann erhält man folgendes lineare Gleichungssystem:

$$\begin{aligned} 85a - 10b - 20c &= 60 \\ -5a + 100b - 20c &= 210 \\ -30a - 10b + 80c &= 230 \end{aligned} \quad \text{bzw.} \quad \begin{pmatrix} 85 & -10 & -20 \\ -5 & 100 & -20 \\ -30 & -10 & 80 \end{pmatrix} \begin{pmatrix} a \\ b \\ c \end{pmatrix} = \begin{pmatrix} 60 \\ 210 \\ 230 \end{pmatrix} .$$

Die Auflösung dieses Gleichungssystems liefert die gesuchten Verrechnungspreise.

B 18.1.13 Käuferverhalten

Es wird an Beispiel 17.6.19 angeknüpft. Dort wurde das Verhalten von Käufern auf einem Markt mit mehreren konkurrierenden Produkten beschrieben, und es wurde ein Ansatz zur zeitlichen Entwicklung der Marktanteile beschrieben. Man kann nun fragen, bei welchen Marktanteilen sich der Markt im Gleichgewicht befindet. Das ist dann der Fall, wenn sich die Marktanteile nicht ändern. Das Übergangsverhalten der Käufer in Beispiel 17.6.19 wurde durch folgende Matrix gegeben:

$$\begin{pmatrix} 0{,}8 & 0{,}1 & 0{,}1 \\ 0{,}2 & 0{,}7 & 0{,}1 \\ 0{,}2 & 0{,}2 & 0{,}6 \end{pmatrix} .$$

Werden die Marktanteile der Güter mit A, B und C bezeichnet, so muß bei einem Marktgleichgewicht gelten:

$$0{,}8A + 0{,}2B + 0{,}2C = A,$$
$$0{,}1A + 0{,}7B + 0{,}2C = B,$$
$$0{,}1A + 0{,}1B + 0{,}6C = C;$$

denn die Marktanteile sollen gleich bleiben. Da der Markt auf die drei Güter vollständig aufgeteilt wird, gilt außerdem A+B+C = 100. Von den drei obigen Gleichungen ist eine dadurch überflüssig, denn die Marktanteile müssen zusammen 100% ergeben. Die Berechnung der Marktanteile, bei denen ein Gleichgewicht auf dem Markt herrscht, kann also mit dem folgenden Gleichungssystem vorgenommen werden:

$$\begin{aligned} -0{,}2A + 0{,}2B + 0{,}2C &= 0 \\ 0{,}1A - 0{,}3B + 0{,}2C &= 0 \\ A + B + C &= 100 \end{aligned} \quad \text{bzw.} \quad \begin{pmatrix} -0{,}2 & 0{,}2 & 0{,}2 \\ 0{,}1 & -0{,}3 & 0{,}2 \\ 1 & 1 & 1 \end{pmatrix} \begin{pmatrix} A \\ B \\ C \end{pmatrix} = \begin{pmatrix} 0 \\ 0 \\ 100 \end{pmatrix}.$$

B **18.1.14 Teilebedarfsrechnung**

Ein anderes Anwendungsbeispiel für lineare Gleichungssysteme hat man bei der sogenannten Teilebedarfsrechnung. Aus Werkstoffen (A, B) werden Zwischenprodukte (C, D, E) und Endprodukte (F, G) hergestellt. In der Zeichnung sind die Verknüpfungen graphisch dargestellt.

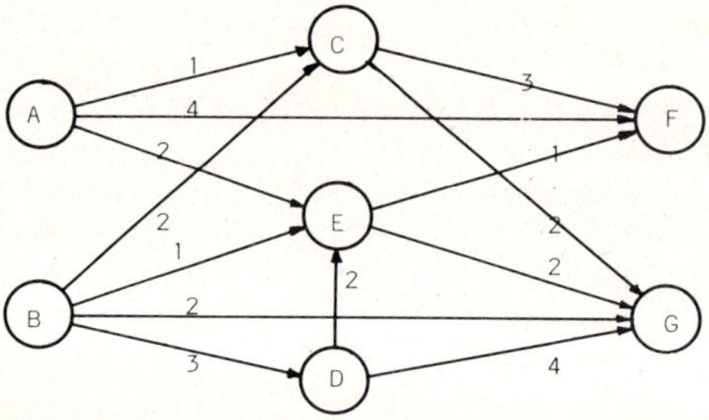

Die Zahlen an den Pfeilen geben an, wieviel Mengeneinheiten für eine Einheit des "folgenden" Produktes benötigt werden. Die graphische Darstellung der Zusammenhänge bezeichnet man auch als GOZINTOGRAPH. Von den Produkten E, F und G werden die Mengen 50, 200 und 120 benötigt.

F 18.1.15

Um auszurechnen, welche Stückzahlen von A, B, C und D für diese Mengen benötigt werden (Teilebedarf), kann man folgendermaßen vorgehen. Die Bedarfsmengen der einzelnen Produkte werden mit a, b, c, d, e, f und g bezeichnet. Es wird nun über die Mengenverknüpfungen des Schaubildes der Bedarf ausgerechnet. Von A benötigt man ein Stück für jede Einheit von C, 4 Stück pro Einheit von F und 2 je Einheit von E. Es gilt also $a = c+2e+4f$. Entsprechend ergibt sich für die anderen Mengen $b = 2c+3d+e+2g$; $c = 3f+2g$; $d = 2e+4g$ und $e = f+2g+50$. Die 50 geben den Endverbrauch an. Die übrigen Beziehungen lauten $f = 200$ und $g = 120$.

Man erhält also folgendes lineare Gleichungssystem zur Ermittlung des Teilebedarfs.

$$\begin{aligned} a - c - 2e - 4f &= 0 \\ b - 2c - 3d - e - 2g &= 0 \\ c - 3f - 2g &= 0 \\ d - 2e - 4g &= 0 \\ e - f - 2g &= 50 \\ f &= 200 \\ g &= 120 \end{aligned} \quad \text{bzw.} \quad \begin{pmatrix} 1 & 0 & -1 & 0 & -2 & -4 & 0 \\ 0 & 1 & -2 & -3 & -1 & 0 & -2 \\ 0 & 0 & 1 & 0 & 0 & -3 & -2 \\ 0 & 0 & 0 & 1 & -2 & 0 & -4 \\ 0 & 0 & 0 & 0 & 1 & -1 & -2 \\ 0 & 0 & 0 & 0 & 0 & 1 & 0 \\ 0 & 0 & 0 & 0 & 0 & 0 & 1 \end{pmatrix} \begin{pmatrix} a \\ b \\ c \\ d \\ e \\ f \\ g \end{pmatrix} = \begin{pmatrix} 0 \\ 0 \\ 0 \\ 0 \\ 50 \\ 200 \\ 120 \end{pmatrix}$$

Aufgaben

Ü 18.1.1 Schreibe unter Verwendung von Matrizen

$$\begin{aligned} 5x+3y-2z &= 1 \\ -x-\ y+\ z &= 0 \\ 2x-4y+4z &= 2\ . \end{aligned}$$

Ü 18.1.2 Lassen sich die folgenden Gleichungssysteme in der Form **Ax** = **b** schreiben? Falls ja, gib die Matrizenschreibweise an.

a) $5x + 3xy = 2$
$2\frac{x}{y} - 2\ y = 1;$

b) $5x - 3y = y + z$
$-x + 5y = 2x - 4z;$

c) $x_1x_2 + 5x_2^2 = 1$
$\frac{x_1}{x_2} + \frac{1}{x_2^2} = 3.$

Ü 18.1.3 Ein Betrieb besteht aus 3 Kostenstellen (K_1, K_2 und K_3), die Leistungen für den Absatzmarkt und für die jeweils anderen beiden Kostenstellen erbringen. Die Marktleistungen betragen:

K_1	K_2	K_3
30	154	28

Die gegenseitigen Leistungsabgaben zwischen den Kostenstellen sind in der folgenden Tabelle gegeben:

		Empfangende Stelle K_1	K_2	K_3
Abgebende Stelle	K_1	0	30	40
	K_2	20	0	32
	K_3	40	28	0

Die Stellen-Primärkosten betragen:

K_1	K_2	K_3
300	150	120

a) Stelle die Angaben in einem übersichtlichen Diagramm zusammen.
b) Formuliere das zur Bestimmung der innerbetrieblichen Verrechnungspreise notwendige Gleichungssystem.

Ü 18.1.4 Ein Industriebetrieb stellt 3 Güter X, Y und Z in den Mengen x, y und z her. Zur Produktion einer Einheit von Y werden drei Einheiten von X benötigt. Für eine Einheit von Z werden sechs Einheiten von X und 5 Einheiten von Y benötigt.
Es liegt ein Auftrag von 40 Stück des Gutes X, 60 Stück von Y und 20 Stück von Z vor. Welche Mengen müssen insgesamt hergestellt werden? Formuliere den Ansatz als lineares Gleichungssystem!

Ü **18.1.5** Für Fünf-Mark-Stücke soll eine neue Legierung verwendet werden, die aus 43% Nickel, 38% Kupfer und 19% Zinn besteht. Die neue Legierung soll aus **zwei alten Legierungen**, die noch in großer Menge vorrätig sind, **und aus reinem Kupfer** durch Mischung gewonnen werden.
Legierung 1: 50% Nickel, 30% Kupfer und 20% Zinn
Legierung 2: 60% Nickel, 10% Kupfer und 30% Zinn.
Gesucht sind die benötigten Anteile der Legierungen 1 und 2 und des Kupfers. Formuliere das Mischungsproblem als Gleichungssystem!

18.2 Regeln für die Lösung linearer Gleichungssysteme

Lineare Gleichungssysteme sind nicht immer lösbar. An einfachen Beispielen soll zunächst gezeigt werden, welche Fälle möglich sind. Dabei erfolgt eine Beschränkung auf inhomogene Gleichungssysteme, für die nach D 18.1.9 gilt $\mathbf{b} \neq \mathbf{0}$.
Bei der Lösung linearer Gleichungssysteme sollte immer die folgende Regel beachtet werden.

Die Lösung eines linearen Gleichungssystems kann durch Einsetzen der Lösungswerte für die Variablen in die Gleichung überprüft werden.

Mit dieser Grundregel können die Lösungen in den folgenden Beispielen überprüft werden.

B **18.2.1** a) Das Gleichungssystem aus B 18.1.4 hat die Lösung B = 0,30; M = 1,20; E = 0,20. Diese Lösung ist **eindeutig**, d.h. es gibt keine andere Lösung.
b) Das Gleichungssystem $2x+4y-2z = 10$ und $x-2y+7z = 17$ hat **mehrere Lösungen.** Beide Gleichungen sind z.B. für $(x,y,z) = (5,1,2)$; $(-4,7,5)$ oder $(14,-5,-1)$ erfüllt. Das Gleichungssystem ist lösbar, aber nicht eindeutig (nur eine Lösung) sondern mehrdeutig.
c) Das Gleichungssystem $x+2y = 5$ und $x+2y = 4$ ist **nicht lösbar.** Die beiden Gleichungen widersprechen sich. Die linken Seiten stimmen überein $(x+2y)$, aber die rechten Seiten nicht.

Das Beispiel zeigt die drei Fälle, die bei der Lösung eines inhomogenen linearen Gleichungssystems auftreten können.

R **18.2.2**

> Bei der **Lösung eines inhomogenen linearen Gleichungssystems** kann es
> a) **keine** Lösung (**nicht lösbares** Gleichungssystem),
> b) **eine** Lösung (**eindeutig lösbares** Gleichungssystem) oder
> c) **mehrere** Lösungen (**mehrdeutig lösbares** Gleichungssystem)
> geben.

Nicht lösbare Gleichungssysteme enthalten in den Gleichungen einen Widerspruch. Bei mehrdeutig lösbaren Gleichungssystemen können (oder müssen) eine oder mehrere Variablen vorgegeben werden, um die Lösungswerte der übrigen Variablen bestimmen zu können.

Für die Bestimmung der Lösungsmenge eines linearen Gleichungssystems mit **zwei** Variablen der allgemeinen Form

$a_1x+b_1y = c_1$ und $a_2x+b_2y = c_2$

gibt es verschiedene Möglichkeiten. (Vgl. dazu im einzelnen Abschnitt 8.2 der "Elementaren Grundlagen ...".)

(1) Eine Gleichung wird nach x (oder y) aufgelöst und der sich für x (oder y) ergebende Ausdruck in die andere Gleichung eingesetzt. Diese hat dann nur noch eine Variable und kann nach dieser aufgelöst werden. Den Lösungswert der anderen Variablen erhält man dann, indem man den Lösungswert der ersten Variablen in eine Gleichung einsetzt.

B 18.2.3 $x-2y = 1$ und $3x-y = 18$. Erste Gleichung: $x = 1+2y$; eingesetzt in die zweite Gleichung: $3+6y-y = 18 \Rightarrow 5y = 15 \Rightarrow y = 3$. Wird $y = 3$ in die erste Gleichung eingesetzt, ergibt sich $x-6 = 1$ bzw. $x = 7$.

(2) Beide Gleichungen werden nach einer Variablen aufgelöst und die sich ergebenden Ausdrücke gleichgesetzt. Diese Gleichung in einer Variablen wird nach dieser aufgelöst. Mit dem gefundenen Lösungswert kann über eine der beiden Gleichungen der Lösungswert der anderen Variablen bestimmt werden.

B 18.2.4 $2x-y = 5$ und $3x+y = 5$. Auflösung nach y und Gleichsetzen ergibt $2x-5 = 5-3x$ bzw. $x = 2$. Mit $x = 2$ folgt aus der 2. Gleichung $6+y = 5$ oder $y = -1$.

(3) Es wird ein geeignetes Vielfaches einer Gleichung zu der anderen addiert, so daß dadurch eine Gleichung mit einer Variablen entsteht, die nach dieser aufgelöst wird. Mit diesem Lösungswert erhält man dann über eine der beiden gegebenen Gleichungen den Lösungswert der anderen Variablen.

B 18.2.5 $2x+2y = 6$ und $4x-3y = 26$. Es wird das (-2)-fache der ersten Gleichung zur zweiten addiert:

$$\begin{array}{rcr} 4x-3y &=& 26 \\ \underline{-4x-4y} &=& \underline{-12} \\ -7y &=& 14 \end{array}$$

Es ergibt sich $y = -2$. Mit der ersten Gleichung ergibt sich $2x-4 = 6$ oder $x = 5$.

Aus der Behandlung einfacher Gleichungen ist folgendes bekannt (vgl. "Elementare Grundlagen ..." R 7.2.1):
Die Lösungsmenge einer Gleichung wird durch äquivalente Umformung der Gleichung nicht verändert.
Äquivalente Umformungen sind solche, bei denen auf beiden Seiten der Gleichung mit der gleichen Zahl (nicht Null!) die gleiche Rechenoperation durchgeführt wird.
Das Entsprechende gilt auch für lineare Gleichungen mit mehreren Variablen.

R 18.2.6

> Die Lösungsmenge einer linearen Gleichung mit mehreren Variablen wird durch **äquivalente Umformungen** nicht verändert.

In dem obigen Ansatz (3) zur Lösung von linearen Gleichungen mit 2 Variablen wurde ein Vielfaches einer Gleichung zu der anderen addiert. Die Addition des Vielfachen einer Gleichung zu einer anderen ist auch bei Gleichungssystemen mit mehr als zwei Variablen möglich ohne das sich die Lösungsmenge des Gleichungssystem dadurch verändert.

B 18.2.7

$$\begin{aligned} 3x-4y+5z &= 15 \\ 6x+2y-3z &= 7 \\ x+y+z &= 2 \end{aligned}$$

hat die Lösung $x = 2$, $y = -1$, $z = 1$.

Addiert man das 2-fache der ersten Gleichung zur zweiten und das (-3)-fache der ersten Gleichung zur dritten, so erhält man

$$\begin{array}{r} 6x+2y-3z = 7 \\ \underline{6x-8y+10z = 30} \\ 12x-6y+7z = 37 \end{array} \qquad \begin{array}{r} x+y+z = 2 \\ \underline{-9x+12y-15z = -45} \\ -8x+13y-14z = -43 \end{array} .$$

Das neue Gleichungssystem lautet:

$$\begin{aligned} 3x-4y+5z &= 15 \\ 12x-6y+7z &= 37 \\ -8x+13y-14z &= -43. \end{aligned}$$

Es hat dieselbe Lösung wie das ursprüngliche Gleichungssystem, wie man durch Einsetzen nachprüfen kann.

Schließlich ist leicht einzusehen, daß Gleichungen miteinander vertauscht werden können, ohne daß sich die Lösungsmenge des Gleichungssystems ändert.

Die angestellten Überlegungen führen zu folgender Grundregel für das Lösen linearer Gleichungssysteme.

R 18.2.8

> Die Lösungsmenge eines linearen Gleichungssystems wird nicht verändert, wenn
> (1) einzelne Gleichungen äquivalent umgeformt werden;
> (2) ein Vielfaches einer Gleichung zu einer anderen Gleichung addiert wird;
> (3) zwei Gleichungen miteinander vertauscht werden.

Auf der Basis dieser Grundregel ist die systematische Auflösung linearer Gleichungssysteme möglich. Da dabei eigentlich nur mit den Koeffizienten des Gleichungssystems gerechnet wird, also den Elementen der Koeffizientenmatrix **A** und des Vektors **b**, können solche systematischen Lösungsverfahren auch in Matrizenschreibweise formuliert werden. Im nächsten Abschnitt wird darauf eingegangen. Hier ist noch eine einfach einzusehende Regel für die Lösung eines homogenen Gleichungssystems zu erwähnen.

R 18.2.9

> Ein **homogenes lineares Gleichungssystem** $\mathbf{Ax} = \mathbf{0}$ hat immer mindestens die triviale Lösung $\mathbf{x} = 0$.

18.3 Lösung eines inhomogenen linearen Gleichungssystems durch vollständige Elimination

In diesem Abschnitt wird davon ausgegangen, daß ein zu lösendes lineares Gleichungssystem in seiner **Normalform** (vgl. D 18.1.8) gegeben ist. Andere Gleichungssysteme können immer durch äquivalente Umformungen (R 18.2.6) in die Normalform übergeführt werden.

Um ein systematisches Lösungsverfahren für inhomogene Gleichungssysteme zu bekommen, kann man die in der Grundregel R 18.2.8 angegebenen Operationen so anwenden, daß man schließlich ein Gleichungssystem erhält, daß nach Möglichkeit in jeder Gleichung nur noch eine Variable mit dem Koeffizienten 1 enthält. Stimmt die Anzahl der Variablen mit der Anzahl der Gleichungen überein und ist das Gleichungssystem eindeutig lösbar, dann bedeutet das folgendes:

$$\begin{aligned} a_{11}x_1+a_{12}x_2+\dots+a_{1n}x_n &= b_1 \\ a_{21}x_1+a_{22}x_2+\dots+a_{2n}x_n &= b_2 \\ &\dots \\ a_{n1}x_1+a_{n2}x_2+\dots+a_{nn}x_n &= b_n \end{aligned}$$

wird durch die Operationen aus R 18.2.8 umgeformt in

$$\begin{aligned} x_1 &= b_1^* \\ x_2 &= b_2^* \\ \vdots\ & \quad \vdots \\ x_n &= b_n^* \ . \end{aligned}$$

Die b_j^* $(j = 1,\dots,n)$ sind die Lösungswerte für die Variablen.

Bei Anwendung der Operationen aus R 18.2.8 wird - im eigentlichen Sinne - nur mit den Koeffizienten a_{ij} und den absoluten Gliedern b_j der Gleichungen gerechnet. Für die Bestimmung der Lösung des Gleichungssystems reicht es deshalb aus, wenn nur die um den Vektor **b** erweiterte Koeffizientenmatrix **A** betrachtet wird, d.h.

$$\left(\begin{array}{cccc|c} a_{11} & a_{12} & \cdots & a_{1n} & b_1 \\ a_{21} & a_{22} & \cdots & a_{2n} & b_2 \\ \cdot & \cdot & \cdots & \cdot & \cdot \\ a_{n1} & a_{n2} & \cdots & a_{nn} & b_n \end{array}\right) \quad \text{oder kurz } (\mathbf{A} \mid \mathbf{b}).$$

Die Operationen aus R 18.2.8 bedeuten, übertragen auf diese erweiterte Koeffizientenmatrix, folgendes:

(1) Multiplikation einer Zeile mit einer von Null verschiedenen Zahl. (Andere äquivalente Umformungen entfallen für die Normalform.)
(2) Addition eines Vielfachen einer Zeile zu einer anderen.
(3) Vertauschung von Zeilen.

Durch Anwendung dieser Zeilenoperationen formt man die Matrix **(A | b)** so um, daß anstelle von **A** eine Einheitsmatrix steht. Man bringt die erweiterte Koeffizientenmatrix also auf die Form

$$\left(\begin{array}{cccc|c} 1 & 0 & \dots & 0 & b_1^* \\ 0 & 1 & \dots & 0 & b_2^* \\ \cdot & \cdot & \dots & \cdot & \cdot \\ 0 & 0 & \dots & 1 & b_n^* \end{array}\right).$$

Damit hat man dann die Lösungswerte b_j^* der Variablen gefunden. Um die Bestimmung der Lösung eines inhomogenen linearen Gleichungssystems mit Hilfe der erweiterten Koeffizientenmatrix zu erläutern, wird zunächst ein Beispiel betrachtet, in dem Gleichungssystem und erweiterte Koeffizientenmatrix nebeneinander betrachtet werden.

B 18.3.1 Es soll das Gleichungssystem aus B 18.1.4 gelöst werden. Dabei werden jeweils Gleichungssystem und erweiterte Koeffizientenmatrix nebeneinander geschrieben. Gleichungssystem und erweiterte Koeffizientenmatrix lauten:

$$\begin{array}{l} 2B + M = 1{,}8 \\ 5B + 2M + 4E = 4{,}7 \\ 5B + 2M + 6E = 5{,}1 \end{array} \qquad \left(\begin{array}{ccc|c} 2 & 1 & 0 & 1{,}8 \\ 5 & 2 & 4 & 4{,}7 \\ 5 & 2 & 6 & 5{,}1 \end{array}\right).$$

Nach der schrittweisen Umformung soll sich ergeben

$$\begin{array}{l} B = b_1^* \\ M = b_2^* \\ E = b_3^* \end{array} \qquad \left(\begin{array}{ccc|c} 1 & 0 & 0 & b_1^* \\ 0 & 1 & 0 & b_2^* \\ 0 & 0 & 1 & b_3^* \end{array}\right).$$

Im ersten Schritt wird die erste Gleichung (Zeile) so umgeformt, daß B den Faktor 1 hat. Dazu wird (Operation (1) aus R 18.2.8) die erste Gleichung (Zeile) mit 0,5 multipliziert:

$$\begin{array}{l} B + 0{,}5M = 0{,}9 \\ 5B + 2M + 4E = 4{,}7 \\ 5B + 2M + 6E = 5{,}1 \end{array} \qquad \left(\begin{array}{ccc|c} 1 & 0{,}5 & 0 & 0{,}9 \\ 5 & 2 & 4 & 4{,}7 \\ 5 & 2 & 6 & 5{,}1 \end{array}\right).$$

In den nächsten beiden Schritten wird ein geeignetes Vielfaches der neuen ersten Gleichung (Zeile) zur zweiten bzw. dritten Gleichung (Zeile) addiert, um die Variable B aus diesen Gleichungen zu

eliminieren (um in der ersten Spalte die Nullen in der zweiten und dritten Zeile zu erzeugen).
Addition des (-5)-fachen der ersten Gleichung (Zeile) zur zweiten:

$$\begin{array}{rcl} 5B+2M \quad +4E &=& 4{,}7 \\ -5B-2{,}5M \qquad &=& -4{,}5 \\ \hline -0{,}5M \; +4E &=& 0{,}2 \end{array} \qquad \begin{array}{rrr|r} 5 & 2 & 4 & 4{,}7 \\ -5 & -2{,}5 & 0 & -4{,}5 \\ \hline 0 & -0{,}5 & 4 & 0{,}2 \end{array} \quad .$$

Addition des (-5)-fachen der ersten Gleichung (Zeile) zur dritten:

$$\begin{array}{rcl} 5B+2M \quad +6E &=& 5{,}1 \\ -5B-2{,}5M \qquad &=& -4{,}5 \\ \hline -0{,}5M \; +6E &=& 0{,}6 \end{array} \qquad \begin{array}{rrr|r} 5 & 2 & 6 & 5{,}1 \\ -5 & -2{,}5 & 0 & -4{,}5 \\ \hline 0 & -0{,}5 & 6 & 0{,}6 \end{array} \quad .$$

Gleichungssystem bzw. erweiterte Koeffizientenmatrix lauten nunmehr:

$$\begin{array}{rcl} B+0{,}5M \qquad &=& 0{,}9 \\ -0{,}5M+4E &=& 0{,}2 \\ -0{,}5M+6E &=& 0{,}6 \end{array} \qquad \left(\begin{array}{rrr|r} 1 & 0{,}5 & 0 & 0{,}9 \\ 0 & -0{,}5 & 4 & 0{,}2 \\ 0 & -0{,}5 & 6 & 0{,}6 \end{array}\right) \quad .$$

Die Variable B steht jetzt nur noch in der ersten Gleichung (Zeile). Im nächsten Schritt wird die zweite Gleichung (Zeile) mit -2 multipliziert, um zu erreichen, daß M in dieser Gleichung den Faktor 1 hat. Die zweite Gleichung (Zeile) lautet dann

$$M-8E = -0{,}4 \text{ bzw.} \qquad \begin{array}{rrr|r} 0 & 1 & -8 & -0{,}4. \end{array}$$

Jetzt wird ein geeignetes Vielfaches dieser neuen zweiten Zeile zur ersten und dritten addiert, um die Variable M aus diesen Gleichungen zu eliminieren bzw. in der ersten und dritten Zeile der zweiten Spalte eine Null zu erzeugen:
Addition des (-0,5)-fachen der neuen zweiten Gleichung (Zeile) zur ersten:

$$\begin{array}{rcl} B+0{,}5M \qquad &=& 0{,}9 \\ -0{,}5M+4E &=& 0{,}2 \\ \hline B \qquad\quad +4E &=& 1{,}1 \end{array} \qquad \begin{array}{rrr|r} 1 & 0{,}5 & 0 & 0{,}9 \\ 0 & -0{,}5 & 4 & 0{,}2 \\ \hline 1 & 0 & 4 & 1{,}1 \end{array} \quad .$$

Addition des 0,5-fachen der neuen zweiten Gleichung (Zeile) zur dritten:

$$\begin{array}{rcl} -0{,}5+6E &=& 0{,}6 \\ 0{,}5-4E &=& -0{,}2 \\ \hline 2E &=& 0{,}4 \end{array} \qquad \begin{array}{rrr|r} 0 & -0{,}5 & 6 & 0{,}6 \\ 0 & 0{,}5 & -4 & -0{,}2 \\ \hline 0 & 0 & 2 & 0{,}4 \end{array} \quad .$$

Gleichungssystem bzw. Koeffizientenmatrix lauten nunmehr

$$\begin{array}{rcl} B \qquad\quad +4E &=& 1{,}1 \\ M \quad -8E &=& -0{,}4 \\ 2E &=& 0{,}4 \end{array} \qquad \left(\begin{array}{rrr|r} 1 & 0 & 4 & 1{,}1 \\ 0 & 1 & -8 & -0{,}4 \\ 0 & 0 & 2 & 0{,}4 \end{array}\right) .$$

Hier wird bereits deutlich, daß im linken Teil der erweiterten Koeffizientenmatrix nacheinander Einheitsvektoren erzeugt werden. In der ersten Spalte ein 1. Einheitsvektor, in der zweiten Spalte ein 2. Einheitsvektor.

Im nächsten Schritt wird die dritte Gleichung (Zeile) so umgeformt, daß E den Faktor 1 hat. Dazu wird die Gleichung (Zeile) mit 0,5 multipliziert:

$$E = 0{,}2 \qquad\qquad 0\ \ 0\ \ 1 \mid 0{,}2.$$

Damit liegt für E bereits der Lösungswert vor. Jetzt werden geeignete Vielfache dieser neuen dritten Gleichung (Zeile) zu den beiden anderen addiert, um die Variable E aus diesen Gleichungen zu eliminieren bzw. in der ersten und zweiten Zeile der dritten Spalte Nullen zu erzeugen.

Addition des (-4)-fachen der neuen dritten Gleichung (Zeile) zur ersten:

$$\begin{array}{lrl} B & +4E & = 1{,}1 \\ & -4E & = -0{,}8 \\ \hline B & & = 0{,}3 \end{array} \qquad\qquad \begin{array}{ccc|c} 1 & 0 & 4 & 1{,}1 \\ 0 & 0 & -4 & -0{,}8 \\ \hline 1 & 0 & 0 & 0{,}3 \end{array} \quad .$$

Addition des 8-fachen der neuen dritten Gleichung (Zeile) zur zweiten:

$$\begin{array}{lrl} M & -8E & = -0{,}4 \\ & 8E & = 1{,}6 \\ \hline M & & = 1{,}2 \end{array} \qquad\qquad \begin{array}{ccc|c} 0 & 1 & -8 & -0{,}4 \\ 0 & 0 & 8 & 1{,}6 \\ \hline 0 & 1 & 0 & 1{,}2 \end{array} \quad .$$

Gleichungssystem bzw. erweiterte Koeffzientenmatrix lauten jetzt

$$\begin{array}{lllr} B & & & = 0{,}3 \\ & M & & = 1{,}2 \\ & & E & = 0{,}2 \end{array} \qquad\qquad \left(\begin{array}{ccc|c} 1 & 0 & 0 & 0{,}3 \\ 0 & 1 & 0 & 1{,}2 \\ 0 & 0 & 1 & 0{,}2 \end{array}\right) \quad .$$

Damit ist die Lösung des Gleichungssystems bestimmt. Es wird auch unmittelbar deutlich, wie die Lösung aus der erweiterten Koeffizientenmatrix abzulesen ist, denn die erweiterte Koeffizientenmatrix entspricht dem danebenstehenden Gleichungssystem.

Das Beispiel zeigt, wie bereits oben erwähnt wurde, daß zur Lösung eines in Normalform gegebenen inhomogenen Gleichungssystems die Lösung durch geeignete und zulässige Umformung der erweiterten Koeffizientenmatrix gefunden werden kann. Um diesen Ansatz als Regel zu definieren, werden zunächst die in R 18.2.8 definierten zulässigen Operationen für Gleichungen eines Gleichungssystems als Zeilenoperationen für Matrizen definiert:

R 18.3.2

Unter **Zeilenoperationen** versteht man die folgenden Rechenoperationen für eine Matrix:

(1) Multiplikation aller Elemente einer Zeile mit einer von Null verschiedenen Zahl.

(2) Addition einer mit einem Skalar multipizierten Zeile zu einer anderen Zeile.

(3) Vertauschung zweier Zeilen.

Bezüglich der erweiterten Koeffizientenmatrix eines linearen Gleichungssystems entsprechen diese Zeilenoperationen den für R 18.2.8 angegebenen Operationen.

Das in Beispiel 18.3.1 erläuterte Verfahren zur Bestimmung der Lösungen eines linearen Gleichungssystems kann für die erweiterte Koeffizientenmatrix unter Verwendung von Zeilenoperationen wie folgt als Regel formuliert werden.

R 18.3.3

> Gegeben sei die Normalform $\mathbf{Ax} = \mathbf{b}$ eines inhomogenen linearen Gleichungssystems, bei dem die Anzahl der Gleichungen mit der Anzahl der Variablen übereinstimmt. Die Lösungen des Gleichungssystems kann man bestimmen, indem man die um den Vektor $\mathbf{b}$ erweiterte Koeffizientenmatrix $(\mathbf{A} \mid \mathbf{b})$ durch Anwendung von Zeilenoperationen (R 18.3.2) in eine Matrix der Form $(\mathbf{E} \mid \mathbf{b}^*)$ umformt. Es gilt dann $\mathbf{x} = \mathbf{b}^*$.

Im einzelnen gilt für das Lösungsverfahren der **vollständigen Elimination** für ein inhomogenes lineares Gleichungssystem der Form

$$\begin{pmatrix} a_{11} & a_{12} & \dots & a_{1n} \\ a_{21} & a_{22} & \dots & a_{2n} \\ \cdot & \cdot & \dots & \cdot \\ a_{n1} & a_{n2} & \dots & a_{nn} \end{pmatrix} \begin{pmatrix} x_1 \\ x_2 \\ \cdot \\ x_n \end{pmatrix} = \begin{pmatrix} b_1 \\ b_2 \\ \cdot \\ b_n \end{pmatrix}$$

folgendes:

Der erste Lösungsschritt besteht darin, daß man die Koeffizientenmatrix um den Vektor der absoluten Glieder zur erweiterten Koeffizientenmatrix ergänzt:

$$\left(\begin{array}{cccc|c} a_{11} & a_{12} & \dots & a_{1n} & b_1 \\ a_{21} & a_{22} & \dots & a_{2n} & b_2 \\ \cdot & \cdot & \dots & \cdot & \cdot \\ a_{n1} & a_{n2} & \dots & a_{nn} & b_n \end{array}\right) .$$

In der erweiterten Matrix werden nun in den Spalten der Koeffizientenmatrix schrittweise Einheitsvektoren erzeugt, so daß an Stelle der Koeffizientenmatrix schließlich eine Einheitsmatrix steht. Das geschieht durch Anwendung der in R 18.3.2 gegebenen Zeilenoperationen:

(1) Multiplikation einer Zeile mit einer von Null verschiedenen Zahl.

(2) Addition eines Vielfachen einer Zeile zu einer anderen.

(3) Vertauschung von Zeilen.

Die erweiterte Matrix lautet dann schließlich

$$\left(\begin{array}{cccc|c} 1 & 0 & \dots & 0 & b_1^* \\ 0 & 1 & \dots & 0 & b_2^* \\ \cdot & \cdot & \dots & \cdot & \cdot \\ 0 & 0 & \dots & 1 & b_n^* \end{array}\right) .$$

Die Zahlen $b_1^*, b_2^*, ..., b_n^*$ sind die Lösungen des Gleichungssystems, denn eine Rücktransformation der erweiterten Matrix in ein lineares Gleichungssystem ergibt $x_1 = b_1^*; x_2 = b_2^*; x_3 = b_3^*; ...; x_n = b_n^*$.
Dazu wird noch ein weiteres ausführliches Beispiel behandelt.

B 18.3.4
$$8x_1 + 3x_2 = 30$$
$$5x_1 + 2x_2 = 19.$$

(1) Bestimmung der erweiterten Koeffizientenmatrix

$$\left(\begin{array}{cc|c} 8 & 3 & 30 \\ 5 & 2 & 19 \end{array}\right)$$

(2) Erzeugung der Einheitsmatrix

Iteration 1 (Erzeugung eines 1. Einheitsvektors in der 1. Spalte der erweiterten Matrix).

Es muß $a_{11} = 1$ sein. Dazu wird die 1. Zeile mit $\frac{1}{8}$ multipliziert.
Die erweiterte Matrix lautet dann

$$\left(\begin{array}{cc|c} 1 & \frac{3}{8} & \frac{15}{4} \\ 5 & 2 & 19 \end{array}\right).$$

Das zweite Element in der 1. Spalte muß "0" werden. Dazu wird das (-5)-fache der neuen 1. Zeile zur 2. Zeile addiert.

$$\begin{array}{cc|c} 5 & 2 & 19 \\ -5 & -\frac{15}{8} & -\frac{75}{4} \\ \hline 0 & \frac{1}{8} & \frac{1}{4} \end{array}.$$

Die erweiterte Matrix lautet nach der 1. Iteration

$$\left(\begin{array}{cc|c} 1 & \frac{3}{8} & \frac{15}{4} \\ 0 & \frac{1}{8} & \frac{1}{4} \end{array}\right).$$

Iteration 2 (Erzeugung eines 2. Einheitsvektors in der 2. Spalte).

$a_{22} = 1$ erreicht man durch Multiplikation der 2. Zeile mit 8:

$$\left(\begin{array}{cc|c} 1 & \frac{3}{8} & \frac{15}{4} \\ 0 & 1 & 2 \end{array}\right).$$

Damit das erste Element in der 2. Spalte "0" wird, addiert man das $(-\frac{3}{8})$-fache der 2. Zeile zur 1.Zeile:

$$\begin{array}{cc|c} 1 & \frac{3}{8} & \frac{15}{4} \\ 0 & -\frac{3}{8} & -\frac{3}{4} \\ \hline 1 & 0 & 3 \end{array} .$$

Die erweiterte Matrix lautet dann $\left(\begin{array}{cc|c} 1 & 0 & 3 \\ 0 & 1 & 2 \end{array}\right)$.

Das Lösungsverfahren ist damit beendet. Die Lösungen des Gleichungssystems lassen sich aus dieser Matrix ablesen: $x_1 = 3$, $x_2 = 2$.

B 18.3.5 Für das Gleichungssystem aus B 18.1.13 ergeben sich schrittweise folgende Matrizen:

$$\left(\begin{array}{ccc|c} -0{,}2 & 0{,}2 & 0{,}2 & 0 \\ 0{,}1 & -0{,}3 & 0{,}2 & 0 \\ 1 & 1 & 1 & 100 \end{array}\right) \quad \left(\begin{array}{ccc|c} 1 & -1 & -1 & 0 \\ 0 & -0{,}2 & 0{,}3 & 0 \\ 0 & 2 & 2 & 100 \end{array}\right)$$

$$\left(\begin{array}{ccc|c} 1 & 0 & -2{,}5 & 0 \\ 0 & 1 & -1{,}5 & 0 \\ 0 & 0 & 5 & 100 \end{array}\right) \quad \left(\begin{array}{ccc|c} 1 & 0 & 0 & 50 \\ 0 & 1 & 0 & 30 \\ 0 & 0 & 1 & 20 \end{array}\right) .$$

Das Marktgleichgewicht liegt also bei den Marktanteilen A: 50%; B: 30%; C: 20%.

Das Lösungsverfahren der vollständigen Elimination wurde in R 18.3.3, den nachfolgenden Erläuterungen sowie in den Beispielen sehr stark systematisiert. Für eine eindeutige Regel sowie z.B. für die Verwendung dieses Algorithmus für ein DV-Programm ist das erforderlich. Bei manuellem Lösen von Gleichungssystemen erhält man die Lösung oft schneller, wenn man von der strengen Systematik abweicht. Die Koeffizienten linearer Gleichungssysteme sind nämlich mitunter so, daß bei entsprechender Anwendung der Zeilenoperationen mehrere Nullen in einem Schritt erzeugt werden können.

B 18.3.6 In dem Gleichungssystem aus B 18.3.1 kann als erster oder zweiter Schritt das (-1)-fache der zweiten Zeile zur dritten addiert werden. Durch diese Zeilenoperation ändert sich die erweiterte Koeffizientenmatrix wie folgt:

$$\left(\begin{array}{ccc|c} 2 & 1 & 0 & 1{,}8 \\ 5 & 2 & 4 & 4{,}7 \\ 5 & 2 & 6 & 5{,}1 \end{array}\right) \Rightarrow \left(\begin{array}{ccc|c} 2 & 1 & 0 & 1{,}8 \\ 5 & 2 & 4 & 4{,}7 \\ 0 & 0 & 2 & 0{,}4 \end{array}\right) .$$

In der letzten Zeile sind damit zwei der erforderlichen Nullen erzeugt. Addiert man das (-2)-fache der neuen dritten Zeile zur zweiten, so lautet diese Zeile $(5 \; 2 \; 0 \mid 3{,}9)$.

Im dritten Schritt kann jetzt die erste Zeile mit 0,5 multipliziert werden und im vierten Schritt das (-5)-fache der neuen ersten Zeile zur zweiten Zeile addiert werden. Die erweiterte Koeffizientenmatrix lautet dann:

$$\left(\begin{array}{ccc|c} 1 & 0,5 & 0 & 0,9 \\ 0 & -0,5 & 0 & -0,6 \\ 0 & 0 & 2 & 0,4 \end{array}\right) \quad .$$

Jetzt wird die zweite Zeile zur ersten addiert, die zweite Zeile mit -2 multipliziert und die dritte Zeile mit 0,5 multipliziert. Danach ergibt sich:

$$\left(\begin{array}{ccc|c} 1 & 0 & 0 & 0,3 \\ 0 & 1 & 0 & 1,2 \\ 0 & 0 & 1 & 0,2 \end{array}\right) \quad ,$$

d.h. die Lösung des Gleichungssystems. Vergleicht man dieses Vorgehen mit dem in B 18.3.1, so wird deutlich, daß bei einigem Geschick der Aufwand zur Lösungsbestimmung reduziert werden kann.

Aufgaben

Ü 18.3.1 Löse das folgende Gleichungssystem durch vollständige Elimination: $x_1+x_2-x_3 = 4$; $2x_1-x_2+x_3 = 5$; $x_1+x_2+x_3 = 6$.

Ü 18.3.2 Löse die folgenden Gleichungssysteme durch vollständige Elimination:

a)
$$\begin{aligned} x_1 + 3x_2 - 4x_3 &= 10 \\ 3x_1 + 10x_2 - 6x_3 &= 40 \\ 4x_1 + 12x_2 - 12x_3 &= 48 \ ; \end{aligned}$$

b)
$$\begin{aligned} x + 4y + z &= 0 \\ x + z &= 4 \\ 0,5x - 3y + 2z &= 5 \ . \end{aligned}$$

Ü 18.3.3 Der Ökonomie-Student Paul finanziert sein Studium durch eine kleine Landwirtschaft. Er war heute auf dem Viehmarkt und hat Ziegen zu je DM 200,-, Kühe zu je DM 1.000,- und Enten zu je DM 30,- gekauft. Insgesamt hat er DM 3.600,- ausgegeben und zehnmal soviel Enten wie Kühe gekauft. Auf dem Nachhauseweg hat er 68 Beine bei seinen Tieren gezählt. Wieviel Enten, Ziegen und Kühe hat er gekauft?

18.4 Vollständige Elimination bei mehrdeutigen und bei nicht lösbaren Gleichungssystemen

Ist ein Gleichungssystem mit n Variablen und n Gleichungen nicht eindeutig lösbar, sondern mehrdeutig, dann läßt sich das Lösungsverfahren der vollständigen Elimination nicht bis zum Schluß durchführen, weil in mindestens einer Zeile lauter Nullen erscheinen.

B 18.4.1
$$\begin{aligned} 2x_1 - x_2 + 6x_3 &= 10 \\ x_1 + x_2 - 2x_3 &= 4 \\ x_1 - 2x_2 + 8x_3 &= 6 \end{aligned}$$

$$\left(\begin{array}{ccc|c} 2 & -1 & 6 & 10 \\ 1 & 1 & -2 & 4 \\ 1 & -2 & 8 & 6 \end{array}\right) \left(\begin{array}{ccc|c} 1 & -\frac{1}{2} & 3 & 5 \\ 0 & \frac{3}{2} & -5 & -1 \\ 0 & -\frac{3}{2} & 5 & 1 \end{array}\right) \left(\begin{array}{ccc|c} 1 & 0 & \frac{4}{3} & \frac{14}{3} \\ 0 & 1 & -\frac{10}{3} & -\frac{2}{3} \\ 0 & 0 & 0 & 0 \end{array}\right).$$

Die letzte Zeile enthält nur Nullen und das Lösungsverfahren muß deshalb abgebrochen werden. Das Gleichungssystem ist **mehrdeutig** lösbar. Um die unendlich vielen Lösungen dieses Gleichungssystems zu bestimmen, kann man aus der erweiterten Koeffizientenmatrix folgendes Gleichungssystem ablesen:

$$x_1 + \frac{4}{3}x_3 = \frac{14}{3} \text{ und } x_2 - \frac{10}{3}x_3 = -\frac{2}{3}.$$

Löst man nach x_1 und x_2 auf, so erhält man

$$x_1 = \frac{14}{3} - \frac{4}{3}x_3 \text{ und } x_2 = -\frac{2}{3} + \frac{10}{3}x_3.$$

Gibt man x_3 vor, so sind x_1 und x_2 eindeutig bestimmt. x_3 ist aber frei wählbar. Deshalb gibt es unendlich viele Lösungen. Einige davon sind

(1) $x_3 = 1, x_1 = \frac{10}{3}, x_2 = \frac{8}{3}$; (2) $x_3 = 2, x_1 = 2, x_2 = 6$;

(3) $x_3 = 3, x_1 = \frac{2}{3}, x_2 = \frac{28}{3}$; (4) $x_3 = 0, x_1 = \frac{14}{3}, x_2 = -\frac{2}{3}$;

(5) $x_3 = -1, x_1 = 6, x_2 = -4$.

Allgemein gilt folgendes:

R 18.4.2

> Ergeben sich bei der Bestimmung der Lösungen eines inhomogenen linearen Gleichungssystems $\mathbf{Ax} = \mathbf{b}$ mit n Gleichungen in n Variablen mit der vollständigen Elimination **in wenigstens einer Zeile** der erweiterten Koeffizientenmatrix **nur Nullen**, so ist das Gleichungssystem nur **mehrdeutig lösbar.**

Enthalten k Zeilen nur Nullen, dann erhält man die allgemeine Lösung, indem nach n-k Variablen aufgelöst wird. k Variablenwerte können dann beliebig vorgegeben werden, um die übrigen Variablen eindeutig zu bestimmen.

Hier sei noch ein weiteres Beispiel angegeben.

B 18.4.3

$$\begin{aligned} x_1 + 5x_2 + 2x_3 + 3x_4 &= 4 \\ 4x_1 + 18x_2 + 2x_3 + 8x_4 &= 12 \\ 3x_1 + 11x_2 - 6x_3 + x_4 &= 4 \\ 2x_2 + 6x_3 + 4x_4 &= 4 \end{aligned}$$

Die erweiterte Koeffizientenmatrix lautet

$$\left(\begin{array}{cccc|c} 1 & 5 & 2 & 3 & 4 \\ 4 & 18 & 2 & 8 & 12 \\ 3 & 11 & -6 & 1 & 4 \\ 0 & 2 & 6 & 4 & 4 \end{array}\right) .$$

Durch Anwendung der vollständigen Elimination erhält man

$$\left(\begin{array}{cccc|c} 1 & 5 & 2 & 3 & 4 \\ 0 & -2 & -6 & -4 & -4 \\ 0 & -4 & -12 & -8 & -8 \\ 0 & 2 & 6 & 4 & 4 \end{array}\right)$$

und im zweiten Schritt

$$\left(\begin{array}{cccc|c} 1 & 0 & -13 & -7 & -6 \\ 0 & 1 & 3 & 2 & 2 \\ 0 & 0 & 0 & 0 & 0 \\ 0 & 0 & 0 & 0 & 0 \end{array}\right) .$$

Man hat also die Gleichungen

$$\begin{aligned} x_1 - 13x_3 - 7x_4 &= -6 \\ x_2 + 3x_3 + 2x_4 &= 2 \end{aligned}$$

bzw.

$$\begin{aligned} x_1 &= -6 + 13x_3 + 7x_4 \\ x_2 &= 2 - 3x_3 - 2x_4 \end{aligned} .$$

x_1 und x_2 können erst eindeutig bestimmt werden, wenn man für x_3 und x_4 Werte vorgibt. Allgemein kann man in dem Beispiel für zwei Unbekannte beliebige Werte vorgeben und erhält dann eindeutige Lösungen für die beiden übrigen.

Allgemein ergibt sich für mehrdeutig lösbare Gleichungssysteme mit n Gleichungen in n Variablen folgendes:

Das Gleichungssystem mit der erweiterten Koeffizientenmatrix

$$\begin{array}{ccccccc} a_{11}x_1 & + & a_{12}x_2 & + \dots + & a_{1n}x_n & = & b_1 \\ a_{21}x_1 & + & a_{22}x_2 & + \dots + & a_{2n}x_n & = & b_2 \\ \cdot & & \cdot & \dots & \cdot & & \cdot \\ a_{n1}x_1 & + & a_{n2}x_2 & + \dots + & a_{nn}x_n & = & b_n \end{array} \qquad \left(\begin{array}{cccc|c} a_{11} & a_{12} & \dots & a_{1n} & b_1 \\ a_{21} & a_{22} & \dots & a_{2n} & b_2 \\ \cdot & \cdot & \dots & \cdot & \cdot \\ a_{n1} & a_{n2} & \dots & a_{nn} & b_n \end{array}\right)$$

ergibt mit der vollständigen Elimination folgende erweiterte Koeffizientenmatrix

$$\left(\begin{array}{cccccccc|c} 1 & 0 & 0 & \ldots & 0 & a^*_{1,r+1} & \ldots & a^*_{1n} & b^*_1 \\ 0 & 1 & 0 & \ldots & 0 & a^*_{2,r+1} & \ldots & a^*_{2n} & b^*_2 \\ \cdot & \cdot & \cdot & \ldots & \cdot & \cdot & \ldots & \cdot & \cdot \\ 0 & 0 & 0 & \ldots & 1 & a^*_{r,r+1} & \ldots & a^*_{rn} & b^*_r \\ 0 & 0 & 0 & \ldots & 0 & 0 & & 0 & 0 \\ \cdot & \cdot & \cdot & \ldots & \cdot & \cdot & \ldots & \cdot & \cdot \\ 0 & 0 & 0 & \ldots & 0 & 0 & \ldots & 0 & 0 \end{array}\right) .$$

Zur Erzeugung einer Einheitsmatrix im linken oberen Teil der Koeffizientenmatrix muß man in manchen Fällen Spalten vertauschen. Dabei ist darauf zu achten, daß die den betreffenden Spalten zugeordneten Unbekannten mit vertauscht werden.

Die sich ergebende erweiterte Koeffizientenmatrix entspricht folgendem Gleichungssystem

$$\begin{array}{lcl} x_1 + a^*_{1,r+1}x_{r+1} + \ldots + a^*_{1n}x_n = b^*_1 & & x_1 = b^*_1 - a^*_{1,r+1}x_{r+1} - \ldots - a^*_{1n}x_n \\ x_2 + a^*_{2,r+1}x_{r+1} + \ldots + a^*_{2n}x_n = b^*_2 & & x_2 = b^*_2 - a^*_{2,r+1}x_{r+1} - \ldots - a^*_{2n}x_n \\ \cdot \quad \cdot \quad \cdot \quad \ldots \quad \cdot \quad \cdot & \text{bzw.} & \cdot \quad \cdot \quad \cdot \quad \cdot \quad \ldots \quad \cdot \quad \cdot \\ x_r + a^*_{r,r+1}x_{r+1} + \ldots + a^*_{rn}x_n = b^*_r & & x_r = b^*_r - a^*_{r,r+1}x_{r+1} - \ldots - a^*_{rn}x_n \end{array}$$

Gibt man für die n-r Variablen $x_{r+1},\ldots,x_n$ beliebige Werte vor, so sind $x_1,\ldots,x_r$ eindeutig bestimmt (vgl. dazu auch Beispiele 18.4.1 und 18.4.3).

Eine mehrdeutige Lösung kann sich bei der Lösung eines linearen Gleichungssystems auch ergeben, wenn die Anzahl der Gleichungen m kleiner ist als die Anzahl der Variablen n.

B 18.4.4 Für das Gleichungssystem

$$\begin{aligned} 3x + 9y + 6z &= 12 \\ 5x + 17y + 16z &= 30 \end{aligned}$$

ergeben sich nacheinander folgende erweiterte Koeffizientenmatrizen

$$\left(\begin{array}{ccc|c} 3 & 9 & 6 & 12 \\ 5 & 17 & 16 & 30 \end{array}\right) \Rightarrow \left(\begin{array}{ccc|c} 1 & 3 & 2 & 4 \\ 0 & 2 & 6 & 10 \end{array}\right) \Rightarrow \left(\begin{array}{ccc|c} 1 & 0 & -7 & -11 \\ 0 & 1 & 3 & 5 \end{array}\right)$$

Das der letzten erweiterten Koeffizientenmatrix entsprechende Gleichungssystem lautet

$$\begin{aligned} x - 7z &= -11 \\ y + 3z &= 5 \end{aligned} \quad \text{bzw.} \quad \begin{aligned} x &= -11 + 7z \\ y &= 5 - 3z \end{aligned} .$$

Zu jedem (beliebigen) Wert von z gibt es eindeutige Lösungswerte von x und y. Das Gleichungssystem ist nur mehrdeutig lösbar.

Allgemein gilt:

R 18.4.5 Gegeben sei ein inhomogenes lineares Gleichungssystem mit m Gleichungen in n Variablen und $m < n$. Können durch Zeilenoperationen in den ersten m Spalten der erweiterten Koeffizientenmatrix Einheitsvektoren erzeugt werden, so ist das Gleichungssystem mehrdeutig lösbar.

Ist die **Anzahl der Gleichungen größer als die Anzahl der Variablen,** so ergibt sich für ein lösbares Gleichungssystem bei Anwendung der vollständigen Elimination immer mindestens eine Zeile mit lauter Nullen. Bei m Gleichungen mit n Variablen ($m > n$) kann die (definitionsgemäß quadratische) Einheitsmatrix, die im linken Teil der erweiterten Koeffizientenmatrix erzeugt wird, höchstens von der Ordnung n sein. Die übrigen Zeilen müssen dann Nullen enthalten.

B 18.4.6 Das Gleichungssystem $4x+2y = 10$; $3x+8y = 1$ und $5x+y = 14$ mit der erweiterten Koeffizientenmatrix

$$\left(\begin{array}{cc|c} 4 & 2 & 10 \\ 3 & 8 & 1 \\ 5 & 1 & 14 \end{array}\right) \text{ ergibt } \left(\begin{array}{cc|c} 1 & 0{,}5 & 2{,}5 \\ 0 & 6{,}5 & -6{,}5 \\ 0 & -1{,}5 & 1{,}5 \end{array}\right) \text{ und } \left(\begin{array}{cc|c} 1 & 0 & 3 \\ 0 & 1 & -1 \\ 0 & 0 & 0 \end{array}\right).$$

Die eindeutige Lösung lautet $x = 3$ und $y = -1$.

Die bisherigen Überlegungen können zu folgender Regel zusammengefaßt werden:

R 18.4.7 Gegeben sei ein lösbares inhomogenes lineares Gleichungssystem $\mathbf{Ax} = \mathbf{b}$. Die eindeutige oder mehrdeutige Lösung des Gleichungssystems kann dadurch bestimmt werden, daß der linke (obere) Teil der erweiterten Koeffizientenmatrix durch Anwendung von Zeilenoperationen auf die Form einer Einheitsmatrix gebracht wird. Aus dem der umgeformten erweiterten Koeffizientenmatrix entsprechenden Gleichungssystem kann dann die Lösung abgelesen werden.

Es ist jetzt noch die Frage zu klären, welches Ergebnis die vollständige Elimination bei einem nicht lösbaren Gleichungssystem liefert. Dazu wird zunächst folgendes Beispiel betrachtet.

B 18.4.8 Für das Gleichungssystem

$$\begin{aligned} 2x + 3y - z &= 12 \\ 4x - 3y + 7z &= 6 \\ 6x + 9y - 3z &= 18 \end{aligned}$$

ergibt die Umformung der erweiterten Koeffizientenmatrix schrittweise

$$\begin{pmatrix} 2 & 3 & -1 & | & 12 \\ 4 & -3 & 7 & | & 6 \\ 6 & 9 & -3 & | & 18 \end{pmatrix} \quad \begin{pmatrix} 1 & 1{,}5 & -0{,}5 & | & 6 \\ 0 & -9 & 9 & | & -18 \\ 0 & 0 & 0 & | & -18 \end{pmatrix} \quad \begin{pmatrix} 1 & 0 & 1 & | & 3 \\ 0 & 1 & -1 & | & 2 \\ 0 & 0 & 0 & | & 18 \end{pmatrix}.$$

Die dritte Zeile der letzten erweiterten Koeffizientenmatrix enthält im linken Teil nur Nullen und in der letzten Spalte eine von Null verschiedene Zahl. Daraus folgt, daß das Gleichungssystem nicht lösbar ist. Die Gleichungen enthalten einen Widerspruch. Das sieht man sofort, wenn die dritte Gleichung mit 1/3 multipliziert wird. Erste und dritte Gleichung lauten dann: $2x+3y-z = 12$ und $2x+3y-z = 6$. Die linken Seiten sind gleich, die rechten aber nicht. Es liegt ein Widerspruch vor.

Die Überlegungen des Beispiels ergeben allgemein:

R 18.4.9

> Gegeben sei ein inhomogenes lineares Gleichungssystem. Entsteht bei Anwendung von Zeilenoperationen zur Durchführung der vollständigen Elimination in der erweiterten Koeffizientenmatrix eine Zeile, die in der letzten Spalte eine von Null verschiedene Zahl und sonst nur Nullen enthält, so enthält das Gleichungssystem einen Widerspruch und ist **nicht lösbar.**

Damit sind alle drei Fälle der Lösbarkeit eines linearen Gleichungssystems - eindeutig, mehrdeutig, nicht lösbar - mit der vollständigen Elimination behandelt.

Aufgaben

Ü 18.4.1 Löse das folgende Gleichungssystem
* $x-2y-3z = 2$; $x-4y-13z = 14$; $-3x+5y+4z = 0$.

Ü 18.4.2 Löse das folgende Gleichungssystem
******

$$\begin{aligned} x_1+x_2 \qquad\qquad\qquad\quad +3x_5 &= 3 \\ x_1+4x_2+15x_3-9x_4+6x_5 &= 3 \\ x_2+3x_3-2x_4+x_5 &= 2. \end{aligned}$$

Ü 18.4.3 Löse $x+3y-5z = 8$; $2x-y+6z = 9$; $3x+2y+z = 20$.
*

Ü 18.4.4 Löse das folgende Gleichungssystem
****

$$\begin{aligned} x_1+2x_2+3x_3-10x_4 &= 11 \\ x_1+5x_2+9x_3-22x_4 &= 20 \\ x_1-x_2-3x_3+2x_4 &= 2 \\ 2x_1+4x_2+6x_3-20x_4 &= 22. \end{aligned}$$

18.5 Lösung eines inhomogenen linearen Gleichungssystems mit Hilfe des GAUSSschen Algorithmus

Eines der bekanntesten Verfahren zur Lösung linearer Gleichungssysteme ist der sogenannte **GAUSSsche Algorithmus.** Unter Verwendung von Matrizen wird er ähnlich durchgeführt, wie die in den beiden vorhergehenden Abschnitten beschriebene vollständige Elimination.

R 18.5.1

> Die Lösung des eindeutig lösbaren inhomogenen linearen Gleichungssystems $\mathbf{Ax} = \mathbf{b}$ mit m Gleichungen in n Variablen und $m \geqq n$ können dadurch bestimmt werden, daß man durch Anwendung von Zeilenoperationen auf die erweiterte Koeffizientenmatrix $(\mathbf{A}|\mathbf{b})$ den oberen quadratischen Teil von $\mathbf{A}$ in eine obere Dreiecksmatrix umwandelt. Durch sukzessives Einsetzen kann man aus dem sich ergebenden Gleichungssystem die Lösungen ableiten.

Im einzelnen läuft der GAUSSsche Algorithmus wie folgt ab:
Gleichungssystem

$$\begin{pmatrix} a_{11} & a_{12} & \cdots & a_{1n} \\ a_{21} & a_{22} & \cdots & a_{2n} \\ \cdot & \cdot & \cdots & \cdot \\ a_{m1} & a_{m2} & \cdots & a_{mn} \end{pmatrix} \begin{pmatrix} x_1 \\ x_2 \\ \cdot \\ x_n \end{pmatrix} = \begin{pmatrix} b_1 \\ b_2 \\ \cdot \\ b_m \end{pmatrix}$$

(1) **Erweiterung der Koeffizientenmatrix**

$$\left(\begin{array}{cccc|c} a_{11} & a_{12} & \cdots & a_{1n} & b_1 \\ a_{21} & a_{22} & \cdots & a_{2n} & b_2 \\ \cdot & \cdot & \cdots & \cdot & \cdot \\ a_{m1} & a_{m2} & \cdots & a_{mn} & b_m \end{array}\right)$$

(2) **Umwandlung der erweiterten Matrix durch Anwendung der Zeilenoperationen, so daß aus der Koeffizientenmatrix eine obere Dreiecksmatrix wird.**

$$\left(\begin{array}{ccccc|c} a_{11} & a_{12} & a_{13} & \cdots & a_{1n} & b_1 \\ 0 & a^*_{22} & a^*_{23} & \cdots & a^*_{2n} & b^*_2 \\ 0 & 0 & a^*_{33} & \cdots & a^*_{3n} & b^*_3 \\ \cdot & \cdot & \cdot & \cdots & \cdot & \cdot \\ 0 & 0 & 0 & \cdots & a^*_{nn} & b^*_n \\ 0 & 0 & 0 & \cdots & 0 & 0 \\ \cdot & \cdot & \cdot & \cdots & \cdot & \cdot \\ 0 & 0 & 0 & & 0 & 0 \end{array}\right).$$

Diese erweiterte Matrix entspricht folgendem Gleichungssystem:

$$\begin{aligned}
a_{11}x_1 + a_{12}x_2 + a_{13}x_3 + \dots + a_{1n}x_n &= b_1 \\
a^*_{22}x_2 + a^*_{23}x_3 + \dots + a^*_{2n}x_n &= b^*_2 \\
a^*_{33}x_3 + \dots + a^*_{3n}x_n &= b^*_3 \\
\cdot \quad \dots \quad \cdot \quad &\cdot \\
a^*_{nn}x_n &= b^*_n \quad .
\end{aligned}$$

(3) **Bestimmung der Lösungen durch sukzessives Einsetzen der bereits bekannten Lösungswerte.**

Aus der letzten Gleichung kann man $x_n = \frac{b^*_n}{a^*_{nn}}$ ausrechnen. Setzt man den Lösungswert für x_n in die vorletzte Gleichung ein, so kann man daraus dann den Lösungswert für x_{n-1} bestimmen. Durch Einsetzen der Lösungswerte für x_n und x_{n-1} in die (n-2)-te Gleichung kann x_{n-2} ausgerechnet werden usw.

Das Verfahren soll an folgendem Beispiel näher erläutert werden:

B 18.5.2

$$\begin{aligned}
x_1 + 2x_2 - x_3 + 6x_4 &= 33 \\
2x_1 - 4x_2 + 2x_3 - 2x_4 &= -6 \\
-x_1 + 4x_2 + x_3 + 4x_4 &= 13 \\
3x_1 - 2x_2 + 3x_3 + x_4 &= 11 \, .
\end{aligned}$$

In Matrizenschreibweise lautet das Gleichungssystem

$$\begin{pmatrix} 1 & 2 & -1 & 6 \\ 2 & -4 & 2 & -2 \\ -1 & 4 & 1 & 4 \\ 3 & -2 & 3 & 1 \end{pmatrix} \begin{pmatrix} x_1 \\ x_2 \\ x_3 \\ x_4 \end{pmatrix} = \begin{pmatrix} 33 \\ -6 \\ 13 \\ 11 \end{pmatrix}$$

(1) **Erweiterung der Koeffizientenmatrix**

$$\left(\begin{array}{cccc|c} 1 & 2 & -1 & 6 & 33 \\ 2 & -4 & 2 & -2 & -6 \\ -1 & 4 & 1 & 4 & 13 \\ 3 & -2 & 3 & 1 & 11 \end{array}\right)$$

(2) **Umformung der erweiterten Koeffizientenmatrix**

Iteration 1 (Erzeugung der erforderlichen Nullen in der 1. Spalte).
Dazu werden geeignete Vielfache der 1. Zeile zu den anderen Zeilen addiert.
a_{21} wird Null, indem man das (-2)-fache der 1. Zeile zur 2. Zeile addiert.
a_{31} wird Null, wenn man die 1. Zeile zur 3. Zeile addiert und
a_{41} wird Null durch Addition des (-3)-fachen der 1. Zeile zur 4. Zeile:

$$\begin{array}{rrrrr} 2 & -4 & 2 & -2 & -6 \\ -2 & -4 & 2 & -12 & -66 \\ \hline 0 & -8 & 4 & -14 & -72; \end{array} \quad \begin{array}{rrrrr} -1 & 4 & 1 & 4 & 13 \\ 1 & 2 & -1 & 6 & 33 \\ \hline 0 & 6 & 0 & 10 & 46; \end{array} \quad \begin{array}{rrrrr} 3 & -2 & 3 & 1 & 11 \\ -3 & -6 & 3 & -18 & -99 \\ \hline 0 & -8 & 6 & -17 & -88. \end{array}$$

Die erweiterte Matrix lautet jetzt

$$\left(\begin{array}{rrrr|r} 1 & 2 & -1 & 6 & 33 \\ 0 & -8 & 4 & -14 & -72 \\ 0 & 6 & 0 & 10 & 46 \\ 0 & -8 & 6 & -17 & -88 \end{array}\right) .$$

Iteration 2 (Erzeugung der Nullen in der 2. Spalte).
Dazu werden geeignete Vielfache der 2. Zeile zur 3. und 4. Zeile addiert. Addition des 0,75-fachen der 2. Zeile zur 3. Zeile und Addition des (-1)-fachen der 2. Zeile zur 4. Zeile:

$$\begin{array}{rrrrr} 0 & 6 & 0 & 10 & 46 \\ 0 & -6 & 3 & -10{,}5 & -54 \\ \hline 0 & 0 & 3 & -0{,}5 & -8 \end{array} \qquad \begin{array}{rrrrr} 0 & -8 & 6 & -17 & -88 \\ 0 & 8 & -4 & 14 & 72 \\ \hline 0 & 0 & 2 & -3 & -16 \end{array} .$$

Nach der 2. Iteration lautet die erweiterte Matrix

$$\left(\begin{array}{rrrr|r} 1 & 2 & -1 & 6 & 33 \\ 0 & -8 & 4 & -14 & -72 \\ 0 & 0 & 3 & -0{,}5 & -8 \\ 0 & 0 & 2 & -3 & -16 \end{array}\right) .$$

Iteration 3 (Erzeugung einer Null in der 3. Spalte).
Dazu wird das $(-\frac{2}{3})$-fache der 3. Zeile zur 4. Zeile addiert:

$$\begin{array}{rrrrr} 0 & 0 & 2 & -3 & -16 \\ 0 & 0 & -2 & \frac{1}{3} & \frac{16}{3} \\ \hline 0 & 0 & 0 & -\frac{8}{3} & -\frac{32}{3} \end{array} .$$

Die erweiterte Matrix und das zugehörige Gleichungssystem lauten:

$$\left(\begin{array}{rrrr|r} 1 & 2 & -1 & 6 & 33 \\ 0 & -8 & 4 & -14 & -72 \\ 0 & 0 & 3 & -0{,}5 & -8 \\ 0 & 0 & 0 & -\frac{8}{3} & -\frac{32}{3} \end{array}\right) \qquad \begin{array}{rcl} x_1 + 2x_2 - x_3 + 6x_4 &=& 33 \\ -8x_2 + 4x_3 - 14x_4 &=& -72 \\ 3x_3 - 0{,}5x_4 &=& -8 \\ -\frac{8}{3}x_4 &=& -\frac{32}{3} . \end{array}$$

(3) **Sukzessive Auflösung des umgewandelten Gleichungssystems**

Aus der 4. Gleichung folgt $x_4 = 4$.

Mit $x_4 = 4$ folgt aus der 3. Gleichung $3x_3 - 0{,}5 \cdot 4 = -8$ oder $3x_3 = -6$ oder $x_3 = -2$.

Mit $x_4 = 4$ und $x_3 = -2$ folgt aus der 2. Gleichung
$-8x_2 + 4 \cdot (-2) - 14 \cdot 4 = -72$ oder $-8x_2 = -8$ oder $x_2 = 1$.

Mit $x_4 = 4$, $x_3 = -2$ und $x_2 = 1$ folgt aus der 1. Gleichung
$x_1 + 2\cdot 1 - 1\cdot(-2) + 6\cdot 4 = 33$ oder $x_1 = 5$.
Damit sind alle Lösungswerte bestimmt.

Ebenso wie für die vollständige Elimination gilt für den GAUSSschen Algorithmus folgendes:
Ist das Gleichungssystem mehrdeutig lösbar, dann ergeben sich bei der Umformung der erweiterten Koeffizientenmatrix mehr als m-n Zeilen mit lauter Nullen. Es kann dann keine Dreiecksmatrix n-ter Ordnung erzeugt werden.

Ist das Gleichungssystem nicht lösbar (Widerspruch), dann ergeben sich bei der Umformung der erweiterten Matrix in wenigstens einer Zeile im linken Teil nur Nullen und im rechten eine von Null verschiedene Zahl.

Aufgaben

Ü 18.5.1 Löse die folgenden Gleichungssysteme mit Hilfe des GAUSSschen Algorithmus:

a) $$\begin{aligned} 2x + y - 2z &= 10 \\ 3x + 2y + 2z &= 1 \\ 5x + 4y + 3z &= 4; \end{aligned}$$

b) $$\begin{aligned} 5x + 7y + 15z &= 6 \\ x + 2y + 3z &= 6 \\ 2x + 4y + 12z &= 6. \end{aligned}$$

Ü 18.5.2 Gegeben sei das lineare inhomogene Gleichungssystem $\mathbf{Ax} = \mathbf{b}$ mit

$$\mathbf{A} = \begin{pmatrix} 1 & 2 & 2-t \\ 1 & 3 & 3-t \\ 0 & 2-t & t^2 \end{pmatrix} \quad \text{und } \mathbf{b} = \begin{pmatrix} t^2 \\ t^2+2 \\ t^2+t+6 \end{pmatrix}.$$

Für welche Werte von t ist das Sytem lösbar bzw. eindeutig lösbar?
Löse das System für $t = 0$.

18.6 Bestimmung der Inversen einer Matrix mit vollständiger Elimination

In Abschnitt 17.7 bzw. D 17.7.1 wurde die inverse Matrix bzw. Inverse einer Matrix eingeführt. Zu einer quadratischen Matrix $\mathbf{A}$ ist die Inverse $\mathbf{A}^{-1}$ eine Matrix mit der Eigenschaft $\mathbf{AA}^{-1} = \mathbf{A}^{-1}\mathbf{A} = \mathbf{E}$. Die Bestimmung der Inversen kann auf die Lösung mehrerer linearer Gleichungssysteme zurückgeführt werden, wie die folgenden Überlegungen zeigen:

Die gesuchte inverse Matrix zu $\mathbf{A}$ wird mit $\mathbf{X}$ bezeichnet. Es ist

$$\mathbf{A} = \begin{pmatrix} a_{11} & a_{12} & \cdots & a_{1n} \\ a_{21} & a_{22} & \cdots & a_{2n} \\ \cdot & \cdot & \cdots & \cdot \\ a_{n1} & a_{n2} & \cdots & a_{nn} \end{pmatrix} \text{und } \mathbf{X} = \begin{pmatrix} x_{11} & x_{12} & \cdots & x_{1n} \\ x_{21} & x_{22} & \cdots & x_{2n} \\ \cdot & \cdot & \cdots & \cdot \\ x_{n1} & x_{n2} & \cdots & x_{nn} \end{pmatrix}.$$

Es soll gelten **AX** = **E**. Die Spalten von **E** erhält man nach der Definition der Matrizenmultiplikation (vgl. D 17.6.2), indem man die Spalten von **X** mit den Zeilen von **A** multipliziert. Daraus ergeben sich folgende Gleichungen für die Spalten von **E**:

$$\begin{pmatrix} a_{11} & a_{12} & \cdots & a_{1n} \\ a_{21} & a_{22} & \cdots & a_{2n} \\ \cdot & \cdot & \cdots & \cdot \\ a_{n1} & a_{n2} & \cdots & a_{nn} \end{pmatrix} \begin{pmatrix} x_{11} \\ x_{21} \\ \cdot \\ x_{n1} \end{pmatrix} = \begin{pmatrix} 1 \\ 0 \\ 0 \\ \cdot \\ 0 \end{pmatrix}; \quad \begin{pmatrix} a_{11} & a_{12} & \cdots & a_{1n} \\ a_{21} & a_{22} & \cdots & a_{2n} \\ \cdot & \cdot & \cdots & \cdot \\ a_{n1} & a_{n2} & \cdots & a_{nn} \end{pmatrix} \begin{pmatrix} x_{12} \\ x_{22} \\ \cdot \\ x_{n2} \end{pmatrix} = \begin{pmatrix} 0 \\ 1 \\ 0 \\ \cdot \\ 0 \end{pmatrix}$$

usw. bis hin zu

$$\begin{pmatrix} a_{11} & a_{12} & \cdots & a_{1n} \\ a_{21} & a_{22} & \cdots & a_{2n} \\ \cdot & \cdot & & \cdot \\ a_{n1} & a_{n2} & \cdots & a_{nn} \end{pmatrix} \begin{pmatrix} x_{1n} \\ x_{2n} \\ \cdot \\ x_{nn} \end{pmatrix} = \begin{pmatrix} 0 \\ 0 \\ \cdot \\ 0 \\ 1 \end{pmatrix}.$$

Die Auflösung dieser insgesamt n Gleichungssysteme ergibt die Spalten der inversen Matrix. Sofern die Inverse existiert, sind alle Gleichungssysteme eindeutig lösbar.

Da alle Gleichungssysteme die gleiche Koeffizientenmatrix besitzen, nämlich **A**, ist es möglich, sie simultan zu lösen. Anstelle von n erweiterten Koeffizientenmatrizen $(\mathbf{A}|\mathbf{e}_i)$, wobei $\mathbf{e}_i$ ein i-ter Einheitsvektor ist, verwendet man dazu die um eine Einheitsmatrix erweiterte Koeffizientenmatrix **(A|E)**.

Die Bestimmung der Inversen einer Matrix geschieht dann unter Anwendung der Zeilenoperationen wie folgt:

R 18.6.1

Gegeben sei eine quadratische Matrix **A**, zu der die Inverse $\mathbf{A}^{-1}$ existiert. Die **Inverse** kann wie folgt bestimmt werden:

(1) Erweiterung der Matrix **A** um eine Einheitsmatrix geeigneter Ordnung zu **(A|E)**.

(2) Transformation der erweiterten Matrix **(A|E)** durch Anwendung von Zeilenoperationen derart, daß anstelle von **A** die Einheitsmatrix steht. Im rechten Teil der erweiterten Matrix steht dann die Inverse: $(\mathbf{E}\,|\,\mathbf{A}^{-1})$.

Die Transformation der erweiterten Matrix geschieht, wie bei der in Abschnitt 18.3 beschriebenen vollständigen Elimination, am übersichtlichsten dadurch, daß man sich in den Spalten des linken Teils nacheinander geeignete Einheitsvektoren erzeugt, und zwar jeweils zuerst die 1 an der entsprechenden Stelle und danach die Nullen. Das folgende Beispiel zeigt die Einzelheiten des Vorgehens.

B 18.6.2.

$$A = \begin{pmatrix} a_{11} & a_{12} & a_{13} \\ a_{21} & a_{22} & a_{23} \\ a_{31} & a_{32} & a_{33} \end{pmatrix} = \begin{pmatrix} 3 & 1 & 6 \\ 2 & 2 & 4 \\ 9 & 3 & 20 \end{pmatrix}$$

(1) **Erweiterung der Matrix um eine Einheitsmatrix gleicher Ordnung.**

$$\left(\begin{array}{ccc|ccc} 3 & 1 & 6 & 1 & 0 & 0 \\ 2 & 2 & 4 & 0 & 1 & 0 \\ 9 & 3 & 20 & 0 & 0 & 1 \end{array}\right)$$

(2) **Transformation der erweiterten Matrix.**

Iteration 1 (Erzeugung eines Einheitsvektors in der ersten Spalte)
Multiplikation der ersten Zeile mit 1/3 ergibt:

$$\begin{array}{ccc|ccc} 1 & \frac{1}{3} & 2 & \frac{1}{3} & 0 & 0 \end{array}\ .$$

Addition des (-2)-fachen davon zur 2. Zeile und des (-9)-fachen zur dritten Zeile ergibt

$$\begin{array}{ccc|ccc} 2 & 2 & 4 & 0 & 1 & 0 \\ -2 & -\frac{2}{3} & -4 & -\frac{2}{3} & 0 & 0 \\ \hline 0 & \frac{4}{3} & 0 & -\frac{2}{3} & 1 & 0 \end{array} \qquad \begin{array}{ccc|ccc} 9 & 3 & 20 & 0 & 0 & 1 \\ -9 & -3 & -18 & -3 & 0 & 0 \\ \hline 0 & 0 & 2 & -3 & 0 & 1 \end{array}\ .$$

Nach der ersten Iteration erhält man also die folgende erweiterte Matrix:

$$\left(\begin{array}{ccc|ccc} 1 & \frac{1}{3} & 2 & \frac{1}{3} & 0 & 0 \\ 0 & \frac{4}{3} & 0 & -\frac{2}{3} & 1 & 0 \\ 0 & 0 & 2 & -3 & 0 & 1 \end{array}\right)$$

Iteration 2 (Erzeugung eines Einheitsvektors in der 2. Spalte)

Die 2. Zeile wird mit $\frac{3}{4}$ multipliziert und das (-1/3)-fache dieser neuen 2. Zeile zur ersten addiert:

$$\begin{array}{ccc|ccc} 0 & 1 & 0 & -\frac{1}{2} & \frac{3}{4} & 0 \end{array} \qquad \begin{array}{ccc|ccc} 1 & \frac{1}{3} & 2 & \frac{1}{3} & 0 & 0 \\ 0 & -\frac{1}{3} & 0 & \frac{1}{6} & -\frac{1}{4} & 0 \\ \hline 1 & 0 & 2 & \frac{1}{2} & -\frac{1}{4} & 0 \end{array}\ .$$

Nach der zweiten Iteration ergibt sich

$$\left(\begin{array}{ccc|ccc} 1 & 0 & 2 & \frac{1}{2} & -\frac{1}{4} & 0 \\ 0 & 1 & 0 & -\frac{1}{2} & \frac{3}{4} & 0 \\ 0 & 0 & 2 & -3 & 0 & 1 \end{array}\right)$$

Iteration 3 (Erzeugung eines Einheitsvektors in der 3. Spalte)

Es ergibt sich:

$$\left(\begin{array}{ccc|ccc} 1 & 0 & 0 & \frac{7}{2} & -\frac{1}{4} & -1 \\ 0 & 1 & 0 & -\frac{1}{2} & \frac{3}{4} & 0 \\ 0 & 0 & 1 & -\frac{3}{2} & 0 & \frac{1}{2} \end{array}\right).$$

Jetzt steht anstelle der ursprünglichen Matrix eine Einheitsmatrix in der linken Hälfte der erweiterten Matrix. Die rechte Matrix stellt die Inverse dar. Es gilt also:

$$\mathbf{A}^{-1} = \begin{pmatrix} \frac{7}{2} & -\frac{1}{4} & -1 \\ -\frac{1}{2} & \frac{3}{4} & 0 \\ -\frac{3}{2} & 0 & \frac{1}{2} \end{pmatrix}.$$

Das Beispiel zeigt, daß man nicht mehr Iterationen braucht als die Matrix Zeilen bzw. Spalten hat.

Ob man die Inverse richtig berechnet hat, kann man dadurch überprüfen, daß man die ursprüngliche Matrix und die Inverse miteinander multipliziert. Das Ergebnis muß eine Einheitsmatrix sein.

B 18.6.3 Für das Beispiel 18.6.2 erhält man

$$\begin{pmatrix} 3 & 1 & 6 \\ 2 & 2 & 4 \\ 9 & 3 & 20 \end{pmatrix} \begin{pmatrix} \frac{7}{2} & -\frac{1}{4} & -1 \\ -\frac{1}{2} & \frac{3}{4} & 0 \\ -\frac{3}{2} & 0 & \frac{1}{2} \end{pmatrix} = \begin{pmatrix} 1 & 0 & 0 \\ 0 & 1 & 0 \\ 0 & 0 & 1 \end{pmatrix}.$$

Das beschriebene Verfahren zur Matrizeninversion durch Anwendung von Zeilenoperationen ist so aufgebaut, daß die Umformung der Matrix spaltenweise geschieht. In der linken Hälfte der erweiterten Matrix werden die Spalten nacheinander zu Einheitsvektoren umgeformt. Dabei werden immer zuerst die eins und anschließend die Nullen erzeugt. Dieses systematische Vorgehen ist, wie das bei der vollständigen Elimination in Abschnitt 18.3 bereits gesagt wurde, nicht zwingend. Bei der Erzeugung der Einheitsmatrix in der linken Hälfte der erweiterten Matrix kann man grundsätzlich die Elemente in beliebiger Reihenfolge entsprechend umwandeln. Dieses unsystematische Vorgehen kann mitunter schneller zum Ziel führen, birgt aber die Gefahr von Fehlern in sich. Man sollte von dem systematischen Vorgehen nur abweichen, wenn man eine gewisse Übung und Sicherheit im Durchführen der Zeilenoperationen besitzt.

Das folgende Beispiel knüpft an B 17.7.3 an.

B 18.6.4 In Beispiel 17.7.3 wurde der Vektor **x** des gesamten Outputs bestimmt, also

$$\mathbf{x} = (\mathbf{E} - \mathbf{A})^{-1}\mathbf{y},$$

wobei **A** die Matrix der Input-Output-Koeffizienten darstellt und **y** der Vektor der Endnachfrage ist. Es ist

$$\mathbf{A} = \begin{pmatrix} \frac{1}{8} & \frac{1}{3} & \frac{1}{7} \\ \frac{3}{8} & \frac{1}{6} & 0 \\ \frac{1}{8} & \frac{1}{3} & \frac{1}{7} \end{pmatrix} \quad \text{und } (\mathbf{E}-\mathbf{A}) = \begin{pmatrix} \frac{7}{8} & -\frac{1}{3} & -\frac{1}{7} \\ -\frac{3}{8} & \frac{5}{6} & 0 \\ -\frac{1}{8} & -\frac{1}{3} & \frac{6}{7} \end{pmatrix}.$$

Bei der Bestimmung von $(\mathbf{E}-\mathbf{A})^{-1}$ erhält man folgende Zwischenergebnisse:

$$\left(\begin{array}{ccc|ccc} \frac{7}{8} & -\frac{1}{3} & -\frac{1}{7} & 1 & 0 & 0 \\ -\frac{3}{8} & \frac{5}{6} & 0 & 0 & 1 & 0 \\ -\frac{1}{8} & -\frac{1}{3} & \frac{6}{7} & 0 & 0 & 1 \end{array}\right) \quad \left(\begin{array}{ccc|ccc} 1 & -\frac{8}{21} & -\frac{8}{49} & \frac{8}{7} & 0 & 0 \\ 0 & \frac{29}{42} & -\frac{3}{49} & \frac{3}{7} & 1 & 0 \\ 0 & -\frac{8}{21} & \frac{41}{49} & \frac{1}{7} & 0 & 1 \end{array}\right)$$

$$\left(\begin{array}{ccc|ccc} 1 & 0 & -\frac{40}{203} & \frac{40}{29} & \frac{16}{29} & 0 \\ 0 & 1 & -\frac{18}{203} & \frac{18}{29} & \frac{42}{29} & 0 \\ 0 & 0 & \frac{163}{203} & \frac{11}{29} & \frac{16}{29} & 1 \end{array}\right) \quad \left(\begin{array}{ccc|ccc} 1 & 0 & 0 & \frac{240}{163} & \frac{112}{163} & \frac{40}{163} \\ 0 & 1 & 0 & \frac{108}{163} & \frac{246}{163} & \frac{18}{163} \\ 0 & 0 & 1 & \frac{77}{163} & \frac{112}{163} & \frac{203}{163} \end{array}\right).$$

Es ist also

$$(\mathbf{E}-\mathbf{A})^{-1} = \begin{pmatrix} \frac{240}{163} & \frac{112}{163} & \frac{40}{163} \\ \frac{108}{163} & \frac{246}{163} & \frac{18}{163} \\ \frac{77}{163} & \frac{112}{163} & \frac{203}{163} \end{pmatrix} = \frac{1}{163}\begin{pmatrix} 240 & 112 & 40 \\ 108 & 246 & 18 \\ 77 & 112 & 203 \end{pmatrix}.$$

Da alle Elemente der Matrix Brüche mit dem Nenner 163 sind, ist es am zweckmäßigsten, $\frac{1}{163}$ als skalaren Faktor vor die Matrix zu ziehen.

Es ist

$$\mathbf{x} = \frac{1}{163}\begin{pmatrix} 240 & 112 & 40 \\ 108 & 246 & 18 \\ 77 & 112 & 203 \end{pmatrix}\begin{pmatrix} 4 \\ 2 \\ 3 \end{pmatrix} = \begin{pmatrix} 8 \\ 6 \\ 7 \end{pmatrix}.$$

Man beachte, daß nicht alle quadratischen Matrizen eine inverse Matrix besitzen. Das beschriebene Verfahren zur Bestimmung der Inversen läßt sich in einem solchen Fall nicht bis zu Ende führen, weil in einer oder mehreren Zeilen der linken Hälfte der erweiterten Matrix nur Nullen stehen.

B 18.6.5 Es ist die Inverse der Matrix

$$\begin{pmatrix} 1 & 5 & 2 & 3 \\ 4 & 9 & 1 & 7 \\ 3 & 4 & -1 & 4 \\ 0 & 11 & 7 & 5 \end{pmatrix}$$

zu bestimmen. Die erweiterte Matrix lautet

$$\left(\begin{array}{cccc|cccc} 1 & 5 & 2 & 3 & 1 & 0 & 0 & 0 \\ 4 & 9 & 1 & 7 & 0 & 1 & 0 & 0 \\ 3 & 4 & -1 & 4 & 0 & 0 & 1 & 0 \\ 0 & 11 & 7 & 5 & 0 & 0 & 0 & 1 \end{array}\right).$$

Die Erzeugung der Einheitsmatrix im linken Teil der Koeffizientenmatrix ergibt

$$\left(\begin{array}{cccc|cccc} 1 & 5 & 2 & 3 & 1 & 0 & 0 & 0 \\ 0 & -11 & -7 & -5 & -4 & 1 & 0 & 0 \\ 0 & -11 & -7 & -5 & -3 & 0 & 1 & 0 \\ 0 & 11 & 7 & 5 & 0 & 0 & 0 & 1 \end{array}\right); \left(\begin{array}{cccc|cccc} 1 & 0 & -\frac{13}{11} & \frac{8}{11} & -\frac{9}{11} & \frac{5}{11} & 0 & 0 \\ 0 & 1 & \frac{7}{11} & \frac{5}{11} & \frac{4}{11} & -\frac{1}{11} & 0 & 0 \\ 0 & 0 & 0 & 0 & 1 & -1 & 1 & 0 \\ 0 & 0 & 0 & 0 & -4 & 1 & 0 & 1 \end{array}\right).$$

In der linken Hälfte der erweiterten Matrix stehen in der 3. und 4. Zeile nur Nullen. Es ist damit unmöglich, in der 3. bzw. 4. Spalte einen 3. bzw. 4. Einheitsvektor zu erzeugen.

Aufgaben

Ü 18.6.1 Bestimme die Inverse der Matrix
****

$$\mathbf{A} = \begin{pmatrix} 2 & 3 & 1 \\ 1 & 2 & -1 \\ 2 & 1 & 2 \end{pmatrix}.$$

Ü 18.6.2 Bestimme die Inverse der Matrix
**

$$\mathbf{A} = \begin{pmatrix} 2 & 8 \\ 1 & 4 \end{pmatrix}.$$

Ü 18.6.3 Bestimme zu folgenden Matrizen die Inversen:
****

a) $\mathbf{A} = \begin{pmatrix} 2 & 1 \\ 3 & 1 \end{pmatrix}$; b) $\mathbf{B} = \begin{pmatrix} 5 & 7 \\ 4 & -3 \end{pmatrix}$; c) $\mathbf{C} = \begin{pmatrix} 1 & 3 & 3 \\ 1 & 4 & 3 \\ 1 & 3 & 4 \end{pmatrix}$;

d) $\mathbf{D} = \begin{pmatrix} 1 & 0 & 1 \\ 0 & 1 & -1 \\ 0 & -1 & 2 \end{pmatrix}$; e) $\mathbf{E} = \begin{pmatrix} 4 & 5 & 9 \\ 7 & 8 & 4 \\ 1 & 2 & 14 \end{pmatrix}$.

18.7 Lösung eines inhomogenen linearen Gleichungssystems mit Hilfe der Inversen der Koeffizientenmatrix

In Matrizenschreibweise ergibt ein lineares Gleichungssystem mit n Gleichungen in n Variablen die Matrizengleichung

$$\mathbf{Ax} = \mathbf{b}.$$

Multipliziert man beide Seiten der Gleichung **von links** mit der Inversen der Koeffizientenmatrix, so ergibt sich

$$\mathbf{A}^{-1}\mathbf{Ax} = \mathbf{A}^{-1}\mathbf{b} \implies \mathbf{Ex} = \mathbf{A}^{-1}\mathbf{b} \implies \mathbf{x} = \mathbf{A}^{-1}\mathbf{b}.$$

Die Lösung eines linearen Gleichungssystems (den Lösungsvektor **x**) kann man also dadurch bestimmen, daß man den Vektor der absoluten Glieder der Gleichungen von links mit der Inversen der Koeffizientenmatrix multipliziert. Es gilt somit:

R 18.7.1

> Gegeben sei ein eindeutig lösbares lineares Gleichungssystem mit n Gleichungen in n Variablen $\mathbf{Ax} = \mathbf{b}$. Dann gilt: $\mathbf{x} = \mathbf{A}^{-1}\mathbf{b}$.

B 18.7.2

$$\begin{matrix} 8x_1 + 3x_2 = 30 \\ 5x_1 + 2x_2 = 19 \end{matrix} \quad \text{bzw.} \quad \begin{pmatrix} 8 & 3 \\ 5 & 2 \end{pmatrix}\begin{pmatrix} x_1 \\ x_2 \end{pmatrix} = \begin{pmatrix} 30 \\ 19 \end{pmatrix}.$$

Die Berechnung der Inversen der Koeffizientenmatrix ergibt

$$\left(\begin{array}{cc|cc} 8 & 3 & 1 & 0 \\ 5 & 2 & 0 & 1 \end{array}\right); \quad \left(\begin{array}{cc|cc} 1 & \frac{3}{8} & \frac{1}{8} & 0 \\ 0 & \frac{1}{8} & -\frac{5}{8} & 1 \end{array}\right); \quad \left(\begin{array}{cc|cc} 1 & 0 & 2 & -3 \\ 0 & 1 & -5 & 8 \end{array}\right).$$

Es ist also $\mathbf{A}^{-1} = \begin{pmatrix} 2 & -3 \\ -5 & 8 \end{pmatrix}$ und für die Lösung des Gleichungssystems erhält man

$$\begin{pmatrix} x_1 \\ x_2 \end{pmatrix} = \begin{pmatrix} 2 & -3 \\ -5 & 8 \end{pmatrix}\begin{pmatrix} 30 \\ 19 \end{pmatrix} = \begin{pmatrix} 60 - 57 \\ -150 + 152 \end{pmatrix} = \begin{pmatrix} 3 \\ 2 \end{pmatrix}.$$

Aufgaben

Ü 18.7.1 Löse, sofern möglich, die folgenden Gleichungssysteme mit Hilfe der Inversen der Koeffizientenmatrix:

a)
$$\begin{aligned} 4x_1 + 5x_3 &= 19 \\ x_2 - 6x_3 &= -19 \\ 3x_1 + 4x_3 &= 15 \end{aligned}$$

b)
$$\begin{aligned} 2x_1 + 3x_2 + x_3 &= 15 \\ x_1 + 2x_2 - x_3 &= 3 \\ 2x_1 + x_2 + 2x_3 &= 13 \end{aligned}$$

c)
$$\begin{aligned} x_1 - 2x_2 - 3x_3 &= 2 \\ x_1 - 4x_2 - 13x_3 &= 14 \\ -3x_1 + 5x_2 + 4x_3 &= 0 \end{aligned}$$

d)
$$\begin{aligned} x + y &= 1 \\ x - y &= 3 \\ 2x + 2y &= 2 \end{aligned}$$

Ü 18.7.2 Für die Herstellung der Erzeugnisse A, B und C sind die Materialien R, S und T erforderlich.
Der Materialverbrauch pro Einheit der Erzeugnisse ist in der folgenden Tabelle aufgeführt:

	R	S	T
A	1	3	2
B	2	1	5
C	3	4	2

Der Betrieb verfügt über die folgenden Materialvorräte: 25 ME von R, 25 ME von S und 50 ME von T.
Das Materiallager soll geräumt werden, da der Betrieb in Zukunft neuartiges Material verwenden will. Es soll ermittelt werden, wieviele Einheiten der Erzeugnisse mit dem noch vorhandenen Material hergestellt werden können.

a) Formuliere das Problem als lineares Gleichungssystem.
b) Gib das unter a) entwickelte Gleichungssystem in Matrizenschreibweise wieder.
c) Löse das Gleichungssystem mit Hilfe der Inversen der Koeffizientenmatrix.

18.8 Linear abhängige bzw. unabhängige Gleichungen und Vektoren

Im Abschnitt 18.4 wurden nicht eindeutig lösbare Gleichungssysteme behandelt. Ist ein Gleichungssystem nur mehrdeutig lösbar, so liegt das häufig an der Tatsache, daß eine Gleichung (oder mehrere Gleichungen) aus den übrigen Gleichungen durch zulässige Operationen gewonnen werden können.

B 18.8.1 In Beispiel 18.4.1 war das nebenstehende Gleichungssystem gegeben.

$$\begin{aligned} 2x - y + 6z &= 10 \\ x + y - 2z &= 4 \\ x - 2y + 8z &= 6 \end{aligned}$$

Es ist nicht eindeutig lösbar. Der Grund ist der folgende: Jede Gleichung kann aus den beiden übrigen durch zulässige Operationen gewonnen werden. Z.B. ergibt sich die 3. Gleichung durch Addition des (-1)-fachen der 2. Gleichung zur 1. Gleichung. Die 3. Gleichung enthält zu den beiden anderen Gleichungen keine neue Information.

$$\begin{aligned} 2x - y + 6z &= 10 \\ -x - y + 2z &= -4 \\ \hline x - 2y + 8Z &= 6 \end{aligned}$$

Betrachtet man die erweiterte Koeffizientenmatrix, dann ist die 3. Zeile (bzw. der entsprechende Vektor) eine Linearkombination der beiden anderen Zeilen:
$(2,-1,6\,|\,10) - (1,1,-2\,|\,4) = (1,-2,8\,|\,6)$.
Für diese Gleichung kann man auch schreiben
$(2,-1,6\,|\,10) - (1,1,-2\,|\,4) - (1,-2,8\,|\,6) = (0,0,0\,|\,0)$.

In dem Beispiel sind 3 Vektoren gegeben, für die eine Linearkombination existiert, die den Nullvektor ergibt. Die Gleichungen und die den Koeffizienten entsprechenden Vektoren sind voneinander abhängig in dem Sinne, daß (wenigstens) eine Gleichung bzw. ein Vektor aus den anderen als Linearkombination bestimmt werden kann. Es gilt:

D 18.8.2

> Die n Vektoren $\mathbf{a}_1, \mathbf{a}_2, \ldots, \mathbf{a}_n$ gleicher Ordnung heißen **linear abhängig**, wenn sich der Nullvektor $\mathbf{0}$ als Linearkombination dieser Vektoren darstellen läßt:
> $$\mathbf{0} = \sum_{i=1}^{n} c_i \mathbf{a}_i,$$
> ohne daß alle $c_i = 0$ sind. Die n Vektoren $\mathbf{a}_i$ $(i = 1,\ldots,n)$ heißen **linear unabhängig**, wenn sich der Nullvektor nur durch eine Linearkombination darstellen läßt, bei der $c_i = 0$ für $i = 1,\ldots,n$ gilt.

B 18.8.3 a) Die Vektoren

$$\mathbf{a}_1 = \begin{pmatrix} 4 \\ 2 \\ -2 \end{pmatrix}; \quad \mathbf{a}_2 = \begin{pmatrix} 1 \\ -5 \\ 4 \end{pmatrix}; \quad \mathbf{a}_3 = \begin{pmatrix} 3 \\ -4 \\ 3 \end{pmatrix}$$

sind linear abhängig, denn es gilt

$$2\mathbf{a}_1 + 4\mathbf{a}_2 - 4\mathbf{a}_3 = 2\begin{pmatrix} 4 \\ 2 \\ -2 \end{pmatrix} + 4\begin{pmatrix} 1 \\ -5 \\ 4 \end{pmatrix} - 4\begin{pmatrix} 3 \\ -4 \\ 3 \end{pmatrix} = \begin{pmatrix} 8 \\ 4 \\ -4 \end{pmatrix} + \begin{pmatrix} 4 \\ -20 \\ 16 \end{pmatrix} - \begin{pmatrix} 12 \\ -16 \\ 12 \end{pmatrix} = \begin{pmatrix} 0 \\ 0 \\ 0 \end{pmatrix}.$$

b) Die m Einheitsvektoren m-ter Ordnung

$$\begin{pmatrix} 1 \\ 0 \\ 0 \\ \vdots \\ 0 \end{pmatrix}, \begin{pmatrix} 0 \\ 1 \\ 0 \\ \vdots \\ 0 \end{pmatrix}, \begin{pmatrix} 0 \\ 0 \\ 1 \\ \vdots \\ 0 \end{pmatrix}, \ldots, \begin{pmatrix} 0 \\ 0 \\ 0 \\ \vdots \\ 1 \end{pmatrix}$$

sind linear unabhängig, denn die Linearkombination

$$c_1\begin{pmatrix} 1 \\ 0 \\ 0 \\ \vdots \\ 0 \end{pmatrix} + c_2\begin{pmatrix} 0 \\ 1 \\ 0 \\ \vdots \\ 0 \end{pmatrix} + c_3\begin{pmatrix} 0 \\ 0 \\ 1 \\ \vdots \\ 0 \end{pmatrix} + \ldots + c_m\begin{pmatrix} 0 \\ 0 \\ 0 \\ \vdots \\ 1 \end{pmatrix} = \begin{pmatrix} c_1 \\ c_2 \\ c_3 \\ \vdots \\ c_m \end{pmatrix}$$

ergibt nur dann den Nullvektor, wenn gilt $c_1 = c_2 = \ldots = c_m = 0$.

Aus B 18.8.1, dem nachfolgenden Text und D 18.8.2 ergibt sich:

R 18.8.4

> Sind die m Vektoren $\mathbf{a}_1, \mathbf{a}_2, \ldots, \mathbf{a}_m$ **linear abhängig**, dann enthält dieses System mindestens einen Vektor, der sich als Linearkombination der übrigen Vektoren darstellen läßt.

B 18.8.5 Für die Vektoren aus B 18.8.3a gilt z.B. $\mathbf{a}_3 = \frac{1}{2}\mathbf{a}_1 + \mathbf{a}_2$:

$$\frac{1}{2} \cdot \begin{pmatrix} 4 \\ 2 \\ -2 \end{pmatrix} + \begin{pmatrix} 1 \\ -5 \\ 4 \end{pmatrix} = \begin{pmatrix} 2 \\ 1 \\ -1 \end{pmatrix} + \begin{pmatrix} 1 \\ -5 \\ 4 \end{pmatrix} = \begin{pmatrix} 3 \\ -4 \\ 3 \end{pmatrix}.$$

Speziell gilt

R 18.8.6

> **Vektoren sind linear abhängig, wenn**
> - das Vektorsystem zwei gleiche Vektoren enthält;
> - in dem Vektorsystem ein Vektor einem anderen proportional ist, d.h. wenn ein Vektor sich aus einem anderen Vektor durch Multiplikation mit einer Zahl ergibt;
> - die Anzahl m der Vektoren größer ist als deren Ordnung n, d.h. $m > n$.

In dem Sinne, wie hier die lineare Abhängigkeit und Unabhängigkeit von Vektoren definiert ist, kann auch die lineare Abhängigkeit und Unabhängigkeit von Gleichungen eingeführt werden. Das wird hier nicht im einzelnen behandelt.

Ob ein gegebenes System von Vektoren (oder linearen Gleichungen) linear abhängig oder unabhängig ist, kann mit Hilfe von Zeilenoperationen überprüft werden.

R 18.8.7

> Gegeben seien m Vektoren n-ter Ordnung $\mathbf{a}'_1, \mathbf{a}'_2, \ldots, \mathbf{a}'_m$ mit $m \leqq n$. Mit Hilfe von Zeilenoperationen können die Vektoren wie folgt auf lineare Abhängigkeit überprüft werden:
> (1) Fasse die Zeilenvektoren zu einer Matrix zusammen.
> (2) Erzeuge im linken quadratischen Teil der Matrix eine obere Dreiecksmatrix.
> (3) Entsteht dabei eine Zeile mit lauter Nullen oder enthält die Hauptdiagonale des quadratischen Teils Nullen, so sind die Vektoren linear abhängig, andernfalls nicht.

B 18.8.8 a) Für die Vektoren aus B 18.8.3a ergibt sich

$$\begin{pmatrix} 4 & 2 & -2 \\ 1 & -5 & 4 \\ 3 & -4 & 3 \end{pmatrix} \Rightarrow \begin{pmatrix} 4 & 2 & -2 \\ 0 & -5{,}5 & 4{,}5 \\ 0 & -5{,}5 & 4{,}5 \end{pmatrix} \Rightarrow \begin{pmatrix} 4 & 2 & -2 \\ 0 & -5{,}5 & 4{,}5 \\ 0 & 0 & 0 \end{pmatrix}$$

b) Für (3,2,-1), (6,4,0), (9,6,-2) ergibt sich

$$\begin{pmatrix} 3 & 2 & -1 \\ 6 & 4 & 0 \\ 9 & 6 & -2 \end{pmatrix} \Rightarrow \begin{pmatrix} 3 & 2 & -1 \\ 0 & 0 & 2 \\ 0 & 0 & 1 \end{pmatrix}.$$

In beiden Fällen sind die Vektoren linear abhängig.

Aufgaben

Ü 18.8.1 Untersuche auf lineare Abhängigkeit

a) $\mathbf{a} = \begin{pmatrix}1\\1\end{pmatrix}$, $\mathbf{b} = \begin{pmatrix}-2\\-2\end{pmatrix}$; b) $\mathbf{a} = \begin{pmatrix}1\\0\\1\end{pmatrix}$, $\mathbf{b} = \begin{pmatrix}1\\1\\0\end{pmatrix}$, $\mathbf{c} = \begin{pmatrix}0\\1\\1\end{pmatrix}$;

c) $\mathbf{a} = (2,0,3,4)$, $\mathbf{b} = (-1,2,-2,-3)$, $\mathbf{c} = (3,-3,2,4)$, $\mathbf{d} = (4,-1,3,5)$;

d) $\mathbf{a} = \begin{pmatrix}1\\2\\1\end{pmatrix}$, $\mathbf{b} = \begin{pmatrix}2\\-1\\-1\end{pmatrix}$, $\mathbf{c} = \begin{pmatrix}1\\1\\0\end{pmatrix}$, $\mathbf{d} = \begin{pmatrix}0\\0\\1\end{pmatrix}$; e) $\mathbf{a} = \begin{pmatrix}1\\0\end{pmatrix}$, $\mathbf{b} = \begin{pmatrix}1\\1\end{pmatrix}$.

Ü 18.8.2 Wie ist d zu wählen, damit die Vektoren **a,b,c** linear abhängig sind?

a) $\mathbf{a} = \begin{pmatrix}1\\-1\\d\end{pmatrix}$, $\mathbf{b} = \begin{pmatrix}d\\0\\2\end{pmatrix}$, $\mathbf{c} = \begin{pmatrix}1\\-1\\1\end{pmatrix}$; b) $\mathbf{a} = \begin{pmatrix}1\\0\\d\end{pmatrix}$, $\mathbf{b} = \begin{pmatrix}0\\1\\0\end{pmatrix}$, $\mathbf{c} = \begin{pmatrix}0\\0\\1\end{pmatrix}$.

18.9 Rang einer Matrix

Zu jedem System von Vektoren gibt es eine maximale Anzahl linear unabhängiger Vektoren.

D 18.9.1

> Gegeben sei ein System von n Vektoren $\mathbf{a}_1, \ldots, \mathbf{a}_n$. Die maximale Anzahl der linear unabhängigen Vektoren des Vektorsystems heißt **Rang** des Vektorsystems.

Eine Matrix besteht aus Zeilen und Spalten, die als Vektoren betrachtet werden können. Der Begriff des Rangs kann deshalb auf Matrizen übertragen werden. Dazu ist zunächst folgende Regel festzuhalten:

R 18.9.2

> Bei einer Matrix ist die Maximalzahl der linear unabhängigen Zeilen immer gleich der Maximalzahl der linear unabhängigen Spalten.

D 18.9.3

> Die Maximalzahl linear unabhängiger Zeilen bzw. Spalten einer Matrix **A** heißt **Rang der Matrix** und wird bezeichnet mit rang(**A**).

Für den Rang einer Matrix gelten verschiedene Regeln, die ohne Herleitung bzw. Beweis angegeben werden.

R 18.9.4

> a) Für eine m x n-Matrix $\mathbf{A}_{mn}$ ist der Rang höchstens gleich dem Minimum von Zeilenzahl m und Spaltenzahl n: $\text{rang}(\mathbf{A}_{mn}) \leqq \min(m,n)$.
>
> b) Zeilenoperationen verändern den Rang nicht.
>
> c) Für beliebige Matrizen gilt: $\text{rang}(\mathbf{A}) = \text{rang}(\mathbf{A}')$.

Zu R 18.9.4b) ist zu bemerken, daß analog zu den Zeilenoperationen auch Spaltenoperationen definiert werden können. Durch Anwendung dieser Spaltenoperationen wird der Rang ebenfalls nicht verändert.

Die Rangbestimmung einer gegebenen Matrix kann mittels Zeilenoperationen erfolgen.

R 18.9.5

> Der Rang einer Matrix kann wie folgt bestimmt werden: Erzeuge in den Spalten (in beliebiger Reihenfolge) Einheitsvektoren e_i, wobei für je zwei Einheitsvektoren e_i, e_j gelten muß $i \neq j$. Die maximale Anzahl von Einheitsvektoren, die erzeugt werden können, stimmt mit dem Rang der Matrix überein.

B 18.9.6 Die Spalten, in denen jeweils Einheitsvektoren erzeugt wurden, sind gekennzeichnet.

a)

$$\mathbf{A} = \begin{pmatrix} 2 & 3 & 1 & 4 & -2 \\ 8 & 12 & 4 & 16 & -4 \\ 4 & 8 & -4 & 11 & -3 \\ 2 & 5 & -5 & 7 & -1 \end{pmatrix} \Rightarrow \begin{pmatrix} 1 & 1,5 & 0,5 & 2 & -1 \\ 0 & 0 & 0 & 0 & 4 \\ 0 & 2 & -6 & 3 & 1 \\ 0 & 2 & -6 & 3 & 1 \end{pmatrix} \Rightarrow$$

$$\begin{pmatrix} 1 & 0 & 5 & -0,25 & -1,75 \\ 0 & 0 & 0 & 0 & 4 \\ 0 & 1 & -3 & 1,5 & 0,5 \\ 0 & 0 & 0 & 0 & 0 \end{pmatrix} \Rightarrow \begin{pmatrix} 1 & 0 & 5 & -0,25 & 0 \\ 0 & 0 & 0 & 0 & 1 \\ 0 & 1 & -3 & 1,5 & 0 \\ 0 & 0 & 0 & 0 & 0 \end{pmatrix}$$

Damit sind 3 Einheitsvektoren bestimmt. Mehr können nicht gefunden werden. Es gilt $\text{rang}(\mathbf{A}) = 3$.

b)

$$\mathbf{A} = \begin{pmatrix} 1 & 5 & 2 & 3 \\ 4 & 9 & 1 & 7 \\ 3 & 4 & -1 & 4 \\ 0 & 11 & 7 & 5 \end{pmatrix} \Rightarrow \begin{pmatrix} 1 & 5 & 2 & 3 \\ 0 & -11 & -7 & -5 \\ 0 & -11 & -7 & -5 \\ 0 & 11 & 7 & 5 \end{pmatrix} \Rightarrow \begin{pmatrix} 1 & 0 & -\frac{13}{11} & \frac{8}{11} \\ 0 & 1 & \frac{7}{11} & \frac{5}{11} \\ 0 & 0 & 0 & 0 \\ 0 & 0 & 0 & 0 \end{pmatrix}$$

Es ist $\text{rang}(\mathbf{A}) = 2$.

Mit Hilfe des Rangs von Matrizen können **Kriterien für die Lösbarkeit linearer Gleichungssysteme** formuliert werden. Dabei spielt für ein Gleichungssystem $\mathbf{Ax} = \mathbf{b}$ die Koeffizientenmatrix $\mathbf{A}$ und die erweiterte Koeffizientenmatrix $(\mathbf{A}|\mathbf{b})$ eine Rolle.

R 18.9.7

> Gegeben sei ein Gleichungssystem $\mathbf{Ax} = \mathbf{b}$ mit m Gleichungen in n Variablen. Für die Lösbarkeit des Gleichungssystems gilt dann:
>
> $\text{rang}(\mathbf{A}) < \text{rang}(\mathbf{A}|\mathbf{b}) \Longrightarrow \mathbf{Ax} = \mathbf{b}$ nicht lösbar
>
> $\text{rang}(\mathbf{A}) = \text{rang}(\mathbf{A}|\mathbf{b}) = r < n \Longrightarrow \mathbf{Ax} = \mathbf{b}$ mehrdeutig lösbar. n-r Variablenwerte können beliebig vorgegeben werden.
>
> $\text{rang}(\mathbf{A}) = \text{rang}(\mathbf{A}|\mathbf{b}) = n \Longrightarrow \mathbf{Ax} = \mathbf{b}$ eindeutig lösbar.

Die eindeutige Lösbarkeit setzt voraus, daß die Anzahl der Gleichungen nicht kleiner ist als die Anzahl der Variablen.

Aufgaben

Ü 18.9.1 Bestimme den Rang folgender Matrizen:

a) $\mathbf{A} = \begin{pmatrix} 4 & 5 & 6 \\ 6 & 8 & 4 \\ 1 & 2 & 10 \end{pmatrix}$; b) $\mathbf{B} = \begin{pmatrix} 1 & 2 & 3 & 4 \\ -4 & 0 & 5 & 6 \\ 5 & 2 & -2 & -2 \end{pmatrix}$;

c) $\mathbf{C} = \begin{pmatrix} 2 & 3 & -2 \\ 3 & -\frac{3}{2} & 1 \\ 3 & 2 & 3 \end{pmatrix}$.

Ü 18.9.2 Deute die Vektoren mit zwei bzw. drei Komponenten als Pfeile in einem Koordinatensystem und übertrage auf dieses Modell den Begriff der linearen Abhängigkeit.

Ü 18.9.3 Überprüfe die folgenden Gleichungssysteme hinsichtlich ihrer Lösbarkeit:

a)
$$\begin{aligned} x_1 + x_2 + x_3 &= 1 \\ x_1 - x_2 + x_3 &= 1 \\ x_1 + x_2 - x_3 &= 1 \end{aligned}\;;$$

b)
$$\begin{aligned} 5x + 3y &= 8 \\ 5x - 3y &= 2 \\ -10x + 6y &= 4 \\ 3x + \tfrac{3}{5}y &= \tfrac{8}{5} \end{aligned}\;;$$

c)
$$\begin{aligned} x_1 + x_2 - 3x_3 + 4x_4 &= 1 \\ 2x_1 - x_2 + x_3 + x_4 &= 9 \\ -2x_1 - 2x_2 + 6x_3 - 8x_4 &= -2 \\ x_1 - x_2 - 3x_3 + 4x_4 &= 1 \\ -x_1 - 3x_2 + 3x_3 - 4x_4 &= -1. \end{aligned}$$

Ü 18.9.4 In der Analytischen Geometrie stellt die Gleichung $a_1x_1+a_2x_2=b$ eine Gerade im (x_1,x_2)-Koordinatensystem dar.

Interpretiere mit dieser Deutung die Begriffe "Lösung" und "Lösbarkeitskriterien" von Gleichungssystemen mit zwei Unbekannten.

19. Determinanten

19.1 Begriff der Determinanten

Eine Determinante ist eine reelle Zahl, die aus den Elementen einer **quadratischen** Matrix nach bestimmten Vorschriften berechnet wird. Da die allgemeine Definition (s.u.) sehr unanschaulich ist, werden zunächst Determinanten für quadratische Matrizen 2. und 3. Ordnung behandelt.

D 19.1.1

Gegeben seien **quadratische** Matrizen 2. und 3. Ordnung

$$\mathbf{A} = \begin{pmatrix} a_{11} & a_{12} \\ a_{21} & a_{22} \end{pmatrix} \quad \text{bzw.} \quad \mathbf{B} = \begin{pmatrix} b_{11} & b_{12} & b_{13} \\ b_{21} & b_{22} & b_{23} \\ b_{31} & b_{32} & b_{33} \end{pmatrix}.$$

Unter der **Determinante** $\det(\mathbf{A}) = |\mathbf{A}|$ bzw. $\det(\mathbf{B}) = |\mathbf{B}|$ versteht man die nach den folgenden Vorschriften berechneten Zahlen

$$\det(\mathbf{A}) = |\mathbf{A}| = \begin{vmatrix} a_{11} & a_{12} \\ a_{21} & a_{22} \end{vmatrix} = a_{11}a_{22} - a_{21}a_{12}$$

$$\det(\mathbf{B}) = |\mathbf{B}| = \begin{vmatrix} b_{11} & b_{12} & b_{13} \\ b_{21} & b_{22} & b_{23} \\ b_{31} & b_{32} & b_{33} \end{vmatrix} = b_{11}b_{22}b_{33} - b_{11}b_{23}b_{32} + b_{12}b_{23}b_{31} - b_{12}b_{21}b_{33} + b_{13}b_{21}b_{32} - b_{13}b_{22}b_{31}$$

Die Determinante der quadratischen Matrix **A** wird mit $\det(\mathbf{A})$ oder $|\mathbf{A}|$ (mit senkrechten Strichen) oder durch vollständiges Hinschreiben der Elemente der Matrix zwischen zwei senkrechte Striche bezeichnet.

B 19.1.2

a) $$\begin{vmatrix} 3 & 1 \\ 7 & 2 \end{vmatrix} = 3 \cdot 2 - 7 \cdot 1 = -1$$

b) $$\begin{vmatrix} 3 & -1 & 0 \\ 5 & 8 & 1 \\ -1 & 3 & 2 \end{vmatrix} = 3 \cdot 8 \cdot 2 - 3 \cdot 1 \cdot 3 + (-1) \cdot 1 \cdot (-1) - (-1) \cdot 5 \cdot 2 + 0 \cdot 5 \cdot 3 - 0 \cdot 8 \cdot (-1) = 48 - 9 + 1 + 10 = 50$$

D 19.1.3

Die Determinante $|\mathbf{A}|$ einer quadratischen Matrix n-ter Ordnung heißt **Determinante n-ter Ordnung.**

Für Determinanten n-ter Ordnung gilt allgemein:

D 19.1.4

Unter der **Determinante**

$$\det(\mathbf{A}) = |\mathbf{A}| = \begin{vmatrix} a_{11} & a_{12} & a_{13} & \cdots & a_{1n} \\ a_{21} & a_{22} & a_{23} & \cdots & a_{2n} \\ a_{31} & a_{32} & a_{33} & \cdots & a_{3n} \\ \cdot & \cdot & \cdot & \cdots & \cdot \\ a_{n1} & a_{n2} & a_{n3} & \cdots & a_{nn} \end{vmatrix}$$

der quadratischen Matrix **A** versteht man die folgende Funktion der Elemente der Matrix

$$|\mathbf{A}| = \sum_{R} (-1)^{\zeta} a_{1j_1} a_{2j_2} a_{3j_3} \cdots a_{nj_n} .$$

$j_1, j_2, \ldots, j_n$ durchläuft dabei alle Permutationen der Zahlen von 1 bis n, d.h. es wird über die Menge R dieser Permutationen summiert. ζ gibt die Anzahl der Inversionen (paarweise Vertauschung von Elementen) der jeweiligen Permutation an.

Die Determinante ist also eine reelle Zahl, die aus den Elementen der Matrix nach der angegebenen Vorschrift berechnet wird. Da für $(j_1, j_2, \ldots, j_n)$ alle Permutationen stehen (in jedem Summanden eine andere), enthält die Summe n! Summanden. (Vgl. dazu Abschnitt 5.3 in Band 1.)

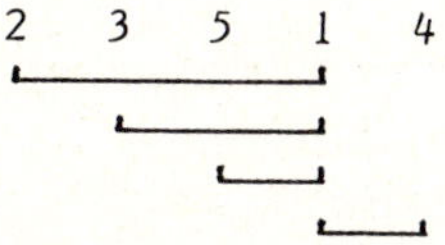

F 19.1.5

Jede paarweise Vertauschung von Zahlen bei einer Permutation heißt **Inversion.** Die Permutation 2,3,5,1,4 der Zahlen 1,2,3,4 und 5 enthält 4 Inversionen, da man 4 Vertauschungen von Zahlenpaaren vornehmen muß, um die natürliche Reihenfolge der Zahlen wieder herzustellen. Die Schritte sind in F 19.1.5 gekennzeichnet.

Die Berechnung von Determinanten unmittelbar durch die angegebene Definition ist sehr aufwendig. In diesem Abschnitt werden daher zusammen mit einigen grundlegenden Begriffen einige Regeln behandelt, die das Berechnen einer Determinante erleichtern.

D 19.1.6

Streicht man in einer Determinante n-ter Ordnung $|\mathbf{A}|$ die i-te Zeile und die j-te Spalte, so erhält man eine Determinante (n-1)-ter Ordnung. Man nennt diese Determinante die **Unterdeterminante** oder auch **Minor** des Elementes a_{ij} und bezeichnet sie mit $|\mathbf{A}|_{ij}$. Zu einer Determinante n-ter Ordnung gibt es n^2 Unterdeterminanten.

B 19.1.7 a) Bei der Determinante 4. Ordnung

$$\begin{vmatrix} a_{11} & a_{12} & a_{13} & a_{14} \\ a_{21} & a_{22} & a_{23} & a_{24} \\ a_{31} & a_{32} & a_{33} & a_{34} \\ a_{41} & a_{42} & a_{43} & a_{44} \end{vmatrix}$$

hat a_{23} die nebenstehende Unterdeterminante

$$\begin{vmatrix} a_{11} & a_{12} & a_{14} \\ a_{31} & a_{32} & a_{34} \\ a_{41} & a_{42} & a_{44} \end{vmatrix} .$$

b) Die Determinante dritter Ordnung

$$|\mathbf{A}| = \begin{vmatrix} a_{11} & a_{12} & a_{13} \\ a_{21} & a_{22} & a_{23} \\ a_{31} & a_{32} & a_{33} \end{vmatrix}$$

hat die neun Unterdeterminanten

$$|\mathbf{A}|_{11} = \begin{vmatrix} a_{22} & a_{23} \\ a_{32} & a_{33} \end{vmatrix} ; \quad |\mathbf{A}|_{12} = \begin{vmatrix} a_{21} & a_{23} \\ a_{31} & a_{33} \end{vmatrix} ; \quad |\mathbf{A}|_{13} = \begin{vmatrix} a_{21} & a_{22} \\ a_{31} & a_{32} \end{vmatrix} ;$$

$$|\mathbf{A}|_{21} = \begin{vmatrix} a_{12} & a_{13} \\ a_{32} & a_{33} \end{vmatrix} ; \quad |\mathbf{A}|_{22} = \begin{vmatrix} a_{11} & a_{13} \\ a_{31} & a_{33} \end{vmatrix} ; \quad |\mathbf{A}|_{23} = \begin{vmatrix} a_{11} & a_{12} \\ a_{31} & a_{32} \end{vmatrix} ;$$

$$|\mathbf{A}|_{31} = \begin{vmatrix} a_{12} & a_{13} \\ a_{22} & a_{23} \end{vmatrix} ; \quad |\mathbf{A}|_{32} = \begin{vmatrix} a_{11} & a_{13} \\ a_{21} & a_{23} \end{vmatrix} ; \quad |\mathbf{A}|_{33} = \begin{vmatrix} a_{11} & a_{12} \\ a_{21} & a_{22} \end{vmatrix} .$$

D 19.1.8 Multipliziert man die Unterdeterminante $|\mathbf{A}|_{ij}$ mit $(-1)^{i+j}$, so erhält man die **Adjunkte** oder den **Kofaktor** $\alpha_{ij} = (-1)^{i+j} \; |\mathbf{A}|_{ij}$ des Elementes a_{ij}.

Ist die Summe i+j von Zeilenindex und Spaltenindex gerade, so ist das Vorzeichen "+", ergibt i+j eine ungerade Summe, ist das Vorzeichen "-". Die Zuordnung der Vorzeichen kann man sich an der folgenden Darstellung einprägen, in der an der Stelle der Elemente die Vorzeichen der zugehörigen Adjunkten stehen.

$$\begin{vmatrix} + & - & + & - & + & - & \dots \\ - & + & - & + & - & + & \dots \\ + & - & + & - & + & - & \dots \\ - & + & - & + & - & + & \dots \\ + & - & + & - & + & - & \dots \\ \cdot & \cdot & \cdot & \cdot & \cdot & \cdot & \dots \end{vmatrix}$$

B 19.1.9 Zu der Determinante $\begin{vmatrix} 3 & 2 & 4 \\ 1 & 0 & 2 \\ 3 & 7 & 5 \end{vmatrix}$

gehören die Unterdeterminanten und Adjunkten

$$|\mathbf{A}|_{11} = \begin{vmatrix} 0 & 2 \\ 7 & 5 \end{vmatrix} = -14; \quad |\mathbf{A}|_{12} = \begin{vmatrix} 1 & 2 \\ 3 & 5 \end{vmatrix} = -1; \quad |\mathbf{A}|_{13} = \begin{vmatrix} 1 & 0 \\ 3 & 7 \end{vmatrix} = 7;$$

$$|\mathbf{A}|_{21} = \begin{vmatrix} 2 & 4 \\ 7 & 5 \end{vmatrix} = -18; \quad |\mathbf{A}|_{22} = \begin{vmatrix} 3 & 4 \\ 3 & 5 \end{vmatrix} = 3; \quad |\mathbf{A}|_{23} = \begin{vmatrix} 3 & 2 \\ 3 & 7 \end{vmatrix} = 15;$$

$$|\mathbf{A}|_{31} = \begin{vmatrix} 2 & 4 \\ 0 & 2 \end{vmatrix} = 4; \quad |\mathbf{A}|_{32} = \begin{vmatrix} 3 & 4 \\ 1 & 2 \end{vmatrix} = 2; \quad |\mathbf{A}|_{33} = \begin{vmatrix} 3 & 2 \\ 1 & 0 \end{vmatrix} = -2.$$

$$\alpha_{11} = (-1)^2 |\mathbf{A}|_{11} = -14; \alpha_{12} = (-1)^3 |\mathbf{A}|_{12} = 1; \alpha_{13} = (-1)^4 |\mathbf{A}|_{13} = 7;$$

$$\alpha_{21} = (-1)^3 |\mathbf{A}|_{21} = 18; \quad \alpha_{22} = (-1)^4 |\mathbf{A}|_{22} = 3; \alpha_{23} = (-1)^5 |\mathbf{A}|_{23} = -15;$$

$$\alpha_{31} = (-1)^4 |\mathbf{A}|_{31} = 4; \quad \alpha_{32} = (-1)^5 |\mathbf{A}|_{32} = -2; \alpha_{33} = (-1)^6 |\mathbf{A}|_{33} = -2.$$

Es liegt nahe, die Adjunkten einer Determinante in einer Matrix zusammenzufassen, indem man an die Stelle des Elementes a_{ij} der Matrix die Adjunkte α_{ij} dieses Elementes setzt:

$$\begin{pmatrix} \alpha_{11} & \alpha_{12} & \cdots & \alpha_{1n} \\ \alpha_{21} & \alpha_{22} & \cdots & \alpha_{2n} \\ \cdot & \cdot & \cdots & \cdot \\ \alpha_{n1} & \alpha_{n2} & \cdots & \alpha_{nn} \end{pmatrix}.$$

Das ist die **Matrix der Adjunkten** der Determinante bzw. der ursprünglichen Matrix.

D 19.1.10 Gegeben sei eine Matrix $\mathbf{A} = (a_{ij})$ und die zugehörige Matrix der Adjunkten (α_{ij}).

Die Transponierte der Matrix der Adjunkten heißt **adjungierte Matrix** und wird mit $\mathbf{A}_{ad}$ bezeichnet.

$$\mathbf{A}_{ad} = (\alpha_{ij})' = \begin{pmatrix} \alpha_{11} & \alpha_{21} & \cdots & \alpha_{n1} \\ \alpha_{12} & \alpha_{22} & \cdots & \alpha_{n2} \\ \cdot & \cdot & \cdots & \cdot \\ \alpha_{1n} & \alpha_{2n} & \cdots & \alpha_{nn} \end{pmatrix}$$

B 19.1.11 Zu dem Beispiel 19.1.9 lautet die Matrix der Adjunkten und die daraus durch Transponieren bestimmte adjungierte Matrix

$$(\alpha_{ij}) = \begin{pmatrix} -14 & 1 & 7 \\ 18 & 3 & -15 \\ 4 & -2 & -2 \end{pmatrix}, \quad \mathbf{A}_{ad} = \begin{pmatrix} -14 & 18 & 4 \\ 1 & 3 & -2 \\ 7 & -15 & -2 \end{pmatrix}.$$

D 19.1.12 Eine Matrix, deren Determinante verschwindet, heißt **singulär.** Ist die Determinante von Null verschieden, so heißt die Matrix **nichtsingulär** oder **regulär.**

B 19.1.13 a) Die Matrizen der Determinanten in B 19.1.2 sind regulär.

b) Die Matrix $\begin{pmatrix} 5 & 3 \\ -15 & -9 \end{pmatrix}$ ist wegen $\begin{vmatrix} 5 & 3 \\ -15 & -9 \end{vmatrix} = -45+45 = 0$ singulär.

Aufgaben

Ü 19.1.1 Berechne die Determinanten der Matrizen

*****

a) $\mathbf{A} = \begin{pmatrix} 2 & 1 \\ -5 & 3 \end{pmatrix}$; b) $\mathbf{B} = \begin{pmatrix} 0 & 1 \\ -1 & 0 \end{pmatrix}$; c) $\mathbf{C} = \begin{pmatrix} 2 & -5 \\ -4 & 10 \end{pmatrix}$; d) $\mathbf{D} = \begin{pmatrix} 3 & 1 \\ -5 & 2 \\ 4 & 7 \end{pmatrix}$.

Ü 19.1.2 Wann verschwindet die Determinante $\begin{vmatrix} a_{11} & a_{12} \\ a_{21} & a_{22} \end{vmatrix}$?

*****

Ü 19.1.3 Bestimme zu den Matrizen die adjungierten Matrizen:

******

$\mathbf{A} = \begin{pmatrix} 3 & -2 \\ 1 & 4 \end{pmatrix}$; $\mathbf{B} = \begin{pmatrix} 3 & 1 & 2 \\ 0 & 2 & 1 \\ 2 & 0 & 0 \end{pmatrix}$.

19.2 Berechnung von Determinanten

Die Berechnung von Determinanten 2. und 3. Ordnung ergibt sich unmittelbar aus D 19.1.1. Für die Determinante 3. Ordnung gibt es eine Regel zur übersichtlichen Berechnung. Dafür werden die beiden folgenden Begriffe benötigt.

D 19.2.1 Gegeben sei eine mxn Matrix. Die Elemente

$a_{1+r;1}, a_{2+r;2}, \ldots, a_{n+r;n}$; $r=0,\ldots, m-n$; falls $m > n$

bzw.

$a_{1;1+r}, a_{2;2+r} \ldots a_{m;m+r}$; $r=0,\ldots, n-m$; falls $n > m$

ergeben die m-n+1 bzw. n-m+1 **Hauptdiagonalen** der Matrix.

Die Elemente

$a_{n+r;1}$, $a_{n-1+r;2}$, ..., $a_{1+r;n}$; r=0,..., m-n; falls m > n
bzw.

$a_{m;1+r}$, $a_{m-1;2+r}$, ..., $a_{1;m+r}$; r=0,..., n-m; falls n > m
ergeben die m-n+1 bzw. n-m+1 **Nebendiagonalen** der Matrix.

Das folgende Beispiel veranschaulicht die beiden Begriffe.

B 19.2.2 a)

$$\begin{pmatrix} a_{11} & a_{12} & a_{13} \\ a_{21} & a_{22} & a_{23} \\ a_{31} & a_{32} & a_{33} \\ a_{41} & a_{42} & a_{43} \\ a_{51} & a_{52} & a_{53} \end{pmatrix}$$

Die Hauptdiagonalen entsprechen den ausgezogenen Linien, die Nebendiagonalen den punktierten Linien.

b)

$$\begin{pmatrix} a_{11} & a_{12} & a_{13} & a_{14} & a_{15} & a_{16} \\ a_{21} & a_{22} & a_{23} & a_{24} & a_{25} & a_{26} \\ a_{31} & a_{32} & a_{33} & a_{34} & a_{35} & a_{36} \end{pmatrix}$$

R 19.2.3

SARRUSsche Regel zur Berechnung einer Determinante 3. Ordnung

(1) Erweitere die 3x3-Matrix zu einer 3x5-Matrix, indem die 1. und 2. Spalte als 4. und 5. Spalte ergänzt werden:

$$\begin{pmatrix} a_{11} & a_{12} & a_{13} & a_{11} & a_{12} \\ a_{21} & a_{22} & a_{23} & a_{21} & a_{22} \\ a_{31} & a_{32} & a_{33} & a_{31} & a_{32} \end{pmatrix}$$

(2) Bestimme für die drei Hauptdiagonalen und für die drei Nebendiagonalen das Produkt der jeweiligen Elemente:

$a_{11}a_{22}a_{33}$; $a_{12}a_{23}a_{31}$; $a_{13}a_{21}a_{32}$

$a_{31}a_{22}a_{13}$; $a_{32}a_{23}a_{11}$; $a_{33}a_{21}a_{12}$

(3) Multipliziere die Produkte der Elemente der Nebendiagonalen mit -1 und addiere dann alle Produkte.

Die Summe ergibt die gesuchte Determinante.

$$\begin{pmatrix} a_{11} & a_{12} & a_{13} & a_{11} & a_{12} \\ a_{21} & a_{22} & a_{23} & a_{21} & a_{22} \\ a_{31} & a_{32} & a_{33} & a_{31} & a_{32} \end{pmatrix}$$

Zur Veranschaulichung der SARRUSschen Regel kann die nebenstehende Matrix herangezogen werden.

Man bestimmt zunächst die Produkte der Elemente auf den Hauptdiagonalen (ausgezogene Linien). Dann berechnet man die Produkte der Elemente auf den Nebendiagonalen (punktierte Linien), die mit -1 multipliziert werden. Die Summe der Produkte ergibt den Wert der Determinante.

B 19.2.4 Es ist $\begin{vmatrix} 3 & 9 & 7 \\ 6 & -1 & 8 \\ 2 & 5 & 2 \end{vmatrix}$ zu bestimmen. $\begin{pmatrix} 3 & 9 & 7 & 3 & 9 \\ 6 & -1 & 8 & 6 & -1 \\ 2 & 5 & 2 & 2 & 5 \end{pmatrix}$

Nach der Sarrus'schen Regel ergibt sich:

$3\cdot(-1)\cdot 2 + 9\cdot 8\cdot 2 + 7\cdot 6\cdot 5 - 2\cdot(-1)\cdot 7 - 5\cdot 8\cdot 3 - 2\cdot 6\cdot 9$

$= -6+144+210+14-120-108 = 134$

b) Es ist $\begin{vmatrix} -4 & 15 & 8 \\ 6 & 1 & -7 \\ 4 & -1 & 3 \end{vmatrix}$ zu bestimmen. $\begin{pmatrix} -4 & 15 & 8 & -4 & 15 \\ 6 & 1 & -7 & 6 & 1 \\ 4 & -1 & 3 & 4 & -1 \end{pmatrix}$

Nach der Sarrus'schen Regel ergibt sich:

$(-4)\cdot 1\cdot 3 + 15\cdot(-7)\cdot 4 + 8\cdot 6\cdot(-1) - 4\cdot 1\cdot 8 - (-1)\cdot(-7)\cdot(-4) - 3\cdot 6\cdot 15$

$= -12-420-48-32+28-270 = -754.$

Die SARRUSsche Regel kann auch so abgewandelt werden, daß die Matrix zu einer (5 x 3)-Matrix durch Hinzufügen der 1. und 2. Zeile als 4. und 5. Zeile erweitert wird. Es wird dann entsprechend verfahren.

Zu beachten ist folgendes:

Die SARRUSsche Regel ist nur auf die Berechnung von Determinanten dritter Ordnung anwendbar.

Für die praktische Berechnung von Determinanten vierter und höherer Ordnung spielt der **LAPLACEsche Entwicklungssatz** für Determinanten in der nachstehend angegebenen speziellen Formulierung eine wichtige Rolle.

Es gilt:

R 19.2.5 Multipliziert man jedes Element a_{ij} einer beliebigen Zeile oder Spalte einer Determinante n-ter Ordnung

$$|A| = \begin{vmatrix} a_{11} & a_{12} & \cdots & a_{1n} \\ a_{21} & a_{22} & \cdots & a_{2n} \\ \cdot & \cdot & \cdots & \cdot \\ a_{n1} & a_{n2} & \cdots & a_{nn} \end{vmatrix}$$

> mit seiner zugehörigen Adjunkte α_{ij}, so ergibt die Summe dieser n Produkte den Wert der Determinante. Man spricht dann von der **Entwicklung der Determinante** nach der i-ten Zeile bzw. nach der j-ten Spalte.

Bei Entwicklung der Determinante nach der i-ten Zeile ergibt sich ihr Wert als

$$|\mathbf{A}| = a_{i1}\alpha_{i1} + a_{i2}\alpha_{i2} + \dots + a_{in}\alpha_{in} = \sum_{j=1}^{n} a_{ij}\alpha_{ij}.$$

Durch Entwicklung nach der j-ten Spalte ergibt sich der Wert der Determinante als

$$|\mathbf{A}| = a_{1j}\alpha_{1j} + a_{2j}\alpha_{2j} + \dots + a_{nj}\alpha_{nj} = \sum_{i=1}^{n} a_{ij}\alpha_{ij}.$$

B 19.2.6 a) $\begin{vmatrix} 3 & 4 & 7 & 1 \\ 0 & 2 & 1 & -1 \\ 4 & 5 & -2 & 0 \\ 1 & 2 & 1 & 3 \end{vmatrix}$ ist nach der zweiten Zeile zu entwickeln.

Man erhält

$$-0\cdot\begin{vmatrix} 4 & 7 & 1 \\ 5 & -2 & 0 \\ 2 & 1 & 3 \end{vmatrix} + 2\cdot\begin{vmatrix} 3 & 7 & 1 \\ 4 & -2 & 0 \\ 1 & 1 & 3 \end{vmatrix} - 1\cdot\begin{vmatrix} 3 & 4 & 1 \\ 4 & 5 & 0 \\ 1 & 2 & 3 \end{vmatrix} - 1\cdot\begin{vmatrix} 3 & 4 & 7 \\ 4 & 5 & -2 \\ 1 & 2 & 1 \end{vmatrix}$$

Nach der Ausrechnung der Determinanten dritter Ordnung mit Hilfe der SARRUSschen Regel ergibt sich

$$-0\cdot(-120) + 2\cdot(-96) - 1\cdot 0 - 1\cdot 24 = -216.$$

b) $\begin{vmatrix} 3 & 1 & 9 \\ 2 & 0 & 4 \\ 5 & 1 & 6 \end{vmatrix}$ ist nach der dritten Spalte zu entwickeln.

Man erhält

$$9\cdot\begin{vmatrix} 2 & 0 \\ 5 & 1 \end{vmatrix} - 4\cdot\begin{vmatrix} 3 & 1 \\ 5 & 1 \end{vmatrix} + 6\cdot\begin{vmatrix} 3 & 1 \\ 2 & 0 \end{vmatrix} .$$

Nach Ausrechnung der Determinanten zweiter Ordnung ergibt sich dann

$$9\cdot 2 - 4\cdot(-2) + 6\cdot(-2) = 18+8-12 = 14.$$

Die Bedeutung des LAPLACEschen Entwicklungssatzes für die praktische Berechnung von Determinanten liegt vor allem darin, daß man bei Entwicklung einer Determinante n-ter Ordnung nach einer Zeile oder einer Spalte bei den Adjunkten Determinanten (n-1)-ter Ordnung erhält. Diese Determinanten lassen sich wieder nach einer Zeile oder Spalte entwickeln. Auf diese Weise kann man eine Determinante stufenweise soweit entwickeln, daß man schließlich nur noch Determinanten dritter (oder zweiter) Ordnung zu berechnen braucht. Das bereitet aber, wie

oben gezeigt wurde, keine Schwierigkeiten.
Grundsätzlich ist es beliebig, nach welcher Zeile oder welcher Spalte man eine Determinante entwickelt. Man sollte aber immer bestrebt sein, den Rechenaufwand möglichst gering zu halten. Enthält die Matrix Nullen, sollte deshalb immer nach der Zeile oder Spalte mit den meisten Nullen entwickelt werden. Das Produkt mit den Adjunkten ergibt dann auch Null, so daß die Adjunkten nicht berechnet zu werden brauchen.

B 19.2.7 Es wird jeweils nach der markierten Spalte entwickelt.

$$\begin{vmatrix} 3 & 2 & 0 & 2 \\ 0 & 2 & 0 & 1 \\ 1 & 4 & 2 & 8 \\ 0 & 1 & 0 & 2 \end{vmatrix} = 2 \cdot \begin{vmatrix} 3 & 2 & 2 \\ 0 & 2 & 1 \\ 0 & 1 & 2 \end{vmatrix} = 2 \cdot 3 \cdot \begin{vmatrix} 2 & 1 \\ 1 & 2 \end{vmatrix} = 2 \cdot 3 \cdot 3 = 18$$

Zum Abschluß ist hier auf die am Ende des folgenden Abschnitts angegebene einfache Methode zur Berechnung einer Determinante zu verweisen.

Aufgaben

Ü 19.2.1 Berechne die Determinanten folgender Matrizen:

a) $\mathbf{A} = \begin{pmatrix} 5-\lambda & 6 \\ 7 & 8-\lambda \end{pmatrix}$ b) $\mathbf{B} = \begin{pmatrix} 1 & 2 & 10 \\ 2 & 3 & 9 \\ 4 & 5 & 11 \end{pmatrix}$ c) $\mathbf{C} = \begin{pmatrix} 1 & -2 & 0 & 5 \\ 2 & 3 & 1 & -2 \\ 1 & 2 & 0 & 3 \\ 3 & 1 & 0 & 2 \end{pmatrix}$

Ü 19.2.2 Berechne die Determinante der Matrix

$$\mathbf{A} = \begin{pmatrix} -5 & 4 & 3 & 18 \\ 0 & 2 & 17 & 5 \\ 0 & 0 & 1 & 91 \\ 0 & 0 & 0 & 8 \end{pmatrix}$$

19.3 Wichtige Eigenschaften von Determinanten

In diesem Abschnitt sind einige wichtige Eigenschaften von Determinanten zusammengestellt, die insbesondere für die Berechnung von Determinanten von Nutzen sind.

R 19.3.1 Die Determinante $|\mathbf{A}|$ einer Matrix $\mathbf{A}$ ist gleich der Determinante $|\mathbf{A}'|$ der transponierten Matrix $\mathbf{A}'$.

R 19.3.2 Für zwei Matrizen $\mathbf{A}$ und $\mathbf{B}$ gleicher Ordnung gilt $|\mathbf{A}|\,|\mathbf{B}| = |\mathbf{AB}|$.

B 19.3.3 $\mathbf{A} = \begin{pmatrix} 2 & 3 \\ 4 & 1 \end{pmatrix}$; $\mathbf{B} = \begin{pmatrix} 5 & 1 \\ 2 & 4 \end{pmatrix}$; $\mathbf{AB} = \begin{pmatrix} 16 & 14 \\ 22 & 8 \end{pmatrix}$

$|\mathbf{A}| = 2-12 = -10$; $|\mathbf{B}| = 20-2 = 18$; $|\mathbf{AB}| = 128-308 = -180$

$|\mathbf{A}||\mathbf{B}| = (-10)\cdot 18 = -180 = |\mathbf{AB}|$.

R 19.3.4

> Eine Determinante hat den Wert Null, wenn alle Elemente einer Zeile oder einer Spalte gleich Null sind.

Dieser Satz läßt sich leicht bestätigen, wenn man die Determinante nach der betreffenden Zeile oder Spalte entwickelt.

R 19.3.5

> Werden **alle Elemente einer Zeile oder einer Spalte** mit einem Faktor c multipliziert, so erhält man den c-fachen Wert der ursprünglichen Determinante.

Man beachte, daß nur die Elemente **einer** Zeile oder **einer** Spalte multipliziert werden.

B 19.3.6

$$\begin{vmatrix} 3 & 2 & 0 \\ 1 & 7 & -1 \\ 0 & 2 & 1 \end{vmatrix} = 25; \quad \begin{vmatrix} 4\cdot 3 & 4\cdot 2 & 4\cdot 0 \\ 1 & 7 & -1 \\ 0 & 2 & 1 \end{vmatrix} = \begin{vmatrix} 12 & 8 & 0 \\ 1 & 7 & -1 \\ 0 & 2 & 1 \end{vmatrix} = 100$$

R 19.3.7

> Wird eine quadratische Matrix n-ter Ordnung **A** mit dem Skalar c multipliziert, dann gilt $|c\mathbf{A}| = c^n |\mathbf{A}|$.

Wird also in einer Determinante **jedes** Element mit einem Faktor c multipliziert, dann erhält man den c^n-fachen Wert der ursprünglichen Determinante.

B 19.3.8 Die Determinante dritter Ordnung ist allgemein in D 19.1.1 eingeführt worden. Multipliziert man alle Elemente mit c, so erhält man

$$\begin{vmatrix} ca_{11} & ca_{12} & ca_{13} \\ ca_{21} & ca_{22} & ca_{23} \\ ca_{31} & ca_{32} & ca_{33} \end{vmatrix} = \begin{array}{l} ca_{11}ca_{22}ca_{33} + ca_{12}ca_{23}ca_{31} + ca_{13}ca_{21}ca_{32} \\ -ca_{31}ca_{22}ca_{13} - ca_{32}ca_{23}ca_{11} - ca_{33}ca_{21}ca_{12} \end{array}$$

$$= c^3(a_{11}a_{22}a_{33} + a_{12}a_{23}a_{31} + a_{13}a_{21}a_{32} - a_{31}a_{22}a_{13} - a_{32}a_{23}a_{11} - a_{33}a_{21}a_{12}) = c^3 \begin{vmatrix} a_{11} & a_{12} & a_{13} \\ a_{21} & a_{22} & a_{23} \\ a_{31} & a_{32} & a_{33} \end{vmatrix} .$$

R 19.3.9

> Eine Determinante wechselt ihr Vorzeichen, wenn man zwei beliebige Zeilen oder Spalten miteinander vertauscht.

B 19.3.10 $\begin{vmatrix} 3 & 1 & 4 \\ 2 & 0 & 1 \\ 3 & 2 & -1 \end{vmatrix} = 15$ werden 2. und 3. Spalte vertauscht, ergibt sich: $\begin{vmatrix} 3 & 4 & 1 \\ 2 & 1 & 0 \\ 3 & -1 & 2 \end{vmatrix} = -15$.

R 19.3.11 Addiert man zu einer Zeile bzw. einer Spalte ein Vielfaches einer anderen Zeile bzw. Spalte, so ändert sich der Wert der Determinante nicht.

B 19.3.12 $\begin{vmatrix} 3 & 1 & 4 \\ 2 & 0 & 1 \\ 3 & 2 & -1 \end{vmatrix} = 3\cdot 0\cdot(-1) + 1\cdot 1\cdot 3 + 4\cdot 2\cdot 2 - 3\cdot 0\cdot 4 - 2\cdot 1\cdot 3 - (-1)\cdot 2\cdot 1 = 15.$

Addiert man das 3-fache der dritten Zeile zur ersten Zeile, so erhält man

$$\begin{vmatrix} 12 & 7 & 1 \\ 2 & 0 & 1 \\ 3 & 2 & -1 \end{vmatrix} = 12\cdot 0\cdot(-1) + 7\cdot 1\cdot 3 + 1\cdot 2\cdot 2 - 3\cdot 0\cdot 1 - 2\cdot 1\cdot 12 - (-1)\cdot 2\cdot 7 = 15.$$

Addiert man das (-2)-fache der zweiten Spalte zur dritten Spalte, so ergibt sich

$$\begin{vmatrix} 3 & 1 & 2 \\ 2 & 0 & 1 \\ 3 & 2 & -5 \end{vmatrix} = 3\cdot 0\cdot(-5) + 1\cdot 1\cdot 3 + 2\cdot 2\cdot 2 - 3\cdot 0\cdot 2 - 2\cdot 1\cdot 3 - (-5)\cdot 2\cdot 1 = 15.$$

Aus R 19.3.11 und R 19.3.4 ergibt sich unmittelbar:

R 19.3.13 Eine Determinante hat den Wert Null, wenn zwei Zeilen oder zwei Spalten übereinstimmen, oder wenn eine Zeile bzw. eine Spalte ein Vielfaches einer anderen Zeile bzw. Spalte ist.

B 19.3.14 a) $\begin{vmatrix} 3 & 2 & 2 & 3 & 1 \\ 4 & 6 & 5 & 4 & -2 \\ 7 & 8 & 6 & 7 & 0 \\ -1 & 4 & 9 & -1 & 9 \\ 0 & 1 & 12 & 0 & 4 \end{vmatrix} = 0$, da 1. und 4. Spalte übereinstimmen.

b) $\begin{vmatrix} 1 & 2 & 5 & 4 \\ 3 & 2 & 0 & 1 \\ 4 & 8 & 20 & 16 \\ 25 & 9 & 1 & 12 \end{vmatrix} = 0$, da die dritte Zeile gleich dem 4-fachen der 1. Zeile ist.

Durch wiederholte Anwendung des LAPLACEschen Entwicklungssatzes (R 19.2.5) auf die Determinante einer oberen bzw. unteren Dreiecksmatrix ergibt sich

R 19.3.15 Die **Determinante einer Dreiecksmatrix** ergibt sich als Produkt der Elemente auf der Hauptdiagonalen.

$$\begin{vmatrix} a_{11} & a_{12} & a_{13} & \cdots & a_{1n} \\ 0 & a_{22} & a_{23} & \cdots & a_{2n} \\ 0 & 0 & a_{33} & \cdots & a_{3n} \\ . & . & . & \cdots & . \\ 0 & 0 & 0 & \cdots & a_{nn} \end{vmatrix} = \begin{vmatrix} a_{11} & 0 & 0 & \cdots & 0 \\ a_{21} & a_{22} & 0 & \cdots & 0 \\ a_{31} & a_{32} & a_{33} & \cdots & 0 \\ . & . & . & \cdots & . \\ a_{n1} & a_{n2} & a_{n3} & \cdots & a_{nn} \end{vmatrix} = a_{11}a_{22}a_{33} \cdots a_{nn}$$

Die Regel ergibt sich, wenn immer wieder nach der ersten Spalte (bei einer oberen Dreiecksmatrix) bzw. nach der ersten Zeile (bei einer unteren Dreiecksmatrix) entwickelt wird.

Zur Berechnung einer Determinante kann man nun die entsprechende Matrix durch Anwendung von Zeilenoperationen gemäß R 19.3.11 in eine Dreiecksmatrix umwandeln und dann nach R 19.3.15 einfach die Determinante berechnen.

B 19.3.16

$$\begin{pmatrix} 3 & 6 & 3 & 9 \\ 2 & 6 & 1 & 5 \\ 3 & 8 & 1 & 2 \\ 6 & 6 & 2 & 5 \end{pmatrix} \Rightarrow \begin{pmatrix} 3 & 6 & 3 & 9 \\ 0 & 2 & -1 & -1 \\ 0 & 2 & -2 & -7 \\ 0 & -6 & -4 & -13 \end{pmatrix} \Rightarrow \begin{pmatrix} 3 & 6 & 3 & 9 \\ 0 & 2 & -1 & -1 \\ 0 & 0 & -1 & -6 \\ 0 & 0 & -7 & -16 \end{pmatrix} \Rightarrow \begin{pmatrix} 3 & 6 & 3 & 9 \\ 0 & 2 & -1 & -1 \\ 0 & 0 & -1 & -6 \\ 0 & 0 & 0 & 26 \end{pmatrix}$$

Für die Determinante erhält man dann gemäß R 19.3.11 und R 19.3.15

$$\begin{vmatrix} 3 & 6 & 3 & 9 \\ 2 & 6 & 1 & 5 \\ 3 & 8 & 1 & 2 \\ 6 & 6 & 2 & 5 \end{vmatrix} = \begin{vmatrix} 3 & 6 & 3 & 9 \\ 0 & 2 & -1 & -1 \\ 0 & 0 & -1 & -6 \\ 0 & 0 & 0 & 26 \end{vmatrix} = 3 \cdot 2 \cdot (-1) \cdot 26 = -156$$

Aufgaben

Ü 19.3.1 Berechne die Determinanten folgender Matrizen:

a) $\mathbf{A} = \begin{pmatrix} 1 & 2 & 4 \\ 2 & 3 & 5 \\ 10 & 9 & 11 \end{pmatrix}$; b) $\mathbf{B} = \begin{pmatrix} 2 & 4 & 8 \\ 2 & 3 & 5 \\ 10 & 9 & 11 \end{pmatrix}$; c) $\mathbf{C} = \begin{pmatrix} 1 & 4 & 2 \\ 2 & 5 & 3 \\ 10 & 11 & 9 \end{pmatrix}$;

d) $\mathbf{D} = \begin{pmatrix} 3 & 5 & 9 \\ 2 & 3 & 5 \\ 10 & 9 & 11 \end{pmatrix}$; e) $\mathbf{E} = \begin{pmatrix} 3 & 6 & 12 \\ 6 & 9 & 15 \\ 30 & 27 & 33 \end{pmatrix}$; f) $\mathbf{F} = \begin{pmatrix} 1 & 2 & 4 \\ 2 & 4 & 8 \\ 10 & 9 & 11 \end{pmatrix}$;

Hinweis: Die Lösung dieser Aufgabe vereinfacht sich, wenn man die Eigenschaften der Determinanten beachtet.

Ü 19.3.2 Von einer Matrix **A** ist bekannt, daß die Determinante ihrer r-ten Potenz verschwindet.

Es gilt also: $|\mathbf{A}^r| = 0, \; r \in \mathbb{N}$.

Zeige, daß **A** singulär ist.

19.4 Lösung eines inhomogenen linearen Gleichungssystems mit Hilfe von Determinanten (CRAMERsche Regel)

Determinanten können auch zur Lösung inhomogener linearer Gleichungssysteme mit n Gleichungen in n Variablen, also mit einer quadratischen Koeffizientenmatrix, verwendet werden. Das Verfahren ist nur anwendbar, wenn das Gleichungssystem eindeutig lösbar ist.

Zunächst wird folgende Regel festgehalten:

R 19.4.1 Die **Determinante der Koeffizientenmatrix eines eindeutig lösbaren** inhomogenen linearen **Gleichungssystems** mit n Gleichungen in n Variablen ist **regulär**, die eines **nicht eindeutig lösbaren** Gleichungssystems ist **singulär**.

Für Gleichungssysteme $\mathbf{Ax} = \mathbf{b}$ mit n Gleichungen in n Variablen liefert R 19.4.1 eine Möglichkeit zur Überprüfung der eindeutigen Lösbarkeit: Gilt $|\mathbf{A}| \neq 0$ ist das Gleichungssystem eindeutig lösbar, bei $|\mathbf{A}| = 0$ nicht.

B 19.4.2 a) Für das Gleichungssystem aus B 18.3.1 gilt

$$\begin{vmatrix} 2 & 1 & 0 \\ 5 & 2 & 4 \\ 5 & 2 & 6 \end{vmatrix} = -2, \text{ das Gleichungssystem ist eindeutig lösbar.}$$

b) Für das Gleichungssystem aus B 18.4.8 gilt

$$\begin{vmatrix} 2 & 3 & -1 \\ 4 & -3 & 7 \\ 6 & 9 & -3 \end{vmatrix} = 0, \text{ es ist nicht eindeutig lösbar.}$$

R 19.4.3 **CRAMERsche Regel**

Gegeben sei ein inhomogenes lineares Gleichungssystem mit n Gleichungen in n Variablen $\mathbf{Ax} = \mathbf{b}$. Die Lösung kann wie folgt bestimmt werden.

(1) Bestimme $|A|$. Gilt $|A| = 0$, so ist $\mathbf{Ax} = \mathbf{b}$ nicht eindeutig lösbar und das Verfahren ist beendet.

(2) Berechne die n Determinanten $|\mathbf{A}_j|$ (j=1,...,n) der Matrizen $\mathbf{A}_j$, die man aus der Koeffizientenmatrix **A** dadurch erhält, daß man die j-te Spalte durch den Vektor **b** der absoluten Glieder ersetzt, also

$$\mathbf{A}_1 = \begin{vmatrix} b_1 & a_{12} & a_{13} & \dots & a_{1n} \\ b_2 & a_{22} & a_{23} & \dots & a_{2n} \\ \cdot & \cdot & \cdot & \dots & \cdot \\ b_n & a_{n2} & a_{n3} & \dots & a_{nn} \end{vmatrix}; \quad \mathbf{A}_2 = \begin{vmatrix} a_{11} & b_1 & a_{13} & \dots & a_{1n} \\ a_{21} & b_2 & a_{23} & \dots & a_{2n} \\ \cdot & \cdot & \cdot & \dots & \cdot \\ a_{n1} & b_n & a_{n3} & \dots & a_{nn} \end{vmatrix};$$

usw.

(3) Bestimme $x_j = \frac{|A_j|}{|A|}$, j=1,...,n.
Damit sind die Lösungen bestimmt.

Man sieht an der CRAMERschen Regel, daß für die eindeutige Lösbarkeit $|\mathbf{A}| \neq 0$ sein muß, da sonst die Quotienten $\frac{|\mathbf{A}_j|}{|\mathbf{A}|}$ nicht existieren.

B 19.4.4 $\begin{array}{l} 8x_1+3x_2 = 30 \\ 5x_1+2x_2 = 19 \end{array}$; $|\mathbf{A}| = \begin{vmatrix} 8 & 3 \\ 5 & 2 \end{vmatrix} = 16-15 = 1;$

$|\mathbf{A}_1| = \begin{vmatrix} 30 & 3 \\ 19 & 2 \end{vmatrix} = 60-57 = 3;\quad |\mathbf{A}_2| = \begin{vmatrix} 8 & 30 \\ 5 & 19 \end{vmatrix} = 152-150 = 2$

$x_1 = \frac{|\mathbf{A}_1|}{|\mathbf{A}|} = \frac{3}{1} = 3;\quad x_2 = \frac{|\mathbf{A}_2|}{|\mathbf{A}|} = \frac{2}{1} = 2.$

b) $\begin{array}{l} 2x_1+2x_2+2x_3 = 18 \\ x_1 \qquad\; -3x_3 = -5 \\ 2x_1-2x_2+5x_3 = 19 \end{array}$; $|\mathbf{A}| = \begin{vmatrix} 2 & 2 & 2 \\ 1 & 0 & -3 \\ 2 & -2 & 5 \end{vmatrix} = -38;$

$|\mathbf{A}_1| = \begin{vmatrix} 18 & 2 & 2 \\ -5 & 0 & -3 \\ 19 & -2 & 5 \end{vmatrix} = -152; |\mathbf{A}_2| = \begin{vmatrix} 2 & 18 & 2 \\ 1 & -5 & -3 \\ 2 & 19 & 5 \end{vmatrix} = -76; |\mathbf{A}_3| = \begin{vmatrix} 2 & 2 & 18 \\ 1 & 0 & -5 \\ 2 & -2 & 19 \end{vmatrix} = -114.$

Es ist $x_1 = \frac{|\mathbf{A}_1|}{|\mathbf{A}|} = \frac{-152}{-38} = 4;\quad x_2 = \frac{|\mathbf{A}_2|}{|\mathbf{A}|} = \frac{-76}{-38} = 2;\quad x_3 = \frac{|\mathbf{A}_3|}{|\mathbf{A}|} = \frac{-114}{-38} = 3.$

Aufgaben

Ü 19.4.1 Löse die folgenden Gleichungssysteme mit Hilfe der CRAMERschen Regel:

a) $\begin{array}{l} 2x_1+7x_2 = 13 \\ -2x_1+4x_2 = -2; \end{array}$ b) $\begin{array}{l} -3x_1+6x_2+4x_3 = -10 \\ 2x_1-6x_2-2x_3 = 12 \\ -x_1+x_2+2x_3 = -1. \end{array}$

Ü 19.4.2 Löse das Gleichungssystem $\begin{array}{l} 4x+2y = 10 \\ 2x+3y = 3 \end{array}$

a) mit Hilfe der CRAMERschen Regel;
b) durch vollständige Elimination.

Ü 19.4.3 Die Quersumme einer dreistelligen Zahl ist 18. Die Summe aus der Hunderter- und Einerstelle ergibt die Zehnerstelle. Wenn Hunderter- und Einerstelle vertauscht werden, verringert sich der Wert der Zahl um 99. Finde diese Zahl durch folgendes Vorgehen.

a) Formuliere das Problem als lineares Gleichungssystem.
b) Gib das unter a) entwickelte Gleichungssystem in Matrizenschreibweise wieder.
c) Löse das Problem mit Hilfe der CRAMERschen Regel.

19.5 Bestimmung der Inversen einer Matrix mit Hilfe der adjungierten Matrix

Determinanten können auch zur Berechnung der Inversen einer Matrix herangezogen werden. Diesem Ansatz liegt die Bestimmung der Inversen als simultanes Auflösen mehrerer Gleichungssysteme (Abschnitt 18.6) und die CRAMERsche Regel (Abschnitt 19.4) zugrunde.

R 19.5.1 Gegeben sei eine Matrix $\mathbf{A} = (a_{ij})$, deren Inverse existiert, und die adjungierte Matrix $\mathbf{A}_{ad} = (\alpha_{ij})'$.
Dann gilt:

$$\mathbf{A}^{-1} = \frac{1}{|\mathbf{A}|}\mathbf{A}_{ad} = \begin{pmatrix} \frac{\alpha_{11}}{|\mathbf{A}|} & \frac{\alpha_{21}}{|\mathbf{A}|} & \cdots & \frac{\alpha_{n1}}{|\mathbf{A}|} \\ \frac{\alpha_{12}}{|\mathbf{A}|} & \frac{\alpha_{22}}{|\mathbf{A}|} & \cdots & \frac{\alpha_{n2}}{|\mathbf{A}|} \\ \cdot & \cdot & \cdots & \cdot \\ \frac{\alpha_{1n}}{|\mathbf{A}|} & \frac{\alpha_{2n}}{|\mathbf{A}|} & \cdots & \frac{\alpha_{nn}}{|\mathbf{A}|} \end{pmatrix}$$

B 19.5.2 Für die in B 18.6.2 invertierte Matrix

$$\mathbf{A} = \begin{pmatrix} 3 & 1 & 6 \\ 2 & 2 & 4 \\ 9 & 3 & 20 \end{pmatrix} \quad \text{mit} \quad |\mathbf{A}| = \begin{vmatrix} 3 & 1 & 6 \\ 2 & 2 & 4 \\ 9 & 3 & 20 \end{vmatrix} = 8$$

erhält man folgende Unterdeterminanten

$$|\mathbf{A}|_{11} = \begin{vmatrix} 2 & 4 \\ 3 & 20 \end{vmatrix} = 28; \quad |\mathbf{A}|_{12} = \begin{vmatrix} 2 & 4 \\ 9 & 20 \end{vmatrix} = 4; \quad |\mathbf{A}|_{13} = \begin{vmatrix} 2 & 2 \\ 9 & 3 \end{vmatrix} = -12;$$

$$|\mathbf{A}|_{21} = \begin{vmatrix} 1 & 6 \\ 3 & 20 \end{vmatrix} = 2; \quad |\mathbf{A}|_{22} = \begin{vmatrix} 3 & 6 \\ 9 & 20 \end{vmatrix} = 6; \quad |\mathbf{A}|_{23} = \begin{vmatrix} 3 & 1 \\ 9 & 3 \end{vmatrix} = 0;$$

$$|\mathbf{A}|_{31} = \begin{vmatrix} 1 & 6 \\ 2 & 4 \end{vmatrix} = -8; \quad |\mathbf{A}|_{32} = \begin{vmatrix} 3 & 6 \\ 2 & 4 \end{vmatrix} = 0; \quad |\mathbf{A}|_{33} = \begin{vmatrix} 3 & 1 \\ 2 & 2 \end{vmatrix} = 4.$$

Die adjungierte Matrix lautet dann

$$\mathbf{A}^{-1} = \frac{1}{8}\begin{pmatrix} 28 & -2 & -8 \\ -4 & 6 & 0 \\ -12 & 0 & 4 \end{pmatrix} = \begin{pmatrix} \frac{7}{2} & -\frac{1}{4} & -1 \\ -\frac{1}{2} & \frac{3}{4} & 0 \\ -\frac{3}{2} & 0 & \frac{1}{2} \end{pmatrix}.$$

Nach R 19.5.1 läßt sich die Inverse einer Matrix nur berechnen, wenn $|\mathbf{A}| \neq 0$, d.h. wenn die Matrix **A** nichtsingulär bzw. regulär ist. (Anderenfalls ergibt sich nämlich eine Division durch Null, und die Inverse existiert nicht.)

Es gilt:

R 19.5.3

> Die **Inverse** einer quadratischen Matrix existiert genau dann, wenn $|\mathbf{A}| \neq 0$, d.h. wenn die **Matrix regulär** ist.

Wegen R 19.5.3 sollte man bei der Berechnung der Inversen einer Matrix **A** mittels der adjungierten Matrix gemäß R 19.5.1 immer zunächst die Determinante von **A** berechnen. Verschwindet diese Determinante, dann existiert $\mathbf{A}^{-1}$ nicht, und man kann sich die Berechnung der adjungierten Matrix ersparen.

B 19.5.4 In Beispiel 18.6.5 war die Matrix $\begin{pmatrix} 1 & 5 & 2 & 3 \\ 4 & 9 & 1 & 7 \\ 3 & 4 & -1 & 4 \\ 0 & 11 & 7 & 5 \end{pmatrix}$ gegeben.

Es ist

$$\begin{vmatrix} 1 & 5 & 2 & 3 \\ 4 & 9 & 1 & 7 \\ 3 & 4 & -1 & 4 \\ 0 & 11 & 7 & 5 \end{vmatrix} = 1 \cdot \begin{vmatrix} 9 & 1 & 7 \\ 4 & -1 & 4 \\ 11 & 7 & 5 \end{vmatrix} - 4 \cdot \begin{vmatrix} 5 & 2 & 3 \\ 4 & -1 & 4 \\ 11 & 7 & 5 \end{vmatrix} + 3 \cdot \begin{vmatrix} 5 & 2 & 3 \\ 9 & 1 & 7 \\ 11 & 7 & 5 \end{vmatrix}$$

$$= 1 \cdot 0 - 4 \cdot 0 + 3 \cdot 0 = 0 .$$

Die Inverse existiert nicht. Das wurde in Beispiel 18.6.5 bereits auf andere Art festgestellt.

B 19.5.5 Für Beispiel 18.6.4 gilt (vgl. auch Beispiel 17.7.3):

$$(\mathbf{E} - \mathbf{A}) = \begin{pmatrix} \frac{7}{8} & -\frac{1}{3} & -\frac{1}{7} \\ -\frac{3}{8} & \frac{5}{6} & 0 \\ -\frac{1}{8} & -\frac{1}{3} & \frac{6}{7} \end{pmatrix} \quad \text{und} \quad |\mathbf{E} - \mathbf{A}| = \frac{163}{336}$$

Für die Adjunkten und die adjungierte Matrix erhält man

$$\begin{vmatrix} \frac{5}{6} & 0 \\ -\frac{1}{3} & \frac{6}{7} \end{vmatrix} = \frac{5}{7}; \quad \begin{vmatrix} -\frac{3}{8} & 0 \\ -\frac{1}{8} & \frac{6}{7} \end{vmatrix} = -\frac{9}{28}; \quad \begin{vmatrix} -\frac{3}{8} & \frac{5}{6} \\ -\frac{1}{8} & -\frac{1}{3} \end{vmatrix} = \frac{11}{48};$$

$$\begin{vmatrix} -\frac{1}{3} & -\frac{1}{7} \\ -\frac{1}{3} & \frac{6}{7} \end{vmatrix} = -\frac{1}{3}; \quad \begin{vmatrix} \frac{7}{8} & -\frac{1}{7} \\ -\frac{1}{8} & \frac{6}{7} \end{vmatrix} = \frac{41}{56}; \quad \begin{vmatrix} \frac{7}{8} & -\frac{1}{3} \\ -\frac{1}{8} & -\frac{1}{3} \end{vmatrix} = -\frac{1}{3};$$

$$\begin{vmatrix} -\frac{1}{3} & -\frac{1}{7} \\ \frac{5}{6} & 0 \end{vmatrix} = \frac{5}{42}; \quad \begin{vmatrix} \frac{7}{8} & -\frac{1}{7} \\ -\frac{3}{8} & 0 \end{vmatrix} = -\frac{3}{56}; \quad \begin{vmatrix} \frac{7}{8} & -\frac{1}{3} \\ -\frac{3}{8} & \frac{5}{6} \end{vmatrix} = \frac{29}{48}.$$

$$(\mathbf{E} - \mathbf{A})_{ad} = \begin{pmatrix} \frac{5}{7} & \frac{1}{3} & \frac{5}{42} \\ \frac{9}{28} & \frac{41}{56} & \frac{3}{56} \\ \frac{11}{48} & \frac{1}{3} & \frac{29}{48} \end{pmatrix}$$

Für die Inverse ergibt sich damit

$$(\mathbf{E} - \mathbf{A})^{-1} = \frac{336}{163} \begin{pmatrix} \frac{5}{7} & \frac{1}{3} & \frac{5}{42} \\ \frac{9}{28} & \frac{41}{56} & \frac{3}{56} \\ \frac{11}{48} & \frac{1}{3} & \frac{29}{48} \end{pmatrix} = \frac{1}{163} \begin{pmatrix} 240 & 112 & 40 \\ 108 & 246 & 18 \\ 77 & 112 & 203 \end{pmatrix}.$$

Aufgaben

Ü 19.5.1 Bestimme die Inverse folgender Matrizen mit Hilfe der adjungierten Matrix:

a) $\mathbf{A} = \begin{pmatrix} 1 & 3 & 3 \\ 1 & 4 & 3 \\ 1 & 3 & 4 \end{pmatrix}$; b) $\mathbf{B} = \begin{pmatrix} 2 & 0 & 1 \\ 0 & 1 & -1 \\ 0 & -1 & 2 \end{pmatrix}$.

Ü 19.5.2 In der Matrizengleichung $\mathbf{A} = \mathbf{BC}$ sind $\mathbf{A}$ und $\mathbf{C}$ bekannt.

$\mathbf{A} = \begin{pmatrix} 1 & -1 & 5 \\ -3 & 2 & 1 \\ 1 & 1 & 1 \end{pmatrix}$; $\mathbf{C} = \begin{pmatrix} 2 & 1 & 3 \\ 4 & -1 & 1 \\ 0 & 1 & 2 \end{pmatrix}$.

Bestimme $\mathbf{B}$.

20. Grundzüge der linearen Optimierung

20.1 Vorbemerkung

Ein wichtiges Teilgebiet der Wirtschaftswissenschaften ist die Unternehmensforschung (Operations Research). Darunter versteht man die Anwendung mathematischer Methoden auf die Lösung wirtschaftlicher Entscheidungsprobleme. Viele der in den vorhergehenden Abschnitten behandelten Aufgabenstellungen und Verfahren werden innerhalb des Operations Research ausführlich behandelt.

Zur Behandlung wirtschaftlicher Entscheidungsaufgaben wurden auch spezielle mathematische Verfahren entwickelt. Das bekannteste ist die **lineare Optimierung,** häufig auch **lineare Programmierung** genannt. Sie wird auf die Lösung von Problemen angewendet, bei denen Extremwerte einer linearen Funktion gesucht werden, unter Beachtung von Beschränkungen oder Nebenbedingungen in Form linearer Ungleichungen oder Gleichungen.

In diesem und dem nächsten Kapitel werden die Grundzüge der linearen Optimierung behandelt. Da dazu lineare Ungleichungen in mehreren Variablen und die graphische Darstellung von Ungleichungen in zwei Variablen benötigt werden, wird darauf zunächst eingegangen.

20.2 Lineare Ungleichungen mit mehreren Variablen

Im Kapitel 10 der "Elementaren Grundlagen" wurden Ungleichungen mit einer Variablen behandelt. Ebenso wie es lineare Gleichungen mit mehreren Variablen gibt, gibt es auch lineare Ungleichungen mit mehreren Variablen. Dabei treten, wie bei linearen Gleichungen, die Variablen nur in der ersten Potenz auf, und es kommen keine Produkte der Variablen vor.

D 20.2.1

Eine Beziehung der Form

$$a_1x_1 + a_2x_2 + \dots + a_nx_n \leqq b \text{ bzw. } \sum_{i=1}^{n} a_ix_i \leqq b$$

oder

$$a_1x_1 + a_2x_2 + \dots + a_nx_n \geqq b \text{ bzw. } \sum_{i=1}^{n} a_ix_i \geqq b$$

heißt **lineare Ungleichung mit n Variablen.**

Unter Verwendung der Vektoren $\mathbf{a}' = (a_1, a_2, \dots, a_n)$ und $\mathbf{x}' = (x_1, \dots, x_n)$ kann man auch schreiben: $\mathbf{a'x} \leqq b$ oder $\mathbf{a'x} \geqq b$.

Anstelle von $\leqq$ bzw. $\geqq$ kann auch < oder > gelten.

Das folgende Beispiel zeigt eine wirtschaftliche Anwendung von linearen Ungleichungen mit mehreren Variablen, wie sie auch bei der linearen Optimierung vorkommt.

B 20.2.2 Eine Unternehmung habe eine Maschine, die bei normaler Arbeitszeit 2400 Minuten in der Woche für die Produktion zur Verfügung steht. Die Unternehmung produziert mit Hilfe der Maschine zwei Güter G_1 und G_2. Die Bearbeitung einer Einheit des Gutes G_1 auf der Maschine dauert 6 Minuten und die Bearbeitung einer Einheit des Gutes G_2 10 Minuten. Die wöchtentlichen Produktionsmengen der beiden Güter seien mit x_1 und x_2 bezeichnet.

Produziert die Unternehmung nur das Gut G_1, so können offensichtlich in einer Woche maximal 400 Stück (2400:6) hergestellt werden. Es gilt dann $0 \leqq x_1 \leqq 400$. Der Bereich der möglichen Produktionsmengen wird also durch eine doppelte Ungleichung angegeben. Wird nur das zweite Gut hergestellt, so folgt $0 \leqq x_2 \leqq 240$.

Werden beide Güter produziert, so wird die Maschine $6x_1$ Minuten in der Woche für die Produktion des ersten Gutes und $10x_2$ Minuten in der Woche für die Produktion des zweiten Gutes beansprucht.
Insgesamt wird also die Maschine in $6x_1+10x_2$ Minuten für die Produktion genutzt. Diese produktive Zeit kann höchstens 2400 Minuten betragen, d.h. es gilt $6x_1+10x_2 \leqq 2400$.

Lösungen dieser Ungleichung sind alle Wertepaare (x_1,x_2), für die die Ungleichung erfüllt ist. Also beispielsweise $x_1 = 10$, $x_2 = 200$, da $6 \cdot 10+10 \cdot 200 \leqq 2400$ ist.
In dieser einfachen Ungleichung in zwei Variablen, nämlich x_1 und x_2, kommt die Beschränkung der Produktionsmengen zum Ausdruck, die durch die begrenzte Maschinenzeit entsteht. Man spricht hier von einer sogenannten Kapazitätsbedingung oder -beschränkung.
Sollen alle zulässigen bzw. möglichen Mengenkombinationen beschrieben werden, dann sind dazu noch die beiden Ungleichungen $x_1 \geqq 0$ und $x_2 \geqq 0$ erforderlich. Diese Ungleichungen, die angeben, daß beide Variablen nicht negativ werden können, bezeichnet man als **Nichtnegativitätsbedingungen.** Alle Kombinationen von Produktionsmengen (x_1,x_2), die die Ungleichungen $6x_1+10x_2 \leqq 2400$, $x_1 \geqq 0$ und $x_2 \geqq 0$ erfüllen, können von der Unternehmung in einer Woche produziert werden.

Ungleichungen mit zwei Variablen können graphisch veranschaulicht werden. Während sich bei einer Ungleichung mit einer Variablen ein Intervall auf der Zahlengeraden ergibt (vgl. "Elementare Grundlagen" F 10.5.2 und

F 10.5.3), beschreiben lineare Ungleichungen mit zwei Variablen einen durch eine Gerade begrenzten Teil der Ebene.

R 20.2.3

> Die Lösungsmenge der Ungleichung $a_1x_1+a_2x_2 \leqq b$ ist graphisch in einem rechtwinkligen (x_1,x_2)-Koordinatensystem ein durch die Gerade $a_1x_1+a_2x_2 = b$ begrenzter Teil der Ebene.

Man spricht in diesem Zusammenhang auch von einer sogenannten **Halbebene.** Durch eine Gerade wird die Ebene in zwei Halbebenen geteilt.

Um festzustellen, welches Zeichen (< oder >) in einer durch die (Begrenzungs-) Gerade erhaltenen Halbebene gilt, wähle man einen beliebigen Punkt aus der Halbebene und prüfe, welches Zeichen für diesen Punkt gilt. Für alle anderen Punkte dieser Halbebene gilt dann dasselbe Zeichen.

B 20.2.4 Um die möglichen Produktionsmengen aus B 20.2.2 zu zeichnen, ist zunächst die zu $6x_1+10x_2 = 2400$ gehörige Gerade darzustellen. Das geschieht am einfachsten dadurch, daß man die Achsenschnittpunkte bestimmt, diese verbindet und die Verbindungslinie verlängert. Für $x_1 = 0$ ergibt sich $x_2 = 240$ und für $x_2 = 0$ erhält man $x_1 = 400$ (vgl. Figur 20.2.5a). Der schraffierte Bereich ist dann der, der durch die Ungleichung $6x_1+10x_2 \leqq 2400$ beschrieben wird.

Um nun alle zulässigen Kombinationen der Produktionsmengen graphisch darzustellen, müssen noch die beiden Nichtnegativitätsbedingungen $x_1 \geqq 0$ und $x_2 \geqq 0$ berücksichtigt werden. Zu $x_1 \geqq 0$ gehört die x_2-Achse und die Fläche rechts davon und zu $x_2 \geqq 0$ die x_1-Achse und die Fläche darüber. Für die möglichen Produktmengenkombinationen ergibt sich dann die in F 20.2.5b schraffierte Fläche.

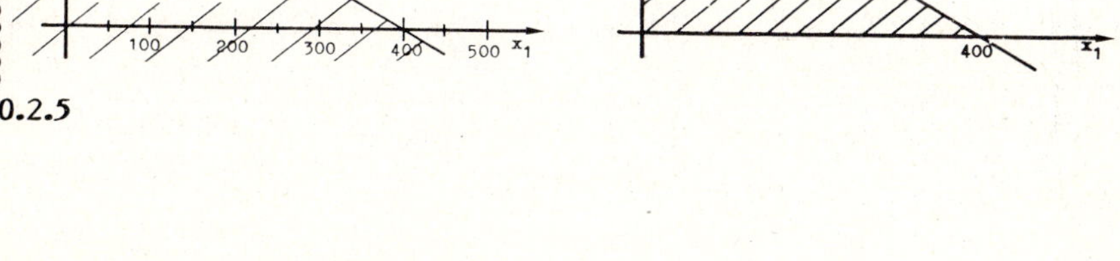

F 20.2.5

Aufgaben

Ü 20.2.1 Eine Unternehmung produziert zwei Güter in den Mengen x_1 und x_2. Die Herstellung erfolgt so, daß jedes Stück auf den beiden Maschinen A und B bearbeitet wird. Für die Bearbeitungszeiten je Stück ergeben sich folgende Werte:

		1. Gut	2. Gut
Bearbeitungszeit	A	2 Minuten	5 Minuten
auf der Maschine	B	6 Minuten	3 Minuten

Die wöchentliche Arbeitszeit beträgt 40 Stunden oder 2400 Minuten. Beschreibe die in einer Woche produzierbaren Mengen durch Ungleichungen. Stelle die produzierbaren Mengen graphisch dar.

Ü 20.2.2 Gegeben ist folgendes System von Ungleichungen in zwei Unbekannten:

(I) $x_1+x_2 \geqq 9$; (II) $-x_1+x_2 \leqq 3$; (III) $-2x_1+x_2 \geqq -8$; (IV) $2x_1+x_2 \leqq 20$.

Stelle die Menge der Kombinationen von x_1 und x_2, die das System der Ungleichungen erfüllen, graphisch dar.

Ü 20.2.3 Ein Geflügelfarmer verfüttert zwei Sorten von Futter. Jedes kg der ersten Sorte A enthält 0,1 kg Eiweiß, 0,2 kg Fett und 0,1 kg Kohlehydrate. In der zweiten Sorte B sind 0,2 kg Eiweiß, 0,1 kg Fett und 0,6 kg Kohlehydrate enthalten. Der Rest jeder Sorte besteht aus unverdaulichen Stoffen. Der Farmer möchte nun aus den Futterstoffen A und B eine Mischung C herstellen, die **insgesamt mindestens** 1 kg Eiweiß, 0,8 kg Fett und 1,8 kg Kohlehydrate enthält.
Beschreibe die zur Mischung eines Futters mit den verlangten Mindestmengen an Eiweiß, Fett und Kohlehydraten zulässigen Mengen der Futtermittel A und B durch ein System von Ungleichungen.
Stelle die zulässigen Mengenkombinationen der beiden Futtermittel graphisch dar.

Ü 20.2.4 In einer Möbelfabrik werden in einem gegebenen Zeitraum Tische und Stühle in den Mengen x_1 und x_2 hergestellt. Beide Produkte werden auf Sägemaschinen, Hobelmaschinen und anschließend in der Lackiererei bearbeitet. Die Kapazitäten der Maschinen und der Lackiererei werden durch die Zeit, in der sie während des betrachteten Zeitraumes zur Verfügung stehen, angegeben. Die verfügbaren Kapazitäten sowie die Bearbeitungszeiten je Stuhl bzw. Tisch auf den beiden Maschinen und in der Lackiererei sind in der folgenden Tabelle zusammengestellt:

	Bearbeitungszeit für		verfügbare Kapazität
	1 Stuhl	1 Tisch	
Sägemaschinen	2 Std.	5 Std.	1000 Std.
Hobelmaschinen	5 Std.	4 Std.	1000 Std.
Lackiererei	2 Std.	1 Std.	320 Std.

a) Beschreibe alle Mengenkombinationen von Tischen und Stühlen, die von der Möbelfabrik innerhalb des Zeitraumes hergestellt werden können, durch ein System von Ungleichungen.
b) Stelle den Bereich der realisierbaren Mengenkombinationen graphisch dar.
c) Gibt es eine (oder mehrere) Mengenkombination(en), bei der alle Kapazitäten voll ausgelastet sind?
d) Wie kann man, für den Fall, daß es nicht möglich ist, alle Kapazitäten zur gleichen Zeit voll auszulasten, eine Vollauslastung aller Kapazitäten herbeiführen?

20.3 Graphische Einführung in die lineare Optimierung an einem Beispiel

Es wird ein Betrieb betrachtet, in dem die Produkte X_1 und X_2 zur Fertigung die Maschinentypen A, B und C passieren müssen. Die wöchentliche Arbeitszeit des Betriebes beträgt 40 Stunden. Für die Bearbeitung einer Produkteinheit auf den Maschinen ergeben sich die in der folgenden Tabelle zusammengestellten Werte, aus der auch die Anzahl der vorhandenen Maschinen jedes Typs zu entnehmen ist:

		Produkt		Anzahl der vorhandenen Maschinen	Maschinen-kapazität
		X_1	X_2		
Maschinen-typ	A	2 h/Stück	1 h/Stück	5	200 h/Woche
	B	1 h/Stück	1 h/Stück	3	120 h/Woche
	C	1 h/Stück	3 h/Stück	6	240 h/Woche

Den Angaben der Tabelle ist zu entnehmen, daß bei Vollauslastung der Maschinen A, B bzw. C in einer Woche auf den einzelnen Maschinen z.B. die folgenden Mengenkombinationen hergestellt werden können:

auf A		auf B		auf C	
Stück X_1	Stück X_2	Stück X_1	Stück X_2	Stück X_1	Stück X_2
100	0	120	0	240	0
80	40	100	20	180	20
50	100	60	60	120	40
20	160	20	100	60	60
0	200	0	120	0	80

Natürlich ist es auch möglich, solche Mengenkombinationen zu bearbeiten, die unterhalb der Kapazitätsgrenze liegen.

Die Angaben in den Tabellen gelten für die isolierte Betrachtung eines Maschinentyps. Für den Gesamtbetrieb kommen jedoch nur solche

Mengenkombinationen in Frage, die gleichzeitig auf allen drei Maschinen durchgeführt werden können. Dabei wird unterstellt, daß halbfertige Fabrikate nicht zwischengelagert werden können bzw. daß alle Produkte auf allen 3 Maschinen vollständig bearbeitet werden.

Um einen Überblick über die in einer Woche gleichzeitig realisierbaren Mengenkombinationen zu erhalten, sollen die Möglichkeiten graphisch aufgezeigt werden. Dazu werden die wöchentlichen Stückzahlen von X_1 mit x_1 bezeichnet und die von X_2 mit x_2.

Für die Bearbeitung einer Einheit von X_1 benötigt die Maschine A 2 Stunden. Sie wird also insgesamt $2x_1$ Std. für die Herstellung des ersten Produktes eingesetzt. Für die Bearbeitung des zweiten Produktes läuft sie entsprechend x_2 Std. Insgesamt wird sie dann $2x_1+x_2$ Stunden in Anspruch genommen. Die bei Vollauslastung auf Maschine A möglichen Produktionsmengenkombinationen werden dann durch die folgende Gleichung gegeben:

G 20.3.1 $$2x_1 + x_2 = 200.$$

Dabei sind nur solche Werte für x_1 und x_2 zugelassen, die größer als 0 sind, d.h. es muß gelten $x_1 \geqq 0$ und $x_2 \geqq 0$.

Die Maschine A muß nun aber nicht voll ausgelastet sein, sondern es sind auch Produktionsmengenkombinationen (x_1,x_2) zulässig, deren benötigte Maschinenzeit unter der verfügbaren Zeit von 200 Stunden liegt. Man erhält somit alle zulässigen Kombinationen (x_1,x_2) für A durch die Ungleichung

G 20.3.2 $$2x_1 + x_2 \leqq 200 \qquad \text{(Maschine A)}$$

mit $x_1 \geqq 0$ und $x_2 \geqq 0$.

Die graphische Interpretation findet man in der Figur 20.3.3.

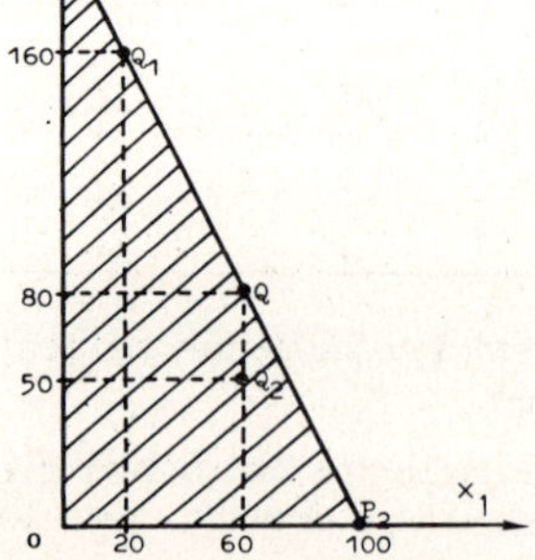

F 20.3.3

In einem (x_1,x_2)-Koordinatensystem können die zulässigen Mengenkombinationen über die graphische Darstellung von Ungleichungen dargestellt werden. Die maximalen auf A in einer Woche herstellbaren Mengen liegen auf der Strecke $\overline{P_1P_2}$, die der Gleichung 20.3.1 entspricht. So bedeutet z.B. der Punkt Q_1 auf dieser Strecke mit den Koordinaten $x_1=20$, $x_2=160$ die Bearbeitung von 20 Stück des Produktes X_1 und 160 Stück des Produktes X_2.

Da auch eine Nicht-Vollausnutzung der Maschine möglich ist, sind alle auf Maschine A realisierbaren Kombinationen durch die Punkte des schraffierten Dreiecks OP_1P_2 dargestellt. Dabei sind die beiden Nichtnegativitätsbedingungen $x_1 \geqq 0$ und $x_2 \geqq 0$ bereits berücksichtigt (Beschränkung auf den ersten Quadranten). Der Punkt Q_2 entspricht der Kombination $x_1 = 60$, $x_2 = 50$; sie ist auf A durchführbar, es entstehen dabei aber Leerzeiten, denn bei $x_1 = 60$ Stück je Woche könnte man bis zu $x_2 = 80$ Stück bearbeiten. Die Leerzeit beträgt $200-2 \cdot 60-50 = 30$ Stunden.

Durch entsprechende Überlegungen erhält man zu den Maschinen B und C als Bedingungen für die Vollauslastung die Gleichungen:

G 20.3.4 $$x_1 + x_2 = 120$$

G 20.3.5 $$x_1 + 3x_2 = 240.$$

In F 20.3.9 entsprechen diese Gleichungen den Strecken $\overline{P_3P_4}$ und $\overline{P_5P_6}$, wenn man noch $x_1 \geqq 0$, $x_2 \geqq 0$ berücksichtigt. Die mit der Maschine B bzw. C realisierbaren Kombinationen (x_1,x_2) entsprechen der Fläche des Dreiecks OP_2P_4 bzw. des Dreiecks OP_5P_6. Diese Dreiecke gehören zu den Ungleichungen

G 20.3.6 $x_1 + x_2 \leqq 120$ (Maschine B) und

G 20.3.7 $x_1 + 3x_2 \leqq 240$ (Maschine C),

jeweils mit den Bedingungen

G 20.3.8 $$x_1 \geqq 0,\ x_2 \geqq 0.$$

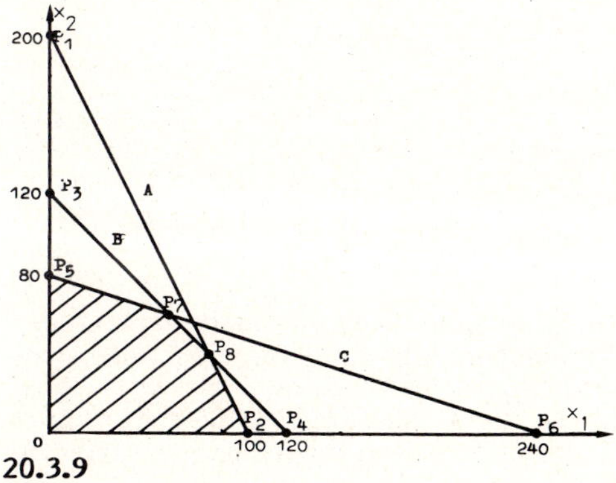

F 20.3.9

Da jedoch der Betrieb nur ein Produktionsprogramm verwirklichen kann, dessen Mengenkombination auf allen drei Maschinen gleichzeitig bearbeitbar ist, so ist seine realisierbare Produktion auf jene Punkte im (x_1,x_2)-Koordinatensystem beschränkt, die sowohl im Dreieck OP_1P_2 als auch in den Dreiecken OP_3P_4 und OP_5P_6 liegen.

Die allen Dreiecken gemeinsame Fläche wird durch das in Figur 20.3.9 schraffierte Fünfeck $OP_5P_7P_8P_2$ gebildet. Analytisch wird dieses Fünfeck durch die Ungleichungen 20.3.2, 20.3.6, 20.3.7 und 20.3.8 beschrieben.

Die technischen Möglichkeiten des betrachteten Betriebes sind damit graphisch und analytisch dargestellt. Der Inhaber dieses Betriebes steht jedoch vor der Frage, für welche der zahlreichen technischen Möglichkeiten er sich bei seinem Produktionsprogramm entscheiden soll. Unterstellt man als Ziel der Unternehmung die Erzielung eines maximalen Gewinns, so müssen die "Stückgewinne" g_1 und g_2 (worunter hier die Differenz zwischen gegebenen Absatzpreisen und Materialkosten je Stück verstanden wird und wobei die übrigen Kosten als konstant unterstellt werden) bekannt sein. Ist etwa $g_1 = 2$ DM und $g_2 = 3$ DM, dann ergibt sich der Wochengewinn zu

G 20.3.10 $$G = 2x_1 + 3x_2.$$

Alle Mengenkombinationen (x_1,x_2), die zu einem bestimmten Gewinn G_0 führen, entsprechen einer Geraden im (x_1,x_2)-Koordinatensystem: Der Anstieg dieser Geraden ist durch das Verhältnis der Stückgewinne g_1 und g_2 festgelegt. Einen Gewinn von 150 kann man z.B. mit den folgenden Mengenkombinationen erzielen:

Gewinn: G = 150

x_1 Stück von X_1	x_2 Stück von X_2
0	50
15	40
30	30
45	20
60	10
75	0

Alle genannten Mengenkombinationen liegen auf einer Geraden der Form

$$2x_1 + 3x_2 = 150.$$

Allgemein liegen alle Mengenkombinationen der beiden Produkte, die zu einem Gewinn in Höhe von G_0 führen, auf einer Geraden der Form

$$2x_1 + 3x_2 = G_0.$$

Diese Geraden gleichen Gewinns, die man auch als **Isogewinngeraden** bezeichnet, sind sämtlich parallel zueinander. Je weiter eine Isogewinngerade vom Nullpunkt des Koordinatensystems entfernt liegt, desto höher ist der Gewinn, der dazu gehört. Vgl. hierzu auch die Ausführungen über die Darstellung einer linearen Funktion mit zwei unabhängigen Variablen in Band I, Abschnitt 7.2.

In der Figur 20.3.11 sind neben dem Fünfeck der technisch möglichen Kombinationen vier Isogewinnlinien eingezeichnet, und zwar für G_1 = 100 DM, G_2 = 200 DM, G_3 = 300 DM und G_4 = 400 DM.

Zur Ermittlung des Produktionsprogramms, das zum größtmöglichen Gewinn führt, ist der Punkt in dem Fünfeck der zulässigen Mengenkombinationen zu bestimmen, zu dem der größte Gewinn gehört. Dieser liegt auf einer möglichst weit vom Koordinatenursprung entfernten Isogewinngeraden.

Wie die Figur 20.3.11 erkennen läßt, gibt es unter den geschilderten Voraussetzungen eine und nur eine gewinnmaximale Kombination, dargestellt durch den Punkt P_7 mit den Koordinaten $x_1 = 60$, $x_2 = 60$. Im Punkt P_7 ist

$$G = 2 \cdot 60 + 3 \cdot 60 = 300.$$

Das gewinnmaximale Produktionsprogramm kann man graphisch allgemein dadurch finden, daß eine durch den Bereich der zulässigen Mengenkombinationen gehende Isogewinngerade solange parallel verschoben wird, bis der zulässige Bereich verlassen wird. An der "Grenze" (in F 20.3.11 Punkt P_7) liegt die Lösung.

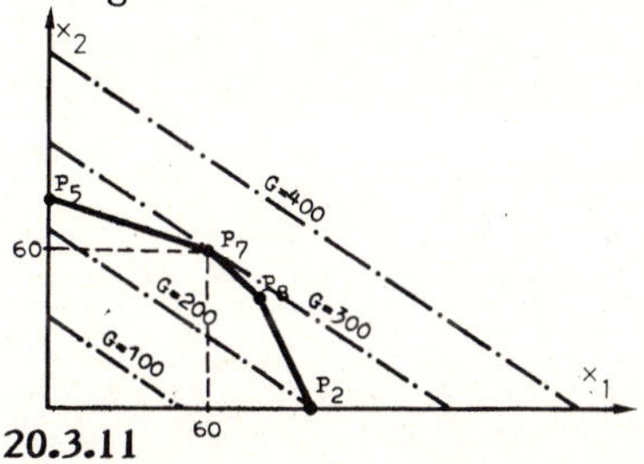

F 20.3.11

Bei anderen Proportionen der "Stückgewinne" ergeben sich andere Gewinnmaxima. Ist etwa g_1 = 3 DM, g_2 = 2 DM, dann ergeben sich Isogewinngeraden wie in Figur 20.3.12. Es gilt bei diesen Werten für g_1 und g_2

$$G = 3x_1 + 2x_2.$$

Das Gewinnmaximum liegt hier im Punkt P_8 mit den Koordinaten $x_1 = 80$, $x_2 = 40$ und $G = 3 \cdot 80 + 2 \cdot 40 = 320$.

Für g_1 = 2 DM, g_2 = 8 DM ist das Gewinnmaximum im Punkt P_5, also $x_1 = 0$, $x_2 = 80$, $G = 640$. Den Punkt P_2 erhält man als Lösung beispielsweise bei g_1 = 8 DM und g_2 = 2 DM.

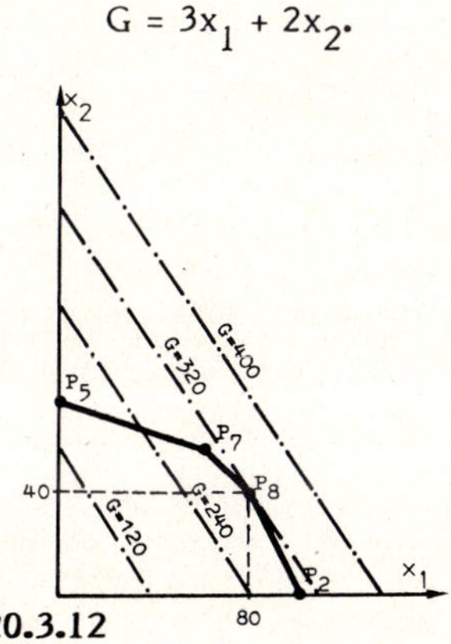

F 20.3.12

Bei den soeben angenommenen vier Wertepaaren (g_1, g_2) der Stückgewinne wurden die Gewinnmaxima jeweils in einem Eckpunkt des Fünfecks $OP_5P_7P_8P_2$ angenommen, das Maximierungsproblem hatte eine eindeutige Lösung. Man beachte dabei, daß die Lage des Gewinnmaximums bei gegebenen Beschränkungen nicht von den absoluten Werten, sondern nur von der Steigung der Isogewinngeraden, d.h. vom Verhältnis der Stückgewinne abhängt. Das sieht man sofort, wenn man die Gewinnfunktion

$G = g_1x_1 + g_2x_2$ in der Form $x_2 = -\frac{g_1}{g_2}x_1 + \frac{G}{g_2}$ schreibt, wobei $-\frac{g_1}{g_2}$

die Steigung der Gewinngeraden angibt. Hat man für gegebene Stückgewinne ein bestimmtes Gewinnmaximum erreicht, dann kann man das Verhältnis der Stückgewinne in bestimmten Grenzen variieren, ohne die Lage des Optimums zu verändern. Überschreitet man diese Grenze, so verschiebt sich das Optimum zu einem anderen Punkt. Da man bei der Behandlung derartiger Fragestellungen einen Parameter des Problems (hier das Gewinnverhältnis) variiert, spricht man in diesem Zusammenhang von **parametrischer linearer Optimierung.**

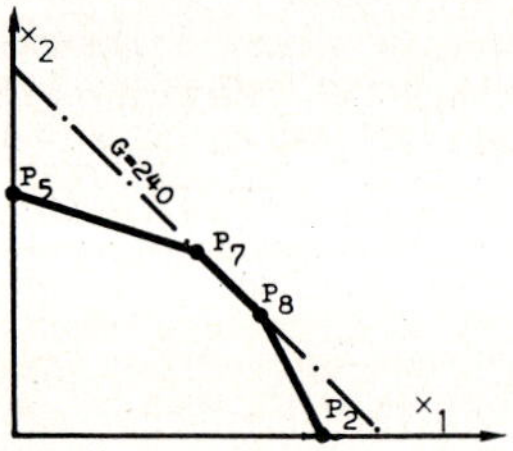

F 20.3.13

Es gibt jedoch auch Fälle mit mehreren gewinnmaximalen Produktionsverfahren. Sei etwa $g_1 = g_2 = 2$ DM, dann verlaufen die Isogewinngeraden parallel zur Strecke $\overline{P_7P_8}$ (vgl. F 20.3.13) und die Isogewinngerade mit $G_3 = 240$ fällt mit der durch P_7 und P_8 gehenden Geraden zusammen.

Alle Punkte der Strecke $\overline{P_7P_8}$ führen also zu demselben Gewinn, und zwar zum Maximalgewinn von $G = 240$. Bei den "Stückgewinnen" $g_1 = 2$ DM, $g_2 = 6$ DM bzw. $g_1 = 4$ DM, $g_2 = 2$ DM liegen die Gewinnmaxima auf den Strecken $\overline{P_5P_7}$ bzw. $\overline{P_8P_2}$.

Wenn wie hier mehrere Mengenkombinationen zu dem gleichen maximalen Gewinn führen, spricht man von einer **mehrdeutigen Lösung.**

In keinem der Fälle werden im Gewinnmaximum alle drei Maschinen A, B, C voll ausgenutzt. Beispielsweise ergeben sich im ersten Fall bei $g_1 = 2$ DM, $g_2 = 3$ DM Leerzeiten der Maschine A. Wie oben gezeigt wurde, ist unter diesen Umständen das Gewinnmaximum im Punkt P_7 gegeben; P_7 liegt auf den Strecken $\overline{P_3P_4}$ und $\overline{P_5P_6}$. Sie stellen laut Figur 20.3.9 Kombinationen voller Ausnutzung der Maschinen B bzw. C dar, aber P_7 liegt im Innern des Dreiecks OP_1P_2, dessen Seite $\overline{P_1P_2}$ der

Vollauslastung der Maschine A entspricht.
Erhöht man die Kapazität der Maschine B auf 128 Stunden, dann schneiden sich alle 3 Beschränkungsgeraden in einem Punkt. Gegenüber Figur 20.3.9 hat man dann folgendes Bild (Figur 20.3.14), wobei Figur 20.3.9 nur entsprechend ergänzt wurde. In dem Schnittpunkt P_9 aller Geraden gilt $x_1 = 72$ und $x_2 = 56$, und bei diesen Mengen sind alle Maschinen voll ausgelastet. Man sieht an der Zeichnung sofort, daß im Fall der Figur 20.3.14 die Kapazitätsbeschränkung der Maschine B überflüssig ist, da sie gegenüber den Beschränkungen durch A und C keine zusätzlichen Informationen liefert.

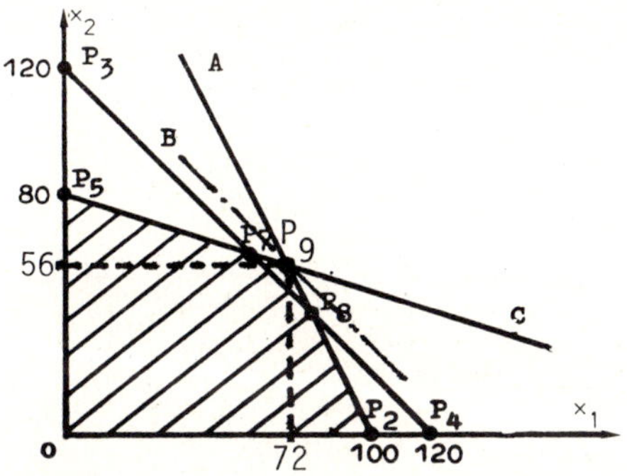

F 20.3.14

Man spricht in einem solchen Fall auch von **Degeneration** bzw. von einer **degenerierten Lösung.**

Anstelle eines konvexen Fünfecks hätte man bei einer noch größeren Anzahl von Arbeitsgängen konvexe Sechsecke, Siebenecke usw. als Bereich für die technisch möglichen Kombinationen erhalten.
Der geometrischen Problemstellung entspricht die folgende analytische:
Unter den Bedingungen

$$2x_1 + x_2 \leqq 200$$
$$x_1 + x_2 \leqq 120$$
$$x_1 + 3x_2 \leqq 240$$
$$x_1 \geqq 0, x_2 \geqq 0$$

sind die Zahlenpaare (x_1, x_2) zu bestimmen, für die die lineare Gewinnfunktion (Zielfunktion)

$$G = 2x_1 + 3x_2$$

maximal ist. Eine solche Aufgabenstellung ist typisch für die Probleme der linearen Optimierung.

Die graphische Darstellung der Zusammenhänge und die Ableitung einer Lösung auf graphischem Wege ist bei zwei Produkten, so wie es im vorliegenden Beispiel der Fall ist, leicht möglich. Bei drei Produkten bereitet die graphische Darstellung und Lösung schon erhebliche Schwierigkeiten, da man von der Darstellung in der Ebene zur Darstellung im dreidimensionalen Raum übergehen muß. Bei vier und mehr Produkten ist eine graphische Darstellung überhaupt nicht mehr möglich.

Graphisch lassen sich also nur sehr einfache Beispiele lösen. Es existieren aber verschiedene analytische Lösungsverfahren, von denen das bekannteste die Simplex-Methode ist. Auf sie wird im übernächsten Abschnitt näher eingegangen. Zuvor wird im folgenden Abschnitt die dem behandelten Beispiel zugrunde liegende Maximierungsaufgabe der linearen Optimierung allgemein formuliert.

Aufgaben

Ü 20.3.1 Eine Unternehmung produziert zwei Güter in den Mengen x_1 und x_2. Bei der Produktion werden die Maschinen A, B und C eingesetzt, und zwar maximal 200 Stunden im Monat. Die Bearbeitungszeiten in Stunden pro Stück betragen:

	x_1	x_2
Maschine A	4	4
Maschine B	8	4
Maschine C	2	10

a) Beschreibe die in einem Monat produzierbaren Mengenkombinationen durch ein System von Ungleichungen.
b) Stelle die zulässigen Mengenkombinationen graphisch dar.
c) Welche Kapazitätsbeschränkung ist überflüssig?

Ü 20.3.2 Gesucht ist das Maximum der Funktion $G = 2x_1+3x_2$ unter Berücksichtigung der Nebenbedingungen

$$x_1 + x_2 \leqq 15; \; x_1 + 2x_2 \leqq 20; \; x_1 \geqq 0; \; x_2 \geqq 0.$$

a) Stelle die Wertepaare (x_1,x_2), die die Nebenbedingungen erfüllen, graphisch dar.
b) Stelle die Zielfunktion für G = 18 und G = 30 graphisch dar.
c) Bestimme graphisch das Maximum von G.

Ü 20.3.3 In einem Betrieb werden die Produkte X_1 und X_2 nacheinander auf den Maschinen A, B und C bearbeitet. Die Maschinenzeit bei A ist für X_1 doppelt so groß wie für X_2, bei B sind die Maschinenzeiten gleich und bei C ist die Maschinenzeit für X_2 dreimal so groß wie für X_1. Auf A können in der Woche maximal 60 Stück von X_1 oder 120 Stück von X_2 bearbeitet werden. Auf Maschine B können in einer Woche höchstens 70 Stück von X_1 oder X_2 bearbeitet werden und auf Maschine C 150 Stück X_1 oder 50 Stück X_2 je Woche.

a) Beschreibe alle Mengenkombinationen (x_1,x_2) der beiden Produkte, die in einer Woche produziert werden können, durch ein System von

Ungleichungen.
b) Stelle den Bereich der realisierbaren Mengenkombinationen graphisch dar.
c) Gibt es eine (oder mehrere) Mengenkombination(en), bei der (denen) alle Maschinen voll ausgelastet sind?
d) Wenn es keine gleichzeitige Vollauslastung aller Maschinen gibt, kann man sie durch Veränderung der wöchentlichen Einsatzzeit der Maschine B erreichen. Um wieviel Stunden muß die Einsatzzeit der Maschine B verändert werden, wenn man davon ausgeht, daß in der ursprünglichen Aufgabenstellung die wöchentliche Einsatzzeit 40 Stunden beträgt?
e) Für das Produkt X_1 erzielt das Unternehmen einen Stückgewinn von $g_1 = 10$ DM und für das Produkt X_2 einen Stückgewinn von $g_2 = 15$ DM. Zeichne die Isogewinngeraden für $G_1 = 300$, $G_2 = 600$, $G_3 = 900$ und $G_4 = 1200$ und bestimme graphisch die gewinnmaximale Mengenkombination der beiden Produkte.

20.4 Die allgemeine Formulierung der Maximumaufgabe der linearen Optimierung

Dem im vorhergehenden Abschnitt besprochenen Beispiel liegt folgende allgemeine Aufgabe zugrunde

D 20.4.1

Allgemeines Maximierungsproblem der linearen Optimierung
Gegeben ist die lineare Funktion (**Zielfunktion**)

$$G = g_1x_1 + g_2x_2 + \dots + g_nx_n = \sum_{j=1}^{n} g_jx_j.$$

Gesucht sind reelle Zahlen x_j (j=1,...,n), für die der Wert der Zielfunktion maximal wird und die den folgenden Nebenbedingungen genügen:

$$a_{11}x_1 + a_{12}x_2 + \dots + a_{1n}x_n \leqq b_1 \text{ bzw. } \sum_{j=1}^{n} a_{1j}x_j \leqq b_1$$

$$a_{21}x_1 + a_{22}x_2 + \dots + a_{2n}x_n \leqq b_2 \text{ bzw. } \sum_{j=1}^{n} a_{2j}x_j \leqq b_2$$

$$\cdot \quad \cdot \quad \cdots \quad \cdot \quad \cdot$$

$$a_{m1}x_1 + a_{m2}x_2 + \dots + a_{mn}x_n \leqq b_m \text{ bzw. } \sum_{j=1}^{n} a_{mj}x_j \leqq b_m$$

und den Nichtnegativitätsbedingungen $x_j \geqq 0$ (j=1,...,n)
mit $a_{ij} \in \mathbb{R}$, $g_j \in \mathbb{R}$, $b_i \in \mathbb{R}$ (j=1,...,n; i=1,...,m)

Unter Verwendung von Matrizen erhält man anstelle von D 20.4.1

D 20.4.2

Maximiere

$$G = (g_1, g_2, \ldots, g_n) \begin{pmatrix} x_1 \\ x_2 \\ \vdots \\ x_n \end{pmatrix} \quad \text{bzw.} \quad G = \mathbf{g'x},$$

unter den Bedingungen

$$\begin{pmatrix} a_{11} & a_{12} & \cdots & a_{1n} \\ a_{21} & a_{22} & \cdots & a_{2n} \\ \cdot & \cdot & \cdots & \cdot \\ a_{m1} & a_{m2} & \cdots & a_{mn} \end{pmatrix} \begin{pmatrix} x_1 \\ x_2 \\ \cdot \\ x_n \end{pmatrix} \leqq \begin{pmatrix} b_1 \\ b_2 \\ \cdot \\ b_m \end{pmatrix} \quad \text{bzw.} \quad \mathbf{Ax} \leqq \mathbf{b}.$$

und den Nichtnegativitätsbedingungen

$$(x_1, x_2, \ldots, x_n) \geqq (0,0,\ldots,0) \text{ bzw. } \mathbf{x} \geqq \mathbf{0}.$$

Für die numerische Behandlung der Maximierungsaufgabe mit der im folgenden Abschnitt dargestellten Simplexmethode werden die Ungleichungen der Beschränkungen durch Einführung nichtnegativer **Hilfs- oder Schlupfvariablen** in Gleichungen überführt.
Die Beschränkungen lauten dann

G 20.4.3

$$\begin{aligned} a_{11}x_1 + a_{12}x_2 + \ldots + a_{1n}x_n + y_1 &= b_1 \text{ bzw. } \sum_{j=1}^{n} a_{1j}x_j + y_1 = b \\ a_{21}x_1 + a_{22}x_2 + \ldots + a_{2n}x_n + y_2 &= b_2 \text{ bzw. } \sum_{j=1}^{n} a_{2j}x_j + y_2 = b_2 \\ \cdot \quad \cdot \quad \cdots \quad \cdot \quad \cdot \quad &\cdot \quad \cdot \quad \cdot \quad \cdot \\ a_{m1}x_1 + a_{m2}x_2 + \ldots + a_{mn}x_n + y_m &= b_m \text{ bzw. } \sum_{j=1}^{n} a_{mj}x_j + y_m = b_m \end{aligned}$$

oder in Matrizenschreibweise

G 20.4.4

$$\begin{pmatrix} a_{11} & a_{12} & \cdots & a_{1n} \\ a_{21} & a_{22} & \cdots & a_{2n} \\ \cdot & \cdot & \cdots & \cdot \\ a_{m1} & a_{m2} & \cdots & a_{mn} \end{pmatrix} \begin{pmatrix} x_1 \\ x_2 \\ \cdot \\ x_n \end{pmatrix} + \begin{pmatrix} y_1 \\ y_2 \\ \cdot \\ y_m \end{pmatrix} = \begin{pmatrix} b_1 \\ b_2 \\ \cdot \\ b_m \end{pmatrix} \quad \text{bzw.} \quad \mathbf{Ax+y=b}.$$

Verkürzt kann man die Aufgabe in D 20.4.1 bzw. D 20.4.2 unter Verwendung von Matrizen wie folgt schreiben:

$$\text{Max } \{G = \mathbf{g'x} \mid \mathbf{Ax} \leqq \mathbf{b}; \mathbf{x} \geqq \mathbf{0}\}.$$

Aufgaben

Ü 20.4.1 Eine Unternehmung produziert zwei Güter in den Mengen x_1 und x_2. Die Herstellung erfolgt so, daß jedes Stück auf den beiden Maschinen A und B bearbeitet wird. Für die Bearbeitungszeiten je Stück ergeben sich folgende Werte:

		1. Gut	2. Gut
Bearbeitungszeit	A	8 Minuten	12 Minuten
auf der Maschine	B	15 Minuten	5 Minuten

Die wöchentliche Arbeitszeit beträgt 40 Stunden oder 2400 Minuten. Die Stückgewinne betragen g_1 = 5 DM/Stück und g_2 = 4 DM/Stück.

Wie lautet der lineare Optimierungsansatz zur Bestimmung eines gewinnmaximalen Produktionsprogramms?

Ü 20.4.2 Drei Produkte können wahlweise aus zwei Rohstoffen hergestellt werden. Der Rohstoffbedarf für jedes Produkt sowie die verfügbaren und absetzbaren Mengen sind der folgenden Tabelle zu entnehmen. Die Zahlen in Klammern geben die Stückgewinne je Produkteinheit an.

		Produkte 1	2	3	verfügbares Material
Material	1	4 (24)	2 (12)	5 (15)	100
	2	6 (25)	5 (15)	10 (6)	300
Maximal absetzbare Menge		100	40	60	

Formuliere einen linearen Optimierungsansatz zur Bestimmung der gewinnmaximalen Produktion. (Dazu bezeichne mit x_{ij} das Produkt j bei Verwendung des Rohstoffes i).

Ü 20.4.3 Der Student Paul hat im Monat 400 DM verfügbar, und er beschließt, dieses Geld in Bier und Brot zu "investieren". Eine Flasche Bier kostet 1 DM und ein Pfund Brot 1,25 DM. Er rechnet pro Flasche Bier 0,2 km Weg, da die Gaststätte nah ist, und pro Brot 0,48 km Weg. Insgesamt möchte er für Brot- und Bierholen im Monat nicht mehr als 120 km zurücklegen. Den Nutzen eines Brotes setzt er 1,5 mal so hoch an wie den Nutzen einer Flasche Bier. Wie soll er sein Geld ausgeben, wenn er seinen Nutzen maximieren will? Formuliere dafür einen Ansatz der linearen Optimierung.

20.5 Die Simplex-Methode

Von den verschiedenen Verfahren zur Lösung von Aufgabenstellungen der linearen Optimierung ist das bekannteste die Simplex-Methode. Bei der Simplex-Methode wird die gesuchte Optimallösung nicht in einem Schritt gefunden, wie etwa bei der Bestimmung von Extremwerten mittels der Differentialrechnung, sondern sie wird **iterativ**, d.h. in mehreren Schritten, entwickelt. Man beginnt mit einer zulässigen Lösung des Problems. Für diese zulässige Lösung wird geprüft, ob sie optimal ist. Ist das der Fall, so ist man fertig. Ist die Lösung nicht optimal, so bestimmt man eine neue, verbesserte Lösung und prüft diese wieder auf Optimalität. So verbessert man schrittweise die Lösung, bis man die optimale Lösung gefunden hat.

Bei der Simplex-Methode wendet man auf die Zielfunktion und die Nebenbedingungen bzw. auf ihre in Tabellenform geschriebenen Koeffizienten Rechenoperationen an, die den aus der Matrizenrechnung bekannten Zeilenoperationen gleichen (vgl. D 18.3.2, (1) und (2)). Das Verfahren wird hier zunächst an dem Beispiel aus Abschnitt 20.3 erläutert.

Die zu lösende Aufgabe lautet: Gegeben ist die lineare Gewinnfunktion (Zielfunktion) $G = 2x_1 + 3x_2$.

Diese Zielfunktion ist zu maximieren unter Beachtung der folgenden Nebenbedingungen:

$$\begin{aligned} 2x_1 + x_2 &\leqq 200, \\ x_1 + x_2 &\leqq 120, \qquad x_1 \geqq 0, x_2 \geqq 0. \\ x_1 + 3x_2 &\leqq 240, \end{aligned}$$

Für die Anwendung der Simplex-Methode ist es zunächst erforderlich, daß man die drei ersten Ungleichungen in Gleichungen umwandelt. Das erreicht man dadurch, daß man die Ungleichungen durch Einführung von **Hilfsvariablen** oder **Schlupfvariablen** y_1, y_2 und y_3 erweitert. Aus den Ungleichungen erhält man dann folgende Gleichungen:

$$\begin{aligned} 2x_1 + x_2 + y_1 &= 200, \\ x_1 + x_2 + y_2 &= 120, \\ x_1 + 3x_2 + y_3 &= 240. \end{aligned}$$

Die Bedeutung der Hilfsvariablen in wirtschaftlicher Hinsicht sei kurz erläutert und zwar anhand der ersten Gleichung. Die beiden Variablen x_1 und x_2 bezeichnen die von den beiden Produkten hergestellten Mengen. $2x_1 + x_2$ ist dann die Zeit, die Maschine A in einer Woche für die Produktion eingesetzt wird.

Ist $2x_1 + x_2 < 200$, dann wird die Kapazität der Maschine A nicht vollständig ausgenutzt. y_1 bezeichnet nun gerade diese nicht ausgenutzte

Kapazität der Maschine A, denn

ausgenutzte Kapazität	+	nichtausgenutzte Kapazität	=	verfügbare Kapazität
$2x_1 + x_2$	+	y_1	=	200.

Ist $y_1 = 200$, so bedeutet dies, daß die Maschine A überhaupt nicht in Anspruch genommen wird. Entsprechend bedeutet $y_2 = 120$ bzw. $y_3 = 240$, daß die Maschine B bzw. C nicht in Anspruch genommen wird.
Nach Einführung der Hilfsvariablen lautet die zu lösende Aufgabe folgendermaßen:
Maximiere die lineare Funktion

$$G = 2x_1 + 3x_2 \text{ bzw. } G = (2,3)\begin{pmatrix} x_1 \\ x_2 \end{pmatrix}$$

unter Beachtung der Nebendingungen

$$\begin{aligned} 2x_1 + x_2 + y_1 &= 200 \\ x_1 + x_2 + y_2 &= 120 \\ x_1 + 3x_2 + y_3 &= 240 \end{aligned} \quad \text{bzw.} \quad \begin{pmatrix} 2 & 1 & 1 & 0 & 0 \\ 1 & 1 & 0 & 1 & 0 \\ 1 & 3 & 0 & 0 & 1 \end{pmatrix} \begin{pmatrix} x_1 \\ x_2 \\ y_1 \\ y_2 \\ y_3 \end{pmatrix} = \begin{pmatrix} 200 \\ 120 \\ 240 \end{pmatrix}$$

$$x_1 \geqq 0,\ x_2 \geqq 0,\ y_1 \geqq 0,\ y_2 \geqq 0,\ y_3 \geqq 0 \text{ bzw. } (x_1,x_2,y_1,y_2,y_3) \geqq (0,0,0,0,0).$$

Die Aufgabe besteht mit anderen Worten darin, die von den beiden Produkten X_1 bzw. X_2 pro Woche herzustellenden Mengen x_1 und x_2 so zu bestimmen, daß der Gewinn so groß wie möglich wird. Dabei ist zu beachten, daß der Produktion der beiden Güter durch die Kapazitäten der 3 Maschinen A, B und C Grenzen gesetzt sind und daß keine negativen Mengen produziert werden können.
Die Aufgabe soll nun mit Hilfe der Simplex-Methode gelöst werden. Dabei wird an einigen Stellen versucht werden, den Lösungsweg anschaulich zu erläutern.

Da man bei der Simplex-Methode jeweils nur die Koeffizienten der einzelnen Gleichungen für die Berechnungen benutzt und durch die Berechnung verändert, kann der Rechenaufwand durch die Verwendung eines tabellarischen Schemas, in das nur die Koeffizienten eingetragen werden, vereinfacht werden. Der Rechengang besteht dann darin, daß man die in dem Schema enthaltenen Koeffizienten durch Anwendung von Zeilenoperationen umformt.
Die Gewinnfunktion schreibt man für die Anlage des Rechenschemas in der folgenden Weise

$$-2x_1 - 3x_2 + G = 0.$$

Das Rechenschema, das man auch als Simplex-Tabelle oder **Simplex-Tableau** bezeichnet, lautet dann wie folgt:

x_1	x_2	y_1	y_2	y_3	G	
2	1	1	0	0	0	200
1	1	0	1	0	0	120
1	3	0	0	1	0	240
-2	-3	0	0	0	1	0

In der Kopfzeile des Tableaus stehen die einzelnen Variablenbezeichnungen. Der Doppelstrich verkörpert das Gleichheitszeichen.

Das Rechenverfahren der Simplex-Methode verläuft nun so, daß man mit einer zulässigen Lösung des Problems beginnt, und zwar mit einer **Basislösung.**

Unter einer Basislösung versteht man eine Lösung, bei der von den 5 Variablen des Problems höchstens drei Variable (so viele wie es Beschränkungen gibt) von Null verschiedene Werte annehmen. In dem Simplex-Tableau sind das die Variablen,zu deren Spalten Einheitsvektoren gehören. Man nennt sie **Basisvariablen.** Die Variablen haben dann den Wert, der in der letzten Spalte hinter dem Doppelstrich in der Zeile steht, in der sich auch die 1 befindet. Im vorliegenden Fall bilden also die Hilfsvariablen die Ausgangslösung mit den Werten $y_1 = 200$; $y_2 = 120$ und $y_3 = 240$. Das folgende Tableau veranschaulicht dies:

x_1	x_2	y_1	y_2	y_3	G	
2	1	1	0	0	0	200
1	1	0	1	0	0	120
1	3	0	0	1	0	240
-2	-3	0	0	0	1	0

Die übrigen Variablen haben den Wert 0. Es ist also in der Ausgangslösung $x_1 = 0$ und $x_2 = 0$. (Der bei der jeweiligen Lösung erzielte Gewinn erscheint in dem Feld rechts unten. Er beträgt in der Ausgangslösung G = 0.) Die Ausgangs-Basislösung bedeutet also, daß man von beiden Gütern die Mengen 0 produziert und dabei den Gewinn 0 erzielt. Die jeweils vorliegende Lösung ist solange nicht optimal, wie sich in der letzten Zeile des Simplex-Tableaus noch negative Koeffizienten befinden. Das ist bei der oben angegebenen Ausgangslösung der Fall (negative Werte in den zu x_1 und x_2 gehörigen Spalten).

Die vorhandene Lösung wird nun dadurch verbessert, daß man eine Nichtbasisvariable gegen eine Basisvariable "austauscht".

Im vorliegenden Fall nimmt man im ersten Schritt des Rechenverfahrens, der zu einer verbesserten Lösung führt, die Variable in die Basis hinein, zu der in der letzten Zeile der kleinste Wert gehört, also x_2 (-3 ist kleiner als -2).

Wirtschaftlich gesehen bedeutet dieser Schritt, daß man zunächst nur ein Produkt herstellt, und zwar das, für welches sich der größte Stückgewinn ergibt.

Da x_2 Basisvariable werden soll, ist in der zu x_2 gehörigen Spalte ein Einheitsvektor zu erzeugen. Dazu ist zunächst die Stelle, an der die "1" stehen soll, zu bestimmen. Dazu dividiert man für jede Zeile den Wert in der letzten Spalte durch den Wert in der zu x_2 gehörenden Spalte. Dafür erhält man folgende Ergebnisse:

1. Zeile: 200 : 1 = 200
2. Zeile: 120 : 1 = 120
3. Zeile: 240 : 3 = 80.

Diese Operationen bedeuten wirtschaftlich gesehen, daß man untersucht, wieviel Stück man von dem Gut X_2 maximal auf jeder Maschine herstellen kann, wenn man nur dieses Gut herstellt. Da das Produkt auf allen drei Maschinen bearbeitet wird, wird die maximale Stückzahl durch den kleinsten der drei Werte, also 80 Stück, gegeben. Das auf diese Weise ausgewählte Element in der dritten Zeile der zweiten Spalte heißt **Pivotelement.** In der zweiten Spalte ist nun ein 3. Einheitsvektor zu erzeugen. Dazu wird zunächst die dritte Zeile mit $\frac{1}{3}$ multipliziert, um an der Stelle des Pivotelements eine 1 zu bekommen.

Es ergibt sich:

x_1	x_2	y_1	y_2	y_3	G	
2	1	1	0	0	0	200
1	1	0	1	0	0	120
$\frac{1}{3}$	1	0	0	$\frac{1}{3}$	0	80
-2	-3	0	0	0	1	0

Im nächsten Schritt werden geeignete Vielfache der neuen dritten Zeile zur ersten, zweiten und vierten Zeile addiert, so daß die übrigen Elemente der zweiten Spalte Null werden.
Addiert man das (-1)-fache der dritten Zeile zur ersten Zeile, so ergibt sich:

x_1	x_2	y_1	y_2	y_3	G	
$2-\frac{1}{3}=\frac{5}{3}$	1-1=0	1-0=1	0-0=0	$0-\frac{1}{3}=-\frac{1}{3}$	0-0=0	200-80=120
1	1	0	1	0	0	120
$\frac{1}{3}$	1	0	0	$\frac{1}{3}$	0	80
-2	-3	0	0	0	1	0

Anschließend addiert man das (-1)-fache der dritten Zeile zur zweiten und das 3-fache zur letzten Zeile. Man erhält:

x_1	x_2	y_1	y_2	y_3	G	
$\frac{5}{3}$	0	1	0	$-\frac{1}{3}$	0	120
$1-\frac{1}{3}=\frac{2}{3}$	1-1=0	0-0=0	1-0=1	$0-\frac{1}{3}=-\frac{1}{3}$	0-0=0	120-80=40
$\frac{1}{3}$	1	0	0	$\frac{1}{3}$	0	80
-2+1=-1	-3+3=0	0+0=0	0+0=0	0+1=1	1+0=1	0+240=240

Damit ist die erste verbesserte Lösung gefunden. Sie kann folgendermassen aus der Tabelle abgelesen werden:
Zur Basislösung gehören nunmehr die Variablen x_2,y_1 und y_2, denn in den zu ihnen gehörigen Spalten steht jeweils eine 1 und sonst eine 0. Es ist $x_2 = 80$, d.h. die Variable nimmt den Wert an, der in der Zeile der 1 des betreffenden Einheitsvektors in der letzten Spalte steht. Es ist $y_1 = 120$ und $y_2 = 40$. Das bedeutet, daß von dem 2. Produkt $x_2 = 80$ Stück hergestellt werden und daß auf der Maschine A eine ungenutzte Kapazität in Höhe von $y_1 = 120$ und auf der Maschine B eine ungenutzte Kapazität von $y_2 = 40$ vorhanden ist. Der Gewinn bei dieser Lösung beträgt G = 240.

Graphisch gesehen bedeutet dieses Vorgehen, daß man sich von der Ausgangslösung, dem Nullpunkt 0, zu dem Punkt P_5 begeben hat. Vgl. hierzu Figur 20.3.9.

Die so gefundene Lösung untersucht man nun darauf, ob in der letzten Zeile noch negative Werte stehen. Negative Werte in der letzten Zeile deuten darauf hin, daß die Optimallösung noch nicht gefunden ist. Das ist hier der Fall.
Die Bestimmung einer weiter verbesserten Lösung geschieht nach dem gleichen Verfahren, wie es soeben ausführlich beschrieben wurde. Der einzige negative Wert steht in der Spalte unter x_1. Zur Bestimmung des Pivotelementes dividiert man wieder für jede Zeile den Wert der letzten Spalte durch den entsprechenden Wert der zu x_1 gehörigen ersten Spalte. Man erhält

1. Zeile: $120 : \frac{5}{3} = 72$

2. Zeile: $40 : \frac{2}{3} = 60$

3. Zeile: $80 : \frac{1}{3} = 240.$

Der kleinste Wert bei der Division ergibt sich in der 2. Zeile. Es wird also in der ersten Spalte das Element der zweiten Zeile ausgewählt. Die an dieser Stelle zu erzeugende "1" erhält man durch Multiplikation der 2. Zeile mit 3/2.

x_1	x_2	y_1	y_2	y_3	G	
$\frac{5}{3}$	0	1	0	$-\frac{1}{3}$	0	120
$\frac{2}{3}\cdot\frac{3}{2} = 1$	$0\cdot\frac{3}{2} = 0$	$0\cdot\frac{3}{2} = 0$	$1\cdot\frac{3}{2}=1{,}5$	$-\frac{1}{3}\cdot\frac{3}{2}=-0{,}5$	0	$40\cdot\frac{3}{2} = 60$
$\frac{1}{3}$	1	0	0	$\frac{1}{3}$	0	80
-1	0	0	0	1	1	240

Um in der ersten Spalte einen Einheitsvektor mit der 1 an der zweiten Stelle zu erzeugen, muß man offensichtlich das $(-\frac{5}{3})$-fache der zweiten Zeile zur ersten Zeile addieren, das $(-\frac{1}{3})$-fache der zweiten Zeile zur dritten Zeile addieren und das 1-fache der zweiten Zeile zur letzten Zeile addieren. Man erhält dann

x_1	x_2	y_1	y_2	y_3	G	
$\frac{5}{3}-\frac{5}{3} = 0$	0-0=0	1-0=1	$0-\frac{5}{2}=-2{,}5$	$-\frac{1}{3}+\frac{5}{6}=0{,}5$	0-0=0	120-100=20
1	0	0	1,5	-0,5	0	60
$\frac{1}{3}-\frac{1}{3} = 0$	1-0=1	0-0=0	$0-\frac{1}{2}=-0{,}5$	$\frac{1}{3}+\frac{1}{6}=0{,}5$	0-0=0	80-20=60
-1+1=0	0+0=0	0+0=0	$0+\frac{3}{2}=1{,}5$	$1-\frac{1}{2}=0{,}5$	1+0=1	240+60=300

Die zweite verbesserte Lösung kann aus dem folgenden Schema abgelesen werden:

x_1	x_2	y_1	y_2	y_3	G	
0	0	1	-2,5	0,5	0	20
1	0	0	1,5	-0,5	0	60
0	1	0	-0,5	0,5	0	60
0	0	0	1,5	0,5	1	300

Zur Basislösung gehören nunmehr die Variablen x_1,x_2 und y_1, denn in den zu ihnen gehörigen Spalten befindet sich jeweils ein Einheitsvektor. Die Werte für x_1,x_2 und y_1 kann man genau wie vorher in der letzten Spalte in der Zeile ablesen, in der die 1 des Einheitsvektors steht. Es ist also

$$x_1 = 60; \quad x_2 = 60; \quad y_1 = 20.$$

Das bedeutet, daß bei der zweiten verbesserten Lösung von dem Gut X_1

eine Menge $x_1 = 60$ und von dem Gut X_2 eine Menge $x_2 = 60$ produziert wird. Aus $y_1 = 20$ folgt, daß auf der Maschine A eine ungenutzte Kapazität in Höhe von 20 Stunden vorhanden ist. Der Gewinn bei dieser zweiten verbesserten Lösung beträgt $G = 300$. Für die nicht in der Basislösung befindlichen Variablen gilt $y_2 = y_3 = 0$.

Aus der Tatsache, daß in der letzten Zeile des Schemas nunmehr keine negativen Werte erscheinen, folgt, daß hiermit die Optimallösung erreicht ist. Vergleicht man die durch die Simplex-Methode gefundene Lösung mit der oben auf graphischem Wege gefundenen, so stellt man fest, daß beide Lösungen übereinstimmen.

Für die allgemeine Darstellung der Simplex-Methode wird von einer Aufgabe der Form D 20.4.1 bzw. 20.4.2 ausgegangen, deren Beschränkungen durch Einführung von Hilfsvariablen in die Form G 20.4.3 bzw. 20.4.4 gebracht werden. Die Aufgabe lautet dann:

D 20.5.1

Bestimme das Maximum der Funktion

$G = g_1x_1 + g_2x_2 + \dots + g_nx_n$ bzw. $G = \mathbf{g'x}$

unter den Beschränkungen

$$\begin{aligned} a_{11}x_1 + a_{12}x_2 + \dots + a_{1n}x_n + y_1 &= b_1 \\ a_{21}x_1 + a_{22}x_2 + \dots + a_{2n}x_n + y_2 &= b_2 \quad \text{bzw. } \mathbf{Ax+y=b} \\ \cdot \qquad \cdot \qquad \dots \qquad \cdot \qquad \cdot \quad &\cdot \\ a_{m1}x_1 + a_{m2}x_2 + \dots + a_{mn}x_n + y_m &= b_m \end{aligned}$$

und den Nichtnegativitätsbedingungen

$x_1 \geqq 0, \dots, x_n \geqq 0, y_1 \geqq 0, \dots, y_m \geqq 0$ bzw. $\mathbf{x} \geqq \mathbf{0}, \mathbf{y} \geqq \mathbf{0}.$

Die Lösung wird mittels des sogenannten **Simplex-Tableaus** bestimmt. Es enthält zu Beginn des Lösungsalgorithmus die Koeffizienten des Gleichungssystems aus D 20.5.1. Bei der Zielfunktion geht man dabei von der Form

$$-g_1x_1 - g_2x_2 - \dots - g_nx_n + G = 0$$

aus. Das Simplex-Tableau lautet dann:

x_1	x_2	…	x_n	y_1	y_2	…	y_m	G	
a_{11}	a_{12}	…	a_{1n}	1	0	…	0	0	b_1
a_{21}	a_{22}	…	a_{2n}	0	1	…	0	0	b_2
⋮	⋮	…	⋮	⋮	⋮	…	⋮	⋮	⋮
a_{m1}	a_{m2}	…	a_{mn}	0	0	…	1	0	b_m
$-g_1$	$-g_2$	…	$-g_n$	0	0	…	0	1	0

D 20.5.2

> Gegeben ist eine Aufgabe der Form 20.5.1. Eine **Basislösung** des Problems ist eine Lösung, in der höchstens m Variablen von Null verschiedene Werte annehmen. Die mindestens n restlichen Variablen nehmen den Wert Null an. Die zur Basislösung gehörigen Variablen heißen **Basisvariablen.**

Aus dem Simplex-Tableau können die Basisvariablen unmittelbar abgelesen werden. Es handelt sich um die Variablen, deren Spalten Einheitsvektoren enthalten. Die Basislösung kann man aus dem Simplex-Tableau ablesen, indem man die Werte der Nicht-Basisvariablen Null setzt und für die Basisvariablen ein Gleichungssystem unter Weglassung der Nicht-Basisvariablen bildet. Die Basislösung des obigen Tableaus entspricht dann

$$y_1 = b_1,\ y_2 = b_2,\ \ldots,\ y_m = b_m \text{ und } x_1 = x_2 = \ldots = x_n = 0.$$

Mit dem eigentlichen Simplex-Algorithmus wird die Ausgangsbasislösung schrittweise bis zur Optimallösung verbessert. Der Algorithmus besteht aus der Prüfung einer Basislösung auf Optimalität und der Verbesserung der Lösung falls sie nicht optimal ist .

Es wird von einer allgemeinen Form des Simplex-Tableaus ausgegangen, wobei der hochgestellte Index an den Koeffizienten die Nummer der Iteration angibt.

R 20.5.3

> Das nach der r-ten Iteration des Simplex-Algorithmus gefundene Tableau
>
> | x_1 | x_2 | ... | x_n | y_1 | y_2 | ... | y_m | G | |
> |---|---|---|---|---|---|---|---|---|---|
> | a^r_{11} | a^r_{12} | ... | a^r_{1n} | $a^r_{1,n+1}$ | $a^r_{1,n+2}$ | ... | $a^r_{1,n+m}$ | 0 | b^r_1 |
> | a^r_{21} | a^r_{22} | ... | a^r_{2n} | $a^r_{2,n+1}$ | $a^r_{2,n+2}$ | ... | $a^r_{2,n+m}$ | 0 | b^r_2 |
> | a^r_{m1} | a^r_{m2} | ... | a^r_{mn} | $a^r_{m,n+1}$ | $a^r_{m,n+2}$ | ... | $a^r_{m,n+m}$ | 0 | b^r_m |
> | g^r_1 | g^r_2 | ... | g^r_n | g^r_{n+1} | g^r_{n+2} | ... | g^r_{n+m} | 1 | G^r |
>
> enthält dann die **Optimallösung,** wenn die letzte Zeile keine negativen Koeffizienten enthält ($g^r_i \geqq 0$; $i=1,\ldots,n+m$). Zu den Basisvariablen der Lösung enthalten die Spalten des Simplex-Tableaus Einheitsvektoren. Die b^r_j ($j=1,\ldots,m$) geben die Lösungswerte der Basisvariablen an. G^r ist der Wert der Zielfunktion.
> Enthält die letzte Zeile negative Koeffizienten, so kann die Lösung verbessert werden.

Die Verbesserung einer nicht optimalen Lösung geschieht allgemein wie folgt:

R 20.5.4

Simplex-Algorithmus zur Verbesserung einer nicht optimalen Lösung für r = 0,1,2,....

(1) Auswahl der Spalte k, die in der letzten Zeile das kleinste Element enthält:

$$g_k^r = \min_i (g_i^r)$$

(2) Auswahl der Zeile q aus den ersten m Zeilen des Simplex-Tableaus, für die der Quotient aus den Koeffizienten der letzten Spalte und der ausgewählten Spalte am kleinsten wird:

$$\frac{b_q^r}{a_{qk}^r} = \min_j \left(\frac{b_j^r}{a_{jk}^r}\right)$$

Nicht bestimmbare Quotienten bleiben unberücksichtigt. Das Element a_{qk}^r heißt **Pivotelement.**

(3) Erzeugung eines Einheitsvektors q-ter Ordnung in der k-ten Spalte des Tableaus durch Anwendung von Zeilenoperationen. Das neue Tableau enthält die (r+1)-te verbesserte Basislösung.

Die folgende Ergänzung zu dem Beispiel am Anfang dieses Abschnitts zeigt, welche weiteren Informationen das Simplex-Tableau liefern kann. Für die Optimallösung hatte sich G = 300 und $x_1 = 60$, $x_2 = 60$, $y_1 = 20$, $y_2 = y_3 = 0$ ergeben. $y_1 = 20$ bedeutet, daß Maschine A nicht voll ausgelastet ist und noch 20 Stunden Kapazität verfügbar sind. Die Maschinen B und C sind dagegen voll ausgelastet ($y_2 = y_3 = 0$). Eine Ausdehnung der Produktion ist also nur durch Kapazitätserhöhung bei B oder C möglich. Es soll die Kapazität von Maschine B von 120 um 6 Stunden auf 126 Stunden erhöht werden. Es gilt dann für B:

$$x_1 + x_2 \leqq 126.$$

Für die Bestimmung des gewinnmaximalen Produktionsprogramms mit Hilfe der Simplex-Methode erhält man schrittweise folgendes (die Pfeile zeigen, welche Zeile bzw. Spalte ausgewählt wird).

Ausgangstableau

x_1	x_2	y_1	y_2	y_3	G	
2	1	1	0	0	0	200
1	1	0	1	0	0	126
1	3	0	0	1	0	240 ←
-2	-3	0	0	0	1	0
	↑					

x_1	x_2	y_1	y_2	y_3	G	
$\frac{5}{3}$	0	1	0	$-\frac{1}{3}$	0	120
$\frac{2}{3}$	0	0	1	$-\frac{1}{3}$	0	46 ←
$\frac{1}{3}$	1	0	0	$\frac{1}{3}$	0	80
-1	0	0	0	1	1	240
↑						

Endtableau

x_1	x_2	y_1	y_2	y_3	G	
0	0	1	-2,5	0,5	0	5
1	0	0	1,5	-0,5	0	69
0	1	0	-0,5	0,5	0	57
0	0	0	1,5	0,5	1	309

Durch Erhöhung der Kapazität der Maschine B von 120 auf 126 Stunden hat sich also der Gesamtgewinn um 9 DM auf 309 DM erhöht. Das Produktionsprogramm hat sich von $x_1 = 60$ und $x_2 = 60$ auf $x_1 = 69$ und $x_2 = 57$ geändert. Die ungenutzte Kapazität auf der Maschine A beträgt nur noch 5 statt 20 Stunden. Graphisch bedeutet die Erhöhung der Kapazität der Maschine B eine Parallelverschiebung der Geraden, die die Kapazitätsbeschränkung darstellt. Dies ist in Figur 20.5.5a zu sehen.

Es soll jetzt die Kapazität der Maschine C erhöht werden und zwar von 240 auf 246, also ebenfalls um 6 Einheiten. Es gilt dann für C:

$$x_1 + 3x_2 \leqq 246$$

Die Bestimmung des gewinnmaximalen Produktionsprogramms ergibt:

Ausgangstableau

x_1	x_2	y_1	y_2	y_3	G	
2	1	1	0	0	0	200
1	1	0	1	0	0	120
1	3	0	0	1	0	246
-2	-3	0	0	0	1	0

Endtableau

x_1	x_2	y_1	y_2	y_3	G	
0	0	1	-2,5	0,5	0	23
1	0	0	1,5	-0,5	0	57
0	1	0	-0,5	0,5	0	63
0	0	0	1,5	0,5	1	303

Der größtmögliche Gewinn von G = 303 wird bei Herstellung von x_1 = 57 Stück und x_2 = 63 Stück erzielt. Die ungenutzte Kapazität der Maschine A beträgt jetzt 23 Einheiten. Graphisch gesehen bedeutet die Kapazitätserhöhung wieder eine Parallelverschiebung, und zwar der Geraden, die die Kapazitätsbedingung für Maschine C beschreibt. Diese Verschiebung ist in der Figur 20.5.5b dargestellt.

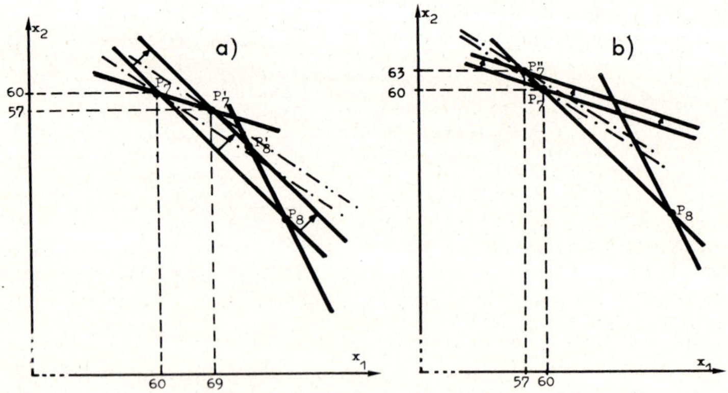

F 20.5.5

Aus den Ausführungen ergibt sich, daß bei einer Erhöhung der Kapazität der Maschine B um 6 Einheiten der Gewinn um 9 DM zunimmt, während bei einer Erhöhung der Kapazität der Maschine C um 6 Einheiten der Gewinn nur um 3 DM zunimmt. Wenn man einmal von den Kosten für die Kapazitätserhöhung absieht, kann man also sagen, daß es wesentlich günstiger ist, die Kapazität der Maschine B zu erhöhen als die der

Maschine C. Um diese Entscheidung zu treffen, hätte es aber nicht der aufwendigen Rechungen bedurft, wie sie soeben durchgeführt wurden. Man hätte dazu das Endtableau auf Seite 113, aus dem die Lösung abgelesen wurde, heranziehen können. In den Spalten zu y_2 und y_3 erscheinen in der letzten Zeile, die ursprünglich die Gewinnfunktion darstellte, positive Werte, und zwar unter y_2 1,5 und unter y_3 0,5. Diese Werte kann man bei einer Entscheidung über eine eventuelle Kapazitätserhöhung heranziehen. Der unter y_2 stehende Wert von 1,5 gibt nämlich an, daß sich der Gewinn um 1,50 DM erhöht, wenn man die Kapazität der Maschine B um eine Einheit vergrößert. Entsprechend besagt der unter y_3 stehende Wert von 0,5, daß sich der Gewinn um 0,50 DM erhöht, wenn man die Kapazität der Maschine C um eine Einheit vergrößert.
Diese Werte stimmen mit den oben berechneten Ergebnissen überein. Im ersten Fall ist die Kapazität der Maschine B um 6 Einheiten erhöht worden. Da sich für jede Kapazitätseinheit der Gewinn um 1,50 DM vermehrt, beträgt die gesamte Gewinnerhöhung $6 \cdot 1{,}50 = 9$ DM, und das stimmt mit dem oben berechneten Wert überein. Im zweiten Fall ist die Kapazität der Maschine C um 6 Einheiten erhöht worden. Für jede zusätzliche Kapazitätseinheit erhöht sich der Gewinn um 0,50 DM und somit insgesamt um $6 \cdot 0{,}50 = 3$ DM. Das stimmt ebenfalls mit den obigen Berechnungen überein.

Aus diesen Ausführungen folgt, daß man eine Entscheidung über eine optimale Vergrößerung der Kapazität unter Zuhilfenahme der Werte in der letzten Zeile des Endschemas unter y_2 und y_3 treffen kann. Diese Werte, die man als **Schattenpreise** bezeichnet, geben an, wie sich der Gewinn erhöht, wenn man die Kapazität des Aggregates, zu dem die betreffende Hilfsvariable gehört, um eine Einheit vergrößert.

Dabei ist allerdings zu beachten, daß die Kapazität nicht beliebig vergrößert werden kann, um den Gewinn zu erhöhen. Die Güter müssen ja nicht nur auf der einen Maschine, deren Kapazität man erhöht, bearbeitet werden, sondern auch auf den anderen Maschinen. Man kann also den Gewinn durch eine Kapazitätserhöhung einer Maschine nur so lange vergrößern, wie dadurch nicht Beschränkungen durch andere Maschinen ins Spiel kommen.

Die Bedeutung der Schattenpreise und der übrigen Koeffizienten in den Spalten der Nichtbasisvariablen kann man auch wie folgt erläutern: Aus dem Endtableau des Simplex-Algorithmus ergibt sich folgendes Gleichungssystem

$$
\begin{aligned}
y_1 - 2{,}5y_2 + 0{,}5y_3 &= 20 \\
x_1 + 1{,}5y_2 - 0{,}5y_3 &= 60 \\
x_2 - 0{,}5y_2 + 0{,}5y_3 &= 60 \\
1{,}5y_2 + 0{,}5y_3 + G &= 300.
\end{aligned}
$$

Da in der Basislösung $y_2 = y_3 = 0$ gilt, ergeben sich aus diesen Gleichungen die Lösungswerte der Basisvariablen.
Eine Erhöhung der Kapazität von Maschine B um eine Einheit bedeutet $y_2 = -1$ und bei Maschine C $y_3 = -1$, da die vorhandene Kapazität überschritten wird. Die Erhöhung bei Maschine B um 6 Einheiten entspricht dann $y_2 = -6$. Mit $y_3 = 0$ ergibt sich dann

$$\begin{aligned} y_1 + 15 &= 20 \text{ bzw. } & y_1 &= 5 \\ x_1 - 9 &= 60 \text{ bzw. } & x_1 &= 69 \\ x_2 + 3 &= 60 \text{ bzw. } & x_2 &= 57 \\ -9 + G &= 300 \text{ bzw. } & G &= 309. \end{aligned}$$

Das stimmt mit der über den Simplex-Algorithmus gefundenen Lösung überein.
Das gleiche gilt für eine Erhöhung der Kapazität bei C und $y_3 = -6$.

Bezogen auf das Beispiel können also die Koeffizienten in den Spalten der Nichtbasisvariablen wie folgt interpretiert werden:
Die Koeffizienten in der zu y_2 bzw. y_3 gehörigen Spalte geben an, um wieviel sich die Lösungswerte der Basisvariablen ändern, wenn die Kapazität von B bzw. C um eine Einheit erhöht wird.

Der Simplex-Algorithmus liefert also nicht nur die Optimallösung, sondern eine Reihe zusätzlicher Informationen.

Aufgaben

Ü 20.5.1 Gegeben sei das Problem aus Aufgabe 20.3.3.

a) Bestimme die gewinnmaximale Mengenkombination mit Hilfe der Simplex-Methode.

b) Bestimme das gewinnmaximale Produktionsprogramm für den Fall, daß die Stückgewinne $g_1 = 15$ DM und $g_2 = 10$ DM betragen.

c) Bestimme das gewinnmaximale Produktionsprogramm für den Fall, daß die Stückgewinne $g_1 = g_2 = 10$ DM betragen.

Ü 20.5.2 Löse die folgende Aufgabe mit der Simplex-Methode:

Maximiere $G = 2x_1 + 4x_2 + 2x_3 + 6x_4 + 4x_5$

unter den Beschränkungen

$$\begin{aligned} 4x_1 + 2x_2 + 2x_4 + 2x_5 &\leq 200 \\ 2x_2 + 2x_3 + 2x_4 &\leq 100 \\ 4x_1 + 4x_2 + 4x_3 + 2x_4 + 2x_5 &\leq 160 \end{aligned}$$

und den Nichtnegativitätsbedingungen $x_1 \geq 0; x_2 \geq 0; \ldots; x_5 \geq 0$.

Ü 20.5.3 Ein Geschäftsmann betreibt ein Motel mit 300 Einzelzimmern, zu dem ein Restaurant gehört, in dem bis zu 100 Personen täglich verpflegt werden können. Ihm ist aufgrund von Beobachtungen, die in der Vergangenheit angestellt worden sind, bekannt, daß 30% seiner männlichen und 50% seiner weiblichen Gäste die Möglichkeit, ihre Mahlzeiten in dem moteleigenen Restaurant einzunehmen, wahrnehmen. Der Geschäftsmann verdient an jedem Gast, der übernachtet und sich voll verpflegen läßt, 9 DM pro Tag. Einfache Übernachtungen bringen ihm lediglich 6 DM Gewinn pro Tag ein.

a) Bestimme die Zielfunktion und die Nebenbedingungen für das vorliegende Planungsproblem.

b) Bestimme mit Hilfe der Simplex-Methode die Anzahl an männlichen und weiblichen Gästen, die er benötigt, um einen maximalen Gewinn zu erzielen.

c) Ist auch eine Lösung ohne Anwendung der linearen Optimierung möglich?

20.6 Mehrdeutigkeit und Degeneration

Bereits in dem einführenden Beispiel in Abschnitt 20.3 aber auch in Abschnitt 20.5 wurde auf verschiedene Sonderfälle bei der Behandlung einer Linearen-Optimierungs-Aufgabe hingewiesen. Hier soll zunächst die Mehrdeutigkeit der Lösung behandelt werden.

R 20.6.1 Enthält die Spalte einer Nicht-Basisvariablen im Simplex-Tableau in der letzten Zeile eine Null, so handelt es sich um eine **mehrdeutige Lösung.**

Für das Auftreten einer mehrdeutigen Lösung im Simplex-Tableau wird zunächst ein Beispiel gerechnet.

B 20.6.2 Es wird von einer Modifikation des Beispiels in Abschnitt 20.3 und 20.5 ausgegangen. Statt der Stückgewinne von $g_1 = 2$ und $g_2 = 3$, wie sie oben vorlagen, wird jetzt unterstellt, daß für beide Produkte gleiche Stückgewinne gelten, und zwar $g_1 = g_2 = 2$. Die (lineare) Gewinnfunktion lautet dann $G = 2x_1 + 2x_2$.

Das Ausgangstableau für die Simplex-Methode lautet:

x_1	x_2	y_1	y_2	y_3	G		
2	1	1	0	0	0	200	⇐==
1	1	0	1	0	0	120	
1	3	0	0	1	0	240	⇐
-2	-2	0	0	0	1	0	
↑ (gestrichelt)	↑						

Der kleinste Wert in der letzten Zeile ist -2. Dieser Wert tritt nun aber zweimal auf.(Man beachte, daß gleich große Werte in der letzten Zeile nichts mit Mehrdeutigkeit zu tun haben.)Die Frage ist dann, welche Spalte man auswählen soll. Grundsätzlich ist es in einem solchen Fall gleichgültig, welche Spalte man auswählt. Entscheidet man sich für die erste Spalte, so muß man im nächsten Schritt die erste Zeile auswählen. Hier ist die zweite Spalte ausgewählt worden. Das Pivotelement steht dann in der 3. Zeile. Man erhält dann nacheinander folgende Simplex-Tableaus:

x_1	x_2	y_1	y_2	y_3	G		
$\frac{5}{3}$	0	1	0	$-\frac{1}{3}$	0	120	
$\frac{2}{3}$	0	0	1	$-\frac{1}{3}$	0	40	←
$\frac{1}{3}$	1	0	0	$\frac{1}{3}$	0	80	
$-\frac{4}{3}$	0	0	0	$\frac{2}{3}$	1	160	
↑							

x_1	x_2	y_1	y_2	y_3	G	
0	0	1	-2,5	0,5	0	20
1	0	0	1,5	-0,5	0	60
0	1	0	-0,5	0,5	0	60
0	0	0	2	0	1	240

In der letzten Zeile stehen keine negativen Werte mehr, das Lösungsverfahren ist damit also beendet. Aus der Tatsache, daß in der zu y_2 gehörenden Spalte unten 2 steht, folgt $y_2 = 0$, d.h. die Maschine B ist voll ausgelastet. Zu y_3 hat man in der betreffenden Spalte keinen Einheitsvektor, d.h. y_3 ist Nicht-Basis-Variable. In der letzten Zeile steht aber unter y_3 eine Null. Diese Null besagt nach R 20.6.1, daß es sich um eine mehrdeutige Lösung handelt.Vgl. dazu auch die graphische Darstellung in Figur 20.3.13.

Es ist nun die Frage, wie man die übrigen Optimallösungen (bei einer mehrdeutigen Lösung muß es ja mehrere geben) bestimmen kann. Dazu bringt man alle Variablen, die in der letzten Zeile des Simplex-Tableaus eine Null haben, in ein Gleichungssystem. Durch Veränderungen dieser Variablen wird nämlich der Gewinn nicht beeinflußt. (Vgl. dazu die Ausführungen zur Interpretation des Simplex-Tableaus im vorhergehenden Abschnitt.)
Es gilt:

R 20.6.3

Gegeben sei eine Maximierungsaufgabe der Form D 20.5.1 mit mehrdeutiger Lösung. $x_1^*,\ldots,x_s^*$ und $y_1^*,\ldots,y_{m-s}^*$ $(0 \leqq s \leqq m)$ seien die m Basisvariablen und $x_{s+1}^*,\ldots,x_{s+t}^*,y_{m-s+1}^*,\ldots,y_{m-s+T-t}^*$ $(1 \leqq T \leqq n-m)$ seien T Nicht-Basisvariablen mit einer 0 in der letzten Zeile.
Man erhält sämtliche Lösungen der mehrdeutigen Maximierungsaufgabe als Lösung des aus dem optimalen Simplex-Tableau ablesbaren Gleichungssystems

$$
\begin{array}{l}
x_1^* + a_{1,s+1}^* x_{s+1}^* + \ldots + a_{1,s+t}^* x_{s+t}^* + a_{1,m-s+1}^* y_{m-s+1}^* + \ldots + a_{1,m-s+T-t}^* y_{m-s+T-t}^* = b_1^* \\
\ldots \\
x_s^* + a_{s,s+1}^* x_{s+1}^* + \ldots + a_{s,s+t}^* x_{s+t}^* + a_{s,m-s+1}^* y_{m-s+1}^* + \ldots + a_{s,m-s+T-t}^* y_{m-s+T-t}^* = b_s^* \\
y_1^* + a_{s+1,s+1}^* x_{s+1}^* + \ldots + a_{s+1,s+1}^* x_{s+t}^* + a_{s+1,m-s+1}^* y_{m-s+1}^* + \ldots + a_{s+1,m-s+T-t}^* y_{m-s+T-t}^* = b_{s+1}^* \\
\ldots \\
y_{m-s}^* + a_{m,s+1}^* x_{s+1}^* + \ldots + a_{m,s+t}^* x_{s+t}^* + a_{m,m-s+1}^* y_{m-s+1}^* + \ldots + a_{m,m-s+T-t}^* y_{m-s+T-t}^* = b_m^*
\end{array}
$$

wobei die Nichtnegativitätsbedingungen zu beachten sind.

B 20.6.4 Aus dem Simplex-Tableau der optimalen Lösung aus B 20.6.2 liest man folgende Gleichungen ab

$$
\begin{array}{ll}
y_1 + \frac{1}{2}y_3 = 20 & \\
x_1 - \frac{1}{2}y_3 = 60; & x_1, x_2, y_1, y_3 \geqq 0. \\
x_2 + \frac{1}{2}y_3 = 60 &
\end{array}
$$

Es ergibt sich also ein lineares Gleichungssystem von 3 Gleichungen für 4 Variablen. Dieses Gleichungssystem ist nicht eindeutig lösbar. Man erhält die Lösungen durch Vorgabe eines zulässigen Wertes für y_3, nämlich $0 \leqq y_3 \leqq 40$. Alle Lösungen ergeben G = 240.

Beispiele: a) $x_1 = 60,\ x_2 = 60,\ y_1 = 20,\ y_3 = 0;$

b) $x_1 = 80,\ x_2 = 40,\ y_1 = 0,\ y_3 = 40.$

Alle Lösungspunkte liegen auf der in Figur 20.3.13 stark ausgezogenen Strecke $\overline{P_7P_8}$. Die Lösungen a) bzw. b) führen zu Eckpunkten des Beschränkungsbereiches (P_7 bzw. P_8). Die Werte von y_1 bzw. y_3 geben die von den Maschinen A bzw. C jeweils nichtgenutzte Kapazität an.

Ein anderes Problem bei der Behandlung von Aufgaben der linearen Programmierung ist die Degeneration. Darauf wurde bereits kurz in Abschnitt 20.3 eingegangen. Es gilt:

D 20.6.5 Ergibt sich bei der Durchführung des Simplex-Algorithmus für eine Basisvariable der Wert 0, so liegt **Degeneration** vor.

Es wird wieder das Beispiel aus den Abschnitten 20.3 und 20.5 betrachtet.

B 20.6.6 Die Kapazität der Maschine B möge jetzt 128 Stunden betragen. Das Ausgangstableau für die Simplex-Methode lautet dann:

x_1	x_2	y_1	y_2	y_3	G	
2	1	1	0	0	0	200
1	1	0	1	0	0	128
1	3	0	0	1	0	240
-2	-3	0	0	0	1	0

Die erste verbesserte Lösung lautet:

x_1	x_2	y_1	y_2	y_3	G	
$\frac{5}{3}$	0	1	0	$-\frac{1}{3}$	0	120
$\frac{2}{3}$	0	0	1	$-\frac{1}{3}$	0	48
$\frac{1}{3}$	1	0	0	$\frac{1}{3}$	0	80
-1	0	0	0	1	1	240

Nunmehr wird die erste Spalte ausgewählt. Für die Zeilenauswahl dividiert man wieder die Werte der letzten Spalte durch die der ausgewählten ersten Spalte. Es ergibt sich

$$120 : \frac{5}{3} = 72; \quad 48 : \frac{2}{3} = 72; \quad 80 : \frac{1}{3} = 240.$$

Es gibt zwei kleinste Werte, eine eindeutige Entscheidung ist nicht möglich. Man kann die Auswahl beliebig treffen. Hier wird die 1. Zeile ausgewählt.
(Es gibt Kriterien, die in einem solchen Fall für die Zeilenauswahl zusätzlich herangezogen werden können. Auf sie kann hier jedoch nicht eingegangen werden.)

x_1	x_2	y_1	y_2	y_3	G	
1	0	0,6	0	-0,2	0	72
0	0	-0,4	1	-0,2	0	0
0	1	-0,2	0	0,4	0	56
0	0	0,6	0	0,8	1	312

Als Lösung ergibt sich $x_1 = 72$, $x_2 = 56$ und $y_2 = 0$. Eine Basisvariable nimmt also den Wert 0 an. Das bedeutet, daß hier Degeneration oder Entartung vorliegt.

Es ist zu beachten, daß betriebswirtschaftlich gesehen Degeneration oft wünschenswert ist. In dem vorangegangenen Beispiel bedeutet das z.B., daß alle drei Maschinen bei Realisierung der Optimallösung voll ausgelastet sind.

Die Behandlung der Degeneration vor Erreichung der Optimallösung bereitet erhebliche Schwierigkeiten. Auf Einzelheiten dazu kann im Rahmen dieser Einführung nicht eingegangen werden.

Aufgaben

Ü 20.6.1 Eine Unternehmung produziert zwei Güter in den Mengen x_1 und x_2. Die Herstellung erfolgt so, daß jedes Stück auf den Maschinen A, B und C bearbeitet wird. Für die Bearbeitungszeiten je Stück ergeben sich folgende Werte:

	Maschine	1. Gut	2. Gut
Bearbeitungszeit	A	10 Minuten	20 Minuten
auf der	B	20 Minuten	16 Minuten
Maschine	C	22 Minuten	8 Minuten

Die wöchentliche Arbeitszeit beträgt 40 Stunden oder 2400 Minuten. Die Stückgewinne $g_1 = 5$ DM/Stück und $g_2 = 4$ DM/Stück.

Bestimme das gewinnmaximale Produktionsprogramm.

Ü 20.6.2 Eine Unternehmung produziert zwei Güter in den Mengen x_1 und x_2. Für die Produktion werden die Maschinen A, B und C eingesetzt, wobei folgende Bearbeitungszeiten pro Stück anfallen.

	A	B	C
Gut 1	3h	1h	2h
Gut 2	1h	3h	2h

Die Maschinen sind 60 Stunden in der Woche verfügbar.

a) Für die beiden Güter ergeben sich als Stückgewinne 4 DM/Stück bzw. 6 DM/Stück. Wie lautet der lineare Optimierungsansatz zur Bestimmung eines gewinnmaximalen Produktionsprogramms?

b) Bestimme das optimale Produktionsprogramm mit der Simplex-Methode.

20.7 Die Minimierungsaufgabe der linearen Optimierung

In den vorausgegangenen Ausführungen wurde die Anwendung der Simplex-Methode zur Lösung von Linearen Optimierungsaufgaben mit einer zu maximierenden Zielfunktion und Nebenbedingungen in Form von "kleiner-gleich"-Bedingungen behandelt. Im folgenden soll gezeigt werden, wie man mit Hilfe der Simplex-Methode eine Aufgabe mit einer zu minimierenden Zielfunktion unter Beachtung von "größer-gleich"-Bedingungen lösen kann. Dazu wird zunächst ein Beispiel betrachtet.

B 20.7.1 Ein Geflügelfarmer verfüttert zwei Sorten Futter. Jedes kg der ersten Sorte A enthält 0,1 kg Eiweiß, 0,2 kg Fett und 0,1 kg Kohlehydrate. In der zweiten Sorte B sind 0,2 kg Eiweiß, 0,1 kg Fett und 0,6 kg Kohlehydrate enthalten. Der Rest jeder Sorte besteht aus unverdaulichen Stoffen. Der Farmer möchte nun aus den Futterstoffen A und B eine Mischung C herstellen, die insgesamt mindestens 1 kg Eiweiß, 0,8 kg Fett und 1,8 kg Kohlehydrate enthält. Das Futter A kostet 8 DM pro kg und B 12 DM pro kg im Einkauf. Wieviel kg jeder Futtersorte soll der Geflügelfarmer für die Herstellung der Futtermischung C verwenden, damit die Futterkosten für die Mischung minimiert werden?

In der folgenden Tabelle sind die Angaben übersichtlich zusammengestellt:

	Sorte A	Sorte B	Sorte C
Eiweiß	0,1 kg	0,2 kg	mindestens 1 kg
Fett	0,2 kg	0,1 kg	mindestens 0,8 kg
Kohlehydrate	0,1 kg	0,6 kg	mindestens 1,8 kg
Preis	8 DM/kg	12 DM/kg	

Die gesuchte Menge der Sorte A soll mit y_1 und die zu verwendende Menge der Sorte B soll mit y_2 bezeichnet werden. Die Kosten für die Mischung betragen dann

$$K = 8y_1 + 12y_2.$$

Diese lineare Kostenfunktion ist die Zielfunktion des Problems. Gesucht ist das Minimum dieser Zielfunktion unter Beachtung der Beschränkungen, die sich aus den Mindestmengen für die Nährstoffe ergeben. Da y_1 die (noch zu bestimmende) Menge der Sorte A bezeichnet und in der Sorte A 0,1 kg Eiweiß je kg enthalten sind, enthält die Mischung C 0,1 y_1 kg Eiweiß, die aus der Futtersorte A stammen. Aus Sorte B, die mit der Menge y_2 in die Mischung C eingeht und die 0,2 kg Eiweiß je kg enthält, gelangen 0,2 y_2 kg Eiweiß in die Mischung C. In der von dem Farmer herzustellenden Mischung C, in die demnach insgesamt $0{,}1y_1 + 0{,}2y_2$ kg Eiweiß gelangen, soll mindestens 1 kg Eiweiß enthalten sein. Daraus folgt:

Eiweiß: $0{,}1y_1 + 0{,}2y_2 \geqq 1.$

In gleicher Weise kann man die Minimalforderung für Fett und Kohlehydrate formulieren und erhält:

Fett: $0{,}2y_1 + 0{,}1y_2 \geqq 0{,}8.$

Kohlehydrate: $0{,}1y_1 + 0{,}6y_2 \geqq 1{,}8.$

Die Aufgabe, die zu lösen ist, lautet also:
Minimiere die lineare Zielfunktion (Kostenfunktion)

$$K = 8y_1 + 12y_2$$

unter den linearen Nebenbedingungen

$$0{,}1y_1 + 0{,}2y_2 \geqq 1$$
$$0{,}2y_1 + 0{,}1y_2 \geqq 0{,}8$$
$$0{,}1y_1 + 0{,}6y_2 \geqq 1{,}8$$
$$y_1 \geqq 0; \; y_2 \geqq 0.$$

Für die graphische Lösung des Problems ist zunächst der Bereich der zulässigen Lösungen zu bestimmen. Die Begrenzungslinien dieses Bereiches werden, ebenso wie oben bei der Maximierungsaufgabe, durch die Nebenbedingungen bestimmt. In das (y_1,y_2)-Koordinatensystem sind also zunächst die Geraden

$$0{,}1y_1 + 0{,}2y_2 = 1; \; 0{,}2y_1 + 0{,}1y_2 = 0{,}8 \text{ und } 0{,}1y_1 + 0{,}6y_2 = 1{,}8$$

einzuzeichnen, so wie dies in Figur 20.7.2 geschehen ist.

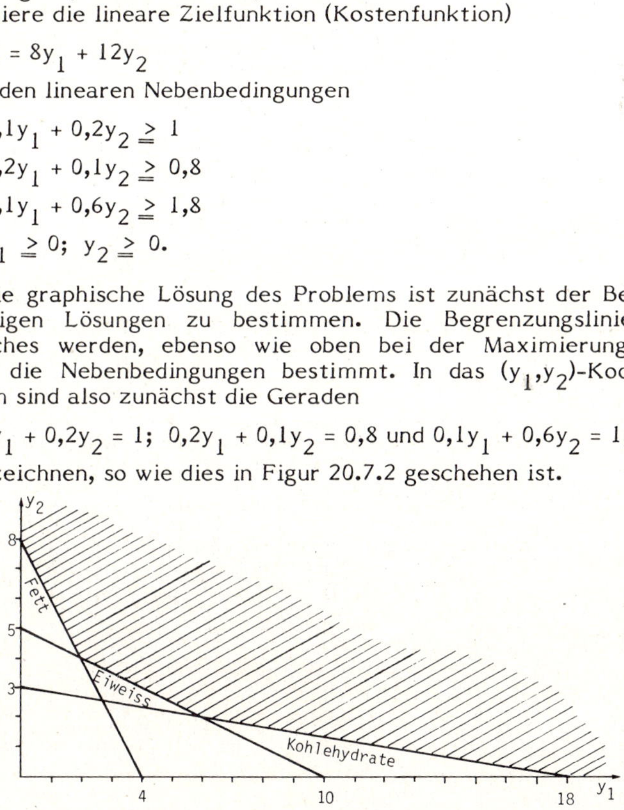

F 20.7.2

Der Bereich, in dem alle zulässigen Lösungen des Problems liegen, ist in der Figur 20.7.2 schraffiert. Von diesen zulässigen Lösungen ist nun die optimale zu bestimmen, d.h. die Lösung, die zu minimalen Kosten führt.

Für die Kostenfunktion ergibt sich eine Schar paralleler Geraden, deren allgemeine Form man durch Auflösen von $K = 8y_1+12y_2$ nach y_2 erhält:

$$y_2 = -\frac{2}{3}y_1 + \frac{K}{12}\,.$$

In der folgenden Figur 20.7.3 sind die Beschränkungsgeraden und einige Isokostengeraden, d.h. Geraden gleicher Kosten, eingezeichnet. Man sieht in der Figur, daß die geringsten Kosten durch Verwendung von 2 kg der ersten Futtersorte und 4 kg der zweiten Futtersorte entstehen. Die Kosten betragen dann K = 64 DM.

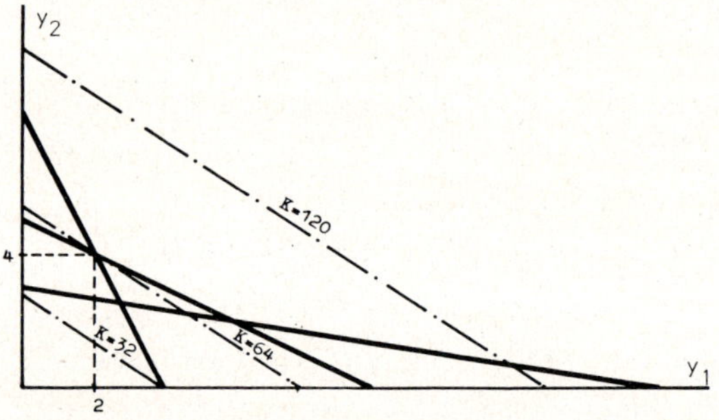

F 20.7.3

Nachdem gezeigt worden ist, wie die Lösung einer Minimierungsaufgabe mit $\geqq$ -Bedingungen im Rahmen der Linearen Optimierung für einfache Fälle graphisch gelöst werden kann, soll das Problem allgemein formuliert werden.

D 20.7.4

Allgemeines Minimierungsproblem der Linearen Optimierung

Für die lineare Zielfunktion

$$K = b_1 y_1 + b_2 y_2 + \dots + b_m y_m = \sum_{j=1}^{m} b_j y_j$$

ist ein Minimum gesucht unter Berücksichtigung der Beschränkungen

$$a_{11} y_1 + a_{21} y_2 + \dots + a_{m1} y_m \geqq g_1 \quad \text{bzw.} \quad \sum_{j=1}^{m} a_{j1} y_j \geqq g_1$$

$$a_{12} y_1 + a_{22} y_2 + \dots + a_{m2} y_m \geqq g_2 \quad \text{bzw.} \quad \sum_{j=1}^{m} a_{j2} y_j \geqq g_2$$

$$\cdot \quad \cdot \quad \cdots \quad \cdot \quad \cdot \quad \cdot \quad \cdot \quad \cdot$$

$$a_{1n} y_1 + a_{2n} y_2 + \dots + a_{mn} y_m \geqq g_n \quad \text{bzw.} \quad \sum_{j=1}^{m} a_{jn} y_j \geqq g_n$$

und den Nichtnegativitätsbedingungen

$y_j \geqq 0$ (j=1,...,m).

Unter Verwendung von Matrizen ergibt sich anstelle von D 20.7.4

D 20.7.5

Minimiere

$$K = (b_1, b_2, \dots, b_m) \begin{pmatrix} y_1 \\ y_2 \\ \vdots \\ y_m \end{pmatrix} \quad \text{bzw. } \mathbf{K} = \mathbf{b'y}$$

unter den Beschränkungen

$$\begin{pmatrix} a_{11} & a_{21} & \dots & a_{m1} \\ a_{12} & a_{22} & \dots & a_{m2} \\ \cdot & \cdot & \dots & \cdot \\ a_{1n} & a_{2n} & \dots & a_{mn} \end{pmatrix} \begin{pmatrix} y_1 \\ y_2 \\ \cdot \\ y_m \end{pmatrix} \geqq \begin{pmatrix} g_1 \\ g_2 \\ \cdot \\ g_n \end{pmatrix} \quad \text{bzw. } \mathbf{A'y} \geqq \mathbf{g}$$

und den Nichtnegativitätsbedingungen

$(y_1, \dots, y_m) \geqq \mathbf{0}$ bzw. $\mathbf{y} \geqq \mathbf{0}$.

Auf die analytische Lösung dieser Aufgabe wird im nächsten Abschnitt eingegangen.

Aufgaben

Ü 20.7.1 Die lineare Zielfunktion $K = y_1 + 2y_2$ ist unter den linearen Nebenbedingungen

$$\begin{pmatrix} 1 & 3 \\ 1 & 1 \\ 5 & 2 \end{pmatrix} \begin{pmatrix} y_1 \\ y_2 \end{pmatrix} \geqq \begin{pmatrix} 120 \\ 70 \\ 200 \end{pmatrix} \quad , \quad (y_1, y_2) \geqq (0,0)$$

zu minimieren. Bestimme graphisch das Minimum.

Ü 20.7.2 In einer Papierfabrik werden Rollen zu 150 cm Breite hergestellt. Daraus sollen für den Verkauf 20 Rollen zu 65 cm Breite, 30 Rollen zu 55 cm Breite und 50 Rollen zu 45 cm Breite geschnitten werden. Wie ist zu schneiden, damit möglichst wenig Verschnitt anfällt? (Hinweis: Zur Formulierung des Problems als Minimierungsaufgabe der Linearen Optimierung bestimme zunächst alle Schnittpläne für 1 Rolle, z.B. 2 Rollen zu 45 cm Breite und 1 Rolle zu 55 cm Breite, und versuche dann mit möglichst wenig produzierten Rollen auszukommen.)

Ü 20.7.3 Ein Whisky-Händler importiert 3 und 8 Jahre alten schottischen Whisky (Sorten A und B) und verschneidet ihn mit deutschem Whisky (Sorte C). Die folgende Übersicht zeigt die verkauften Sorten mit den Verkaufspreisen und die Mindestanteile der eingekauften schottischen Sorten.

	A	B	Verkaufspreis
Blue Willy	60%	10%	5 DM/l
Old Herbert	40%	30%	4 DM/l
High Franz-Josef	-	60%	7 DM/l

Folgende Mengen sind zu den angegebenen Einheitspreisen verfügbar:

Sorte	A	B	C
Menge	2000 hl	2500 hl	1500 hl
Preis	3 DM/l	5 DM/l	2 DM/l

Formuliere einen linearen Optimierungsansatz zur Bestimmung der gewinnmaximalen Mengen der Sorten "Blue Willy", "Old Herbert", "High Franz-Josef".
(Hinweis: die Mengen der Sorten A (1), B (2), C (3) für die Sorten "Blue Willy" (1), "Old Herbert" (2), "High Franz-Josef" (3) bezeichne man mit y_{11}, y_{12}, y_{13}, y_{21} usw., wobei der erste Index das Endprodukt und der zweite Index den eingekauften Whisky bezeichnet.)

20.8 Die Lösung der Minimierungsaufgabe mit der Simplex-Methode – Das Dualtheorem der linearen Optimierung

Zur Lösung des in D 20.7.4 bzw. D 20.7.5 formulierten Problems werden die Nebenbedingungen wie beim Maximierungsproblem durch Einführung von Hilfsvariablen bzw. Schlupfvariablen in Gleichungen überführt. Die Schlupfvariablen haben hier ein negatives Vorzeichen.
Die Aufgabe lautet dann

D 20.8.1

Bestimme das Minimum der Funktion
$K = b_1y_1 + b_2y_2 + \dots + b_my_m$
unter den Beschränkungen

$$\begin{array}{l} a_{11}y_1 + a_{21}y_2 + \dots + a_{m1}y_m - x_1 = g_1 \\ a_{12}y_1 + a_{22}y_2 + \dots + a_{m2}y_m - x_2 = g_2 \\ \cdot \quad \cdot \quad \cdots \quad \cdot \quad \cdot \quad \cdot \\ a_{1n}y_1 + a_{2n}y_2 + \dots + a_{mn}y_m - x_n = g_n \end{array}$$

und den Nichtnegativitätsbedingungen
$y_1 \geqq 0, \dots, y_m \geqq 0;\ x_1 \geqq 0, \dots, x_n \geqq 0.$

Zur Lösung dieser Aufgabe stehen verschiedene Verfahren zur Verfügung. Für die Anwendung der Simplex-Methode ist die Aufgabe in D 20.8.1 umzuwandeln, und zwar wird die Minimierungsaufgabe mit $\geqq$ -Beschränkungen in eine Maximierungsaufgabe mit $\leqq$ -Beschränkungen umgeformt. Diese Umformung geschieht aufgrund des folgenden **Dualtheorems oder Dualitätssatzes der Linearen Optimierung.**

R 20.8.2

Die **Minimierungsaufgabe:**
Minimiere $K = b_1y_1 + b_2y_2 + ... + b_my_m$
unter den Beschränkungen

$$a_{11}y_1 + a_{21}y_2 + ... + a_{m1}y_m - x_1 = g_1$$
$$a_{12}y_1 + a_{22}y_2 + ... + a_{m2}y_m - x_2 = g_2$$
$$\cdot \quad \cdot \quad ... \quad \cdot \quad \cdot \quad \cdot$$
$$a_{1n}y_1 + a_{2n}y_2 + ... + a_{mn}y_m - x_n = g_n$$

und den Nichtnegativitätsbedingungen

$$y_1 \geqq 0,...,y_m \geqq 0; x_1 \geqq 0,...,x_n \geqq 0,$$

entspricht eindeutig der dualen Maximierungsaufgabe:
Maximiere $G = g_1x_1 + g_2x_2 + ... + g_nx_n$
unter den Beschränkungen

$$a_{11}x_1 + a_{12}x_2 + ... + a_{1n}x_n + y_1 = b_1$$
$$a_{21}x_1 + a_{22}x_2 + ... + a_{2n}x_n + y_2 = b_2$$
$$\cdot \quad \cdot \quad ... \quad \cdot \quad \cdot \quad \cdot$$
$$a_{m1}x_1 + a_{m2}x_2 + ... + a_{mn}x_n + y_m = b_m$$

und den Nichtnegativitätsbedingungen

$$x_1 \geqq 0,...,x_n \geqq 0; y_1 \geqq 0,...,y_m \geqq 0.$$

Zu jeder Minimierungsaufgabe gehört eindeutig eine duale Maximierungsaufgabe. Zu einer Minimierungsaufgabe findet man die Lösung über die duale Maximierungsaufgabe. Die Hilfsvariablen der Minimierungsaufgabe entsprechen den echten Variablen der dualen Maximierungsaufgabe und umgekehrt.
Für die Lösung der dualen Aufgabe gilt folgendes:

R 20.8.4

Gegeben sei eine Minimierungsaufgabe und die dazu duale Maximierungsaufgabe mit deren optimaler Lösung. Die Basisvariablen der Maximierungsaufgabe sind die Nicht-Basisvariablen der dualen Minimierungsaufgabe und die Nicht-Basisvariablen der Maximierungsaufgabe sind die Basisvariablen der Minimierungsaufgabe.
Die Lösungswerte der Basisvariablen der Maximierungsaufgabe sind die Schattenpreise der Nicht-Basisvariablen der dualen Minimierungsaufgabe und die Schattenpreise der Nicht-Basisvariablen der Maximierungsaufgabe sind die Lösungswerte der Basisvariablen der Minimierungsaufgabe.

Zur Erläuterung wird das Beispiel aus Abschnitt 20.7 fortgeführt.

B 20.8.5 Es ist ein Minimum der Zielfunktion $K = 8y_1 + 12y_2$ zu bestimmen unter Berücksichtigung der Beschränkungen

$$0{,}1y_1 + 0{,}2y_2 \geqq 1$$
$$0{,}2y_1 + 0{,}1y_2 \geqq 0{,}8$$
$$0{,}1y_1 + 0{,}6y_2 \geqq 1{,}8$$
$$y_1 \geqq 0, \quad y_2 \geqq 0.$$

Schreibt man dieses System **ohne** Hilfsvariablen und Nichtnegativitätsbedingungen in Tabellenform, so erhält man

0,1	0,2	1
0,2	0,1	0,8
0,1	0,6	1,8
-8	-12	0

.

Aus dieser Tabelle kann man dann das ursprüngliche System von Gleichungen bzw. Ungleichungen so ablesen, daß jeder **Zeile** eine Ungleichung bzw. Gleichung entspricht. Die Zielfunktion steht in der letzten Zeile, das Gleichheits- bzw. Ungleichheitszeichen entspricht dem senkrechten Doppelstrich.
Die zu der gegebenen Aufgabe duale Aufgabe liest man aus der Tabelle in vertikaler Richtung. Während also ursprünglich jede **Zeile** einer Gleichung bzw. Ungleichung entspricht, bedeutet nunmehr jede **Spalte** eine Ungleichung bzw. Gleichung. Das Ungleichheitszeichen kehrt sich dabei um. Die Zielfunktion steht in der letzten Spalte. Das neue System von Gleichungen bzw. Ungleichungen lautet dann

$$\left.\begin{array}{l} 0{,}1x_1 + 0{,}2x_2 + 0{,}1x_3 \leqq 8 \\ 0{,}2x_1 + 0{,}1x_2 + 0{,}6x_3 \leqq 12 \end{array}\right\} \quad \text{Nebenbedingungen}$$
$$x_1 + 0{,}8x_2 + 1{,}8x_3 = G \quad \text{Zielfunktion.}$$

Die zu der ursprünglichen Aufgabe **duale Aufgabe** lautet dann:

Maximiere die lineare Zielfunktion

$$G = x_1 + 0{,}8x_2 + 1{,}8x_3$$

unter Berücksichtigung der linearen Nebenbedingungen

$$0{,}1x_1 + 0{,}2x_2 + 0{,}1x_3 \leqq 8$$
$$0{,}2x_1 + 0{,}1x_2 + 0{,}6x_3 \leqq 12$$
$$x_1 \geqq 0; \quad x_2 \geqq 0; \quad x_3 \geqq 0.$$

Die Lösung einer derartigen Maximierungsaufgabe unter Berücksichtigung von $\leqq$-Bedingungen ist bereits oben ausführlich diskutiert worden.

Das Ausgangstableau lautet

x_1	x_2	x_3	y_1	y_2	G	
0,1	0,2	0,1	1	0	0	8
0,2	0,1	0,6	0	1	0	12
-1	-0,8	-1,8	0	0	1	0

Nach der dritten Iteration erhält man als Endtableau

x_1	x_2	x_3	y_1	y_2	G	
0	1	$-\frac{4}{3}$	$\frac{20}{3}$	$-\frac{10}{3}$	0	$\frac{40}{3}$
1	0	$\frac{11}{3}$	$-\frac{10}{3}$	$\frac{20}{3}$	0	$\frac{160}{3}$
0	0	0,8	2	4	1	64

Liest man die Lösung in der gewohnten Weise aus diesem Endschema (es sind keine negativen Werte mehr in der letzten Zeile) ab, so ergibt sich

$$x_1 = \frac{160}{3}, \quad x_2 = \frac{40}{3}, \quad G = 64.$$

Die Lösung der ursprünglichen Minimierungsaufgabe kann aus dem Lösungsschema der dualen Maximierungsaufgabe in der folgenden Weise abgelesen werden:
In den Spalten unter den beiden Hilfsvariablen y_1 und y_2 stehen unten in der letzten Zeile die Lösungswerte der beiden Variablen des ursprünglichen Problems (vgl. B 20.7.1). Es ist also $y_1 = 2, \; y_2 = 4$.
Es werden also für eine kostenminimale Futtermischung vom Futtermittel A 2 kg und von Futtermittel B 4 kg eingesetzt.
Für die Hauptvariable x_3 der Maximierungsaufgabe ergibt sich aus dem Tableau als Schattenpreis 0,8. Für die Minimierungsaufgabe bedeutet das $x_3 = 0{,}8$,
d.h. die Mischung C enthält 0,8 kg Kohlehydrate mehr als verlangt war.
Der Wert der Zielfunktion ist in der Maximierungsaufgabe der gleiche wie in der zu ihr dualen Minimierungsaufgabe. Das Kostenminimum ergibt also K = 64.
Die Lösungswerte für x_1 $(= \frac{160}{3})$ und x_2 $(= \frac{40}{3})$ geben an, wie sich die Kosten verändern, wenn man die Mindestmengen an Eiweiß bzw. Fett um eine Mengeneinheit verändert.

Aufgaben

Ü 20.8.1 Ein Elektrizitätswerk kann wahlweise Schweröl, leichtes Heizöl
*** oder Kohle zur Stromerzeugung einsetzen. Die Heizwerte in kJ pro Mengeneinheit betragen 24, 28 und 16. Insgesamt sollen pro Monat

mindestens 48 Milliarden kJ Wärmeeinheiten erzeugt werden. Zur Unterstützung der einheimischen Industrie müssen monatlich mindestens 800 t Kohle verfeuert werden. Wieviel Mengeneinheiten der Brennstoffe sollen verfeuert werden, wenn die Kosten möglichst gering sein sollen und je Einheit DM 30, 40, 24 entstehen?

Ü **20.8.2** Bestimme das Minimum von $K = 3y_1 + 4y_2$ unter den Beschränkungen $2y_1 + 3y_2 \geqq 18$ und $2y_1 + y_2 \geqq 10$.

20.9 Ergänzende Bemerkungen

In den vorhergehenden Ausführungen dieses Kapitels konnten nur die Grundzüge der Linearen Optimierung behandelt werden. Das erscheint im Rahmen einer Einführung in die Mathematik für Wirtschaftswissenschaftler notwendig, da die Lineare Optimierung in Theorie und Praxis in vielen Bereichen Bedeutung hat. Es ist aber darauf hinzuweisen, daß hier die **reinen** Aufgaben der Maximierung bzw. Minimierung einer Zielfunktion dargestellt wurden, die in Matrizenschreibweise lauten

$$\max_{\mathbf{x}} \{\mathbf{G} = \mathbf{g}'\mathbf{x} \mid \mathbf{A}\mathbf{x} \leqq \mathbf{b};\ \mathbf{x} \geqq \mathbf{0}\} \text{ bzw. } \min_{\mathbf{y}} \{\mathbf{K} = \mathbf{b}'\mathbf{y} \mid \mathbf{A}'\mathbf{y} \geqq \mathbf{g};\ \mathbf{y} \geqq \mathbf{0}\}.$$

In der praktischen Anwendung kommen auch oft Aufgabenstellungen vor, bei denen Nebenbedingungen Gleichungsform haben oder bei denen sowohl "$\leqq$"- als auch "$\geqq$"-Bedingungen auftreten.
Von den verschiedenen Methoden der Linearen Optimierung ist hier besonders auf die revidierte Simplex-Methode hinzuweisen, die insbesondere für die Lösung von Aufgabenstellungen der Linearen Optimierung mittels elektronischer Datenverarbeitungsanlagen Bedeutung hat.
Für zahlreiche Probleme wurden Spezialverfahren zur Lösung entwickelt. Am bekanntesten ist das sogenannte Transportproblem, das im nächsten Kapitel behandelt wird.

21. Das Transportproblem

21.1 Einführung

Innerhalb der Linearen Optimierung spielt das sogenannte Transportproblem mit seinen speziellen Lösungsverfahren eine wichtige Rolle. Dazu wird zunächst folgendes Beispiel betrachtet:

B 21.1.1 Eine Kaffeehandelsgesellschaft will 16 t Kaffee, von denen 10 t in einem Lagerhaus L1 und 6 t in einem Lagerhaus L2 aufbewahrt werden, auf drei Filialen F1, F2, F3 verteilen. In die einzelnen Filialen sind 5 t, 7 t bzw. 4 t zu liefern. Die Transportkosten pro Tonne von den verschiedenen Lagerhäusern in die Filialen sind in der folgenden Tabelle zusammengestellt. Diese Tabelle enthält auch noch einmal die benötigten bzw. verfügbaren Mengen.

	Filiale F1	F2	F3	Menge, die in dem entsprechenden Lagerhaus vorhanden ist
Lagerhaus L1	7 DM/t	5 DM/t	8 DM/t	10
Lagerhaus L2	2 DM/t	3 DM/t	4 DM/t	6
Menge, die in der entsprechenden Filiale benötigt wird	5	7	4	16 (gesamte zu transportierende Menge)

Gefragt ist nun nach der Verteilung des Kaffees, bei der die gesamten Transportkosten minimal werden.

Für die nähere Beschreibung des Problems wird die Menge, die vom Lager Li in die Filiale Fj transportiert wird, mit x_{ij} bezeichnet (i=1,2; j=1,2,3). Die Belieferung der Filialen von den Lagerhäusern ist so vorzunehmen, daß die gesamten Transportkosten K zu einem Minimum werden, wobei die Transporte entsprechend den in den Filialen benötigten bzw. in den Lagerhäusern vorhandenen Mengen vorzunehmen sind. Durch die benötigten bzw. vorhandenen Mengen ergeben sich die Beschränkungen des Transportproblems.

Die bei der Verteilung des Kaffees entstehenden gesamten Transportkosten K betragen $K = 7x_{11}+5x_{12}+8x_{13}+2x_{21}+3x_{22}+4x_{23}$.

Diese Funktion ist zu minimieren unter Berücksichtigung der linearen Beschränkungen

$$x_{11} + x_{21} = 5,\ x_{12} + x_{22} = 7,\ x_{13} + x_{23} = 4,$$

$$x_{11} + x_{12} + x_{13} = 10,\ x_{21} + x_{22} + x_{23} = 6;$$

und den Nichtnegativitätsbedingungen $x_{ij} \geqq 0$, $i = 1,2$; $j = 1,2,3$.

Das Lösungsverfahren ist so aufgebaut, daß man zunächst eine Basislösung bestimmt. Diese ist dadurch gekennzeichnet, daß möglichst wenig Transportwege in Anspruch genommen werden, d.h. möglichst wenige der x_{ij} von Null verschiedene Werte annehmen. Da jedem Transportweg ein Feld der Tabelle entspricht, und die von Null verschiedenen Werte der x_{ij} in die Felder eingetragen werden können, sind bei einer Basislösung möglichst wenig Felder besetzt.

Die beiden folgenden Lösungen geben Basislösungen an:

	F1	F2	F3	
L1	5	1	4	10
L2		6		6
	5	7	4	

	F1	F2	F3	
L1		6	4	10
L2	5	1		6
	5	7	4	

Die Ausgangsbasislösung prüft man nun daraufhin, ob sie die Optimallösung darstellt, ist das nicht der Fall, dann verbessert man die Lösung schrittweise, wobei nach jedem Schritt wieder die Optimalität geprüft wird, so lange, bis die Optimallösung gefunden ist.

Beim Transportproblem hat man es meistens mit Aufgaben der beschriebenen Art zu tun. Es gibt eine bestimmte Anzahl von Versendern und Empfängern, die ein Gut in gewissen Mengen vorrätig haben bzw. benötigen. Der Transport von den Versendern zu den Empfängern ist so vorzunehmen, daß möglichst niedrige Transportkosten entstehen. Der Ansatz kann aber auch auf die Lösung anderer Probleme angewendet werden, wie weiter unten gezeigt wird.

Aufgaben

Ü **21.1.1** In drei Tanklagern T1, T2 und T3 lagern 3000 t, 2400 t bzw. 4200 t Rohöl. Das Rohöl soll in den Raffinerien R1, R2, R3 und R4 weiterverarbeitet werden. Die Raffinerien haben Kapazitäten von 2000 t, 2500 t, 1500 t bzw. 3600 t. Für den Transport einer Tonne Rohöl vom Tanklager Ti (i=1,2,3) zur Raffinerie Rj (j=1,2,3,4) entstehen Kosten von k_{ij}. Es ist $k_{11} = 5$, $k_{12} = 6$, $k_{13} = 4$, $k_{14} = 2$, $k_{21} = 8$, $k_{22} = 5$, $k_{23} = 6$, $k_{24} = 3$, $k_{31} = 6$, $k_{32} = 5$, $k_{33} = 7$, $k_{34} = 2$.

a) Wie lautet die zu dem Transportproblem gehörige Tabelle? (Schreibe dazu die Mengenangaben und die Kostenwerte in eine Tabelle.)

b) Gib zwei Basislösungen des Transportproblems an.

21.2 Allgemeine Formulierung des Transportproblems

Die allgemeine Formulierung des im vorhergehenden Abschnitt an einem Beispiel dargestellten Transportproblems lautet folgendermaßen:

D 21.2.1

An m **Versandorten** A1,A2,...,Am sei ein Gut in den Mengen $a_1, a_2, \dots, a_m$ verfügbar. Dieses Gut werde an den n **Bestimmungsorten** B1,B2,...,Bn in den Mengen $b_1, b_2, \dots, b_n$ benötigt.
Die an den Versandorten insgesamt verfügbare Menge sei so groß wie die an den Bestimmungsorten insgesamt benötigte Menge, d.h. es gelte
$a_1 + a_2 + \dots + a_m = b_1 + b_2 + \dots + b_n$.
Die Transportkosten einer Einheit vom Versandort Ai nach dem Empfangsort Bj betragen k_{ij}. Es sei x_{ij} die von Ai nach Bj transportierte Menge.
Ein transportkostenminimaler Versandplan ergibt sich als Lösung der folgenden Aufgabe:

$$\text{Minimiere } K = \sum_{i=1}^{m} \sum_{j=1}^{n} k_{ij} x_{ij}$$

unter den Beschränkungen

$$x_{i1} + x_{i2} + x_{i3} + \dots + x_{in} = \sum_{j=1}^{n} x_{ij} = a_i \quad (i=1,\dots,m)$$

(Versandbedingungen)
und

$$x_{1j} + x_{2j} + x_{3j} + \dots + x_{mj} = \sum_{i=1}^{m} x_{ij} = b_j \quad (j=1,\dots,n)$$

(Empfangsbedingungen)
und den Nichtnegativitätsbedingungen

$$x_{ij} \geqq 0, \; i=1,\dots,m; \; j=1,\dots,n.$$

Formal ähnelt die Aufgabenstellung des Transportproblems der allgemeinen Minimierungsaufgabe der Linearen Optimierung.
Die Angaben eines Transportproblems kann man übersichtlich in einer Tabelle zusammenstellen.

		Empfangsorte B1	B2	...	Bn	verfügbare Mengen in den Versandorten
Versandorte	A1	k_{11} / x_{11}	k_{12} / x_{12}		k_{1n} / x_{1n}	a_1
	A2	k_{21} / x_{21}	k_{22} / x_{22}		k_{2n} / x_{2n}	a_2
	⋮					⋮
	Am	k_{m1} / x_{m1}	k_{m2} / x_{m2}		k_{mn} / x_{mn}	a_m
benötigte Mengen in den Empfangsorten		b_1	b_2	...	b_n	

Eine so aufgebaute Tabelle wird auch für die Lösung des Transportproblems benutzt.

Bevor auf die eigentliche Lösung des Transportproblems eingegangen wird, soll im nächsten Abschnitt zunächst die Bestimmung einer Ausgangsbasislösung behandelt werden. Diese Ausgangsbasislösung wird dann auf Optimalität geprüft und gegebenenfalls schrittweise verbessert.

Aufgaben

Ü 21.2.1 Gegeben sei das in der folgenden Tabelle dargestellte Transportproblem, wobei in den Feldern der Tabelle die Transportkosten je Mengeneinheit stehen.

		Empfänger				verfügbare
		E1	E2	E3	E4	Mengen
Ver-	V1	5	4	3	7	16
sen-	V2	3	5	2	6	22
der	V3	2	5	3	3	13
benötigte Mengen		25	8	6	12	

Gib die Zielfunktion und die Beschränkungen des Problems an.

21.3 Bestimmung einer Ausgangsbasislösung

Auch beim Transportproblem spielt der Begriff der Basislösung eine Rolle.

D 21.3.1

> Gegeben sei ein Transportproblem der Form D 21.2.1 mit m Versendern und n Empfängern. Bei einer **Basislösung** haben höchstens m + n - 1 Variablen von Null verschiedene Lösungswerte ($x_{ij} > 0$).

Da ein Transportproblem offenbar immer mehrere Basislösungen hat, entsteht die Frage, wie man eine Ausgangslösung bestimmt. Eine sehr einfache Methode ist die sogenannte **Nord-West-Ecken-Regel,** die man üblicherweise unter Verwendung der im vorhergehenden Abschnitt angegebenen Tabelle ermittelt.

R 21.3.2

> Gegeben sei ein Transportproblem der Form D 21.2.1. Eine Basislösung dieses Problems erhält man auf folgende Weise:
>
> (1) x_{11} bekommt den höchstzulässigen Wert, d.h. $x_{11} = \min(a_1, b_1)$.
>
> (2) Ist $x_{11} = a_1$, so bekommt als nächstes x_{21} den höchstzulässigen Wert: $x_{21} = \min(a_2; b_1 - x_{11})$.

Ist $x_{11} = b_1$, so setzt man im zweiten Schritt für x_{12} den höchstzulässigen Wert: $x_{12} = \min(a_1 - x_{11}; b_2)$.

In dieser Weise fährt man fort und führt nach Bestimmung der Menge x_{ij} die Besetzung des nächsten Feldes wie folgt aus:

(3a) Ist durch Festlegung des Wertes für x_{ij} eine Versandbedingung erfüllt (Vorrat des Versenders i ist erschöpft), so wird im nächsten Schritt für $x_{i+1,j}$ die höchstzulässige Menge eingesetzt:

$$x_{i+1,j} = \min(a_{i+1}, b_j - \sum_{k=1}^{i} x_{kj}).$$

(3b) Ist durch Bestimmung von x_{ij} eine Empfangsbedingung erfüllt (der Bedarf des Empfängers j ist dann befriedigt), so wird im folgenden Schritt für $x_{i,j+1}$ die höchstzulässige Menge eingesetzt:

$$x_{i,j+1} = \min(a_i - \sum_{k=1}^{j} x_{ik}; b_{j+1}).$$

Die Anwendung der Nord-West-Ecken-Regel sei an folgendem Beispiel erläutert:

B 21.3.3 Gegeben sei folgendes Transportproblem (ohne Transportkosten).

		Empfänger					
		E1	E2	E3	E4	E5	
Versender	V1						60
	V2						30
	V3						20
	V4						50
		52	22	32	42	12	

Für eine Ausgangsbasislösung nach der Nord-West-Ecken-Regel wird $x_{11} = 52$. E1 ist damit befriedigt. Im zweiten Schritt bekommt x_{12} den Wert $x_{12} = 8$. Damit ist der Vorrat bei V1 erschöpft. Die bei E2 noch fehlende Menge kommt von V2: $x_{22} = 14$. Der bei V2 verbleibende Rest geht nach E3 (16) und E3 bekommt weitere 16 Mengeneinheiten von V3. So verfährt man weiter und erhält schließlich die folgende Lösung:

		Empfänger					
		E1	E2	E3	E4	E5	
Versender	V1	52	8				60
	V2		14	16			30
	V3			16	4		20
	V4				38	12	50
		52	22	32	42	12	

Die Ermittlung einer Ausgangsbasislösung nach der Nord-West-Ecken-Regel läßt die Kosten unberücksichtigt. Es ist deshalb möglich, daß eine so bestimmte Ausgangsbasislösung sehr weit vom Optimum entfernt ist und es sehr vieler Iterationen bedarf, um die Optimallösung zu finden. Das folgende Verfahren zur Bestimmung einer Ausgangsbasislösung berücksichtigt die Kosten und führt meistens dazu, daß das Optimum schneller erreicht wird. Es ist unter dem Namen **VOGELsche Approximationsmethode** bekannt.

R 21.3.4 Gegeben sei ein Transportproblem der Form D 21.2.1 mit tabellarischer Angabe der Kosten. Das folgende Verfahren liefert eine Ausgangsbasislösung mit niedrigen Kosten:

(1) Von allen Kostenwerten jeder Zeile wird der kleinste Wert der betreffenden Zeile subtrahiert. Für die neuen Kostenwerte k^*_{ij} gilt dann

$$k^*_{ij} = k_{ij} - \min_j(k_{ij});\ (i=1,\dots,m)$$

(2) Von allen k^*_{ij} jeder Spalte der so erhaltenen Tabelle wird der kleinste Spaltenwert abgezogen

$$k'_{ij} = k^*_{ij} - \min_i(k^*_{ij});\ (j=1,\dots,n).$$

(3) Für jede Zeile und jede Spalte der so erhaltenen Tabelle der k'_{ij}-Werte bestimmt man nun die Differenz zwischen den beiden kleinsten Werten.

(4) In der Zeile bzw. Spalte mit der größten Differenz besetzt man das Feld mit dem kleinsten k'_{ij}-Wert mit der größtmöglichen Menge.

(5) Die Spalte bzw. Zeile, deren Beschränkung durch Schritt (4) erfüllt wird, wird gestrichen und für die reduzierte Tabelle fährt man mit Schritt (3) fort.

Das Vorgehen wird an folgendem Beispiel erläutert.

B 21.3.5 Für B 21.3.3 seien folgende Einheitstransportkosten gegeben

	E1	E2	E3	E4	E5
V1	4	5	6	8	11
V2	2	7	8	10	6
V3	7	6	10	5	4
V4	1	2	7	4	8

Schritt (1): Subtraktion des kleinsten Zeilenwertes von allen Werten jeder Zeile liefert Tabelle T1.

Schritt (2): Subtraktion des kleinsten Wertes jeder Spalte von allen Werten dieser Spalte, ergibt Tabelle T2.

T1	E1	E2	E3	E4	E5
V1	0	1	2	4	7
V2	0	5	6	8	4
V3	3	2	6	1	0
V4	0	1	6	3	7

T2	E1	E2	E3	E4	E5
V1	0	0	0	3	7
V2	0	4	4	7	4
V3	3	1	4	0	0
V4	0	0	4	2	7

Ergänzung der Mengen und Bestimmung der Differenzen der beiden kleinsten Werte je Zeile und jeder Spalte ergibt Tabelle T3.
Es gibt mehrere größte Differenzen und somit kann man die 3. oder 5. Spalte oder die 2. Zeile auswählen. Hier wird die dritte Spalte gewählt und somit $x_{13} = 32$ gesetzt. Die dritte Spalte kann eliminiert werden.
Für die reduzierte Tabelle erhält man unter Berücksichtigung der zugeteilten Mengen Tabelle T4.

T3	E1	E2	E3	E4	E5		
V1	0	0	0	3	7	60	0
V2	0	4	4	7	4	30	4
V3	3	1	4	0	0	20	0
V4	0	0	4	2	7	50	0
	52	22	32	42	12		
	0	0	4	2	4		

T4	E1	E2	E3	E4	E5		
V1	0	0	**32**	3	7	28	0
V2	0	4	•	7	4	30	4
V3	3	1	•	0	0	20	0
V4	0	0	•	2	7	50	0
	52	22	•	42	12		
	0	0	•	2	4		

Als nächstes wird die 2. Zeile gewählt und somit ist $x_{21} = 30$. Die 2. Zeile wird gestrichen. Als reduzierte Tabelle erhält man Tabelle T5.
Die größte Differenz hat man in der 5. Spalte, und es ist $x_{35} = 12$. Die 5. Spalte wird gestrichen: Tabelle T6

T5	E1	E2	E3	E4	E5		
V1	0	0	**32**	3	7	28	0
V2	**30**	•	•	•	•	•	•
V3	3	1	•	0	0	20	0
V4	0	0	•	2	7	50	0
	22	22	•	42	12		
	0	0	•	2	7		

T6	E1	E2	E3	E4	E5		
V1	0	0	**32**	3	•	28	0
V2	**30**	•	•	•	•	•	•
V3	3	1	•	0	**12**	8	1
V4	0	0	•	2	•	50	0
	22	22	•	42	•		
	0	0	•	2	•		

Es ist $x_{34} = 8$ und die 3. Zeile wird gestrichen: Tabelle T7.
Es ist $x_{44} = 34$ und die 4. Spalte wird gestrichen: Tabelle T8.

T7	E1	E2	E3	E4	E5		
V1	0	0	**32**	3	•	28	0
V2	**30**	•	•	•	•	•	•
V3	•	•	•	**8**	**12**	•	•
V4	0	0	•	2	•	50	0
	22	22	•	34	•		
	0	0	•	1	•		

T8	E1	E2	E3	E4	E5		
V1	0	0	**32**	•	•	28	0
V2	**30**	•	•	•	•	•	•
V3	•	•	•	**8**	**12**	•	•
V4	0	0	•	**34**	•	16	0
	22	22	•	•	•		
	0	0	•	•	•		

Als Differenz hat man nur noch Nullen. Die Zuteilung der restlichen Mengen ist damit beliebig. Entscheidet man sich zunächst für $x_{11} = 22$, so erhält man als Ausgangsbasislösung:

	E1	E2	E3	E4	E5	
V1	**22**	**6**	**32**			60
V2	**30**					30
V3				**8**	**12**	20
V4		**16**		**34**		50
	52	22	32	42	12	

Während die Nord-West-Ecken-Regel Kosten von K = 902 ergibt, entstehen bei der Ausgangsbasislösung nach der VOGELschen Approximationsmethode Kosten von K = 626.

Die Nord-West-Ecken-Regel ist zwar wesentlich einfacher, jedoch wird der erhöhte Aufwand der VOGELschen Approximationsmethode im allgemeinen durch die Einsparung bei den weiteren Berechnungen zur Bestimmung einer optimalen Lösung aufgewogen. Auf weitere Verfahren zur Bestimmung einer Ausgangsbasislösung soll hier nicht eingegangen werden.

Aufgaben

Ü 21.3.1 Gegeben sei das Transportproblem aus Aufgabe 21.2.1. Bestimme eine Basislösung a) nach der Nord-West-Ecken-Regel, b) nach der VOGELschen Approximationsmethode.
* * *

Ü 21.3.2 Gegeben sei folgendes Transportproblem (die Zahlen in den inneren Feldern der Tabelle geben die Kosten für den Transport einer Einheit an):
* * * * * * * * * *

		Empfänger				verfügbare
		B1	B2	B3	B4	Mengen
Ver-	A1	7	6	4	2	3000
sen-	A2	9	5	6	8	2400
der	A3	6	5	4	10	4200
		2000	2500	1500	3600	

Bestimme eine Basislösung a) nach der Nord-West-Ecken-Regel und b) nach der VOGELschen Approximationsmethode. Gib für beide Basislösungen die gesamten Transportkosten an.

21.4 Die „Stepping-Stone"-Methode

Um zu prüfen, ob eine Basislösung eines Transportproblems zu einem Minimum der Transportkosten führt, kann man eine Optimalitätsprüfung vornehmen, die unter dem Namen "Stepping-Stone"-Methode bekannt ist. Man betrachtet dabei nur die unbesetzten Felder der Tabelle. Diese entsprechen nicht benutzten Transportbeziehungen. Für jedes unbesetzte Feld prüft man, um wieviel sich die Kosten pro Mengeneinheit verändern, wenn man den entsprechenden Transportweg benutzt und dafür einen anderen aus der Lösung herausnimmt. Die "Stepping-Stone"-Methode soll zunächst an einem Beispiel erläutert werden.

B 21.4.1 Es wird auf das Problem aus Beispiel 21.1.1 zurückgegriffen. Die folgende Tabelle enthält dazu neben den gegebenen Daten (Mengen, Einheitstransportkosten) eine Basislösung nach der Nord-West-Ecken-Regel.

	Filiale F_1 (Kosten)	F_1 (Menge)	Filiale F_2 (Kosten)	F_2 (Menge)	Filiale F_3 (Kosten)	F_3 (Menge)	verfüg= bare Menge
Lagerhaus L_1	7	5	5	5	8		10
Lagerhaus L_2	2		3	2	4	4	6
benötigte Menge		5		7		4	

Für die Prüfung dieser Lösung auf Optimalität ist festzustellen, ob durch Einbeziehung der bisher nicht genutzten Wege (L2 nach F1 und L1 nach F3) die Transportkosten gesenkt werden können. Zunächst wird das freie Feld links unten betrachtet.

Wenn eine Tonne Kaffee von L2 nach F1 transportiert wird, so entstehen unmittelbare Kosten von 2 DM. Würde man nun eine 1 in das entsprechende Feld der Matrix eintragen, so erhielte man eine Lösung, die nicht mehr zulässig ist, denn es würden ja dann insgesamt 6 t Kaffee nach F1 transportiert und 7 t von L2 abgeholt, und das widerspricht den gestellten Bedingungen.
In der Ausgangsbasislösung muß man deshalb, um eine zulässige Lösung zu behalten, Veränderungen der Lösung so vornehmen, daß die gestellten Bedingungen erfüllt bleiben. Wenn man eine Tonne von L2 nach F1 bringt, dann darf man, da in F1 insgesamt nur 5 t benötigt werden, nur noch 4 t von L1 nach F1 bringen. Dann hat man aber von den 10 t in L1 4 t nach F1 und 5 t nach F2 gebracht. Es bleibt also 1 t in L1 übrig.

Diese bringt man nach F2 und bringt entsprechend 1 t weniger von L2 nach F2. Diese Veränderungen in den transportierten Mengen zeigt die folgende Tabelle:

	F_1	F_2	F_3
L_1	5 - 1 = 4	5 + 1 = 6	
L_2	+1	2 - 1 = 1	4

Da sich x_{11} und x_{22} um eine Einheit verringern und x_{12} und x_{21} um eine Einheit erhöhen, verändern sich die Kosten auch entsprechend, und zwar wie folgt:

Transportbeziehung	L1 nach F1	L1 nach F2	L2 nach F1	L2 nach F2
Änderung der Menge	-1	+1	+1	-1
Änderung der Kosten	-7	+5	+2	-3

Die Kosten ändern sich also um -7 + 5 + 2 - 3 = -3, d.h. die Benutzung des Transportweges von L2 nach F1 führt pro Mengeneinheit zu einer Kosteneinsparung von 3.

Das gleiche Verfahren führt man für das andere freie Feld durch, wobei man im allgemeinen schematisch vorgeht, und zwar folgendermaßen: Man geht von dem betrachteten Feld aus und sucht das nächste besetzte Feld in der zugehörigen Zeile der Matrix, welches sich in einer Spalte befindet, in der wieder ein besetztes Feld steht (hier L1/F2). Von dort sucht man in der Spalte das nächste besetzte Feld, zu dem man in einer Zeile wieder ein besetztes Feld findet. So fährt man fort, bis man sich in der Spalte befindet, in der das Ausgangsfeld liegt und zu dem man dann zurückkehrt. Die Mengen müssen dabei abwechselnd erhöht oder herabgesetzt werden, um die Erfüllung der Beschränkungen zu gewährleisten. Zur Ermittlung der Kostenänderung werden die Kosten ebenfalls abwechselnd mit "+" und "-" versehen. Für L1/F3 ergibt sich eine Kostenerhöhung von +2.

Der Transportplan kann also nur durch Benutzung des Weges L2/F1 verbessert werden. Um festzustellen, um wieviel Tonnen man die in der vorstehenden Lösung angegebenen Transportmengen verändern kann, betrachtet man alle Mengen in den zur Bestimmung des jeweiligen Kostenänderungswertes (hier -3) berührten Feldern. Die kleinste Menge in einem Feld, dem ein negatives Vorzeichen zugeordnet wurde, gibt die durchzuführende Mengenänderung an. Hier haben L1/F1 (5) und L2/F2 (2) ein negatives Vorzeichen, und 2 ist der kleinste Wert. In den berührten Feldern werden die transportierten Mengen also um zwei Tonnen verändert, d.h. vermehrt oder vermindert. (Würde man mehr als 2 Tonnen verschieben, so würde sich von L2 nach F2 eine negative Menge ergeben.)

Man erhält als neue verbesserte Lösung folgendes Ergebnis, wobei angegeben ist, wie man die Werte aus denen der vorhergehenden Lösung erhalten hat:

	F_1	F_2	F_3	
L_1	5-2=3	5+2=7		10
L_2	+2	2-2=0	4	6
	5	7	4	

Die gesamten Transportkosten betragen nunmehr

$$K = 7 \cdot 3 + 5 \cdot 7 + 2 \cdot 2 + 4 \cdot 4 = 21 + 35 + 4 + 16 = 76 \text{ DM}.$$

Gegenüber den 82 DM der ersten Lösung bedeutet das eine Verbesserung um 6 DM.

Es ist nun aber noch nicht sicher, ob die so erhaltene Lösung optimal ist. Um das festzustellen, führt man in gleicher Weise wie vorher eine Optimalitätsprüfung durch, indem man für die unbesetzten Felder der Matrix die Kostenänderungswerte ermittelt. Die in dem vorhergehenden Schritt ermittelten Kostenänderungswerte können **nicht** wieder verwendet werden.
Für das rechts oben stehende freie Feld sucht man also zunächst in der oberen Zeile der Matrix ein besetztes Feld, unter dem sich wieder ein besetztes Feld befindet. Da sich unter der 7 nur ein freies Feld befindet, kann dieses Feld nicht verwendet werden. Man geht also zu dem Feld links oben, dann zu dem darunter befindlichen, von dort zu dem Feld rechts unten und dann zum Ausgangsfeld. Entsprechend verfährt man für das andere freie Feld. Es ergibt sich dann folgende Tabelle, deren Felder alle wichtigen Informationen enthalten.

Einheitstransportkosten	Kostenänderungswert
	Menge

	F_1		F_2		F_3		
L_1	7		5		8	- 1	10
		3		7			
L_2	2		3	+ 3	4		6
		2				4	
	5		7		4		

Aus der Tatsache, daß unter den Kostenänderungswerten ein negativer Wert ist, folgt, daß die Optimallösung noch nicht gefunden ist. Auf dem für die Bestimmung des negativen Kostenänderungswertes eingeschlagenen Weg nimmt man nun wieder die maximal zulässige Verschiebung der Mengen vor und erhält im nächsten Schritt folgende Lösung:

	F_1	F_2	F_3	
L_1	3-3=0	7	+3	10
L_2	2+3=5		4-3=1	6
	5	7	4	

Als Gesamtkosten für die neue Lösung erhält man

$$K = 5 \cdot 7+8 \cdot 3+2 \cdot 5+4 \cdot 1 = 35+24+10+4 = 73 \text{ DM}.$$

Die neue Lösung ist nach demselben Verfahren wie oben wiederum auf Optimalität zu prüfen. Man erhält für die beiden freien Felder folgende Kostenänderungswerte, die in die Tabelle kursiv eingesetzt sind.

	F_1		F_2		F_3		
L_1	7	*+1*	5		8		10
				7		3	
L_2	2		3	*+2*	4		6
		5				1	
	5		7		4		

Beide Kostenänderungswerte sind positiv. Es folgt daraus, daß durch eine erneute Verschiebung keine Verbesserung erreicht werden kann. Diese Basislösung ist also die Optimallösung.

Um die "Stepping-Stone"-Methode allgemein darzustellen, müssen zunächst einige Begriffe und Regeln eingeführt werden:

D 21.4.2

> Gegeben sei ein Transportproblem der Form D 21.2.1 in Tabellenform. Eine Folge von k_{ij} bzw. x_{ij}, bei denen zwei aufeinanderfolgende Glieder in derselben Spalte oder derselben Zeile der Tabelle stehen und bei der das erste mit dem letzten Glied übereinstimmt, heißt **Kreis.**

Unter ausschließlicher Benutzung der besetzten Felder einer Basislösung kann man immer einen Kreis erhalten, wenn man die aufeinanderfolgenden Glieder abwechselnd in der jeweiligen Spalte bzw. Zeile bestimmt.

In jedem besetzten Feld, welches man erreicht, ändert man also die Richtung. Bei der Bestimmung eines Kreises für die Felder einer Basislösung geht man immer so vor, daß man vom Ausgangsfeld in der betreffenden Zeile (oder Spalte) ein Feld sucht, bei dem in der zugehörigen Spalte (bzw. Zeile) wieder ein besetztes Feld vorhanden ist.

In einem nach R 21.4.3 bestimmten Kreis heißt das Ausgangsfeld und jedes zweite von da ab gezählte Feld **positiv.** Die übrigen Felder des Kreises heißen **negativ.**

Die "Stepping-Stone"-Methode verläuft nun allgemein folgendermaßen:

R 21.4.3

"Stepping-Stone"-Methode zur Prüfung einer Basislösung eines Transportproblems auf Optimalität und zur Verbesserung einer nichtoptimalen Lösung

(1) Für jedes unbesetzte Feld (Nicht-Basisvariable) bestimme man einen **Kreis.**

(2) Für jedes unbesetzte Feld bestimme man einen **Kostenänderungswert** Δk_{ij} wie folgt: Die Kosten der positiven Felder des zu dem Feld gehörenden Kreises werden addiert und davon die Kosten der negativen Felder des Kreises subtrahiert.

(3) Sind alle Kostenänderungswerte nicht negativ, so hat man eine Optimallösung erreicht. Andernfalls ist die Lösung nach (4) zu verbessern.

(4) Eine nichtoptimale Lösung wird verbessert, indem man das Feld mit dem kleinsten Kostenänderungswert in die Lösung einbezieht. Der Wert der neuen Basisvariablen ist der kleinste Wert einer Basisvariablen eines negativen Feldes des zugehörigen Kreises. Die neue Lösung wird auf Optimalität geprüft, indem man wieder mit (1) beginnt.

B 21.4.4 Für das Problem aus B 21.3.5 ergibt sich folgendes:

	E_1	E_2	E_3	E_4	E_5	
V_1	4 / 22	5 / 6	6 / 32	8 / *+1*	11 / *+5*	60
V_2	2 / 30	7 / *+4*	8 / *+4*	10 / *+5*	6 / *+2*	30
V_3	7 / *+5*	6 / *+3*	10 / *+6*	5 / 8	4 / 12	20
V_4	1 / *0*	2 / 16	7 / *+4*	4 / 34	8 / *+5*	50
	52	22	32	42	12	

Da keine negativen Kostenänderungswerte auftreten, kann die Lösung nicht weiter verbessert werden. Die VOGELsche Approximationsmethode hat also auf Anhieb eine optimale Lösung des Problems geliefert. Der Kostenänderungswert "0" im Feld V4/E1 zeigt an, daß die Lösung mehrdeutig ist. Darauf wird später eingegangen.

Bei der Anwendung der "Stepping-Stone"-Methode ist darauf zu achten, daß die Kreise sich auch "überschneiden" können, wenn man die zugehörigen Felder in der Tabelle miteinander verbindet.

Aufgaben

Ü 21.4.1 Gegeben sei folgendes Transportproblem mit der angebenen Basislösung

	E_1	E_2	E_3	
V_1	6 / 12	3 / 3	2	15
V_2	4	4 / 5	5 / 5	10
	12	8	5	

Überprüfe die Optimalität dieses Plans mit der "Stepping-Stone"-Methode und verbessere ihn gegebenenfalls bis zur Optimallösung.

Ü 21.4.2 Gegeben sei das folgende Transportproblem mit der angegebenen Basislösung

	B_1	B_2	B_3	B_4	
A_1	7 / 2000	6 / 1000	4	2	3000
A_2	9	5 / 1500	6 / 900	8	2400
A_3	6	5	4 / 600	10 / 3600	4200
	2000	2500	1500	3600	

Überprüfe die Optimalität dieses Plans mit der "Stepping-Stone"-Methode und verbessere ihn so lange, bis die Optimallösung gefunden ist.

Ü 21.4.3 An vier verschiedenen Baustellen werden Lastkraftwagen des gleichen Typs in den folgenden Anzahlen benötigt:
Baustelle 1: 6 LKW; Baustelle 2: 3 LKW; Baustelle 3: 4 LKW; Baustelle 4: 5 LKW.
Diese Fahrzeuge sind in drei verschiedenen Garagen stationiert, und zwar: in Garage 1: 4 LKW; in Garage 2: 6 LKW in Garage 3: 8 LKW.
Die Entfernungen (in Kilometern) von den Garagen zu den Baustellen sind in der folgenden Tabelle zusammengestellt:

Garage \ Baustelle	1	2	3	4
1	11	13	15	20
2	14	17	12	13
3	18	18	13	12

a) Formuliere Zielfunktion und Nebenbedingungen des vorliegenden Planungsproblems, wenn die insgesamt zu erbringende Kilometerleistung so niedrig wie möglich gehalten werden soll.
b) Bestimme nach der Nord-West-Ecken-Regel eine Ausgangsbasislösung für die Berechnung des optimalen Transportplanes, und gib die Gesamtkilometerleistung der Lösung an.
c) Bestimme einen Fahrplan für die Kraftwagen von den Garagen zu den Baustellen, so daß die insgesamt zurückzulegenden Entfernungen minimal werden. Wie hoch ist die Gesamtkilometerleistung im Optimum?

21.5 Die Methode der Potentiale

Die "Stepping-Stone"-Methode läßt sich zwar leicht verstehen und anschaulich interpretieren, ist aber mit einem erheblichen Rechenaufwand verbunden. Demgegenüber erfordert die Methode der Potentiale zur Bestimmung der Kostenänderungswerte weniger Aufwand bei den Berechnungen, ist aber auch weniger anschaulich. Der Methode der Potentiale liegen die beiden folgenden Regeln zugrunde.

R 21.5.1

> Zu jeder Zeile und jeder Spalte der Kostentabelle eines Transportproblems kann ein **Potential** u_i bzw. v_j berechnet werden derart, daß für alle besetzten Felder (Variablen der Basislösung) gilt $k_{ij} = u_i + v_j$.

Mit Hilfe dieser Potentiale kann man dann für alle unbesetzten Felder (nicht in Anspruch genommene Transportwege) die Kostenänderungswerte berechnen, die angeben, wie sich die gesamten Transportkosten ändern, wenn man die betreffende Transportbeziehung für eine Einheit in Anspruch nimmt und den Transportplan entsprechend ändert.

R 21.5.2

> Für alle Felder von Nicht-Basisvariablen (unbesetzte Felder) kann man die Kostenänderungswerte Δk_{ij} mit Hilfe der Potentiale wie folgt berechnen:
> $$\Delta k_{ij} = k_{ij} - u_i - v_j.$$

Die **Berechnung der Potentiale** geschieht wie folgt:

R 21.5.3

(1) Die erste Zeile erhält das Potential $u_1 = 0$.

(2) Für alle Spalten, deren Felder in der ersten Zeile besetzt sind, können die Potentiale nach R 21.5.1 als $v_j = k_{1j} - u_1$ berechnet werden.

(3) Für alle Zeilen, außer der ersten, die besetzte Felder in den Spalten haben, deren Potentiale man kennt, können die Potentiale mit R 21.5.1 als $u_i = k_{ij} - v_j$ berechnet werden.

(4) Unter Berücksichtigung der bereits berechneten Potentiale werden dann in entsprechender Weise alle weiteren Potentiale bestimmt.

Statt mit der ersten Zeile kann man auch mit jeder anderen Zeile oder Spalte beginnen. Das erste Potential kann auch einen von Null verschiedenen Wert annehmen.

B 21.5.4 a) Es wird das Problem aus B 21.3.5 betrachtet. Man erhält:

		E_1	E_2	E_3	E_4	E_5	
		4	5	6	1	5	
V_1	0	4; 52	5; 8	6; *0*	8; *+7*	11; *+6*	60
V_2	2	2; *-4*	7; 14	8; 16	10; *+7*	6; *-1*	30
V_3	4	7; *-1*	6; *-3*	10; 16	5; 4	4; *-5*	20
V_4	3	1; *-6*	2; *-6*	7; *-2*	4; 38	8; 12	50
		52	22	32	42	12	

Das Potential für V_1 wird mit $u_1 = 0$ vorgegeben. Damit kann man $v_1 = 4$ und $v_2 = 5$ berechnen. Mit $v_2 = 5$ ergibt sich $u_2 = 2$ und damit $v_3 = 6$. Über $v_3 = 6$ erhält man $u_3 = 4$, darüber $v_4 = 1$, $u_4 = 3$ und $v_5 = 5$. Anschließend können die Kostenänderungswerte leicht berechnet werden. Die punktierte Linie markiert den zum Feld V4/E1 gehörigen Kreis. Dieses Feld und V4/E2 haben die kleinsten Kostenänderungswerte.

b) Geht man von der Basislösung nach der VOGELschen Approximationsmethode aus (siehe B 21.3.5), so ergibt sich folgendes:

		E_1	E_2	E_3	E_4	E_5	
		4	5	6	7	6	
V_1	0	4 / 22	5 / 6	6 / 32	8 / +1	11 / +5	60
V_2	-2	2 / 30	7 / +4	8 / +4	10 / +5	6 / +2	30
V_3	-2	7 / +5	6 / +3	10 / +6	5 / 8	4 / 12	20
V_4	-3	1 / 0	2 / 16	7 / +4	4 / 34	8 / +5	50
		52	22	32	42	12	

Man beginnt mit $u_1 = 0$ und erhält damit $v_1 = 4$, $v_2 = 5$, $v_3 = 6$. Über $v_1 = 4$ und $v_2 = 5$ ergibt sich $u_2 = -2$ bzw. $u_4 = -3$. Über $u_4 = -3$ erhält man dann $v_4 = 7$, $u_3 = -2$ und $v_5 = 6$. Die Kostenänderungswerte stimmen mit denen nach der "Stepping-Stone"-Methode berechneten überein (vgl. Beispiel 21.4.4).

Aufgaben

Ü 21.5.1 Gegeben sei das folgende Transportproblem mit der eingetragenen Basislösung:

	E_1	E_2	E_3	E_4	
V_1	7	6	4	2 / 3000	3000
V_2	9	5 / 1800	6	8 / 600	2400
V_3	6 / 2000	5 / 700	4 / 1500	10	4200
	2000	2500	1500	3600	

Das Potential für V_3 sei $u_3 = 0$. Bestimme die übrigen Potentiale und die Kostenänderungswerte für die unbesetzten Felder.

Ü 21.5.2 Der Fuhrpark einer Bauunternehmung hat die Versorgung von fünf Baustellen mit Zement sicherzustellen. Als Lieferanten des Transportgutes stehen vier Zementwerke an verschiedenen Standorten zur Wahl. Der Bedarf wird von den fünf Baustellenleitern beziffert auf:

Baustelle	I	II	III	IV	V
Bedarf	30	60	50	40	20

Weiter liegen Zahlen über die Lieferkapazitäten der Zementwerke vor:

Zementwerk	1	2	3	4
Bestand	40	70	60	30

Es ist bekannt, welche Kosten beim Transport der Zementladungen von den Zementwerken zu den verschiedenen Baustellen anfallen. Sie sind in der folgenden Tabelle zusammengefaßt:

		nach Baustelle				
		I	II	III	IV	V
von	1	6	2	8	7	5
Zement-	2	4	3	7	5	9
werk	3	2	1	3	6	4
	4	5	6	4	8	3

a) Formuliere die Zielfunktion und die Nebenbedingungen des Planungsproblems, das sich ergibt, wenn im Bereich des Fuhrparks kostenminimal gearbeitet werden soll.
b) Ermittle eine Ausgangsbasislösung für das vorgegebene Transportproblem nach der Nord-West-Ecken-Regel.
c) Bestimme unter Zuhilfenahme der Potentialmethode den optimalen Transportplan für das vorliegende Problem.
d) Wende auf das vorliegende Beispiel die Methode von VOGEL zur Konstruktion einer Ausgangslösung an, und interpretiere das Ergebnis.

21.6 Mehrdeutigkeit und Degeneration

Im Beispiel 21.4.4 ergab sich für das Feld V4/E1 ein Kostenänderungswert von 0. Das bedeutet, daß man die zu diesem Feld gehörige Nicht-Basisvariable in die Lösung einbeziehen kann, ohne daß sich der Wert der Zielfunktion ändert.

R 21.6.1 Ein Kostenänderungswert von Null in einer optimalen Basislösung kennzeichnet eine **mehrdeutige Lösung.** Die Einbeziehung der Nicht-Basisvariablen mit dem Kostenänderungswert 0 in die Lösung liefert ebenfalls optimale Lösungen.

B 21.6.2 Geht man von Beispiel 21.4.4 aus und nutzt den Transportweg V4/E1 mit der maximal möglichen Menge, so erhält man die folgende Lösung und die angegebenen Kostenänderungswerte.

Weitere optimale Lösungen erhält man, wenn man auf dem zu V4/E1 gehörigen Kreis nicht die maximal möglichen Mengen "verschiebt", sondern nur einen Teil.

	E_1	E_2	E_3	E_4	E_5	
V_1	4 / 6	5 / 22	6 / 32	8 / +1	11 / +5	60
V_2	2 / 30	7 / +4	8 / +4	10 / +5	6 / +2	30
V_3	7 / +5	6 / +3	10 / +6	5 / 8	4 / 12	20
V_4	1 / 16	2 / 0	7 / +4	4 / 34	8 / +5	50
	52	22	32	42	12	

In den bisherigen Beispielen handelt es sich immer um Probleme, bei denen in einer Basislösung genau n + m - 1 Variablen Werte größer als Null angenommen haben. Es kann aber vorkommen, daß Basisvariable den Wert Null annehmen (vgl. R 21.3.1).

D 21.6.3

> Hat in einer Basislösung eines Transportproblems wenigstens eine Basisvariable den Wert 0, dann handelt es sich um eine **degenerierte Lösung.**

Dazu wird zunächst ein Beispiel betrachtet.

B 21.6.4 Gegeben sei das folgende Transportproblem mit einer zulässigen Ausgangslösung nach der Nord-West-Ecken-Regel:

	E_1	E_2	E_3	E_4	
V_1	5 / 50	4 / 30	3	6	80
V_2	4	1	4 / 30	2	30
V_3	7	3	5 / 30	6 / 60	90
	50	30	60	60	

Die Basislösung enthält 5 anstelle von 3 + 4 - 1 = 6 Variablen mit $x_{ij} > 0$. Will man die Kostenänderungswerte über die Methode der Potentiale berechnen, so kann man mit $u_1 = 0$ beginnen und erhält dann sofort $v_1 = 5$ und $v_2 = 4$.

		E_1	E_2	E_3	E_4	
		5	4	7	8	
V_1	0	5 / 50	4 / 30	3	6	80
V_2	-3	4	1 / 0	4 / 30	2	30
V_3	-2	7	3	5 / 30	6 / 60	90
		50	30	60	60	

Die übrigen Potentiale kann man nicht berechnen. Man kann sich dadurch helfen, daß man eine weitere Basisvariable festlegt und dieser den Wert Null gibt. Hier ist $x_{22} = 0$ gesetzt. Damit ergeben sich dann $u_2 = -3$, $u_3 = -2$, $v_3 = 7$ und $v_4 = 8$.

Man beachte, daß die willkürliche Festlegung einer weiteren Basisvariablen bei einer degenerierten Lösung, so wie in Beispiel 21.6.4, nicht unproblematisch ist. Auf Einzelheiten kann hier jedoch nicht eingegangen werden.

21.7 Ergänzende Bemerkungen

In den bisherigen Ausführungen wurde immer davon ausgegangen, daß die in den Versandorten insgesamt vorhandene Menge gleich der in den Bestimmungsorten insgesamt benötigten Menge ist:

$$\sum_{i=1}^{n} a_i = \sum_{j=1}^{m} b_j \qquad \text{(vgl. auch D 21.2.1)} .$$

Können die Versandorte mehr liefern, als die Empfänger benötigen, so hilft man sich mit der Einführung eines fiktiven Bestimmungsortes, in den die überschüssigen Mengen "zu liefern" sind. In diesen "Bestimmungsort" werden die Mengen "geliefert", die in den Versandorten verbleiben. Für die entsprechenden Transportwege setzt man dann Kosten von 0 ein. Wird in den Empfangsorten mehr benötigt als die Versandorte liefern können, dann führt man einen fiktiven Versender ein, von dem die zu viel benötigte Menge zu "liefern" ist. Die Kosten betragen dafür ebenfalls 0. Die Lösungswerte dieser Zeile geben an, welche gewünschten Empfangsmengen zu den einzelnen Empfängern nicht geliefert werden. Dazu folgendes Beispiel:

B 21.7.1 In den 3 Versandorten A1, A2 und A3 befinden sich folgende Mengen eines Gutes: $a_1 = 8$, $a_2 = 15$, $a_3 = 7$. In den 4 Bestimmungsorten B1, B2, B3 und B4 werden von diesem Gut die folgenden Mengen

benötigt: $b_1 = 10$, $b_2 = 5$, $b_3 = 8$ und $b_4 = 3$. In den Versandorten stehen also insgesamt 30 Mengeneinheiten des Gutes zur Verfügung, während in den Bestimmungsorten nur 26 Mengeneinheiten benötigt werden. Zur Lösung der Aufgabe führt man deshalb einen fiktiven Empfänger B5 ein.
Für die Transportkosten hat man die in der folgenden Tabelle angegebenen Werte, in der auch noch einmal die vorhandenen bzw. benötigten Mengen eingetragen sind.

		Bestimmungsort					Menge, die in dem entsprechenden Versandort vorhanden ist
		B_1	B_2	B_3	B_4	B_5	
Versandort	A_1	6	5	2	4	0	8
	A_2	2	8	6	7	0	15
	A_3	4	3	5	3	0	7
In dem jeweiligen Bestimmungsort benötigte Menge		10	5	8	3	4	30 (Gesamtmenge)

Es ergibt sich folgende Optimallösung, wobei auch die Kostenänderungswerte der unbesetzten Felder angegeben sind:

	B_1	B_2	B_3	B_4	B_5	
A_1	6 *+8*	5 *+2*	2; 8	4 *+1*	0 *+4*	8
A_2	2; 10	8 *+1*	6; 0	7; 1	0; 4	15
A_3	4 *+6*	3; 5	5 *+3*	3; 2	0 *+4*	7
	10	5	8	3	4	

Die Menge 4 im Feld A2/B5 bedeutet, daß beim Versender A2 4 Mengeneinheiten verbleiben.

Zur Illustration der vielfältigen Anwendungsmöglichkeiten des Transportproblems möge folgendes Beispiel dienen, das man auf den ersten Blick sicher nicht als Transportproblem identifizieren wird.

B 21.7.2 Ein Warenhaus wünscht folgende Posten von Damenkleidern einzukaufen:

Kleiderart	A	B	C	D	E
Menge	150	100	75	250	200

Von vier verschiedenen Herstellern werden Angebote eingeholt. Die Hersteller können, unabhängig von der Kleiderart, höchstens die folgenden Stückzahlen liefern.

Hersteller	W	X	Y	Z
Gesamtmenge	300	250	150	200

Das Warenhaus schätzt den Gewinn pro Kleid je nach Kleiderart und Hersteller auf folgende Beträge:

		Kleiderart				
		A	B	C	D	E
Hersteller	W	11	14	17	9	6
	X	12	13	18	7	4
	Y	10	14	19	8	5
	Z	13	11	16	10	7

Welche Mengen von den verschiedenen Kleiderarten sollen bei den einzelnen Herstellern bestellt werden, um einen möglichst hohen Gewinn zu erzielen?
Während bei den vorhergehenden Fragestellungen die Aufgabe immer darin bestand, die Lieferung so vorzunehmen, daß möglichst geringe Kosten entstehen, ist hier nach einer gewinnmaximalen Zuteilung gefragt. Das vorliegende Problem läßt sich aber nach dem gleichen Verfahren lösen.
Da die Hersteller insgesamt mehr liefern können als das Warenhaus kaufen will, führt man, ähnlich wie bei der oben beschriebenen Aufgabe, noch ein fiktives Kleid F ein, für das kein Gewinn erzielt wird. Dadurch berücksichtigt man die ungenutzte Kapazität der Hersteller.
Für die folgende Ausgangsbasislösung sind die Felder mit den größten Stückgewinnen zuerst besetzt worden.

	A	B	C	D	E	F	
W	11 *-1*	14 **25**	17 *-2*	9 **200**	6 **75**	0 *-2*	300
X	12 *+2*	13 *+1*	18 *+1*	7 *0*	4 **125**	0 **125**	250
Y	10 *-2*	14 **75**	19 **75**	8 *-1*	5 *-1*	0 *-2*	150
Z	13 **150**	11 *-4*	16 *-4*	10 **50**	7 *0*	0 *-3*	200
	150	100	75	250	200	125	

Der gesamte Gewinn bei dieser Lösung beträgt G = 8025. Anstelle der Kostenänderungswerte sind hier die Gewinnänderungswerte berechnet worden.
Die Gewinnänderungswerte geben an, wie sich der Gewinn ändert, wenn man die verschiedenen, bisher nicht verwendeten Lieferbeziehungen benutzt und dafür andere außer acht läßt. Positive Gewinnän-

derungswerte weisen darauf hin, daß die Optimallösung noch nicht erreicht ist, denn durch Benutzung der Lieferbeziehungen, für die sich ein positiver Gewinnänderungswert ergibt, kann offensichtlich der Gesamtgewinn erhöht werden.
Während man bei dem Problem der Kostenminimierung den größten negativen Kostenänderungswert für die Bestimmung einer verbesserten Lösung heranzog, wählt man dazu bei der Gewinnmaximierung den größten positiven Gewinnänderungswert. Dies ist der Wert +2 in der ersten Spalte der zweiten Zeile.
Die erste verbesserte Lösung lautet:

	A	B	C	D	E	F	
W	11 *-1*	14 25	17 *-2*	9 75	6 200	0 *0*	300
X	12 125	13 *-1*	18 *-1*	7 *-2*	4 *-2*	0 125	250
Y	10 *-2*	14 75	19 75	8 *-1*	5 *-1*	0 *0*	150
Z	13 25	11 *-4*	16 *-4*	10 175	7 *0*	0 *-1*	200
	150	100	75	250	200	125	

Der Gesamtgewinn beträgt für diese Lösung G = 8275.
Aus der Tatsache, daß in dieser Lösung keine positiven Gewinnänderungswerte mehr vorkommen, folgt, daß die Lösung nicht weiter zu verbessern ist. Das Rechenverfahren ist damit beendet.
Wegen der Gewinnänderungswerte von Null ist die Lösung mehrdeutig.

Aufgaben

Ü 21.7.1 Auf zwei Obstplantagen O1 und O2 wurden 200t bzw. 400t Pfirsiche geerntet. Die Pfirsiche sollen an die Konservenfabrik K1 (150t) und K2 (250t) und K3 (200t) geliefert werden. Die Einheitstransportkosten in DM sind der folgenden Tabelle zu entnehmen:

	K1	K2	K3
O1	8	12	25
O2	9	20	15

a) Bestimme einen transportkostenminimalen Versandplan.
b) Bestimme einen transportkostenminimalen Versandplan für den Fall, daß die Konservenfabrik K2 nur 130t Pfirsiche benötigt und für die Vernichtung überschüssiger Pfirsiche (die nicht anderweitig verkauft werden können) Vernichtungskosten in Höhe von 6 DM/t entstehen.
c) Bestimme einen transportkostenminimalen Versandplan für den Fall, das in O1 nur 180t Pfirsiche geerntet werden und für die Beschaffung zusätzlicher Pfirsiche bei den Konservenfabriken Mehrkosten gegenüber dem Bezug bei den Obstplantagen in Höhe von DM 20,- pro Tonne entstehen.

22 Graphentheorie

22.1 Einführung

Die Graphentheorie spielt für verschiedene Bereiche der Anwendung mathematischer Verfahren eine wichtige Rolle, so z.B. in der Biologie, der Soziologie, der Psychologie, der Informatik und vor allem in den Wirtschaftswissenschaften. Wirtschaftliche Anwendungen der Graphentheorie finden sich nicht nur im Operations Research, sondern z.B. auch in der Produktionsplanung, der Organisationslehre oder der Standortlehre.

Graphen bieten die Möglichkeit, Strukturen in einem mathematischen Modell abzubilden. Solche Strukturen treten z.B. in Organisationen, Arbeitsabläufen, Verkehrsnetzen oder Leitungsnetzen auf. Die folgenden Bilder zeigen einige Beispiele.

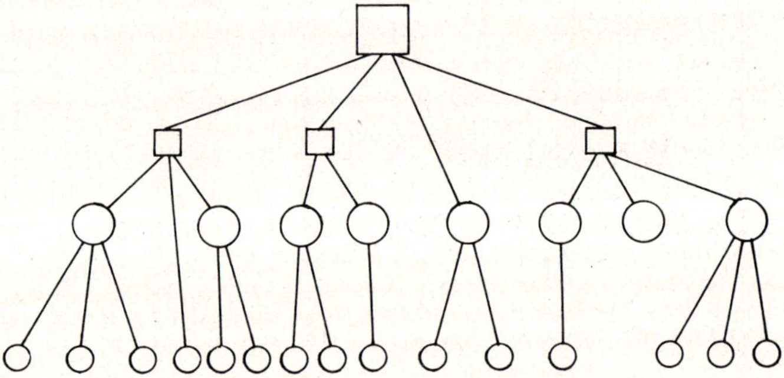

F 22.1.1 Struktur des hierarchischen Aufbaus einer Linienorganisation, aus der die Über- und Unterordnungen der Stellen hervorgehen

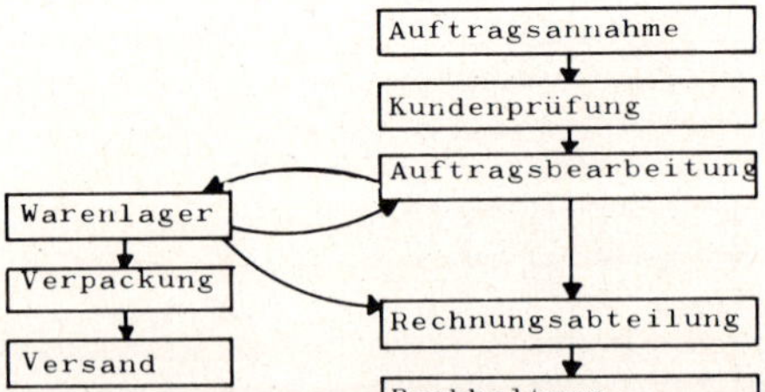

F 22.1.2 Struktur der Auftragsabwicklung in einem Betrieb mit Abteilungen bzw. Arbeitsstufen und Reihenfolge

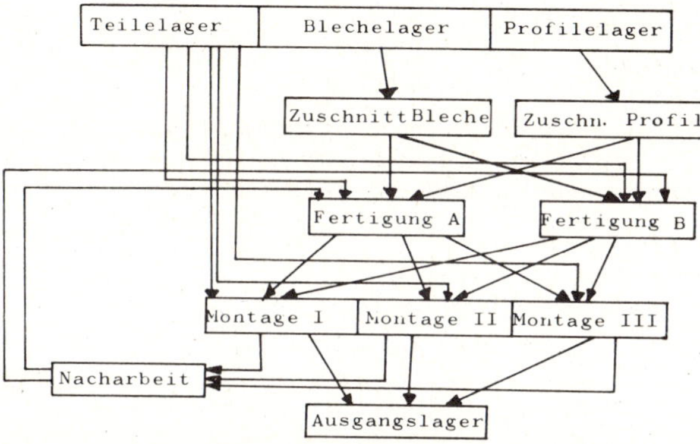

F 22.1.3 Struktur des Materialflusses in einem Betrieb mit Abteilungen und Arbeitsgängen sowie Reihenfolge

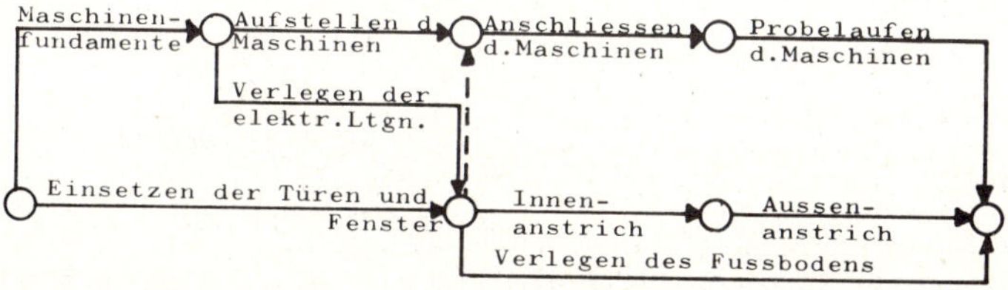

F 22.1.4 Struktur eines Projektablaufs mit allen Arbeitsgängen und Reihenfolge

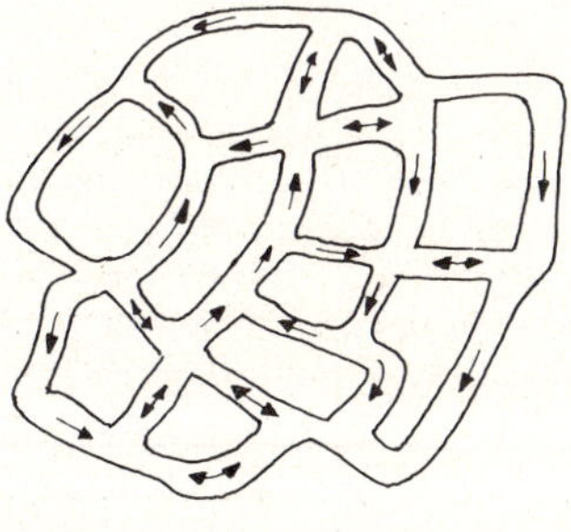

F 22.1.5 Struktur eines einfachen Verkehrsnetzes mit Straßen und Richtungsbeschränkungen (Einbahnstraßen)

Den Beispielen in F 22.1.1 bis F 22.1.5 ist gemeinsam, daß Strukturen von Problemen oder Phänomenen abgebildet sind. Diese Strukturen bestehen aus

- **Knoten,** durch die z.B. Stellen in einer Organisation (F 22.1.1), die

Stationen einer Auftragsabwicklung (F 22.1.2), Lager und Bearbeitungsstationen von Material (F 22.1.3), ablauflogische Verknüpfungen von Arbeitsgängen eines Projektes (F 22.1.4) oder Kreuzungen von Straßen (F 22.1.5) abgebildet werden, und

- **Kanten,** die Über- bzw. Unterordnung von Stellen (F 22.1.1), Reihenfolgen von Arbeitsgängen bzw. Stationen (F 22.1.2 und 22.1.3), Arbeitsgängen (F 22.1.4) oder Straßenabschnitten (F 22.1.5) entsprechen.

Knoten und Kanten sind aber, wie im nächsten Abschnitt gezeigt wird, die Elemente eines Graphen. Damit lassen sich die Strukturen der Beispiele durch Graphen abbilden.

Die Graphentheorie bietet jedoch nicht nur die Möglichkeit zur Abbildung von Strukturen, sondern sie bietet vor allem auch Verfahren und Ansätze zur Lösung verschiedener Probleme im Zusammenhang mit Strukturen, wie z.B.

- Bestimmung eines optimalen Auftragsabwicklungsplans oder eines optimalen Materialflusses,
- Ermittlung eines Zeitplans für die Projektabwicklung,
- Bestimmung von kürzesten Wegen zwischen Knoten eines Verkehrsnetzes,
- Bestimmung des maximal möglichen Flusses bzw. der Kapazität zwischen zwei Punkten in einem Verkehrsnetz oder Leitungsnetz.

In den folgenden Abschnitten werden die Grundzüge der Graphentheorie und ihrer Anwendungsmöglichkeiten auf wirtschaftliche Fragestellungen behandelt.

22.2 Wichtige Begriffe und Eigenschaften von Graphen

Es gibt kaum eine mathematische Disziplin, die durch eine solche Begriffsfülle gekennzeichnet ist wie die Graphentheorie. Die wichtigsten Grundbegriffe werden in diesem Abschnitt behandelt. Probleme ergeben sich oft dadurch, daß sich in der Literatur zur Graphentheorie keine einheitliche Begriffsbildung findet. Dabei werden nicht nur für denselben Tatbestand unterschiedliche Begriffe verwendet, sondern es kommen auch Abweichungen in den Begriffsinhalten vor.

D 22.2.1

> Gegeben sei eine Menge K von **Kanten** und eine Menge E von **Knoten,** die mit K elementefremd ist : $E \cap K = \emptyset$.
> Ferner sei eine Abbildung ϕ gegeben, durch die jedem Element aus K, also jeder Kante $k \in K$, eindeutig zwei Elemente aus E, d.h. ein ungeordnetes (oder ein geordnetes) Paar Knoten ei, ej $\in$ E, zugeordnet werden.
> Das Tripel $G = (E,K,\phi)$ heißt **Graph.**

Sind der Kante $k \in K$ die beiden Knoten ei, ej $\in$ E durch ϕ zugeordnet, d.h. $\phi(k) = (ei, ej)$, so heißt k mit den beiden Knoten ei, ej **inzident.** Man sagt auch: k verbindet ei und ej und nennt ei und ej die Endpunkte der Kante. Es kann dann auch das Knotenpaar zur Beschreibung der Kante verwendet werden: k = (ei,ej). Zwei durch eine Kante verbundene Knoten heißen **adjazent** oder benachbart. Zwei Kanten heißen adjazent oder benachbart, wenn sie wenigstens einen Knoten gemeinsam haben. Inzident bezieht sich immer auf die Nachbarschaft verschiedenartiger Elemente (eine Kante ist mit zwei Knoten inzident). Adjazenz bezieht sich auf gleichartige Elemente (zwei Knoten sind adjazent oder zwei Kanten sind adjazent).

Anschaulich kann man einen Graphen leicht interpretieren, wenn man die Knoten als Punkte in der Ebene und die Kanten als Verbindungslinien der Punkte darstellt.

B 22.2.2 Für den Graphen $G = (E,K,\phi)$ mit E = {e1,e2,e3,e4,e5,e6} , K = {k1,k2,k3,k4,k5,k6,k7} und ϕ(k1) = (e1,e2), ϕ(k2) = (e1,e2), ϕ(k3) = (e2,e3), ϕ(k4) = (e2,e5), ϕ(k5) = (e3,e5), ϕ(k6) = (e1,e5), ϕ(k7) = (e4,e4) ergibt sich die zeichnerische Darstellung in F 22.2.3.

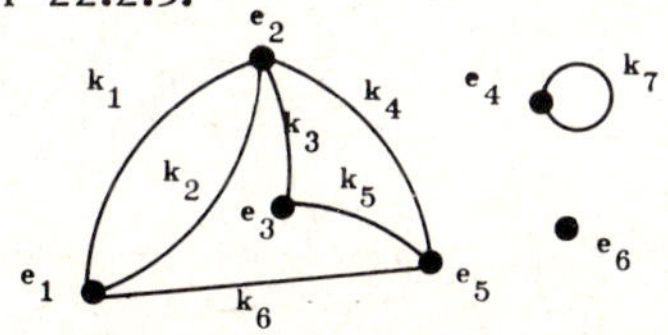

F 22.2.3

Bei dem Graphen sind z.B. e3 und e5 oder e1 und e5 adjazent. Die Kanten k3 und k5 oder k3, k1 und k2 sind benachbart. Die Kante k4 ist mit den beiden Knoten e2 und e5 inzident.

Eine andere Möglichkeit zur Darstellung eines Graphen ergibt sich durch Verwendung von Matrizen, indem man jedem Knoten eine Zeile und eine Spalte zuordnet und als Element der Matrix die Anzahl der die Knoten verbindenden Kanten verwendet.

	e1	e2	e3	e4	e5	e6
e1	0	2	0	0	1	0
e2	2	0	1	0	1	0
e3	0	1	0	0	1	0
e4	0	0	0	2	0	0
e5	1	1	1	0	0	0
e6	0	0	0	0	0	0

Kanten, die einen Knoten mit sich selbst verbinden, heißen **Schleifen** und werden in der Matrix doppelt gezählt. In F 22.2.3 ist k7 eine Schleife. Für den Graphen aus F 22.2.3 ergibt sich die nebenstehende Matrix. Diese Matrix heißt **Adjazenzmatrix** des Graphen.

Auf die Matrizendarstellung von Graphen und ihre Verwendung zur Lösung bestimmter Problemstellungen wird später näher eingegangen.

Sind die Mengen E und K endlich, dann spricht man von einem **endlichen** Graphen, andernfalls von einem unendlichen Graphen. Die folgenden Ausführungen beschränken sich auf endliche Graphen.

Die Kanten ki und kj heißen **parallele Kanten,** wenn ihnen dieselben Knoten zugeordnet werden, d.h. wenn $\phi(ki) = \phi(kj)$. In dem Graphen aus

Figur 22.2.3 sind die Kanten k1 und k2 parallel. Ein Graph, der weder Schleifen noch parallele Kanten enthält, heißt **schlicht.**

D 22.2.4

> Die Anzahl der mit einem Knoten e inzidenten Kanten heißt **Grad γ(e) des Knotens.** Dabei zählen Schleifen doppelt. Der **Minimalgrad** $\underline{\gamma}$(G) bzw. **Maximalgrad** $\overline{\gamma}$(G) eines Graphen G ist der kleinste bzw. größte in einem Graphen vorkommende Grad eines Knotens.

B 22.2.5 Für den Graphen aus B 22.2.2 (vgl. F 22.2.3) gilt γ (e1) = 3, γ(e2) = 4, γ(e3) = 2, γ(e4) = 2, γ(e5) = 3, γ(e6) = 0 und $\underline{\gamma}$ (G) = 0, $\overline{\gamma}$(G) = 4.

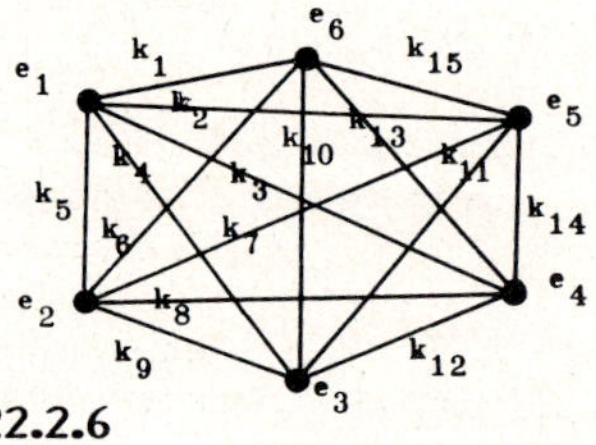

F 22.2.6

Ein **vollständiger Graph** ist ein schlichter Graph, in dem je zwei Knoten durch eine Kante verbunden sind. Jeder Knoten ist also mit **jedem anderen** Knoten (nicht mit sich selbst) durch genau eine Kante verbunden. Der Graph in F 22.2.3 ist unvollständig. Einen vollständigen Graphen zeigt F 22.2.6.

D 22.2.7

> Gegeben ist ein Graph G = (E,K,ϕ). Ein **Untergraph** G' = (E',K',ϕ') ist ein Graph mit E' $\subset$ E,K' $\subset$ K; ϕ'(k) = ϕ(k) für alle k $\in$ K' und für k $\in$ K' und ϕ (k) = (ei,ej) folgt ei,ej $\in$ E'.

Einen Untergraphen erhält man also durch Entfernen von Knoten und allen Kanten, die mit diesen Knoten inzidieren. In F 22.2.8 ist ein Graph und ein zugehöriger Untergraph dargestellt.

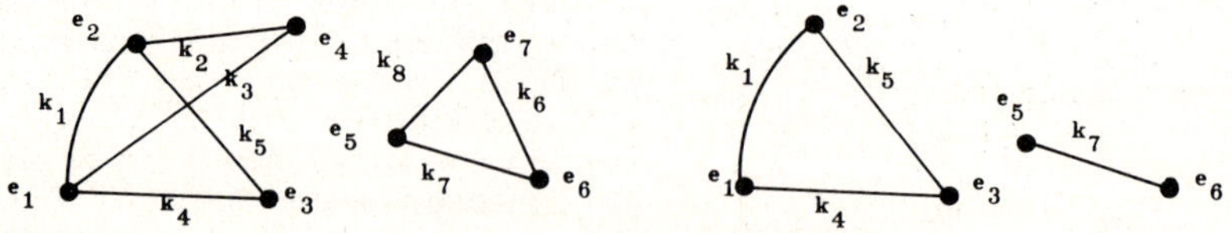

F 22.2.8

D 22.2.9

> Ein **Teilgraph** G* = (E*,K*,ϕ*) eines Graphen G = (E,K,ϕ) ist ein Graph mit E* = E,K* $\subset$ K und ϕ*(k) = ϕ (k) für alle k $\in$ K*.

Einen Teilgraph erhält man also durch Weglassen von Kanten. Der Graph in F 22.2.10 ist ein Teilgraph des Graphen aus F 22.2.8.

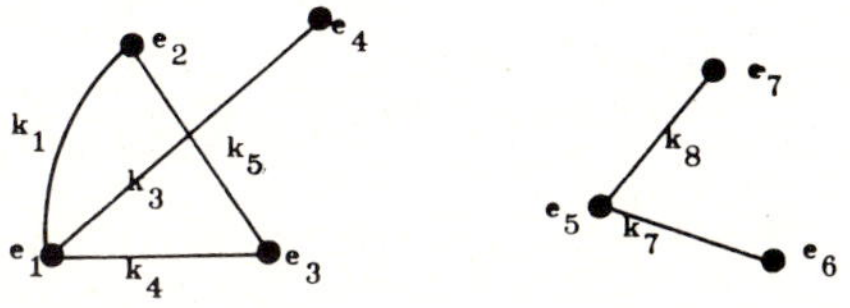

F 22.2.10

Entfernt man aus einem Untergraphen Kanten, so erhält man einen **Teil-Untergraphen.**

D 22.2.11

> Gegeben sei ein Graph G. Ein Teil-Untergraph G* mit der Eigenschaft ϕ(ki) = (e(i-1),ei); i=1,...,m; heißt eine **Kantenfolge.** Ist e0 = em heißt die Kantenfolge geschlossen, andernfalls offen.

Eine Kantenfolge ist also eine Folge benachbarter Kanten. Die Knoten e0,e1,...,em bilden dabei eine Folge nicht notwendig verschiedener Knoten. Durch Kantenfolgen werden z.B. Strecken beschrieben, die jemand in einem Verkehrsnetz (Straße, Eisenbahn) zurücklegt, wenn man das Verkehrsnetz als Graph abbildet.

B 22.2.12 Bei dem Graphen in F 22.2.3 bilden z.B. k4,k2,k6,k5,k3,k2,k1 eine Kantenfolge.

D 22.2.13

> Kommt in einer Kantenfolge keine Kante zweimal vor, spricht man von einem offenen bzw. geschlossenen **Kantenzug.** Ein Kantenzug, in dem kein Knoten zweimal vorkommt, heißt ein **Kantenweg** oder **Weg** W, wenn e0 $\neq$ em gilt. Ist e0 = em, so spricht man von einem **Kantenzyklus.**
> Die **Länge** L **einer Kantenfolge,** eines Kantenzuges oder eines Kantenweges ist definiert als Anzahl der zugehörigen Kanten.

B 22.2.14 a) Die Kantenfolge in B 22.2.12 ist kein Kantenzug, da k2 zweimal vorkommt.
b) Die Kanten k3,k2,k1,k4 in F 22.2.3 bilden einen Kantenzug, aber keinen Weg.
c) In F 22.2.3 bilden k2,k4,k5 einen Weg und k3,k5,k6,k2 einen Kantenzyklus.

D 22.2.15

> Ein Kantenzug, der **jede** Kante eines Graphen genau einmal enthält, heißt **EULERsche Linie.**
> Ein Weg, der jeden Knoten eines Graphen genau einmal enthält, heißt **HAMILTONsche Linie.**

B 22.2.16

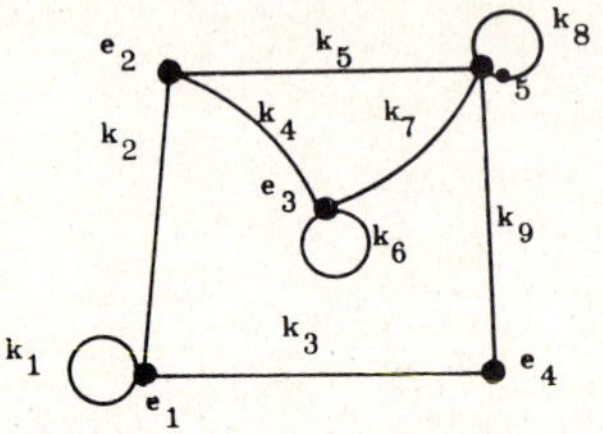

F 22.2.17

In F 22.2.17 ergeben k2,k1,k3,k9,k7, k6,k4,k5,k8 eine Eulersche Linie und k2,k3,k9,k7 eine Hamiltonsche Linie.

Es gilt:

R 22.2.18

> Eine **Eulersche Linie** existiert nur, wenn der Grad von höchstens zwei Knoten ungerade ist.

Ist ein Knotengrad ungerade, muß die Eulersche Linie in diesem Knoten anfangen oder enden. Sind zwei Knotengrade ungerade, beginnt die Eulersche Linie in einem dieser Knoten und endet in dem anderen.

R 22.2.18 kann man sich leicht wie folgt klarmachen:

Jeder Knoten muß über eine Kante erreicht und über eine andere Kante wieder verlassen werden. Bis auf Anfangs- und Endknoten muß deshalb der Knotengrad immer gerade sein.

B 22.2.19 Ein bekanntes Problem im Zusammenhang mit Eulerschen Linien ist das der Brücken von Königsberg. Die durch Königsberg fließende Pregel bzw. ihre Arme wird wie in F 22.2.20 von Brücken überquert. Leonhard Euler, der lange in Königsberg gelehrt hat, löste als erster die Frage, ob es einen Weg durch Königsberg gibt, bei dem jede Brücke genau einmal überquert wird. Die Struktur des Problems kann wie in F 22.2.21 als Graph dargestellt werden. Es geht dann um die Frage, ob es für den Graphen eine Eulersche Linie gibt. Da jeder Knoten einen ungeraden Grad hat, gibt es keine Eulersche Linie.

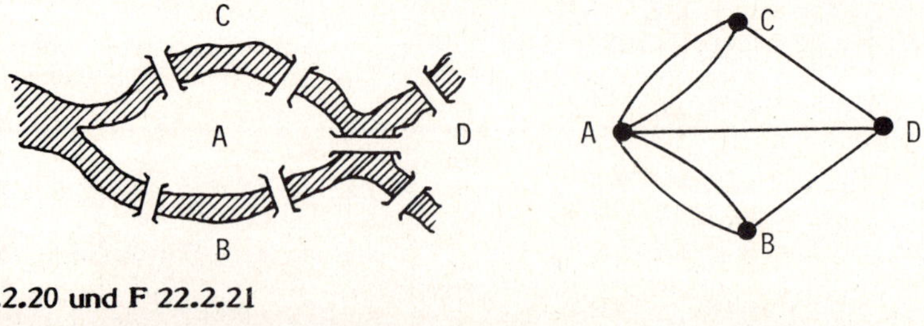

F 22.2.20 und F 22.2.21

D 22.2.22

> Sind je zwei Knoten eines Graphen über eine Kantenfolge miteinander verbunden, so heißt der Graph **zusammenhängend.** Andernfalls spricht man von einem **nichtzusammenhängenden** Graphen.

Die Graphen in F 22.2.3, F 22.2.8 und F 22.2.10 sind nichtzusammenhängend, wohl dagegen die Graphen in F 22.2.6 und F 22.2.17. Zusammenhängende Teilgraphen eines nichtzusammenhängenden Graphen heißen **Zusammenhangskomponenten.**

D 22.2.23

Gegeben sei ein **zusammenhängender Graph.** Entsteht durch Entfernen des Knotens e ein nichtzusammenhängender Untergraph, dann heißt e **Artikulationspunkt.** Entsteht durch Entfernen der Kante k ein nichtzusammenhängender Teilgraph, dann heißt k **Brücke.**

B 22.2.24 In F 22.2.25 sind e1,e3,e5 und e8 Artikulationspunkte. Die Kanten (e1,e3) und (e5,e8) sind Brücken.

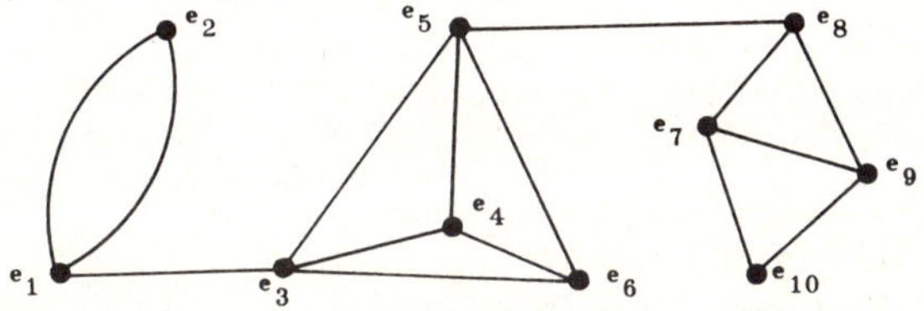

F 22.2.25

Werden z.B. Leitungsnetze (Elektrizität, Telefon, Wasser) durch Graphen dargestellt, so sind Artikulationspunkte besonders kritische Stellen, da bei ihrem Ausfall der Zusammenhang des Netzes unterbrochen wird. Die Begriffe "Artikulationspunkt" und "Brücke" lassen sich auch auf Zusammenhangskomponenten übertragen, die dann weiter zerfallen würden.

Ein **Baum** ist ein zusammenhängender Graph ohne geschlossene Kantenfolgen mit mindestens einem Knoten. Ein nichtzusammenhängender Graph, dessen sämtliche Zusammenhangskomponenten Bäume sind, ist ein **Wald.** F 22.2.26 zeigt einen Wald.

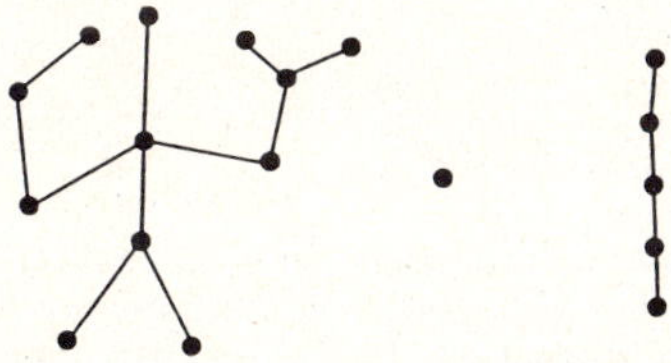

F 22.2.26

In einem Baum ist jeder Knoten mit $\gamma(e) > 1$ ein Artikulationspunkt und jede Kante ist eine Brücke. Die Knoten eines Baumes, für die $\gamma(e) = 1$ gilt, heißen **Randknoten** eines Baumes.

D 22.2.27

Ein zusammenhängender Teilgraph eines zusammenhängenden Graphen G mit minimaler Kantenzahl heißt ein **Gerüst** von G.

Ein Gerüst enthält keinen Zyklus. Andernfalls könnte man aus diesem Zyklus eine Kante entfernen ohne den Zusammenhang zu zerstören und damit die Anzahl der Kanten verringern. Jedes Gerüst ist ein Baum.

B 22.2.28 In F 22.2.29 ist ein Graph (a) mit zwei Gerüsten dargestellt (b und c).

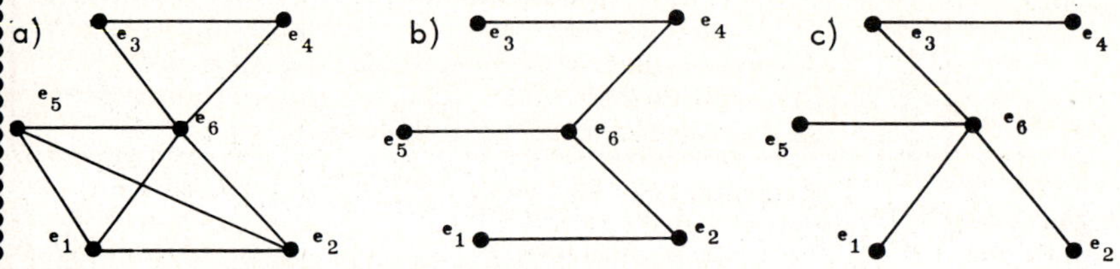

F 22.2.29

D 22.2.30

> Gegeben sei ein zusammenhängender Graph $G = (E,K,\phi)$. E1 und E2 mögen eine Zerlegung von E bilden, d.h. E1 und E2 seien nichtleere Teilmengen von E mit $E1 \cup E2 = E$ und $E1 \cap E2 = \emptyset$.
> Die Menge S der Kanten $k \in K$ mit $\phi(k) = (ei,ej)$, für die gilt $ei \in E1$ und $ej \in E2$, heißt ein **Schnitt** des Graphen.

Durch Entfernung aller Kanten eines Schnittes zerfällt der Graph in zwei Zusammenhangskomponenten.

B 22.2.31 In F 22.2.32 ergeben die gestrichelten Kanten einen Schnitt.

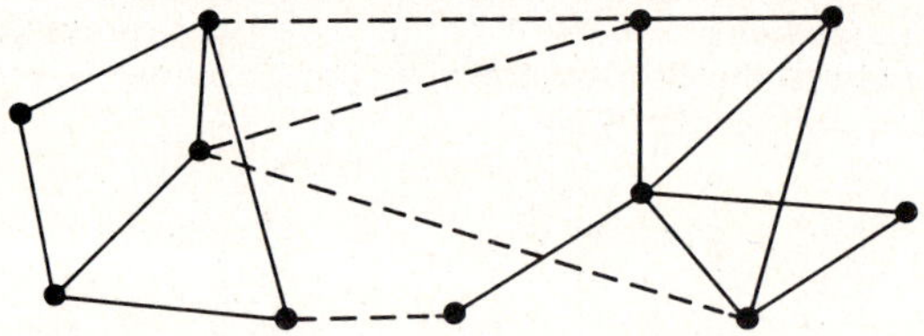

F 22.2.32

D 22.2.33

> Ordnet man jeder Kante $k \in K$ eines Graphen $G = (E,K,\phi)$ eine reelle Zahl $d(k) \in \mathbb{R}$ zu, so erhält man einen **bewerteten Graphen** $G' = (E,K,\phi,d)$. Die Bewertungen d(k) heißen **Kantenwerte**.

B 22.2.34 In F 22.2.35 ist ein bewerteter Graph dargestellt.

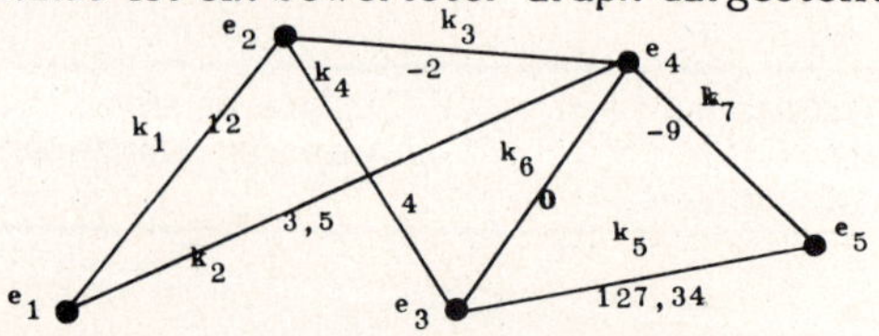

F 22.2.35

Durch Kantenwerte können z.B. Entfernungen in einem Verkehrsnetz oder Zeiten für Arbeitsgänge bei einem Projektablauf (vgl. F 22.1.4) dargestellt werden.

Häufig wird der Wert einer Kante als ihre Länge interpretiert. Die Länge eines aus den Kanten k1,...,km bestehenden Kantenweges W ist dann definiert als Summe der Kantenwerte (Kantenlängen)

$$d(W) = \sum_{i=1}^{m} d(ki).$$

Häufig erweist es sich als zweckmäßig, den Kanten eines Graphen eine Richtung oder Orientierung zuzuordnen. Einer **gerichteten Kante** wird also statt eines ungeordneten Knotenpaares ein geordnetes Paar Knoten zugeordnet: (k) = (ei,ej). ei heißt **Anfangsknoten** und ej **Endknoten** der gerichteten Kante. Eine gerichtete Kante nennt man häufig auch **Pfeil.** Ist jede Kante eines Graphen gerichtet, dann spricht man von einem **gerichteten Graphen.** F 22.2.36 zeigt einen gerichteten Graphen.

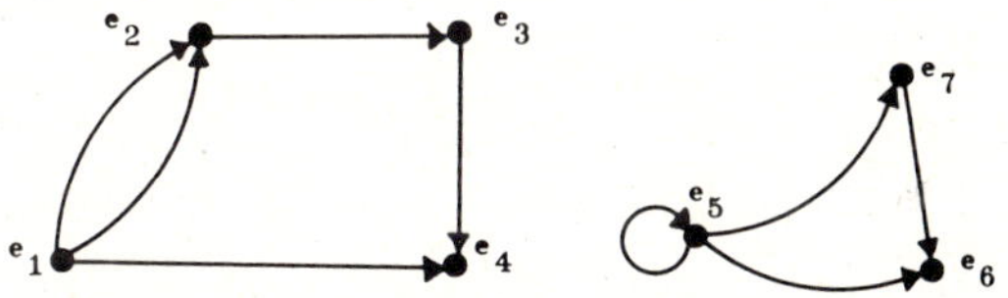

F 22.2.36

Unter Beachtung der Richtung kann in Analogie zu D 22.2.13 ein **Pfeilweg** und ein **Pfeilzyklus** definiert werden.

Auf einem Pfeilweg heißt k(i-1) **Vorgänger** und k(i+1) **Nachfolger** des Pfeiles ki. Ist ki = (ej,ej*), so ist der Knoten ej Vorgänger von ej* und ej* ist Nachfolger von ej.

D 22.2.37

Ein gerichteter Graph, der keine Schleifen und keine parallelen Pfeile aufweist, der also schlicht ist, heißt **Digraph.**

B 22.2.38 In F 22.2.39 ist ein Digraph wiedergegeben.

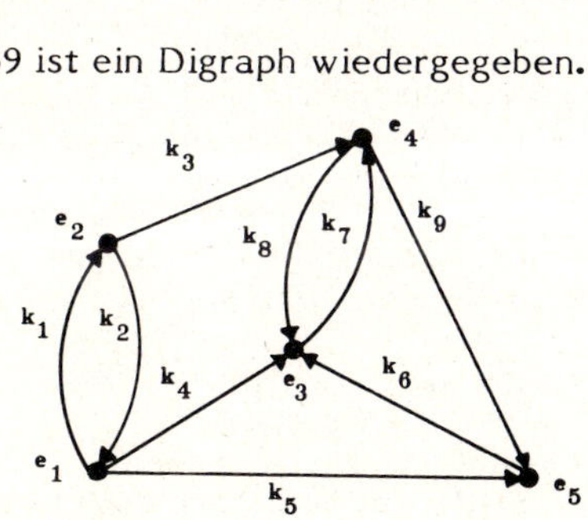

F 22.2.39

D 22.2.40 Ein Knoten e eines gerichteten Graphen, der nur Anfangsknoten von Pfeilen ist, heißt **Quelle.** Ist ein Knoten e nur Endknoten von Pfeilen, so heißt er **Senke.**

In einem gerichteten Graphen gibt der **Ausgangsgrad** $\gamma^+(e)$ und der **Eingangsgrad** $\gamma^-(e)$ eines Knotens an, für wieviel Pfeile er Anfangs- bzw. Endknoten ist. Es gilt

$$\gamma^-(e) + \gamma^+(e) = \gamma(e).$$

D 22.2.41 Gegeben sei ein ungerichteter Graph mit n Kanten. Die quadratische Matrix $A = (a_{\mu\nu})$ n-ter Ordnung mit

$$a_{\mu\nu} = \begin{cases} i & \text{falls } \mu \neq \nu \text{ und i Kanten } (e\mu, e\nu) \text{ existieren,} \\ 2i & \text{falls } \mu = \nu \text{ und es i Schleifen für } e\mu \text{ gibt,} \end{cases}$$

heißt **Adjazenzmatrix.**

Ein Beispiel ist zu Beginn dieses Abschnitts gegeben worden (S. 161). Die Adjazenzmatrix eines ungerichteten Graphen ist immer symmetrisch.

Für einen gerichteten Graphen definiert man $a_{\mu\nu}$ als Anzahl der Pfeile $(e\mu, e\nu)$ und läßt dabei $\mu = \nu$ zu.

Bei einem bewerteten Graphen, bei dem je zwei Knoten nur durch eine Kante verbunden sind, kann man als Matrizenelemente auch die Kantenwerte verwenden. Existiert zu zwei Knoten keine Kante, so kann man 0, - oder ∞ schreiben.

B 22.2.42 Für den Graphen aus F 22.2.35 ist eine entsprechende Matrix nebenstehend angegeben.

	e1	e2	e3	e4	e5
e1	-	12	-	3,5	-
e2	12	-	4	-2	-
e3	-	4	-	0	127,34
e4	3,5	-2	0	-	-9
e5	-	-	127,34	-9	-

Aufgaben

Ü 22.2.1 Gegeben ist der Graph $G = (E, K, \phi)$ mit

$E = (e1,e2,e3,e4,e5,e6,e7,e8,e9,e10)$

$K = (k1,k2,k3,k4,k5,k6,k7,k8,k9,k10,k11,k12,k13)$

und

$\phi(k1) = (e1,e3)$, $\phi(k2) = (e1,e4)$, $\phi(k3) = (e2,e4)$, $\phi(k4) = (e2,e2)$, $\phi(k5) = (e2,e5)$, $\phi(k6) = (e3,e5)$, $\phi(k7) = (e4,e5)$, $\phi(k8) = (e1,e6)$, $\phi(k9) = (e3,e6)$, $\phi(k10) = (e5,e6)$, $\phi(k11) = (e8,e9)$, $\phi(k12) = (e8,e10)$, $\phi(k13) = (e9,e10)$.

a) Stelle den Graphen zeichnerisch dar.

b) Gib die Adjazenzmatrix des Graphen an.

c) Bestimme zu jedem Knoten den Grad $\gamma(e)$.

d) Bestimme die zum Knoten e2 benachbarten Knoten.

e) Bestimme die zur Kante k10 benachbarten Kanten.
f) Welcher Untergraph G' ergibt sich durch Entfernen der Knoten e6,e7,e8 und e9? Gib die Knotenmenge E', die Kantenmenge K' und die Abbildung ϕ' sowie die Adjazenzmatrix dieses Untergraphen an.

Ü 22.2.2 Gegeben ist der in der folgenden Figur dargestellte Graph.

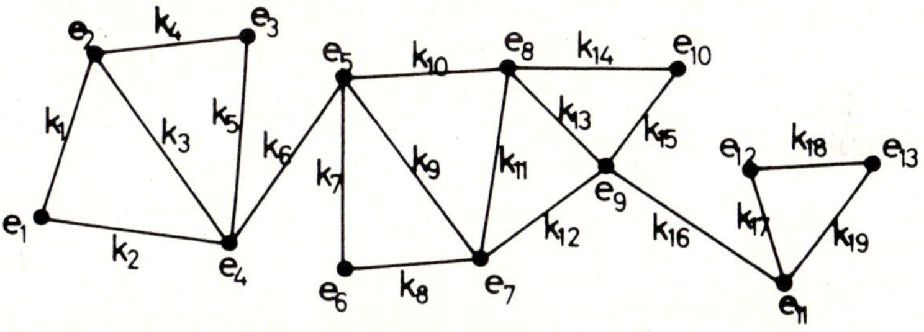

Bestimme
a) den Minimalgrad und den Maximalgrad dieses Graphen,
b) die Anzahl der Untergraphen dieses Graphen,
c) die Anzahl der verschiedenen Kantenzüge von e2 nach e5,
d) die Anzahl der verschiedenen Kantenwege von e2 nach e5,
e) die Artikulationspunkte des Graphen,
f) die Brücken des Graphen,
g) eine Eulersche Linie des Graphen,
h) eine Hamiltonsche Linie des Graphen,
i) wenigstens zwei voneinander verschiedene Gerüste.

Ü 22.2.3 Bestimme die Anzahl aller Hamiltonschen Linien in einem vollständigen Graphen mit 4 Knoten.

Ü 22.2.4 Wie kann man anhand der Adjazenzmatrix feststellen, ob ein Graph isolierte Knoten besitzt?

Ü 22.2.5 Wie kann man anhand der Adjazenzmatrix feststellen, ob ein Graph Schleifen besitzt?

Ü 22.2.6 Wie kann der Knotengrad aus der Adjazenzmatrix bestimmt werden?

22.3 Bestimmung kürzester und längster Wege in Graphen

Aus den im Abschnitt 22.1 aufgeführten Anwendungsbeispielen für die Graphentheorie geht bereits hervor, daß bei der Untersuchung von Strukturen, die als Graphen abgebildet werden, häufig die Frage nach kürzesten oder längsten Wegen in einem Graphen auftritt. Es kann nach der Länge von Dienst- oder Instanzenwegen in einer Organisation, nach kürzesten Wegen in Verkehrs- oder Leitungsnetzen oder nach zeitlich längsten Wegen in einem Projektablauf (F 22.1.4) gefragt sein. Da sich die Bestimmung von kürzesten oder längsten Wegen in einem unbewerteten Graphen, bei dem die Länge eines Weges durch die Anzahl der Kanten gemessen wird, immer auf die Ermittlung kürzester oder längster Wege in einem bewerteten Graphen zurückführen läßt, indem man jede Kante mit "1" bewertet, reicht im folgenden die Behandlung bewerteter Graphen aus.

Die Bestimmung längster Wege ist nur in gerichteten Graphen ohne Schleifen und Zyklen positiver Länge sinnvoll, da man sonst durch wiederholtes Durchlaufen einer Schleife oder eines Zyklus immer einen beliebig langen Weg finden kann. Die Bestimmung längster Wege kann im übrigen mit den Algorithmen für kürzeste Wege erfolgen, wenn diese etwas modifiziert werden (s.u.).

Bei der Bestimmung kürzester Wege können im einzelnen folgende Fragestellungen auftreten:

(A) Bestimmung des kürzesten Weges zwischen zwei gegebenen Knoten.
(B) Bestimmung der p kürzesten Wege zwischen zwei gegebenen Knoten.
(C) Bestimmung der kürzesten Wege von einem Knoten (Startknoten) zu allen anderen Knoten des Graphen bzw. der kürzesten Wege von allen Knoten des Graphen zu einem gegebenen Knoten (Zielknoten).
(D) Bestimmung der kürzesten Wege zwischen je zwei Knoten des Graphen.

Zur Lösung dieser Probleme stehen verschiedene Verfahren zur Verfügung, die eingeteilt werden können in

- Verfahren, bei denen die Bestimmung kürzester Wege schrittweise durch Markieren der Knoten in einer Zeichnung oder einer Tabelle erfolgt,
- Verfahren, die auf speziellen Matrizenalgorithmen basieren und
- spezielle Ansätze der linearen Optimierung.

Eine umfassende Darstellung in dem vorliegenden Rahmen ist nicht möglich. In den nächsten Abschnitten werden an wichtigen Algorithmen die Grundgedanken der Markierungs- und Matrizenalgorithmen behandelt.

22.4 Markierungsalgorithmen zur Bestimmung kürzester Wege

In diesem Abschnitt werden zwei Markierungsalgorithmen zur Bestimmung der kürzesten Wege von einem gegebenen Knoten eines Graphen zu allen anderen Knoten beschrieben. Diese Algorithmen liefern zugleich einen kürzesten Weg zwischen zwei gegebenen Knoten eines Graphen, so daß sich dadurch eine gesonderte Behandlung dieses Problems erübrigt.

Für das Problem, einen kürzesten Weg zwischen zwei Knoten e0 und em zu bestimmen, muß nicht immer eine Lösung existieren. Das ist z.B. der Fall, wenn die Knoten durch keinen Weg verbunden sind, also in zwei verschiedenen Zusammenhangskomponenten liegen. Bei einem gerichteten Graphen ist eine Lösung insbesondere auch dann nicht gegeben, wenn $\gamma^{+}(e0) = 0$ oder $\gamma^{-}(em) = 0$ gilt.

Das Problem ist auch dann nicht lösbar, wenn es Kanten- oder Pfeilzyklen mit negativer Länge im Graphen gibt. Dann braucht man nur den jeweiligen Zyklus beliebig oft zu durchlaufen, um einen beliebig kurzen Weg zu finden. Um die Konvergenz von Verfahren zur Bestimmung kürzester Wege zu sichern, müssen also Zyklen negativer Länge ausgeschlossen werden.

Es wird zunächst ein Algorithmus angegeben, mit dem für einen bewerteten Graphen kürzeste Wege von einem Startknoten e0 zu allen anderen Knoten des Graphen bestimmt werden können. Gleichzeitig werden die Entfernungen der Knoten vom Startknoten e0 bestimmt. Der in R 22.4.1 formulierte Algorithmus läuft folgendermaßen ab:

Im Schritt (1) wird der Startknoten e0 mit dem Wert D(e0) = 0 versehen, da e0 zu sich selbst die Entfernung 0 hat.
Als nächstes werden alle zu e0 benachbarten Knoten betrachtet, also alle, die über **eine** Kante mit e0 verbunden sind. Die Kantenwerte geben den Abstand zu e0 an. Es wird dann der Knoten bewertet, der von e0 den kleinsten Abstand hat. Ist das der Knoten e1, dann gilt D(e1) = d(e0,e1).
Es werden jetzt alle zu e0 und e1 benachbarten Knoten betrachtet. Die Entfernungen der zu e0 benachbarten Knoten ei von e0 ergeben sich aus den Kantenwerten d(e0,ei). Die Entfernungen der zu e1 benachbarten Knoten ej von e0 ergeben sich aus D(e1)+d(e1,ej). Von allen zu e0 und e1 benachbarten Knoten wird dann der mit der geringsten Entfernung zu e0 bewertet.
Auf diese Weise wird in jeder Iteration (Schritte (2) bis (5) in R 22.4.1) ein Knoten bewertet. Die Knoten werden dabei in aufsteigender Reihenfolge der Entfernungen von e0 bewertet.

Durch zusätzliche Markierung der Kanten, über die die kürzesten Entfernungen bestimmt wurden, findet man gleichzeitig die kürzesten Wege.

Weitere Erläuterungen werden in dem nach dem Algorithmus behandelten Beispiel gegeben.

R 22.4.1

Gegeben sei ein bewerteter Graph $G = (E,K,\phi,d)$ mit $d(k) \geq 0$ für alle $k \in K$.
Der folgende Algorithmus liefert Wege minimaler Länge von einem Startknoten e0 zu allen anderen Knoten des Graphen.

(1) Markiere die Startknoten e0 mit D(e0) = 0. Setze i=1, $E1 := \{e0\}$. Gehe zu (2).

(2) Es sei E* die Menge aller Knoten es der Kanten (er,es), deren Knoten er in Ei liegt, d.h.
$E^* = \{ es \in E \setminus Ei \mid$ Es gibt eine Kante (er,es) mit $er \in Ei \}$.
Falls $E^* = \emptyset$ gehe zu (6), andernfalls zu (3).

(3) Bestimme zu jedem es ∈ E* eine vorläufige Markierung D*(es) = min(D(er) + d(er,es)). Gehe zu (4).
(4) Markiere den Knoten es*: = ei endgültig mit D(ei) = D*(ei), für den gilt D*(es*) = min(D*(es)). Markiere die Kante (er,ei). Gehe zu (5).
(5) Setze E(i+1):= Ei ∪ {ei} und i:= i+1. Gehe zu (2).
(6) Ende.

B 22.4.2 Für den in F 22.4.3 dargestellten bewerteten Graphen sollen die kürzesten Wege von e7 zu allen anderen Knoten bestimmt werden. Die Zahlen bei den Schritten beziehen sich auf die Nummern des Algorithmus.

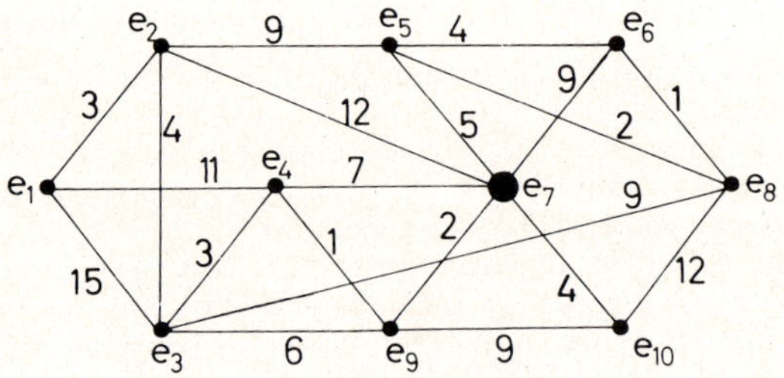

F 22.4.3

Es ist D(e7) = 0. Schritt (1) des Algorithmus.

Iteration 1 (vgl. F 22.4.4a)

(2) In der ersten Iteration wird im Schritt (2) die Menge E* der zu e7 benachbarten Knoten bestimmt:
E* = {e2,e4,e5,e6,e9,e10}

(3) Zu allen Knoten es ∈ E* werden die Entfernungen D*(es) zu e7 bestimmt. Dafür ergibt sich D*(es) = d(e7,es) und man erhält:

es	e2	e4	e5	e6	e9	e10
D*(es)	12	7	5	9	<u>2</u>	4

(4) Die geringste Entfernung von e7 hat e9, da d(e7,e9) = 2. Der Knoten e9 wird deshalb endgültig bewertet mit D(e9) = 2. Das ist die kürzeste Entfernung von e7 zu e9. Außerdem wird die Kante (e7,e9) markiert.

(5) Da e9 bewertet ist,gilt E2 = {e7,e9 }.

Iteration 2 (vgl. F 22.4.4b)

(2) Es sind jetzt alle zu e7 oder zu e9 benachbarten Knoten zu ermitteln:
E* = {e2,e3,e4,e5,e6,e10}

(3) Zu allen Knoten es ∈ E* wird die direkt oder über e9 bestimmbare kürzeste Entfernung ermittelt.
D*(es) = d(e7,es), falls es nur zu e7 benachbart ist, also bei e2,e5

und e6.
D*(es) = D(e9)+d(e9,es), falls es nur zu e9 benachbart ist, also für e3.
D*(es) = min(d(e7,es)); D(e9)+d(e9,es), falls es zu e7 und e9 benachbart ist, also bei e4 und e10.
Für e4 ist D*(e4) = 3, da die Entfernung von e4 über e9 kürzer ist als direkt.
Es ergeben sich folgende Werte D*:

es	e2	e3	e4	e5	e6	e10
D*(es)	12	8	3	5	9	4

(4) Von allen direkt oder über e9 erreichbaren Knoten hat e4 die geringste Entfernung von e7. Es gilt deshalb: D(e4) = 3. Der Knoten e4 und die Kante (e9,e4) werden markiert.

(5) Da jetzt auch e4 bewertet ist, ergibt sich:
E3 = {e4,e7,e9} .

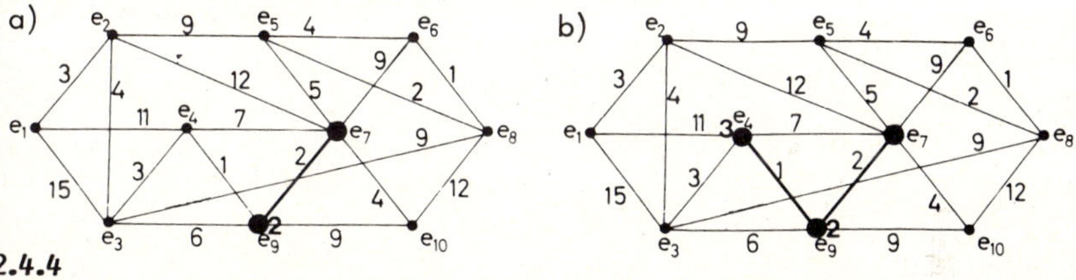

F 22.4.4

Iteration 3 (vgl. F 22.4.5a)

(2) Es werden alle Knoten bestimmt, die zu den Knoten aus E3, also zu e4 oder e7 oder e9, benachbart sind.
E* = {e1,e2,e3,e5,e6,e10}

(3) Für die Knoten es ∊ E* sind die direkt oder über e9 und/oder e4 ermittelbaren kürzesten Entfernungen zu suchen: Für e3 ergibt sich dabei beispielsweise, daß der Weg über e4 mit der Entfernung 6(=D(e4)+d(e4,e3) = 3+3) kürzer ist, als der Weg von e9 direkt zu e3 mit der Entfernung 8(=D(e9)+d(e9,e3) = 2+6). Hier wird deutlich, warum die Knoten in aufsteigender Reihenfolge der Entfernungen endgültig bewertet werden: Auf "Umwegen" (von e9 über e4 zu e3) ergeben sich mitunter kürzere Entfernungen als direkt (von e9 zu e3).
Die vorläufigen kürzesten Entfernungen ergeben:

es	e1	e2	e3	e5	e6	e10
D*(es)	14	12	6	5	9	4

(4) Die geringste Entfernung zu e7 hat e10. Es gilt somit: D(e10) = 4. Der Knoten e10 und die Kante (e7,e10) werden markiert.

(5) E4 = {e4,e7,e9,10} .

Iteration 4 (vgl. F 22.4.5b)

(2) Es werden die zu den Knoten aus E4 benachbarten Knoten bestimmt:
E* = {e1,e2,e3,e5,e6,e8}

(3) Für die vorläufigen kürzesten Entfernungen ergibt sich:

es	e1	e2	e3	e5	e6	e8
D*(es)	14	12	6	<u>5</u>	9	16

(4) D(e5) = 5. e5 und (e7,e5) werden markiert.

(5) E5 = {e4,e5,e7,e9,e10} .

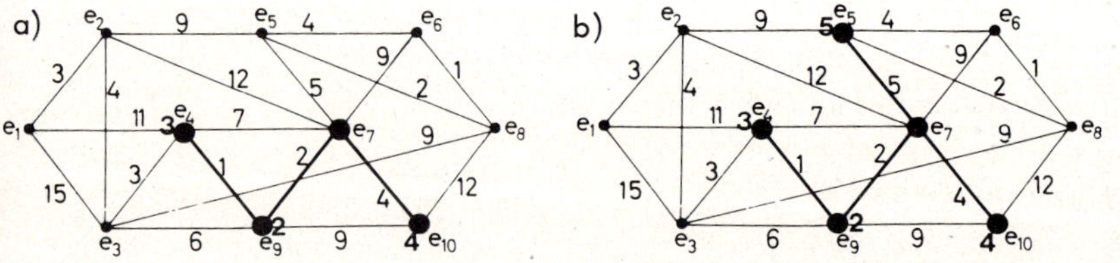

F 22.4.5

Bei den folgenden Iterationen erfolgt eine Beschränkung auf die Schritte (3) und (4), da diese alle wesentlichen Informationen enthalten.

Iteration 5 (vgl. F 22.4.6a)

(3)

es	e1	e2	e3	e6	e8
D*(es)	14	12	<u>6</u>	9	7

(4) D(e3) = 6. e3 und (e4,e3) werden markiert.

Iteration 6 (vgl. F 22.4.6b)

(3)

es	e1	e2	e6	e8
D*(es)	14	10	9	<u>7</u>

(4) D(e8) = 7. e8 und (e5,e8) werden markiert.

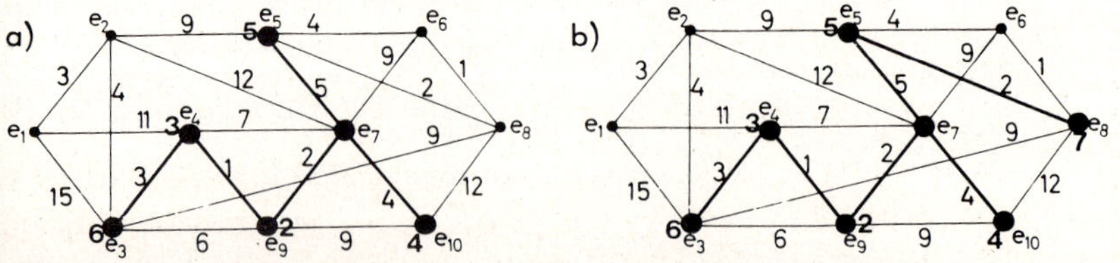

F 22.4.6

Iteration 7 (vgl. F 22.4.7a)

(3)

es	e1	e2	e6
D*(es)	14	10	<u>8</u>

(4) D(e6) = 8. e6 und (e8,e6) werden markiert.

Iteration 8 (vgl. F 22.4.7b)

(3)

es	e1	e2
D*(es)	14	10

(4) D(e2) = 10. e2 und (e3,e2) werden markiert.

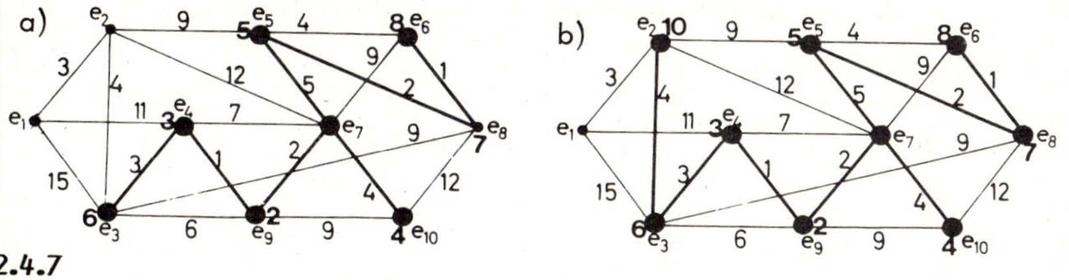

F 22.4.7

Iteration 9 (vgl. F 22.4.8a)

(3)

es	e1
D*(es)	13

(4) D(e1) = 13. e1 und (e2,e1) werden markiert.

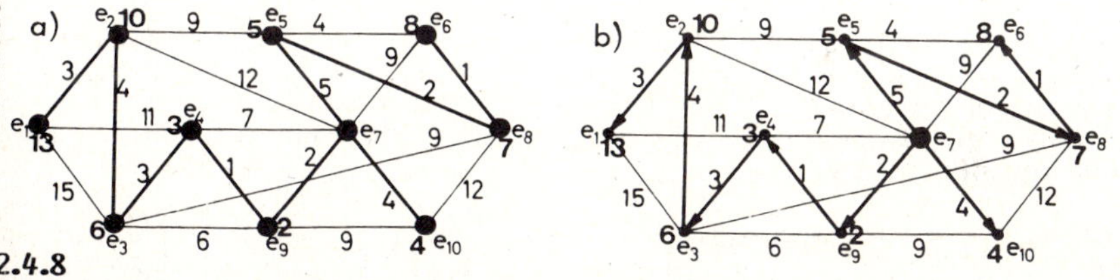

F 22.4.8

Damit ist das Verfahren beendet.

Bei größeren, ungerichteten Graphen lassen sich aus dem Baum der kürzesten Wege in Bezug auf den Startknoten die kürzesten Wege vom Startknoten zu den anderen Knoten leichter bestimmen, wenn man die gekennzeichneten Kanten mit einer Richtung auf den bei dem betreffenden Schritt markierten Knoten versieht.

Für das Beispiel ergibt sich dann der Graph in F 22.4.8b. Man braucht dann nur noch von einem Knoten aus einen Pfeilweg in umgekehrter Richtung zum Startknoten zu bestimmen.

Zu dem Algorithmus in R 22.4.1 sind folgende Anmerkungen zu machen:

Wird der Algorithmus dazu benutzt, einen kürzesten Weg von einem Startknoten e0 zu einem Zielknoten em zu bestimmen, dann ist das Verfahren beendet, wenn em markiert worden ist.

Soll in B 22.4.2 der kürzeste Weg von e7 nach e3 bestimmt werden, so ist das Verfahren nach Iteration 5 beendet, da dann e3 markiert wird.

Der Algorithmus ist nicht nur auf ungerichtete sondern auch auf gerichtete Graphen anwendbar.

Bei der Bestimmung von kürzesten Pfeilwegen in einem gerichteten Graphen ist bei der Markierung jeweils auf die Richtung der Pfeile zu achten.

B 22.4.9 Bei der Bestimmung der kürzesten Wege vom Knoten e4 zu allen anderen erreichbaren Knoten für den in F 22.4.10a gegebenen Graphen ergibt sich das in F 22.4.10b dargestellte Ergebnis.

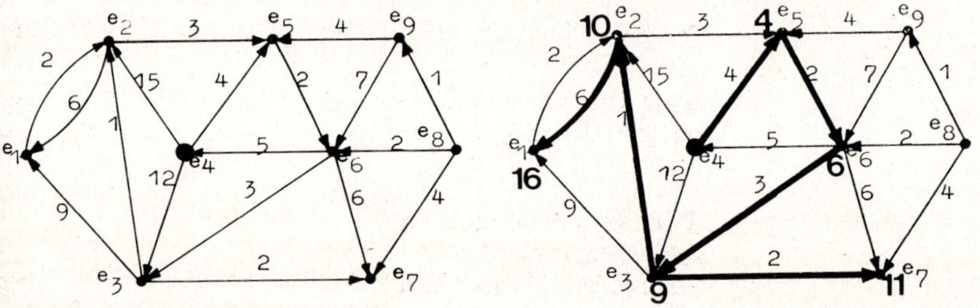

F 22.4.10

Die Markierung der Knoten erfolgt in folgender Reihenfolge: e4,e5, e6,e3,e2,e7,e1. Die Knoten e8 und e9 können nicht markiert werden. Sie sind von e4 aus nicht erreichbar.

Der Algorithmus läßt sich auch anwenden, wenn der Graph unbewertet ist und die Länge eines Weges als Anzahl der enthaltenen Kanten definiert ist. Für alle Kanten $k \in K$ nimmt man dann eine Bewertung $d(k) = 1$ vor.

B 22.4.11 Für den Graphen in F 22.4.12a erhält man z.B. als kürzeste Wege von e5 aus die in F 22.4.12b hervorgehobenen Wege. Es ist leicht nachzuprüfen, daß die Lösung in bezug auf die Wege mehrdeutig ist. So kann der kürzeste Weg zu e1 auch über e4 statt über e3 führen und der kürzeste Weg zu e10 über e6 oder über e11 statt über e8.

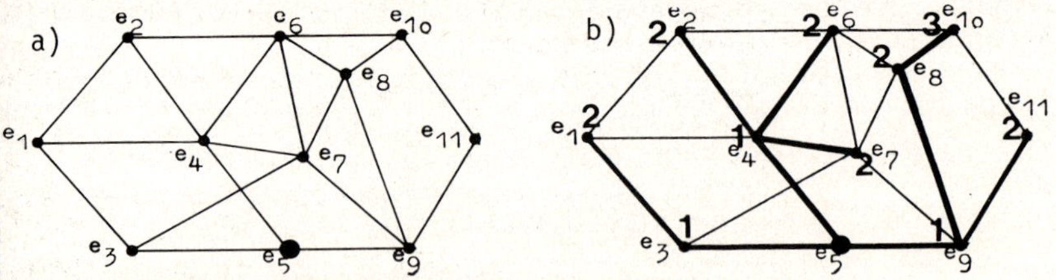

F 22.4.12

Der Algorithmus aus R 22.4.1 erfordert weniger Aufwand, wenn man folgendes beachtet: Ergeben sich in Schritt (4) mehrere Knoten mit gleichem minimalen vorläufigen Wert D*, so können diese alle auf einmal endgültig bewertet werden.

Enthält ein zyklenfreier Digraph eine einzige Quelle, so lassen sich die kürzesten Wege von dieser Quelle zu allen anderen Knoten mit einem anderen Verfahren einfacher als mit R 22.4.1 bestimmen:

Bei diesem Algorithmus wird die Quelle e0 mit D(e0) = 0 bewertet, da sie von sich selbst die Entfernung Null hat. Es werden dann alle Nachfolger der Quelle gesucht, die nur die Quelle als Vorgänger haben. Diese Knoten ei werden mit D(ei) = d(e0,ei) bewertet, denn die Kantenwerte geben die Entfernung von e0 an.

Bei allen folgenden Iterationen werden zu allen schon bewerteten Knoten alle Nachfolger bestimmt, die nur bewertete Vorgänger haben. Zu diesen Knoten führt der kürzeste Weg über eine Kante von einem schon bewerteten Knoten und kann deshalb leicht bestimmt werden.

An dem, auf den Algorithmus folgenden Beispiel, wird das Verfahren näher erläutert.

R 22.4.13 Gegeben sei ein bewerteter, zyklenfreier Digraph $G = (E,K,\phi,d)$ mit $e0 \in E$ als einziger Quelle. Der folgende Algorithmus liefert kürzeste Wege von e0 zu allen anderen Knoten des Graphen.

(1) Markiere den Startknoten (Quelle) e0 mit D(e0) = 0. Setze i=1, E1:= {e0 }. Gehe zu (2).

(2) Es sei Ei die Menge der bereits markierten Knoten und $E^* = \{ es \in E \setminus Ei \mid$ Für **alle** Vorgänger er von es gilt $er \in Ei \}$.
Falls $E^* = \emptyset$ gehe zu (5) andernfalls zu (3).

(3) Markiere **alle** $es \in E^*$ mit $D(es) = \min [D(er) + d(er,es)]$
Markiere den Pfeil (er,es), über den die Markierung von es bestimmt wurde. Gehe zu (4).

(4) Setze $E(i+1) := Ei \cup E^*$ und i:= i+1. Gehe zu (2).

(5) Ende.

B 22.4.14 Der Algorithmus aus R 22.4.13 sei an dem Graphen aus F 22.4.15 erläutert.

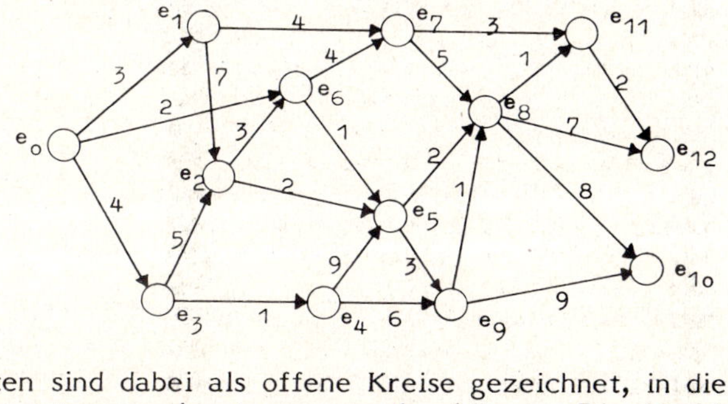

F 22.4.15

Die Knoten sind dabei als offene Kreise gezeichnet, in die dann die Knotenbewertungen eingetragen werden können. Die Markierung der Kanten geht aus den Zeichnungen hervor.

Es ist D(e0) = 0 und E1 = {e0} (vgl. Schritt (1)).

Iteration 1 (F 22.4.16a)

(2) Die Quelle e0 hat nur zwei benachbarte Knoten, die nur e0 als Vorgänger haben: e1 und e3. Der Knoten e6 hat außer e0 auch e2 als Vorgänger. Es gilt also:

E* = {e1,e3} .

(3) Alle Knoten es ∈ E* werden mit D(es) = D(e0)+d(e0,es) bewertet. Es ist D(e0) = 0 und die Kantenwerte d(e0,es) geben die (kürzesten Entfernungen der Knoten zu e0 an.

D(e1) = D(e0) + d(e0,e1) = 0+3 = 3
D(e3) = D(e0) + d(e0,e3) = 0+4 = 4

Die Pfeile (e0,e1) und (e0,e3) werden markiert.

(4) Da nunmehr e0,e1 und e3 markiert sind, gilt:

E2 = {e0,e1,e3} .

Iteration 2 (F 22.4.16b)

(2) Es werden alle Knoten gesucht, die nur bewertete bzw. markierte Vorgänger haben. Von den Knoten aus E2 = {e0,e1,e3} sind die Knoten e2,e4,e6 und e7 direkt über Pfeile erreichbar, aber e6 und e7 haben auch andere, unbewertete Vorgänger. Es ist somit:

E* = {e2,e4}

(3) Es werden also nur e2 und e4 bewertet. Bei e2 ist dabei festzustellen, ob der Weg über e1 oder über e3 kürzer ist.

$$D(e2) = \min \left\{ \begin{array}{l} D(e1) + d(e1,e2) = 3+7 = 10 \\ D(e3) + d(e3,e2) = 4+5 = \;\;9 \end{array} \right\} = 9$$

D(e4) = D(e3) + d(e3,e4) = 4+1 = 5

Zu e2 ist es kürzer über e3. Die Pfeile (e3,e2) und (e3,e4) werden markiert.

(4) Als Menge der bewerteten Knoten ergibt sich jetzt:

E3 = {e0,e1,e2,e3,e4} .

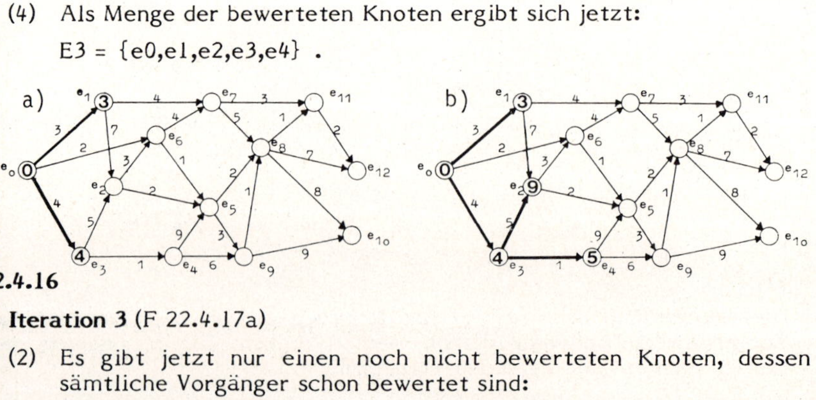

F 22.4.16

Iteration 3 (F 22.4.17a)

(2) Es gibt jetzt nur einen noch nicht bewerteten Knoten, dessen sämtliche Vorgänger schon bewertet sind:

E* = {e6}

(3) Der Knoten e6 kann direkt von e0 oder über e2 erreicht werden. Der kürzeste Weg ist der direkte. Es gilt also:

$$D(e6) = \min \left\{ \begin{array}{l} D(e2) + d(e2,e6) = 9+3 = 12 \\ D(e0) + d(e0,e6) = 0+2 = \ \ 2 \end{array} \right\} = 2$$

Der Pfeil (e0,e6) wird markiert.

(4) Die Menge der bewerteten Knoten ist nun

E4 = {e0,e1,e2,e3,e4,e6} .

Iteration 4 (F 22.4.17b)

(2) Unbewertete Knoten, zu denen alle Vorgänger schon bewertet wurden, sind e5 und e7.

E* = {e5,e7}

(3) Für e5 ist zu prüfen, ob der kürzeste Weg über e2,e4 oder e6 führt. Zu den Entfernungen dieser Knoten von e0 wird jeweils der betreffende Pfeilwert addiert und die kleinste Summe bestimmt. Zu e7 kann der kürzeste Weg über e1 oder über e6 führen. Man erhält:

$$D(e5) = \min \left\{ \begin{array}{l} D(e2) + d(e2,e5) = 9+2 = 11 \\ D(e4) + d(e4,e5) = 5+9 = 14 \\ D(e6) + d(e6,e5) = 2+1 = \ \ 3 \end{array} \right\} = 3$$

$$D(e7) = \min \left\{ \begin{array}{l} D(e1) + d(e1,e7) = 3+4 = 7 \\ D(e6) + d(e6,e7) = 2+4 = 6 \end{array} \right\} = 6$$

Die Pfeile (e6,e5) und (e6,e7) werden markiert.

(4) Für die Menge der bewerteten Knoten ergibt sich:

E5 = {e0,e1,e2,e3,e4,e5,e6,e7} .

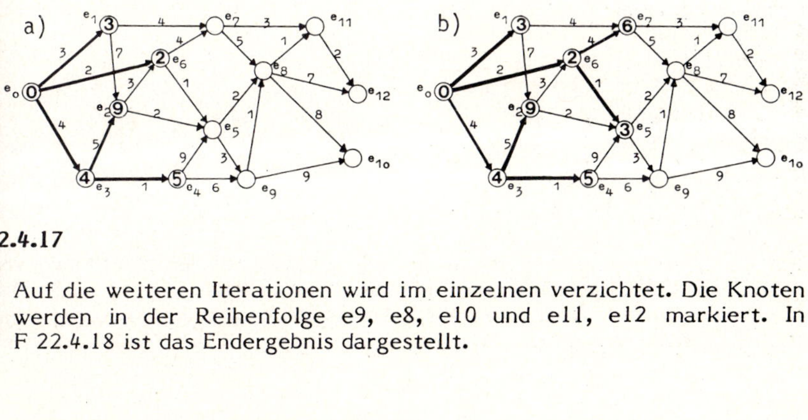

F 22.4.17

Auf die weiteren Iterationen wird im einzelnen verzichtet. Die Knoten werden in der Reihenfolge e9, e8, e10 und e11, e12 markiert. In F 22.4.18 ist das Endergebnis dargestellt.

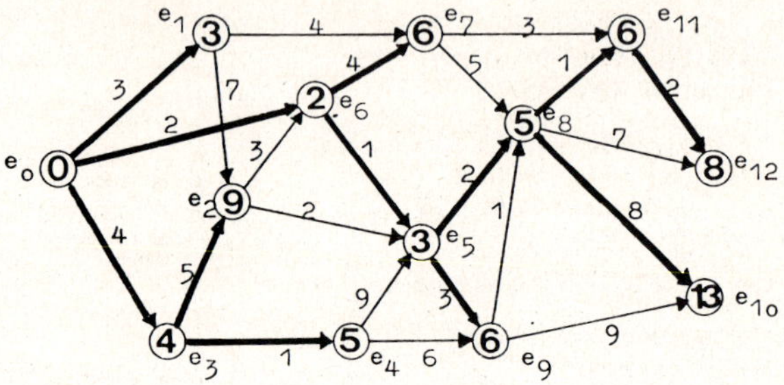

F 22.4.18

Zu dem Algorithmus aus R 22.4.13 sind folgende Anmerkungen zu machen:

Der Algorithmus kann auch bei mehreren Quellen verwendet werden. Diese werden zu Beginn sämtlich mit D(e) = 0 bewertet. Im übrigen verfährt man wie sonst.

Der Algorithmus kann auch zur Bestimmung von längsten Wegen in einem zyklenfreien Digraphen benutzt werden. Die Markierung in Schritt (3) erfolgt dann durch

$$D(es) = \max\Big[\,D(er) + d(er,es)\Big]\,.$$

Es werden bei jeder Iteration wieder die Knoten bewertet, deren sämtliche Vorgänger schon bewertet sind. Für alle Vorgänger er eines Knotens es wird D(er) + d(er,es), also Bewertung des Vorgängers plus Pfeilbewertung, bestimmt. Der Knoten es wird nun mit dem größten dieser Werte (in R 22.4.13 mit dem Kleinsten) bewertet, da es um längste Wege geht.

B 22.4.19 Für den in F 22.4.20a dargestellten Graphen ergeben sich die längsten Wege in F 22.4.20b. Die Markierungen in den Knoten geben die Weglängen an. An F 22.4.20b ist zu ersehen, daß bei einem Knoten mit mehreren Vorgängern die Bewertung des Knotens sich immer als größte Summe aus "Bewertung des Vorgängers plus Bewertung des Pfeils" ergibt.

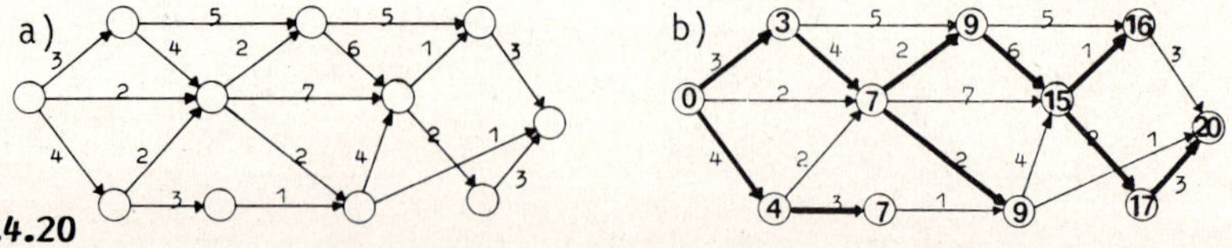

F 22.4.20

Um die Bestimmung längster Wege geht es z.B. bei der Ermittlung von Zeitplänen für Projektabläufe (vgl. F 22.1.4). Die Kanten werden mit den Ausführungszeiten bewertet. Wird der Projektstart mit 0 (oder einer anderen Zeit) vorgegeben, dann wird über längste Wege bestimmt, wann die den Knoten entsprechenden Projektzustände frühestens erreicht werden können. Die Knotenwerte bzw. -markierungen sind dann zugleich die frühesten Anfangszeitpunkte der Arbeitsgänge, die den von dem betreffenden Knoten abgehenden Pfeilen entsprechen.

Ein, einem Pfeil des Digraphen entsprechender Arbeitsgang kann erst begonnen werden, wenn **alle** vorhergehenden Arbeitsgänge abgeschlossen sind. Deshalb sind für den Anfang eines Arbeitsganges die zeitlich längsten Wege maßgebend. Im einzelnen ist hier auf die Literatur zur Netzplantechnik zu verweisen.

Der Algorithmus aus R 22.4.13 ist nicht anwendbar, wenn, wie das bisweilen der Fall ist, der Graph Zyklen enthält. Dann kann, wie das einfache Beispiel in F 22.4.22 zeigt, bei Erreichung des Zyklus kein Knoten mit markiertem Vorgänger gefunden werden.

B 22.4.21 In F 22.4.22 kann mit e1 als Startknoten nur e2 markiert werden.

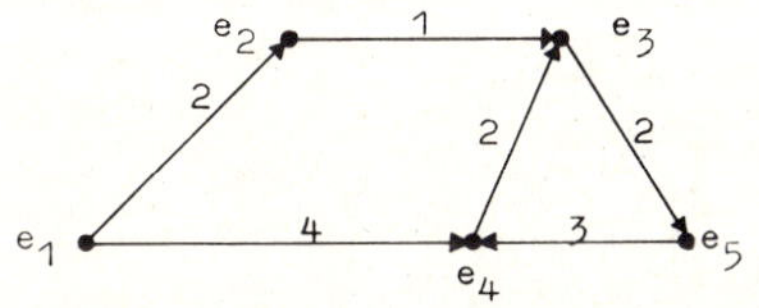

F 22.4.22
e3,e4 und e5 bzw. die sie verbindenden Pfeile ergeben einen Pfeilzyklus, in den man mit R 22.4.13 "nicht hineinkommt".

Die Berücksichtigung von Zyklen ist mit speziellen Algorithmen möglich, auf die im Rahmen dieser kurzen Einführung in die Graphentheorie nicht eingegangen wird.

Aufgaben

Ü 22.4.1 Gegeben ist der folgende bewertete Graph:

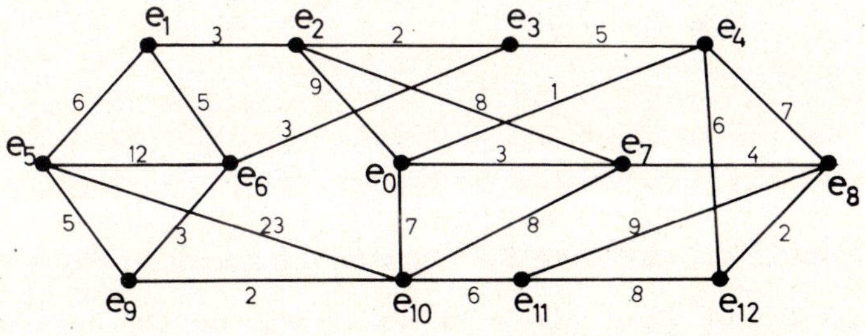

Bestimme die kürzesten Wege von e0 zu allen anderen Knoten des Graphen.

Ü 22.4.2 Bestimme längste Wege von e0 zu allen anderen Knoten.

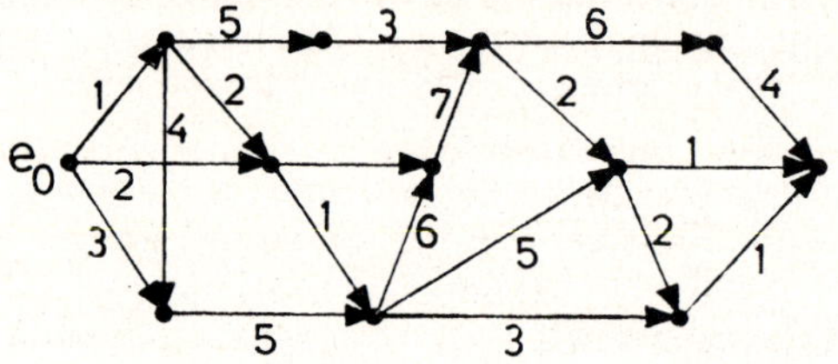

Ü 22.4.3 Bestimme für den folgenden Graphen kürzeste Wege von e6 zu allen anderen Knoten.

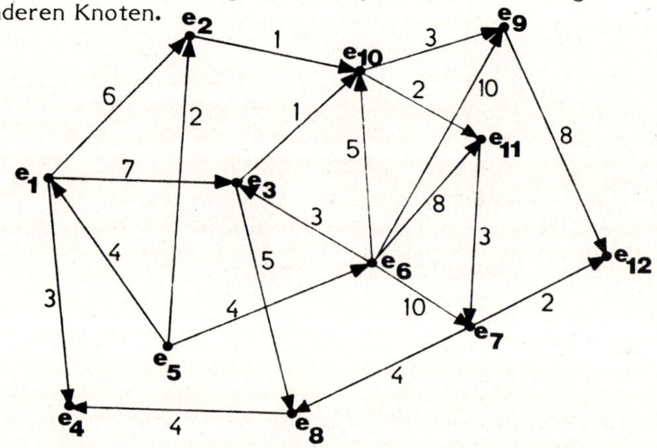

Ü 22.4.4 Bestimme kürzeste Wege von e5 zu allen anderen Knoten.

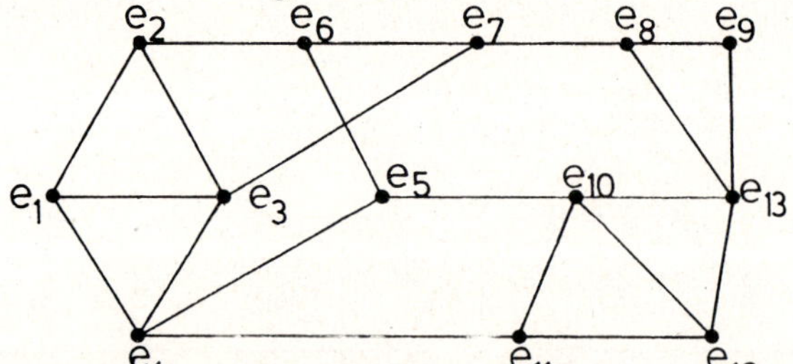

22.5 Matrizenalgorithmen zur Bestimmung kürzester Wege

Für den Erwerb grundlegender Kenntnisse über die Graphentheorie und ihre Anwendungsmöglichkeiten kann dieser Abschnitt übersprungen werden.

Der nachfolgend beschriebene Matrizenalgorithmus empfiehlt sich vor allem, wenn kürzeste Wege von jedem Knoten eines Graphen zu jedem anderen gesucht werden. Man verwendet dazu Modifikationen der Adjazenzmatrix bzw. der Matrix der Kantenwerte.

Für den Algorithmus wird eine spezielle Matrizenoperation benötigt.

D 22.5.1

> Es seien $\mathbf{A} = (a_{ij})$ und $\mathbf{B} = (b_{ij})$ quadratische Matrizen n-ter Ordnung mit $a_{ij}, b_{ij} \in \mathbb{R} \cup \{\infty\}$, und es gelte für $-\infty < a < \infty$ folgendes: $\infty + a = a + \infty = \infty$.
> Unter der Matrix $\mathbf{C} = \mathbf{A} \oplus \mathbf{B}$ wird die Matrix (c_{ij}) verstanden mit
> $$c_{ij} = \min_{k=1,\dots,n} (a_{ik} + b_{kj}); \qquad i,j = 1,\dots,n.$$

Das Schema dieser Matrizenoperation ist identisch mit dem, der in D 17.6.2 eingeführten Matrizenmultiplikation, für die gilt

$$\mathbf{AB} = \mathbf{C} \text{ mit } c_{ij} = \sum_k a_{ik} b_{kj}.$$

Man braucht für die Operation $\oplus$ in den skalaren Produkten der Vektoren der beiden Matrizen nur die Multiplikation durch die Addition zu ersetzen, also $a_{ik}b_{kj}$ durch $a_{ik} + b_{kj}$, und die Summation durch die Minimumbestimmung, also $\sum a_{ik}b_{kj}$ durch $\min\limits_k (a_{ik} + b_{kj})$.

Es läßt sich zeigen, daß diese Matrizenoperation **assoziativ** ist:

$$(\mathbf{A} \oplus \mathbf{B}) \oplus \mathbf{C} = \mathbf{A} \oplus (\mathbf{B} \oplus \mathbf{C}),$$

aber **nicht kommutativ**, d.h. im allgemeinen gilt $\mathbf{A} \oplus \mathbf{B} \neq \mathbf{B} \oplus \mathbf{A}$.

Für die Operation $\oplus$ kann man eine Potenzbildung durch $\mathbf{A}^{(1)} = \mathbf{A}$ und $\mathbf{A}^{(m)} = \mathbf{A}^{(m-1)} \oplus \mathbf{A}$ für $m \in \mathbb{N}$ definieren, für die $\mathbf{A}^{(m)} \oplus \mathbf{A}^{(n)} = \mathbf{A}^{(m+n)}$ gilt.

Mit der Adjazenzmatrix **A** bzw. der Matrix der Kantenwerte **C** eines Graphen definiert man nun folgende Matrizen:

D 22.5.2

> a) Es sei $\mathbf{A} = (a_{ij})$ die Adjazenzmatrix eines Graphen. Unter der Matrix $\mathbf{A}^* = (a^*_{ij})$ versteht man die Matrix mit
> $$a^*_{ij} = \begin{cases} 1 & \text{für } a_{ij} \neq 0 \quad \text{und } i \neq j \\ 0 & \text{für } i = j \\ \infty & \text{für } a_{ij} = 0 \quad \text{und } i \neq j \end{cases}$$
> b) Es sei $\mathbf{C} = (d(ei,ej))$ die Matrix der endlichen Kantenwerte eines bewerteten Graphen $G = (E,K,\phi,d)$. Unter der Matrix $\mathbf{C}^* = (c^*_{ij})$ versteht man die Matrix mit
> $$c^*_{ij} = \begin{cases} d(ei,ej) & \text{für } (ei,ej) \in K \\ 0 & \text{für } i = j \\ \infty & \text{für } (ei,ej) \notin K \end{cases}$$

Die Angabe der fehlenden Adjazenz zweier Knoten in beiden Matrizen durch ∞ ist für den folgenden Algorithmus notwendig.

B 22.5.3 a) Für den Graphen aus F 22.2.3 bzw. die Adjazenzmatrix dazu (nach F 22.2.3) ergibt sich

$$\mathbf{A}^* = \begin{pmatrix} 0 & 1 & \infty & \infty & 1 & \infty \\ 1 & 0 & 1 & \infty & 1 & \infty \\ \infty & 1 & 0 & \infty & 1 & \infty \\ \infty & \infty & \infty & 0 & \infty & \infty \\ 1 & 1 & 1 & \infty & 0 & \infty \\ \infty & \infty & \infty & \infty & \infty & 0 \end{pmatrix}$$

b) Zu der Matrix der Kantenwerte aus B 22.2.42 erhält man

$$\mathbf{C}^* = \begin{pmatrix} 0 & 12 & \infty & 3{,}5 & \infty \\ 12 & 0 & 4 & -2 & \infty \\ \infty & 4 & 0 & 0 & 127{,}34 \\ 3{,}5 & -2 & 0 & 0 & -9 \\ \infty & \infty & 127{,}34 & -9 & 0 \end{pmatrix}$$

Da ein unbewerteter Graph als Spezialfall eines bewerteten Graphen aufgefaßt werden kann, wie auch die Matrizen **A*** und **C*** zeigen, beschränken sich die folgenden Ausführungen auf bewertete Graphen.

D 22.5.4

> Gegeben sei ein Graph. Unter der Distanzmatrix $\mathbf{S} = (s_{ij})$ versteht man die Matrix, bei der s_{ij} die kürzeste Entfernung von ei nach ej angibt.

Der folgende Algorithmus dient der Bestimmung der Matrix **S** der kürzesten Entfernungen zwischen je zwei Knoten eines bewerteten Graphen G.

R 22.5.5

> Gegeben sei ein bewerteter Graph $G = (E,K,\phi,d)$ mit der Matrix **C***. Der folgende Algorithmus liefert die Matrix der kürzesten Entfernungen zwischen je zwei Knoten des Graphen.
>
> (1) Setze $r = 1$, gehe zu (2).
>
> (2) Bestimme $\mathbf{C}^{*(r+1)} = \mathbf{C}^{*(r)} \oplus \mathbf{C}^*$. Gehe zu (3).
>
> (3) Falls $\mathbf{C}^{*(r+1)} = \mathbf{C}^{*(r)}$ gehe zu (4), andernfalls setze $r = r+1$ und gehe zu (2).
>
> (4) Ende.
>
> $\mathbf{C}^{*(r)}$ ist die Matrix der kürzesten Entfernungen:
>
> $\mathbf{S} = \mathbf{C}^{*(r)}$.

Es wird also **C*** mit Hilfe der in D 22.5.1 eingeführten Operation ⊕ solange mit sich selbst "multipliziert", bis $\mathbf{C}^{*(r)}$ sich nicht mehr verändert.

B 22.5.6 Es wird der Graph aus F 22.4.3 betrachtet. Die Matrix **C*** lautet:

$$\mathbf{C}^* = \begin{pmatrix} 0 & 3 & 15 & 11 & \infty & \infty & \infty & \infty & \infty & \infty \\ 3 & 0 & 4 & \infty & 9 & \infty & 12 & \infty & \infty & \infty \\ 15 & 4 & 0 & 3 & \infty & \infty & \infty & 9 & 6 & \infty \\ 11 & \infty & 3 & 0 & \infty & \infty & 7 & \infty & 1 & \infty \\ \infty & 9 & \infty & \infty & 0 & 4 & 5 & 2 & \infty & \infty \\ \infty & \infty & \infty & \infty & 4 & 0 & 9 & 1 & \infty & \infty \\ \infty & 12 & \infty & 7 & 5 & 9 & 0 & \infty & 2 & 4 \\ \infty & \infty & 9 & \infty & 2 & 1 & \infty & 0 & \infty & 12 \\ \infty & \infty & 6 & 1 & \infty & \infty & 2 & \infty & 0 & 9 \\ \infty & \infty & \infty & \infty & \infty & \infty & 4 & 12 & 9 & 0 \end{pmatrix}$$

Zur Bestimmung der Elemente der Matrix $\mathbf{C}^{*(2)}$ verwendet man die Operation ⊕ aus D 22.5.1. Mit der ersten Zeile und der dritten Spalte von **C*** erhält man dann z.B.

$$c^{*(2)}_{13} = \min(0+15, 3+4, 15+0, 11+3, \infty+\infty, \infty+\infty, \infty+\infty, \infty+9, \infty+6, \infty+\infty)$$
$$= \min(15, 7, 15, 14, \infty, \infty, \infty, \infty, \infty, \infty) = 7.$$

Mit der vierten Zeile und der achten Spalte erhält man

$$c^{*(2)}_{48} = \min(11+\infty, \infty+\infty, 3+9, 0+\infty, \infty+2, \infty+1, 7+\infty, \infty+0, 1+\infty, \infty+12)$$
$$= \min(\infty, \infty, 12, \infty, \infty, \infty, \infty, \infty, \infty, \infty) = 12.$$

Die nach D 22.5.1 und R 22.5.5 berechneten Potenzen von **C*** lauten:

$$\mathbf{C}^{*(2)} = \begin{pmatrix} 0 & 3 & 7 & 11 & 12 & \infty & 15 & 24 & 12 & \infty \\ 3 & 0 & 4 & 7 & 9 & 13 & 12 & 11 & 10 & 16 \\ 7 & 4 & 0 & 3 & 11 & 10 & 8 & 9 & 4 & 15 \\ 11 & 7 & 3 & 0 & 12 & 16 & 3 & 12 & 1 & 10 \\ 12 & 9 & 11 & 12 & 0 & 3 & 5 & 2 & 7 & 9 \\ \infty & 13 & 10 & 16 & 3 & 0 & 9 & 1 & 11 & 13 \\ 15 & 12 & 8 & 3 & 5 & 9 & 0 & 7 & 2 & 4 \\ 24 & 11 & 9 & 12 & 2 & 1 & 7 & 0 & 15 & 12 \\ 12 & 10 & 4 & 1 & 7 & 11 & 2 & 15 & 0 & 6 \\ \infty & 16 & 15 & 10 & 9 & 13 & 4 & 12 & 6 & 0 \end{pmatrix}; \quad \mathbf{C}^{*(3)} = \begin{pmatrix} 0 & 3 & 7 & 10 & 12 & 16 & 14 & 14 & 12 & 19 \\ 3 & 0 & 4 & 7 & 9 & 12 & 12 & 11 & 8 & 16 \\ 7 & 4 & 0 & 3 & 11 & 10 & 6 & 9 & 4 & 12 \\ 10 & 7 & 3 & 0 & 8 & 12 & 3 & 12 & 1 & 7 \\ 12 & 9 & 11 & 8 & 0 & 3 & 5 & 2 & 7 & 9 \\ 16 & 12 & 10 & 12 & 3 & 0 & 8 & 1 & 11 & 13 \\ 14 & 12 & 6 & 3 & 5 & 8 & 0 & 7 & 2 & 4 \\ 14 & 11 & 9 & 12 & 2 & 1 & 7 & 0 & 9 & 11 \\ 12 & 8 & 4 & 1 & 7 & 11 & 2 & 9 & 0 & 6 \\ 19 & 16 & 12 & 7 & 9 & 13 & 4 & 11 & 6 & 0 \end{pmatrix}$$

$$\mathbf{C}^{*(4)} = \begin{pmatrix} 0 & 3 & 7 & 10 & 12 & 15 & 14 & 14 & 11 & 18 \\ 3 & 0 & 4 & 7 & 9 & 12 & 10 & 11 & 8 & 16 \\ 7 & 4 & 0 & 3 & 11 & 10 & 6 & 9 & 4 & 10 \\ 10 & 7 & 3 & 0 & 8 & 12 & 3 & 10 & 1 & 7 \\ 12 & 9 & 11 & 8 & 0 & 3 & 5 & 2 & 7 & 9 \\ 15 & 12 & 10 & 12 & 3 & 0 & 8 & 1 & 10 & 12 \\ 14 & 10 & 6 & 3 & 5 & 8 & 0 & 7 & 2 & 4 \\ 14 & 11 & 9 & 10 & 2 & 1 & 7 & 0 & 9 & 11 \\ 11 & 8 & 4 & 1 & 7 & 10 & 2 & 9 & 0 & 6 \\ 18 & 16 & 10 & 7 & 9 & 12 & 4 & 11 & 6 & 0 \end{pmatrix}; \quad \mathbf{C}^{*(5)} = \begin{pmatrix} 0 & 3 & 7 & 10 & 12 & 15 & 13 & 14 & 11 & 18 \\ 3 & 0 & 4 & 7 & 9 & 12 & 10 & 11 & 8 & 14 \\ 7 & 4 & 0 & 3 & 11 & 10 & 6 & 9 & 4 & 10 \\ 10 & 7 & 3 & 0 & 8 & 11 & 3 & 10 & 1 & 7 \\ 12 & 9 & 11 & 8 & 0 & 3 & 5 & 2 & 7 & 9 \\ 15 & 12 & 10 & 11 & 3 & 0 & 8 & 1 & 10 & 12 \\ 13 & 10 & 6 & 3 & 5 & 8 & 0 & 7 & 2 & 4 \\ 14 & 11 & 9 & 10 & 2 & 1 & 7 & 0 & 9 & 11 \\ 11 & 8 & 4 & 1 & 7 & 10 & 2 & 9 & 0 & 6 \\ 18 & 14 & 10 & 7 & 9 & 12 & 4 & 11 & 6 & 0 \end{pmatrix}$$

$$\mathbf{C}^{*(6)} = \begin{pmatrix} 0 & 3 & 7 & 10 & 12 & 15 & 13 & 14 & 11 & 17 \\ 3 & 0 & 4 & 7 & 9 & 12 & 10 & 11 & 8 & 14 \\ 7 & 4 & 0 & 3 & 11 & 10 & 6 & 9 & 4 & 10 \\ 10 & 7 & 3 & 0 & 8 & 11 & 3 & 10 & 1 & 7 \\ 12 & 9 & 11 & 8 & 0 & 3 & 5 & 2 & 7 & 9 \\ 15 & 12 & 10 & 11 & 3 & 0 & 8 & 1 & 10 & 12 \\ 13 & 10 & 6 & 3 & 5 & 8 & 0 & 7 & 2 & 4 \\ 14 & 11 & 9 & 10 & 2 & 1 & 7 & 0 & 9 & 11 \\ 11 & 8 & 4 & 1 & 7 & 10 & 2 & 9 & 0 & 6 \\ 17 & 14 & 10 & 7 & 9 & 12 & 4 & 11 & 6 & 0 \end{pmatrix}; \quad \mathbf{C}^{*(7)} = \begin{pmatrix} 0 & 3 & 7 & 10 & 12 & 15 & 13 & 14 & 11 & 17 \\ 3 & 0 & 4 & 7 & 9 & 12 & 10 & 11 & 8 & 14 \\ 7 & 4 & 0 & 3 & 11 & 10 & 6 & 9 & 4 & 10 \\ 10 & 7 & 3 & 0 & 8 & 11 & 3 & 10 & 1 & 7 \\ 12 & 9 & 11 & 8 & 0 & 3 & 5 & 2 & 7 & 9 \\ 15 & 12 & 10 & 11 & 3 & 0 & 8 & 1 & 10 & 12 \\ 13 & 10 & 6 & 3 & 5 & 8 & 0 & 7 & 2 & 4 \\ 14 & 11 & 9 & 10 & 2 & 1 & 7 & 0 & 9 & 11 \\ 11 & 8 & 4 & 1 & 7 & 10 & 2 & 9 & 0 & 6 \\ 17 & 14 & 10 & 7 & 9 & 12 & 4 & 11 & 6 & 0 \end{pmatrix}$$

Es ist $C*^{(6)} = C*^{(7)}$. Damit ist das Verfahren beendet. Die Matrix $C*^{(6)}$ enthält die kürzesten Entfernungen zwischen je zwei Knoten des Graphen, d.h. es ist $C*^{(6)} = \mathbf{S}$.

Zur Reduzierung des Rechenaufwandes empfiehlt es sich, statt der aufeinanderfolgenden Potenzen die Matrizen $C*$, $C*^{(2)}$, $C*^{(4)}$, $C*^{(8)}$, ..., $C*^{(2^n)}$ zu bestimmen. Man erhält dadurch meistens schneller die Matrix S der kürzesten Entfernungen.

Die beiden Matrizenalgorithmen liefern zwar kürzeste Entfernungen zwischen je zwei Knoten eines Graphen, sie weisen in der angegebenen Form jedoch nicht aus, über welche Knoten bzw. Kanten die kürzesten Wege führen.
Diese lassen sich mit Hilfe einer zweiten Matrix finden, in der man in jedem Schritt zu jedem Knoten vermerkt, über welchen Nachbarknoten der kürzeste Weg zu dem betreffenden Knoten führt. Dazu geht man aus von einer Matrix $\mathbf{V} = (v_{ij})$ mit

$$v_{ij} = \begin{cases} i & \text{falls } (ei,ej) \in E \\ \infty & \text{falls } (ei,ej) \notin E. \end{cases}$$

Die Matrix **V** enthält in jeder Spalte die Nummern der Knoten, die zu dem betreffenden Knoten benachbart sind und die eigene Knotennummer. Zu der Zeile i gehört dabei Knoten i und zu Spalte j Knoten j.

B 22.5.7 Für den Graphen aus F 22.4.3 bzw. B 22.5.6 ergibt sich:

$$\mathbf{V} = \begin{pmatrix} 1 & 1 & 1 & 1 & \infty & \infty & \infty & \infty & \infty & \infty \\ 2 & 2 & 2 & \infty & 2 & \infty & 2 & \infty & \infty & \infty \\ 3 & 3 & 3 & 3 & \infty & \infty & \infty & 3 & 3 & \infty \\ 4 & \infty & 4 & 4 & \infty & \infty & 4 & \infty & 4 & \infty \\ \infty & 5 & \infty & \infty & 5 & 5 & 5 & 5 & \infty & \infty \\ \infty & \infty & \infty & \infty & 6 & 6 & 6 & 6 & \infty & \infty \\ \infty & 7 & \infty & 7 & 7 & 7 & 7 & \infty & 7 & 7 \\ \infty & \infty & 8 & \infty & 8 & 8 & \infty & 8 & \infty & 8 \\ \infty & \infty & 9 & 9 & \infty & \infty & 9 & \infty & 9 & 9 \\ \infty & \infty & \infty & \infty & \infty & \infty & 10 & 10 & 10 & 10 \end{pmatrix}$$

Bei der Bestimmung von $c*_{ij}^{(r+1)}$ der Matrix $C*^{(r+1)}$ in R 22.5.5 können zwei Fälle auftreten:

(1) $c*_{ij}^{(r+1)} = \min\limits_{k=1,\dots,n} (c*_{ik}^{(r)} + c*_{kj}) = c*_{ij}^{(r)}$

(2) $c*_{ij}^{(r+1)} = \min\limits_{k=1,\dots,n} (c*_{ik}^{(r)} + c*_{kj}) < c*_{ij}^{(r)}$

(1) bedeutet $c*_{ij}^{(r+1)} = c*_{ij}^{(r)}$, d.h. von $C*^{(R)}$ zu $C*^{(r+1)}$ verändert sich das Element in der i-ten Zeile und j-ten Spalte nicht.

(2) bedeutet, daß sich das Element ändert, da es eine kürzere Entfernung von ei zu ej gibt, als die schon bestimmte. Ergibt sich in diesem Fall das Minimum für k = s, so wird in der Matrix **V** das Element v_{ij} durch $v'_{ij} = s$ ersetzt, da der kürzeste Weg von ei nach ej über es führt.

Auf diese Weise ergibt sich schließlich eine sogenannte **Routingmatrix R**, die für das Beispiel 22.5.6 wie folgt lautet:

$$\mathbf{R} = \begin{pmatrix} 1 & 1 & 2 & 3 & 2 & 8 & 9 & 5 & 4 & 7 \\ 2 & 2 & 2 & 3 & 2 & 8 & 9 & 5 & 4 & 7 \\ 2 & 3 & 3 & 3 & 7 & 8 & 9 & 3 & 4 & 7 \\ 2 & 3 & 4 & 4 & 7 & 8 & 9 & 5 & 4 & 7 \\ 2 & 5 & 4 & 9 & 5 & 8 & 5 & 5 & 7 & 7 \\ 2 & 5 & 8 & 9 & 8 & 6 & 5 & 6 & 7 & 7 \\ 2 & 3 & 4 & 9 & 7 & 8 & 7 & 5 & 7 & 7 \\ 2 & 5 & 8 & 9 & 8 & 8 & 5 & 8 & 7 & 7 \\ 2 & 3 & 4 & 9 & 7 & 8 & 9 & 5 & 9 & 7 \\ 2 & 3 & 4 & 9 & 7 & 8 & 10 & 5 & 7 & 10 \end{pmatrix}$$

Aus der Routingmatrix kann man den Verlauf der kürzesten Wege wie folgt ablesen:

Für den kürzesten Weg vom Knoten ei zum Knoten ej sucht man in der i-ten Zeile die Spalte j. Das betreffende Element der Routingmatrix gibt den auf dem kürzesten Weg liegenden Vorgänger zu ej an. Ist dieser Vorgänger ek, so sucht man in der i-ten Zeile das k-te Element und erhält den Vorgänger zu ek. Auf diese Weise erhält man rekursiv die auf dem kürzesten Weg von ei nach ej liegenden Knoten. Das folgende Bild (F 22.5.8) zeigt einige Beispiele zu der obigen Routingmatrix.

```
KUERZESTER WEG VON  3 NACH  7:
    3  4  9  7

KUERZESTER WEG VON  3 NACH  8:
    3  8

KUERZESTER WEG VON  3 NACH  9:
    3  4  9

KUERZESTER WEG VON  3 NACH 10:
    3  4  9  7 10

KUERZESTER WEG VON  4 NACH  1:
    4  3  2  1

KUERZESTER WEG VON  4 NACH  2:
    4  3  2

KUERZESTER WEG VON  4 NACH  3:
    4  3

KUERZESTER WEG VON  4 NACH  4:
    4  4

KUERZESTER WEG VON  4 NACH  5:
    4  9  7  5

KUERZESTER WEG VON  4 NACH  6:
    4  9  7  5  8  6

KUERZESTER WEG VON  4 NACH  7:
    4  9  7

KUERZESTER WEG VON  4 NACH  8:
    4  9  7  5  8
```

F 22.5.8

Von dem Algorithmus aus R 22.5.5 gibt es Modifikationen, die eine schnellere Bestimmung von **S** ermöglichen. Auf Einzelheiten dazu muß im Rahmen dieser Einführung verzichtet werden.

Aufgaben

Ü 22.5.1 Gegeben sei der folgende bewertete Graph.

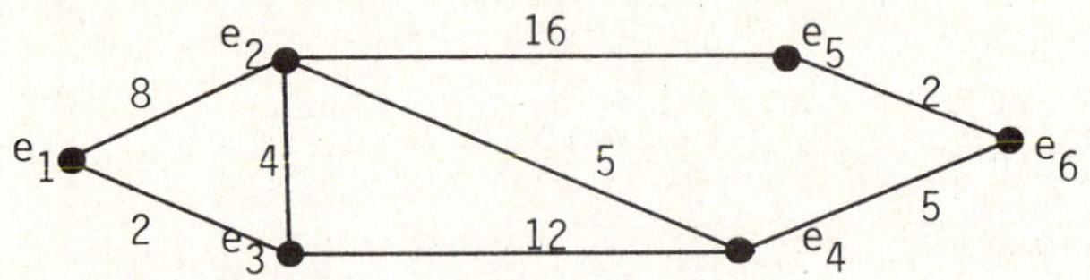

Bestimme: a) **C***, b) **S**, c) **R**; d) Gib die kürzesten Wege von e1 nach e4 und e5, von e6 nach e2 und e3 an.

22.6 Flüsse und Schnitte in Graphen

Im Abschnitt 22.1 wurde bereits kurz auf das Flußproblem hingewiesen. Dabei geht es um die Bestimmung eines maximalen Flusses in einem Leitungsnetz (Strom, Gas, Wasser) oder Verkehrsnetz. Mit dem Flußproblem in engem Zusammenhang stehen auch einige andere Probleme, wie etwa die optimale Projektbeschleunigung bei der Netzplantechnik.

D 22.6.1 Gegeben sei ein **bewerteter Digraph** $G = (E,K,\phi,d)$. Ist für jeden Knoten $e \in E$, der nicht Quelle oder Senke des Digraphen ist, die Summe der Bewertungen der Pfeile, für die e Endknoten ist, gleich der Summe der Bewertungen der Pfeile, für die e Anfangsknoten ist, so heißt d ein auf G definierter **Fluß** und wird mit f bezeichnet.

Anschaulich bedeutet ein Fluß, daß in jeden Knoten nur soviel hineinfließt, wie auch wieder hinausfließen kann.

D 22.6.2 Ein **Transportnetz** $N = (E,K,\phi,d,q,s)$ ist ein bewerteter Digraph, der genau eine Quelle $q \in E$ und eine Senke $s \in E$ besitzt. Jedem Pfeil $k \in K$ ist durch d eine positive Kapazität $d(k) > 0$ zugeordnet.

Man beachte, daß das Erfordernis **einer** Quelle und **einer** Senke bei praktischen Problemen mit mehreren Quellen und Senken leicht dadurch erreicht werden kann, daß vor die Quellen eine einzige fiktive Quelle ergänzt wird, von der je ein Pfeil zu den ursprünglichen Quellen führt bzw. von jeder Senke ein Pfeil zu einer einzigen hinzugefügten fiktiven Senke führt. F 22.6.3 veranschaulicht das an einem Beispiel. Die ergänzten Pfeile sind gestrichelt gezeichnet.

F 22.6.3

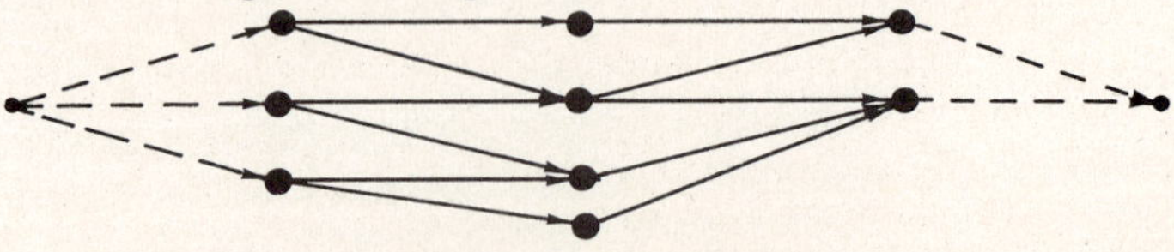

Ein auf N definierter Fluß f ist mit den Kapazitäten verträglich, wenn für jeden Pfeil gilt $0 \leqq f(k) \leqq d(k)$. Ein Fluß f auf N mit der **Stärke** F von q nach s ist ein Fluß, bei dem in die Senke genau soviel hineinfließt, wie aus der Quelle herauskommt, nämlich F.

Das Maximalflußproblem besteht dann darin, unter allen mit der Kapazität eines Transportnetzes N verträglichen Flüssen denjenigen zu finden, der am größten ist.

Als Kapazität d(S) eines Schnittes S (vgl. D 22.2.27) bezeichnet man die Summe der Kapazitäten der in S enthaltenen Pfeile.

Gegeben sei ein Transportnetz N, und es seien f ein beliebiger Fluß der Stärke F und S ein beliebiger Schnitt zwischen Quelle und Senke, d.h. $q \in E1$ und $s \in E2$. Dann ist $F \leqq d(S)$.

Die Stärke eines Flusses kann also die Kapazität eines Schnittes nicht übersteigen.

D 22.6.4 Gilt $F = d(S^*)$ für einen speziellen Schnitt S^*, so heißt f ein Maximalfluß und S^* ein **Schnitt minimaler Kapazität.**

Für das Problem der Bestimmung eines maximalen Flusses von der Quelle zur Senke eines Transportnetzes haben FORD und FULKERSON einen Algorithmus entwickelt, bei dem ein gegebener zulässiger Fluß iterativ verbessert wird.

R 22.6.5 Gegeben sei ein Transportnetz $N = (E,K,\phi,d,q,s)$ und ein mit den Kapazitäten von N verträglicher Fluß f. Mit dem folgenden Algorithmus kann festgestellt werden, ob der Fluß maximal ist oder ob er verbessert werden kann.

(1) Markiere die Quelle q mit $\Delta(q) = +\infty$.

(2) Versuche durch schrittweises Markieren von Knoten einen Kantenweg von der Quelle zur Senke zu bestimmen, wobei die folgenden Fälle möglich sind:

(2a) Es sei $k = (ei,ej)$ ein Pfeil mit markiertem Anfangsknoten und nicht markiertem Endknoten. Falls $f(k) < d(k)$ ist, markiere ej mit

$$\Delta(ej) = \min(\Delta(ei)\,;\, d(k) - f(k))$$

und dem Vorgänger ei von ej. Die Markierung besteht also aus dem Paar $(\Delta(ej)\,;\, ei)$.

(2b) Es sei $k = (ei',ej')$ ein Pfeil, dessen Endknoten markiert ist und dessen Anfangsknoten noch nicht markiert ist. Markiere ei' falls $f(k) > 0$ mit

$$\Delta(ei') = \min(\Delta(ej')\,;\, f(k))$$

und dem Nachfolger ej' von ei'. Die Markierung besteht aus dem Paar $(\Delta(ei')\,;\, ej')$.

(3) Kann auf diese Weise die Senke s markiert werden, so

kann der Fluß um $\Delta(s)$ verbessert werden. Den verbesserten zulässigen Fluß findet man dadurch, daß man von der Senke bis zur Quelle den Kantenweg sucht, der durch die Markierung der Nachfolger bzw. Vorgänger der Knoten in den Schritten (2a) und (2b) von der Quelle zur Senke bestimmt wird. Die Kantenflüsse entlang dieses Weges werden um $\Delta(s)$ erhöht, wenn der Pfeil bei der Markierung in seiner Richtung durchlaufen wurde (Markierung nach Schritt (2a)). Der Kantenfluß wird um $\Delta(s)$ vermindert, wenn die Markierung nach Schritt (2b) erfolgte.

Da bei der Markierung auch Pfeile entgegen ihrer Richtung durchlaufen werden, ergibt sich im allgemeinen kein Pfeilweg, sondern ein Kantenweg, in dem auch Pfeile vom End- zum Anfangsknoten durchlaufen werden.

Die Grundidee des Algorithmus besteht darin, daß man unendlich viele Einheiten aus der Quelle herausfließen läßt (Schritt (1): $\Delta(q) = \infty$). Dann wird sukzessive geprüft, wieviel Einheiten davon bis zur Senke fließen können. Der Schritt (2a) ist dabei leicht einzusehen, denn die Markierung des Endknotens mit $\Delta(ej) = \min(\Delta(ei); d(k) - f(k))$ bedeutet, daß man von der Quelle bis zu ej nicht mehr fließen lassen kann, als in ei ankommt und als die noch freie Kapazität des Pfeils zuläßt.

Der Schritt (2b), bei dem für die Markierung ein Pfeil (ei',ej') in umgekehrter Richtung (von ej' nach ei') durchlaufen wird, bedeutet folgendes: $\Delta(ej')$ Einheiten können von der Quelle bis zum Knoten ej' zusätzlich fließen. Ist es nicht möglich, diese $\Delta(ej')$ Einheiten von ej' weiterfließen zu lassen, dann kann man versuchen, von ei' weniger nach ej' fließen zu lassen: $\Delta(ei') = \min(\Delta(ej'), f(k))$; also soviel Einheiten, wie nach ej' zusätzlich fließen können oder soviel, wie im Moment über die Kante k fließen kann. Dadurch wird Flußkapazität von ej' zur Senke frei, die für die zusätzlichen Einheiten, die in ej' ankommen, verwendet werden kann. Für die nicht von ei' nach ej' geflossenen Einheiten muß dann durch weiteres Anwenden des Markierungsalgorithmus ein Weg bis zur Senke gefunden werden.

Zur Veranschaulichung wird hier ein einfaches Beispiel behandelt.

B 22.6.6 Es ist für den Graph in F 22.6.7 ein Maximalfluß zu bestimmen.

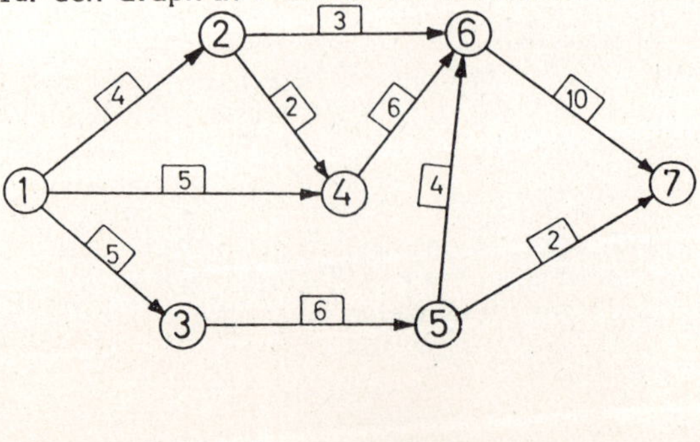

F 22.6.7

Knoten 1 ist die Quelle und Knoten 7 die Senke. Die Kantenwerte d(k) (Kantenkapazitäten) sind in die rechteckigen Felder an den Pfeilen eingetragen.

Ein zulässiger Ausgangsfluß, den man durch Probieren finden kann, ist in F 22.6.8a eingetragen (Zahlen neben den Kapazitätsangaben). Man beachte bei der Bestimmung eines zulässigen Ausgangsflusses vor allem, daß in einen Knoten nur soviel hineinfließen darf, wie auch wieder herausfließt. In Zweifelsfällen ist es empfehlenswert, mit einem Fluß der Stärke 0 zu beginnen.

Bei der folgenden Anwendung des Algorithmus zur Verbesserung des Flusses ist zu beachten, daß es meistens verschiedene Möglichkeiten zur schrittweisen Bestimmung eines Kantenweges gibt, der zu einer Markierung der Senke führt. Insofern ist der Algorithmus nicht eindeutig.

Es wird nun wie folgt markiert:

Schritt 1: Markierung der Quelle: $\Delta(1) = \infty$

Schritt 2: Markierung des Knotens 4 nach Schritt (2a) des Algorithmus mit
$\Delta(4) = \min(\Delta(1); 5-1) = \min(\infty; 4) = 4$
und der Angabe des Vorgängerknotens 1. (Vgl. F 22.6.8b)

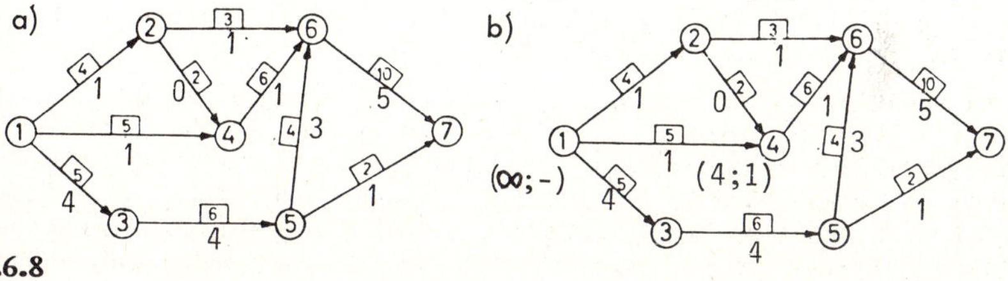

F 22.6.8

Schritt 3: Markierung von Knoten 6 nach Schritt (2a) des Algorithmus mit
$\Delta(6) = \min(\Delta(4); 6-1) = \min(4;5) = 4$
und der Angabe des Vorgängerknotens 4. (F 22.6.9a)

Schritt 4: Markierung der Senke 7 nach Schritt (2a) des Algorithmus mit
$\Delta(7) = \min(\Delta(6); 10-5) = \min(4;5) = 4$
und Angabe des Vorgängerknotens 6. (F 22.6.9b)

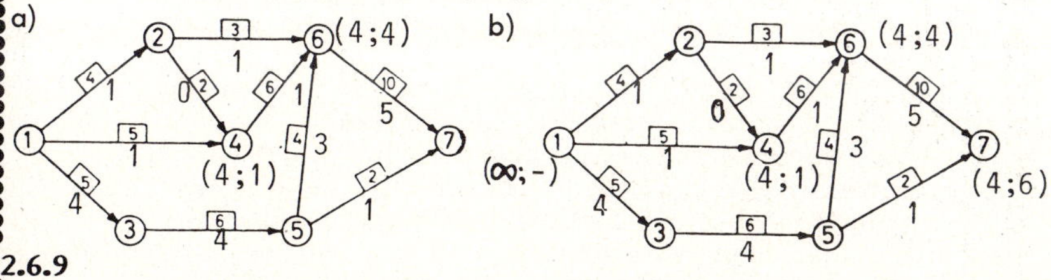

F 22.6.9

Damit ist die Senke markiert. Eine Verbesserung des Flusses ist also möglich und zwar um $\Delta(7) = 4$. Aus den Markierungen folgt, daß diese

Verbesserung entlang des Kantenweges über die Knoten 1,4,6,7, der in diesem Fall zugleich auch ein Pfeilweg ist, erreicht werden kann. Den verbesserten Fluß zeigt F 22.6.10a.

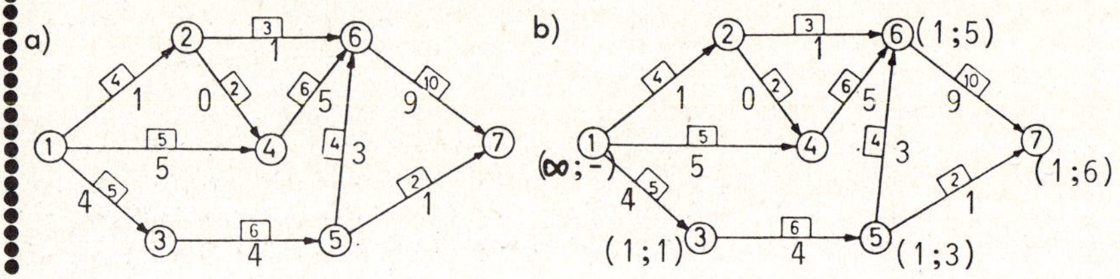

F 22.6.10

Durch schrittweises Markieren ist nun erneut zu versuchen, die Senke zu markieren, um festzustellen, ob der Fluß noch verbessert werden kann. Das ist in 5 Schritten möglich, wobei die Knoten 1,3,5,6 und 7 markiert werden. Das Ergebnis zeigt F 22.6.10b. Der verbesserte Fluß ist in F 22.6.11a eingetragen.

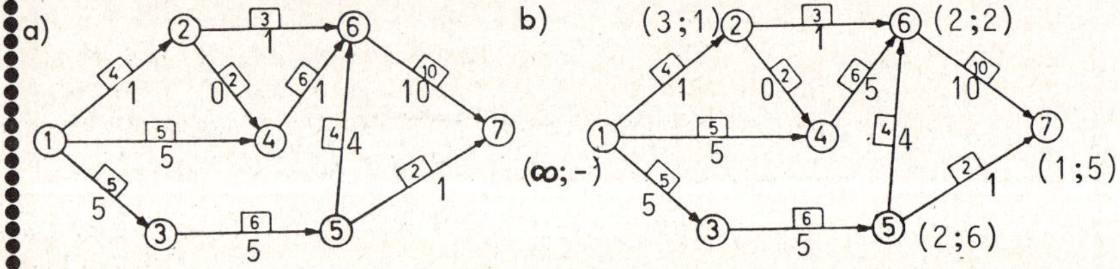

F 22.6.11

Es ist wiederum zu prüfen, ob eine Verbesserung des Flusses möglich ist. In 5 Schritten (Knoten 1,2,6,5,7) kann die Senke markiert werden. Das Ergebnis zeigt F 22.6.11b. Zu der Markierung von Knoten 5 nach Schritt (2b) des Algorithmus ist folgendes zu sagen: Die Markierung von Knoten 6 besagt, daß es möglich ist, 2 Einheiten von der Quelle bis zum Knoten 6 fließen zu lassen. Da die Kapazität des Pfeils (6;7) jedoch bereits völlig erschöpft ist, können diese 2 Einheiten nicht weiterfließen. Reduziert man nun den Fluß von 5 nach 6 um 2 Einheiten, die dann auch nicht wieder aus 6 über (6;7) herausfließen, dann entsteht bei dem Pfeil (6;7) eine freie Kapazität von 2 Einheiten, so daß die von der Quelle dort über Knoten 2 ankommenden 2 Einheiten weiterfließen können. Es muß nun jedoch geprüft werden, ob die 2 Einheiten, die nicht von 5 nach 6 und von dort weiterfließen, über einen anderen Weg zur Senke fließen können. Das ist, wie die Markierung der unmittelbar hinter 5 liegenden Senke zeigt, nur für eine Einheit möglich, so daß der Fluß insgesamt nur um eine Einheit verbessert werden kann. Den verbesserten Fluß zeigt F 22.6.12.

Eine weitere Verbesserung des Flusses ist nicht möglich, da eine Markierung der Senke nicht mehr durchgeführt werden kann.

Damit ist das Verfahren beendet und ein maximaler Fluß von der Quelle zur Senke bestimmt.

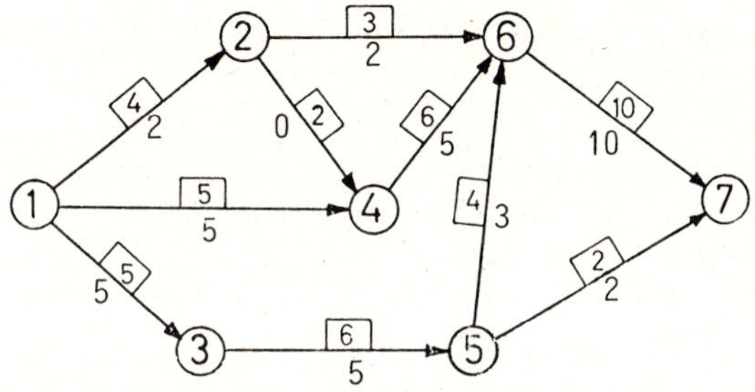

F 22.6.12

Die Bestimmung des maximalen Flusses kann zusätzlich zur Bestimmung eines Minimalschnittes verwendet werden. Auf den Zusammenhang zwischen maximalem Fluß und minimalem Schnitt wurde bereits oben hingewiesen (vgl. D 22.6.4). Es gilt nun:

R 22.6.13

> Für ein Transportnetz sei ein maximaler Fluß bestimmt. Sind nach R 22.6.5 alle überhaupt markierbaren Knoten mit einer Markierung versehen und ist E1 die Menge der markierten und E2 die Menge der unmarkierten Knoten, so ist die Menge der Pfeile k = (ei,ej) mit ei $\in$ E1 und ej $\in$ E2 der minimale Schnitt.

Anschaulich läßt sich dieser Satz leicht einsehen, wenn man davon ausgeht, daß bei der Markierung nach R 22.6.5 versucht wird, einen aus der Quelle herausfließenden zusätzlichen Fluß sukzessive durch das Transportnetz zu führen. Am minimalen Schnitt muß, wenn der maximale Fluß bereits gefunden ist, dieser Markierungsprozeß aber immer enden, da durch den "Flaschenhals" des Minimalschnittes kein zusätzlicher Fluß mehr hindurch kann.

B 22.6.14 Für B 22.6.6 ergibt, nachdem der Maximalfluß bestimmt wurde, eine Markierung aller überhaupt markierbaren Knoten das Ergebnis in F 22.6.15.

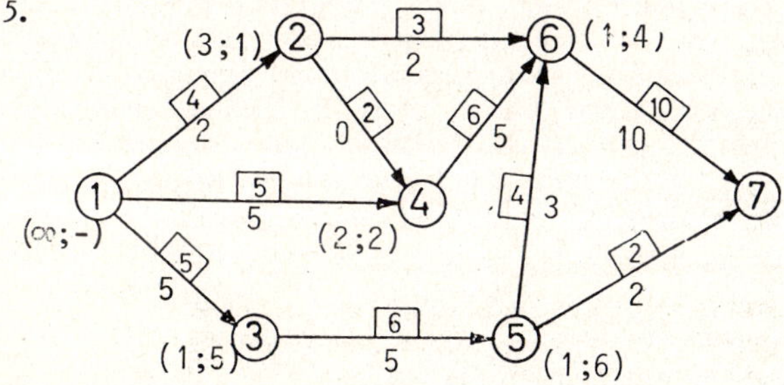

F 22.6.15

Es können also die Knoten 1 bis 6 markiert werden. Es ist E1 = {1,2,3,4,5,6} und E2 = {7}. Als minimalen Schnitt erhält man somit S = {(e6,e7), (e5,e7)}.

Für die manuelle Bestimmung des maximalen Flusses ist hier darauf hinzuweisen, daß der Algorithmus von FORD und FULKERSON auch so angewendet werden kann, daß man bei einer Iteration mehrere Kantenwege bestimmt, entlang derer eine Verbesserung des Flusses möglich ist. Die Senke erhält dann mehrere Markierungen. Bei sich überschneidenden Wegen ist hier jedoch Vorsicht geboten.

Man beachte, daß die Lösung des Flußproblems im Hinblick auf die Beanspruchung der Kantenkapazitäten nicht eindeutig ist.

Häufig taucht das Flußproblem in einer anderen Formulierung auf. Für ein gegebenes Transportnetz sind für die Kanten zusätzlich noch die Kosten für den Transport einer Einheit gegeben. Es ist der kostenminimale Maximalfluß zu suchen. Zur Lösung dieses Problems gibt es spezielle Formulierungen des angegebenen Algorithmus, auf die hier nicht eingegangen werden kann.

Ein triviales Flußproblem besteht darin, in einem **Transportnetz mit unbeschränkten Kapazitäten,** bei dem für jeden Pfeil anstelle der Kapazität die Kosten c(k) für den Transport einer Einheit vom Anfangs- zum Endknoten der Kante angegeben sind, einen **kostenminimalen** Fluß von der Quelle zur Senke zu bestimmen. Ein Fluß einer bestimmten Stärke ist so durch das Transportnetz zu führen, daß die Gesamtkosten $\sum_k c(k)f(k)$ minimal werden. Interpretiert man die Kosten als "Kostenlänge" der Pfeile, so ist ein Weg minimaler "Kostenlänge" von der Quelle q zur Senke s zu finden. Dazu kann einer der im Abschnitt 22.4 bzw. 22.5 beschriebenen Algorithmen herangezogen werden, so daß hier darauf nicht weiter eingegangen zu werden braucht.

Es gibt verschiedene Probleme, die zunächst nicht auf ein Flußproblem schließen lassen, die sich aber in einer Formulierung als Flußproblem leicht lösen lassen. Das gilt z.B. für das sogenannte Verschiffungsproblem. In verschiedenen Versandhäfen lagern bestimmte Mengen eines Gutes. Diese sollen mit Schiffen unterschiedlicher, vorgegebener Kapazität zu unterschiedlichen Empfangshäfen verschifft werden, deren Bedarfsmengen vorgegeben sind. Die Verschiffung soll nun so erfolgen, daß möglichst viel von den Versandhäfen zu den Empfangshäfen verschifft wird, aber der Bedarf der Empfangshäfen nicht überschritten wird. Der in F 22.6.16 wiedergegebene Graph zeigt die Formulierung des Problems. a,b und c geben die in A, B und C vorhandenen Mengen an, d und e die in D und E benötigten Mengen. Die Pfeile von A, B bzw. C nach D bzw. E werden mit den entsprechenden Schiffskapazitäten bewertet. Das Problem besteht dann in der Bestimmung eines möglichst großen Flusses von q nach s.

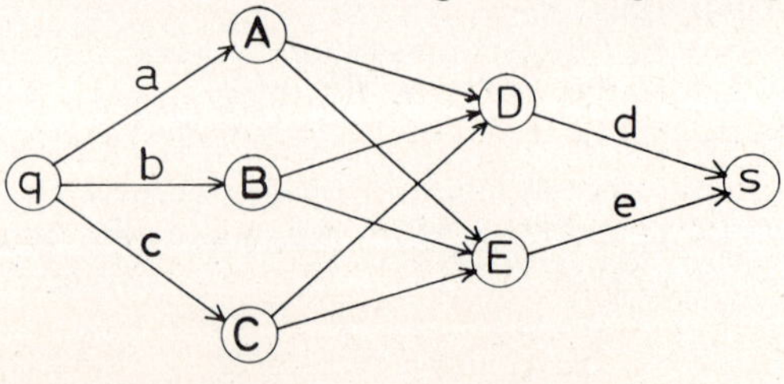

F 22.6.16

22.7 Graphentheoretische Strukturparameter

Die Verwendung der Graphentheorie zur Formulierung von Strukturmodellen für ökonomische Probleme wirft die Frage auf, inwieweit die Graphentheorie Möglichkeiten zur Beurteilung und zum Vergleich von Strukturen schafft. In erster Linie geht es dabei um Parameter zur Kennzeichnung gewisser Eigenschaften von Graphen bzw. Strukturen. In diesem Abschnitt werden exemplarisch typische Parameter behandelt.

Parameter, die die Belastung der Knoten betreffen
Einige Parameter sind bereits im Abschnitt 22.2 im Zusammenhang mit den wichtigsten Begriffen der Graphentheorie behandelt worden.

Die einfachsten Kenngrößen sind die Anzahl der Knoten n und die Anzahl der Kanten r eines Graphen sowie das Verhältnis von Knoten zu Kanten bzw. umgekehrt. Das Verhältnis $\overline{\gamma} = \frac{2r}{n}$ gibt den **durchschnittlichen Knotengrad** an und kann zur Charakterisierung der durchschnittlichen Belastung der Knoten verwendet werden, wenn die Kanten Informations- oder Transportkanäle darstellen. In die Größe $\overline{\gamma}$ geht die Anzahl der mit einem Knoten inzidenten Kanten ein, ohne daß dabei eine eventuelle Richtung der Kanten berücksichtigt wird. Bei der Darstellung eines Kompetenz- oder Informationssystems kann aber die Richtung sehr wohl eine Rolle spielen. Der Eingangsgrad gibt die Anzahl der Vorgesetzten einer Stelle im Kompetenzsystem oder die Anzahl der Informationseingänge im Informationssystem an. Der Ausgangsgrad gibt demgegenüber die Anzahl der Untergebenen oder die Anzahl der Stellen an, an die Informationen abgegeben werden. Die durchschnittliche Belastung kann in beiden Fällen durch den durchschnittlichen Eingangs- bzw. Ausgangsgrad angegeben werden.

Bei der Betrachtung der Knotengrade bzw. der Eingangs- und Ausgangsgrade der Knoten findet nur die Anzahl der mit einem Knoten inzidenten Kanten Berücksichtigung. Für die Betrachtung der benachbarten Stellen oder der Vorgesetzten und Untergebenen in einer Organisation oder der benachbarten Knotenpunkte in einem Verkehrsnetz reicht das aus. Häufiger dürfte jedoch die Analyse der Belastung eines Knotens durch einen Informations-, Verkehrs- oder anderen Fluß von Interesse sein. Hier kann die Flußbelastung jedes Knotens und die durchschnittliche Belastung aller Knoten bestimmt werden.

Bei einigen Fragestellungen, etwa bei der Betrachtung von Kommunikationssystemen, ist dieser Parameter jedoch nicht verwendbar, da die Knoten Informationen verarbeiten und erzeugen. Nach den Definitionen des Abschnitts 22.6 muß dann kein Fluß vorliegen.
Erweitert man den Flußbegriff um einen Ausgangsfluß $f^+(e)$ und einen Eingangsfluß $f^-(e)$ für jeden Knoten, die nicht notwendig übereinstimmen müssen, dann kann man auch für diesen Fall den durchschnittlichen Fluß der Knoten bestimmen.

Bei manchen Problemen kann der Unterschied zwischen Eingangs- und Ausgangsfluß eines Knotens auf eine Verarbeitung der fließenden

Einheiten hindeuten. Bei einem Informationsnetz etwa auf die Erstellung bzw. Erhebung, die Verarbeitung, die Aufbereitung oder die Verdichtung von Informationen.

Parameter, die die Entfernungen in Graphen betreffen
Weiter oben wurde ausführlicher auf die Bestimmung kürzester bzw. längster Wege in Graphen eingegangen. Die Länge des kürzesten Weges zwischen zwei Knoten ei und ej eines Graphen heißt **Distanz** s(ei,ej) oder kurz s_{ij} der beiden Knoten.
Sämtliche Distanzen eines Graphen können in einer sogenannten Distanzmatrix zusammengestellt werden (vgl. D 22.5.4).

Das ist sowohl für bewertete als auch für unbewertete Graphen möglich. Im letzten Fall ist die Anzahl der Kanten der kürzesten Wege maßgebend.
Aus den Distanzen eines Graphen lassen sich folgende Kenngrößen ermitteln:

Die größte in einem Graphen vorkommende Distanz wird als **Durchmesser** des Graphen bezeichnet.

Unter dem **Radius r(e) eines Knotens e** versteht man die größte Distanz, die ein Knoten zu irgendeinem anderen Knoten eines Graphen besitzt.

B 22.7.1 In F 22.7.2 ist ein Graph mit Distanzmatrix wiedergegeben.

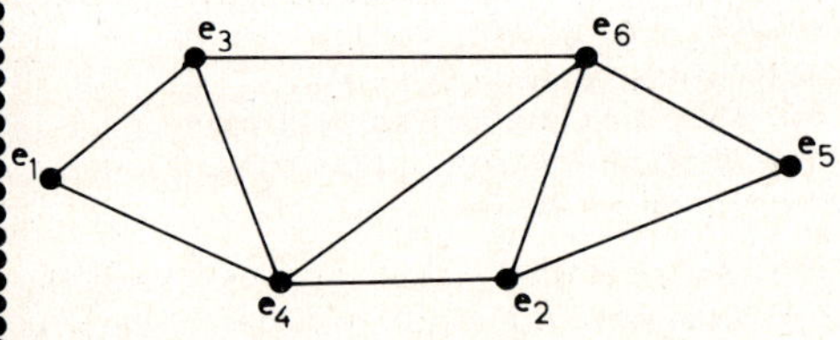

	e_1	e_2	e_3	e_4	e_5	e_6
e_1	0	2	1	1	3	2
e_2	2	0	2	1	1	1
e_3	1	2	0	1	2	1
e_4	1	1	1	0	2	1
e_5	3	1	2	2	0	1
e_6	2	1	1	1	1	0

F 22.7.2

Der Durchmesser des Graphen ist 3, und es gilt:
r(e1) = 3; r(e2) = 2; r(e3) = 2; r(e4) = 2; r(e5) = 3; r(e6) = 2.

Man beachte, daß in einem nichtzusammenhängenden Graphen jeder Knoten den Radius r(e) = ∞ hat, da es zu jedem Knoten mindestens einen anderen Knoten gibt, der von ihm nicht erreicht werden kann.

Für die Beurteilung von Strukturen kann es weiterhin zweckmäßig sein, die **durchschnittliche Distanz eines Knotens** zu allen anderen Knoten und die **durchschnittliche Distanz im Graphen** zu bestimmen.

Parameter, die die Stellung der Knoten im Graphen betreffen
Unter einem **Zentrum** eines Graphen versteht man einen Knoten mit minimalem Radius innerhalb des Graphen. In dem Beispiel aus F 22.7.2 sind die Knoten e2,e3,e4 und e6 Zentren.

Ein **peripherer Knoten** ist demgegenüber ein Knoten mit maximalem Radius. In F 22.7.2 sind e1 und e5 periphere Knoten.

Wird eine soziologische Struktur durch einen gerichteten Graphen dargestellt, in dem die Individuen die Knoten ergeben und die gerichteten Kanten die Dominanz eines Individuums über ein anderes Individuum ausdrücken, dann kann man mittels Eingangs- und Ausgangsgrad der Knoten Kenngrößen für die "Stärke" der Individuen bzw. Knoten aufstellen. Ein einfaches Dominanzkriterium ist die Differenz zwischen Ausgangs- und Eingangsgrad:

$$\gamma^{-}(e) - \gamma^{+}(e).$$

Dividiert man durch die Anzahl der adjazenten Knoten, so ergibt sich eine zwischen -1 und +1 variierende Größe, die ein Maß für die Stärke, d.h. den Grad der direkten Unter- bzw. Überordnung darstellt.

In diese Kennzahl gehen jedoch nur die mit einem Knoten unmittelbar in Verbindung stehenden Knoten ein. Indirekte Über- und Unterordnungsverhältnisse gehen nicht ein. In manchen Fällen dürfte es deshalb zweckmäßig sein, wenn man folgende Kenngrößen ermittelt:

$$\frac{\text{Anzahl der von einem Knoten über Pfeilwege erreichbaren Knoten}}{\text{Anzahl der Knoten des Graphen -1}}$$

als Maßzahl für die Überordnung oder Rangordnung des entsprechenden Individuums;

$$\frac{\text{Anzahl der Knoten, von denen ein Pfeilweg zu dem betreffenden Knoten existiert}}{\text{Anzahl der Knoten des Graphen -1}}$$

als Maßgröße für die Unterordnung des betreffenden Individuums.

Die Differenz beider Maßgrößen ergibt dann eine Kennzahl für die Machtstellung eines Individuums innerhalb einer Organisation.

Bei derartigen Untersuchungen ist allerdings immer darauf zu achten, daß Zyklen auftreten können, denn soziologische Strukturen werden nicht immer streng hierarchisch gegliedert sein. Darauf kann hier jedoch nicht im einzelnen eingegangen werden.

Hinsichtlich der Lage eines Knotens innerhalb eines Graphen kann auch die Bestimmung der Knoten (Teilmenge der Knotenmenge) von Interesse sein, von denen jeder andere Knoten des Graphen aus erreichbar ist. Handelt es sich dabei um die Darstellung eines soziologischen oder biologischen Systems, so kann von den diesen Knoten entsprechenden Elementen aus das gesamte System gesteuert werden.

Es geht hier um die Bestimmung einer sogenannten **Knotenbasis**, einer minimalen Anzahl von Knoten eines gerichteten Graphen, von der jeder andere Knoten aus erreichbar ist.
In einem azyklischen Graphen sind das alle Knoten e mit einem Eingangsgrad von Null: $\gamma^{-}(e) = 0$. Enthält der Graph Pfeilzyklen, so kann aus einem Zyklus ein beliebiger Knoten gewählt werden.

B 22.7.3 Es ist sofort zu ersehen, daß bei dem Graphen in F 22.7.4 e4 und e11 zu einer Knotenbasis gehören.

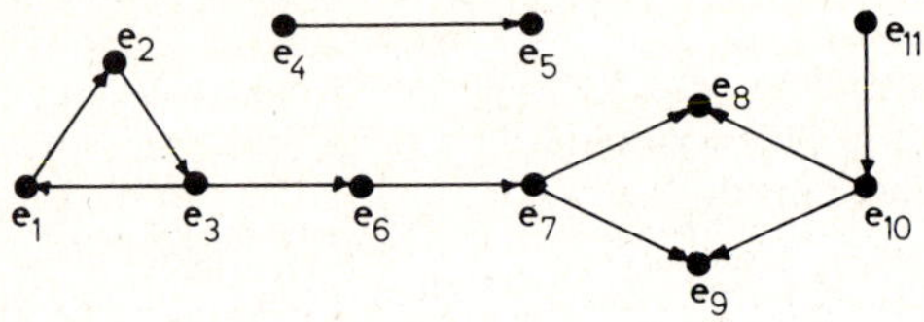

F 22.7.4

Welchen der Knoten e1,e2 und e3 man dazu nimmt, ist beliebig. Es gibt also 3 Knotenbasen B1 = {e1,e4,e11} , B2 = {e2,e4,e11} , B3 = { e3,e4,e11} .

Parameter, die den Zusammenhang eines Graphen betreffen

Für die Beurteilung von Strukturen, die durch Graphen dargestellt werden, spielt in manchen Fällen der Zusammenhang eine Rolle, da er die Empfindlichkeit von Systemen gegen Störungen ausdrücken kann. Jeder Artikulationspunkt in einem Verkehrs- oder anderen Leitungsnetz stellt einen kritischen Punkt des Netzes dar. Fällt die dem Knoten entsprechende Stelle aus, so ist der Zusammenhang des Netzes unterbrochen. Es sind nur noch die Knoten der einzelnen Zusammenhangskomponenten untereinander erreichbar.

Einfache Parameter sind in diesem Zusammenhang die Anzahl der Artikulationspunkte, wobei diese nach der Anzahl der jeweils anfallenden Zusammenhangskomponenten unterschieden werden können. Bei den verschiedenen Strukturen in F 22.7.5 ergibt sich folgendes: In der Kette sind außer den Randknoten alle Knoten Artikulationspunkte. Entfernt man einen, zerfällt der Graph in zwei Komponenten. Beim Stern ist e1 der einzige Artikulationspunkt, dessen Entfernung zu einem völligen Zerfall des Graphen führt, d.h. es gibt dann nur noch isolierte Knoten. Beim Kreis gibt es keinen Artikulationspunkt.

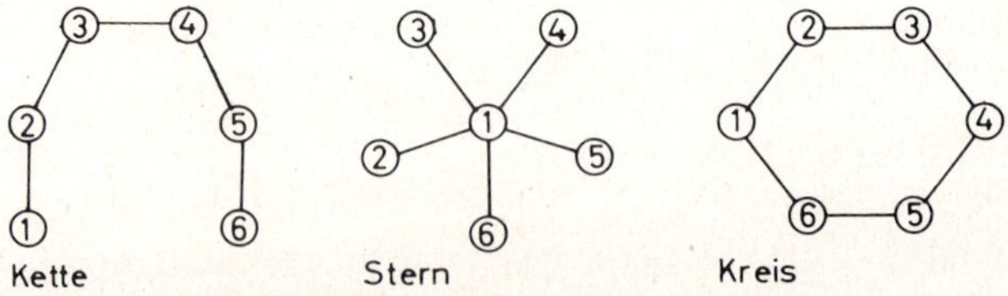

F 22.7.5

Gibt es keine Artikulationspunkte, dann kann es von Interesse sein, minimale Artikulationsmengen zu bestimmen. Von gleicher Bedeutung sind Schnitte, die aus einer minimalen Anzahl von Kanten bestehen. Entfernt man alle Kanten eines solchen Schnittes, so wird ebenfalls der Zusammenhang des Graphen gestört.

22.8 Anwendungsbeispiele von Graphen und die sich daraus ergebenden Problemstellungen

Bei der Behandlung ökonomischer oder auch anderer Probleme durch die Graphentheorie und ihre Verfahren besteht ein wesentlicher Schritt der Problemlösung in der Formulierung eines Strukturmodells für den jeweiligen Sachverhalt. Die formale Darstellung des Problems durch einen Graphen ist die Darstellung von Problemstruktur bzw. der Struktur der dem Problem zugrundeliegenden Bedingungen. Das gilt z.B. für Verkehrs- oder Transportnetze, für Organisationen, Kommunikationsnetze und Kompetenzsysteme sowie für Projektabläufe. Die durch die Formalisierung erreichte Transparenz der Struktur ist häufig bereits ein wesentlicher Schritt der Problemlösung. Im folgenden sind einige Beispiele für solche Strukturen zusammengestellt. Damit wird zugleich auf die wichtigsten Anwendungen der Graphentheorie hingewiesen. Die Ausführungen knüpfen teilweise an die Beispiele im Abschnitt 22.1 an.

Der hierarchische Aufbau eines **Kompetenzsystems**, dessen übliche Darstellung etwa das Bild in F 22.1.1 ergibt, läßt sich als Graph interpretieren. Kommt es auf die Weisungsbefugnis bzw. die Unterordnung an, so empfiehlt sich die Verwendung eines gerichteten Graphen. Beim reinen Liniensystem erhält man, wie in F 22.8.1, einen gerichteten Baum, bei dem der Ausgangsgrad jedes Knotens die Anzahl der unmittelbar Untergebenen des entsprechenden Stelleninhabers angibt.

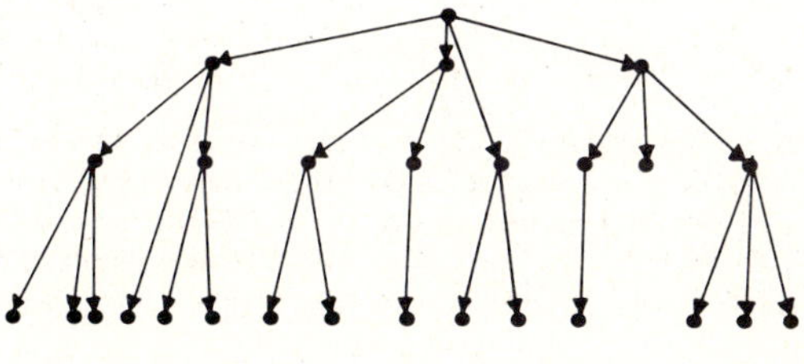

F 22.8.1

Mit Hilfe graphentheoretischer Verfahren lassen sich minimale, maximale und durchschnittliche Länge eines Instanzenweges (vom Stelleninhaber der untersten Ebene bis zur Spitze bzw. umgekehrt) und eines Dienstweges (von einem beliebigen Stelleninhaber zu einem beliebigen anderen Stelleninhaber) bestimmen.

Bei einem Funktions- oder gemischten Organisationssystem kann man sich z.B. für die Anzahl der Wege von einem Stelleninhaber zu jedem anderen interessieren.

In einer beliebigen Organisation (Betrieb, Verein, Kommune, Parlament, Fachbereich, Schule etc.) fließen Informationen von einem Individuum zu einem anderen. Die Gesamtheit dieser Informationsflüsse ergibt das **Kommunikationssystem** der Organisation, das sich als Graph darstellen läßt. Die Individuen entsprechen dabei den Knoten, die Informationskanäle den Kanten eines Graphen, die man z.B. mit der Dauer des Informationsflusses bewerten kann.

In einem Kommunikationssystem können besonders die Artikulationspunkte und Artikulationsmengen interessieren, durch deren Ausfall Informationsflüsse unterbrochen werden. So kann z.B. durch den Ausfall einer Vermittlungsstelle eines Telefonnetzes ein Teil dieses Netzes stillgelegt werden.

Existieren zwischen Individuen verschiedene Informationskanäle, so gibt es parallele Kanten.
Man kann sich hier für den (zeitlich) kürzesten Informationsweg zwischen zwei Individuen interessieren sowie für die durchschnittliche Übertragungsdauer von Informationen.

Durch einen gerichteten Graphen läßt sich auch die Richtung des Informationsflusses erfassen. Die Pfeile können dann mit dem Umfang (Intensität, Stärke) des Informationsflusses bewertet werden.

Jeder systematische **Arbeitsablauf**, der aus mehreren hintereinandergeschalteten Arbeitsgängen besteht, die in verschiedenen Stellen bzw. Abteilungen ausgeführt werden, kann als Graph dargestellt werden (vgl. F 22.1.2). Für einen gegebenen kontinuierlichen Arbeitsablauf stellt sich dabei z.B. das Problem, wie die einzelnen Stellen zeitlich bzw. kapazitätsmäßig aufeinander abgestimmt werden können. Dazu lassen sich graphentheoretische Verfahren heranziehen.

In ähnlicher Weise lassen sich die meisten Arbeitsabläufe in Organisationen (Verwaltungen, Betrieben) darstellen.
Das gilt auch für den **Materialfluß** in einem Fertigungsbetrieb (F 21.1.3).

Eine breite praktische Anwendung hat die Graphentheorie in der **Teilebedarfsermittlung** bzw. **Materialbedarfsplanung** von Fertigungs- bzw. Montagebetrieben erfahren, bei denen der Zusammenbau der Fertigprodukte in mehreren Stufen erfolgt. Man erhält hier sogenannte GOZINTO-Graphen (vgl. die Ausführungen im Abschnitt 18.1, vor allem B 18.1.4).

In vielen sozialen und wirtschaftlichen Bereichen hat man es mit der Planung und Steuerung komplexer Arbeitsabläufe (Projekte) zu tun, die sich als zusammenhängender, zyklenfreier Digraph darstellen lassen. Ein Beispiel zeigt F 22.1.4.

Der Digraph gibt eine Darstellung des strukturellen Projektablaufs mit allen Arbeitsgängen und Abhängigkeiten zwischen ihnen (Reihenfolge). Man kann die Pfeile mit der Ausführungszeit der Arbeitsgänge bewerten und einen Zeitplan für den Arbeitsablauf aufstellen, dem die Bestimmung zeitlich längster Wege zugrundeliegt.
Weitere Projektplanungsprobleme sind die Bestimmung kostenoptimaler Projektabläufe bei Einbeziehung von Kosten oder die Behandlung von Kapazitätsfragen.
Die Behandlung derartiger Planungsprobleme ist unter dem Namen **Netzplantechnik** bekannt. Diese stellt das bekannteste und verbreitetste Anwendungsgebiet der Graphentheorie dar.

Ein **Verkehrsnetz** (Straßennetz, Eisenbahnnetz, Wasserstraßennetz) läßt sich als Graph darstellen. F 22.1.5 zeigt einen Ausschnitt aus dem Straßennetz einer Stadt. Die Pfeile bzw. Doppelpfeile sollen andeuten, in welchen Richtungen die Straßen befahren werden können. Interpretiert man die Kreuzungspunkte der Straßen als Knoten und die Straßen als gerichtete Kanten eines Graphen, dann erhält man für das Straßennetz in F 22.1.5 den Graphen in F 22.8.2a. Straßen, die in beiden Richtungen befahren werden können, werden durch zwei entgegengesetzt laufende Pfeile dargestellt. Für einen Fußgänger sind Fahrtrichtungsvorschriften irrelevant, so daß sich für ihn das Straßennetz als ungerichteter Graph darstellen läßt (F 22.8.2b).

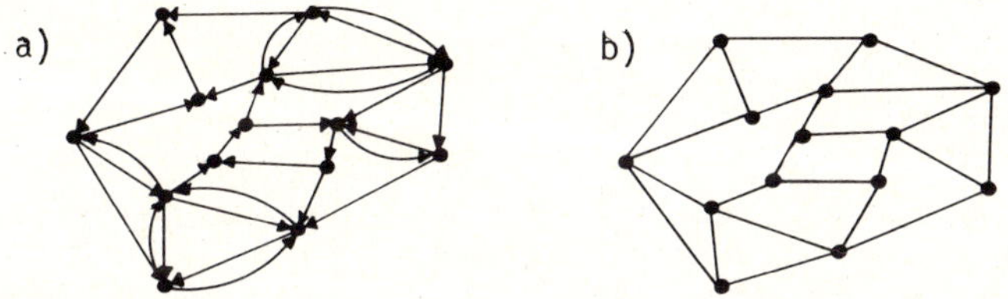

F 22.8.2

Als ungerichteten Graphen kann man im allgemeinen auch ein verschiedene Orte verbindendes Straßennetz darstellen.

Die Kanten können mit Entfernungen oder Kosten bewertet werden. Mit graphentheoretischen Verfahren können dann kürzeste bzw. kostenminimale Wege, optimale (d.h. kürzeste) Rundreisen usw. bestimmt werden. Die Bestimmung eines solchen **optimalen Rundreiseweges** ist als Travelling-Salesman-Problem bekannt.

Ein mit der Bestimmung von kürzesten Wegen verwandtes Problem ist das folgende:

Eine gegebene Anzahl von Orten soll so durch ein zusammenhängendes System von Verkehrswegen verbunden werden, daß die Gesamtlänge des Verkehrsnetzes möglichst klein ist. Dieses Problem ist von der gleichen Struktur, wie das folgende:

Eine Menge von Teilnehmern bzw. Abnehmern (z.B.: Telefonnetz, Wasserversorgung, Elektrizitätsversorgung) soll durch ein Leitungsnetz so verbunden werden, daß das Netz eine minimale Länge aufweist oder mit minimalen Kosten erstellt werden kann. Betrachtet man die Teilnehmer (Abnehmer) als Knoten und sämtliche möglichen Verbindungen als mit ihrer Länge bzw. Kosten bewertete Kanten eines Graphen, dann besteht die Aufgabe darin, für den Graphen ein **Gerüst** (vgl. D 22.2.24) mit minimaler Summe der Kantenwerte zu bestimmen.

Ein Rohrleitungssystem oder ein elektrisches Leitungsnetz läßt sich als Graph darstellen. Die (evtl. gerichteten) Kanten lassen sich mit der Kapazität des der Kante entsprechenden Leitungsstückes bewerten. Man kann sich dann für Flüsse innerhalb des Graphen (Leitungsnetze) interessieren. Von Bedeutung ist dabei insbesondere die Frage nach dem maximalen Fluß zwischen zwei gegebenen Knoten. Dieses Problem taucht auch auf, wenn man sich mit Verkehrsflüssen in Verkehrsnetzen beschäftigt.

Die Beispiele bzw. Problemstellungen stellen nur eine Auswahl der wichtigsten wirtschaftlichen Anwendungen dar.

Weitere Anwendungen bestehen in der Behandlung des Transportproblems, des Umladeproblems und in Zuordnungsproblemen sowie bei der Untersuchung aller Arten von sozioökonomischen Strukturen.

Außerhalb der Wirtschaftswissenschaften finden sich Anwendungen in der Biologie, Medizin, Technik usw. Auf Einzelheiten kann in dem vorliegenden Rahmen nicht eingegangen werden.

Aufgaben

Ü 22.8.1 Zeichne zu den beiden folgenden Projektabläufen Graphen.

a) Zu einem abgelegenen Haus soll ein Zufahrtsweg gebaut werden. Dazu ist zunächst der Boden auszuheben.
Auf eine Schotterpacklage soll eine Decke aus Asphalt aufgebracht werden, die vor dem Erhärten glattzuwalzen ist. Die Bestellung der Materialien (Schotter und Asphalt) erfolgt als ein Vorgang vor Beginn der Arbeiten. Im Graphen sind die Lieferzeiten für den Schotter und den Asphalt zu berücksichtigen.

b) Für das Verlegen einer Wasserleitung sind nacheinander folgende Arbeiten auszuführen: Vorbereitung der Trasse, Aushub des Grabens, Verlegen der Rohre, Zuschütten des Grabens (und Oberflächenherstellung), Druckprüfung. Während der Graben zugeschüttet wird, können die Armaturen montiert werden. Parallel zu den Arbeiten bis zur Druckprüfung wird die Pumpstation gebaut.

Ü 22.8.2 Ein Betrieb fertigt aus 4 Einzelteilen (A,B,C,D) 2 Baugruppen (E,F) und 2 Endprodukte (G,H).
Für eine Baugruppe E werden 4 Stück A, 2 Stück C und ein Stück D benötigt. Für eine Baugruppe F 2 Stück B und 3 Stück D. Für ein Endprodukt G sind 2 Stück A und je 2 Baugruppen E und F erforderlich. Für ein Endprodukt H benötigt man je 1 Stück C und D, 1 Baugruppe E und 2 Baugruppen F.
Zeichne den GOZINTO-Graphen.

Ü 22.8.3 In einem Betrieb sind der Unternehmensleitung U die Abteilungsleiter A,B,C unterstellt. A hat a,b,c,d als Untergebene, B e und f und C ist Vorgesetzter von g,h,j. Die Abteilungsleiter können untereinander Informationen austauschen. Ebenso die Untergebenen jedes Abteilungsleiters innerhalb ihrer Abteilung.
Zeichne den Graphen der Organisationsstruktur. Die Über-/Unterordnung ist durch Pfeile, die Möglichkeit zum Informationsaustausch durch ungerichtete Kanten zu berücksichtigen.

Lösungen der Übungsaufgaben

17.1.1

a) $a_{15} = -6$, $a_{34} = 7$, $a_{43} = 2$, $a_{52} = -4$, $a_{41} = 2$; b) $\sum_{i=1}^{5} a_{i2} = 7$, $\sum_{j=1}^{5} a_{2j} = 2$.

17.1.2

a) $\mathbf{B}_{34} = \begin{pmatrix} 1 & 2 & 3 & 4 \\ 2 & 3 & 4 & 5 \\ 3 & 4 & 5 & 6 \end{pmatrix}$; b) 6,9,12,15; c) 42;

17.2.1

$\mathbf{A}' = \begin{pmatrix} 3 & 4 \\ 2 & 1 \\ 8 & -7 \end{pmatrix}$; $\mathbf{B}' = \begin{pmatrix} 5 & 6 & 2 \\ 17 & 12 & -9 \\ -2 & 3 & 14 \\ 29 & 18 & 32 \end{pmatrix}$; $\mathbf{C}' = \begin{pmatrix} 12 & -7 & 34 \\ 8 & 9 & 2 \\ 16 & 7 & -3 \end{pmatrix}$

17.2.2

Matrix **C** ist symmetrisch.

17.2.3

$\mathbf{A} = \begin{pmatrix} 1 & 5 & -1 & 4 & 9 \\ 5 & 2 & 2 & 0 & 8 \\ -1 & 2 & 6 & 1 & 7 \\ 4 & 0 & 1 & 0 & 7 \\ 9 & 8 & 7 & 7 & 3 \end{pmatrix}$; $\mathbf{B} = \begin{pmatrix} 5 & 1 & 3 & 2 \\ 1 & 2 & 0 & a \\ 3 & 0 & d & b \\ 2 & a & b & c \end{pmatrix}$ a,b,c und d können beliebig gewählt werden.

17.3.1

a) $\begin{pmatrix} 4 & 7 & 10 & 10 \\ 14 & 4 & 2 & 9 \\ 10 & 10 & 12 & 11 \end{pmatrix}$ b) $\begin{pmatrix} 2 & 1 & 0 & 2 \\ 0 & 0 & -2 & -7 \\ -2 & 8 & -6 & 5 \end{pmatrix}$ c) $\begin{pmatrix} -2 & -1 & 0 & -2 \\ 0 & 0 & 2 & 7 \\ 2 & -8 & 6 & -5 \end{pmatrix}$

d) **A**+**C** ist nicht definiert, da die Matrizen verschiedene Ordnungen haben.

17.3.2

$\mathbf{C} = \mathbf{A} + \mathbf{B} = \begin{pmatrix} -2 & 0 \\ 4 & -1 \\ 9 & 9 \end{pmatrix}$.

17.3.3

$\mathbf{a} + \mathbf{b} = \begin{pmatrix} 6 \\ 5 \\ -3 \end{pmatrix}$; $\mathbf{a} - \mathbf{b} - \mathbf{c} = \begin{pmatrix} 0 \\ 0 \\ 0 \end{pmatrix}$; $\mathbf{a}' + \mathbf{b}' = (6,5,-3)$;

$\mathbf{a}' + \mathbf{c}$, $\mathbf{b} + \mathbf{d}$ und $\mathbf{b}' + \mathbf{c}' - \mathbf{d}'$ sind nicht definiert; $\mathbf{a}' + \mathbf{b}' + \mathbf{c}' = (10,8,-6)$.

17.3.4

$$\begin{pmatrix} 3 & 5 & 4 \\ 2 & 6 & 1 \\ 0 & 3 & 4 \end{pmatrix} + \begin{pmatrix} 2 & 1 & 0 \\ 3 & 2 & 1 \\ 2 & 1 & 4 \end{pmatrix} = \begin{pmatrix} 5 & 6 & 4 \\ 5 & 8 & 2 \\ 2 & 4 & 8 \end{pmatrix} .$$

17.4.1

a) $5\mathbf{A} = \begin{pmatrix} 20 & 10 \\ 5 & 0 \end{pmatrix}$; b) $(-2)\mathbf{B} = \begin{pmatrix} -2 & -2 \\ -2 & -2 \end{pmatrix}$; c) $3\mathbf{A} - 2\mathbf{B} + \mathbf{C} = \begin{pmatrix} 8 & 3 \\ -2 & -4 \end{pmatrix}$;

d) $\mathbf{A} - 10\mathbf{B} - 3\mathbf{C} = \begin{pmatrix} 0 & -5 \\ 0 & -4 \end{pmatrix}$.

17.4.2 $\left.\begin{array}{rl} 5 + \lambda + \mu &= 0 \\ 4 + \lambda \quad &= 0 \\ -3 \quad -3\mu &= 0 \end{array}\right\} \Rightarrow \lambda = -4, \quad \mu = -1.$

17.4.3 a = 2, b = 4, c = 1, d = 3.

17.5.1
$\mathbf{a'b} = 0$; $\mathbf{b'c} = -2$; $\mathbf{c'd}$ = nicht definiert; $\mathbf{c'b} = -2$; $\mathbf{c'a} = 0$; $\mathbf{ac}$ = nicht definiert.

17.5.2
$\mathbf{a'e}_3 = -6$; $\mathbf{e'}_3\mathbf{a} = -6$; $\mathbf{a's} = 9$; $\mathbf{s'a} = 9$.

17.5.3
a) $U = \mathbf{p'x} \geqq U^*$; b) $(1,1,1,1)\mathbf{x} \geqq 1000$.

17.6.1
a) **AB** = nicht definiert; b) $\mathbf{BA} = \begin{pmatrix} 2 & 6 & 10 \\ 4 & 12 & 20 \\ 3 & 9 & 15 \\ 1 & 3 & 5 \end{pmatrix}$;

c) $\mathbf{AC} = (10,14,18,28)$; d) **BC** = nicht definiert; e) $\mathbf{CB} = \begin{pmatrix} 34 \\ 23 \\ 11 \end{pmatrix}$;

f) $\mathbf{CD} = \begin{pmatrix} 25 & 26 & 34 \\ 17 & 17 & 23 \\ 8 & 9 & 11 \end{pmatrix}$ g) $\mathbf{DC} = \begin{pmatrix} 7 & 10 & 13 & 20 \\ 10 & 15 & 20 & 30 \\ 9 & 12 & 15 & 24 \\ 5 & 8 & 11 & 16 \end{pmatrix}$;

17.6.2
a) $\mathbf{AB} = \begin{pmatrix} -12 \\ 13 \end{pmatrix}$; b) **BA** = nicht definiert; c) $\mathbf{AE} = \begin{pmatrix} 7 & -2 \\ 8 & 22 \end{pmatrix}$;

d) $\mathbf{EA} = \begin{pmatrix} 18 & -7 \\ -4 & 11 \end{pmatrix}$ e) $\mathbf{CD} = \begin{pmatrix} -13 & 21 \\ 5 & -1 \end{pmatrix}$ f) $\mathbf{DC} = \begin{pmatrix} -1 & 15 & -1 \\ 10 & 4 & 24 \\ -7 & -5 & -17 \end{pmatrix}$;

g) $\mathbf{GA} = (-25 \quad 22)$; h) $\mathbf{GB} = -29$; i) $\mathbf{BG} = \begin{pmatrix} -15 & -21 \\ -10 & -14 \end{pmatrix}$;

k) **FC** = nicht definiert; l) $\mathbf{CF} = \begin{pmatrix} 15 \\ -11 \end{pmatrix}$; m) **ED** = nicht definiert;

n) $\mathbf{DE} = \begin{pmatrix} 0 & -10 \\ 14 & 16 \\ -10 & -10 \end{pmatrix}$; o) $\mathbf{A}^2 = \begin{pmatrix} -11 & 9 \\ -15 & -14 \end{pmatrix}$; p) $\mathbf{A}^4 = \begin{pmatrix} -14 & -225 \\ 375 & 61 \end{pmatrix}$.

17.6.3
a) m und n beliebig, $A_{m1}B_{1n} = C_{mn}$; b) n = m, $A_{1n}B_{n1} = C_{11}$;
c) n = m, $A_{mm}B_{m1} = C_{m1}$; d) n = 1, $A_{m1}B_{11} = C_{m1}$;
e) m = n, $A_{1n}B_{nn} = C_{1n}$; f) m = 1, $A_{11}B_{1n} = C_{1n}$.

17.6.4
a) $m = 1$, $r = 1$, n beliebig; b) $m = 1$, $r > 1$, n beliebig; c) $r = 1$, $m > 1$ n beliebig; d) $m > 1$, $r > 1$, n beliebig.

17.6.5
$$\mathbf{Ab} = \begin{pmatrix} -9 \\ 0 \\ -3 \end{pmatrix} = -3 \begin{pmatrix} 3 \\ 0 \\ 1 \end{pmatrix} = -3\mathbf{b};$$ b) $$\mathbf{Ac} = \begin{pmatrix} -5 \\ -10 \\ 5 \end{pmatrix} = 5 \begin{pmatrix} -1 \\ -2 \\ 1 \end{pmatrix} = 5\mathbf{c}.$$

17.6.6 a) $$\begin{pmatrix} 3 & 1 & 2 \\ 2 & 3 & 4 \end{pmatrix} \begin{pmatrix} 3 & 1 \\ 0 & 3 \\ 1 & 2 \end{pmatrix} = \begin{pmatrix} 11 & 10 \\ 10 & 19 \end{pmatrix}$$ b) $$(2,4) \begin{pmatrix} 11 & 10 \\ 10 & 19 \end{pmatrix} = (62,96);$$

c) $$\begin{pmatrix} 11 & 10 \\ 10 & 19 \end{pmatrix} \begin{pmatrix} 10 \\ 5 \end{pmatrix} = \begin{pmatrix} 160 \\ 195 \end{pmatrix};$$ d) $$(70,95) \begin{pmatrix} 10 \\ 5 \end{pmatrix} = 1175.$$

17.6.7
Für die Käuferanteile im Januar ergibt sich: $\mathbf{a}_1 = (40,20,10,30)$;
Als Übergangsmatrix ergibt sich
$$\mathbf{A} = \begin{pmatrix} 0{,}6 & 0{,}1 & 0{,}1 & 0{,}2 \\ 0{,}1 & 0{,}5 & 0{,}1 & 0{,}3 \\ 0{,}2 & 0{,}1 & 0{,}6 & 0{,}1 \\ 0{,}4 & 0{,}2 & 0{,}1 & 0{,}3 \end{pmatrix}$$

Februar: $\mathbf{a}_2 = \mathbf{a}_1\mathbf{A} = (40,21,15,24)$;
März: $\mathbf{a}_3 = \mathbf{a}_2\mathbf{A} = (38{,}7;20{,}8;17{,}5;23{,}0)$;
April: $\mathbf{a}_4 = \mathbf{a}_3\mathbf{A} = (38{,}0;20{,}6;18{,}8;22{,}6)$.

17.7.1
Da $\mathbf{AB} = \mathbf{E}$ ist, können **A** und **B** invers zueinander sein.

17.7.2 a) $$\mathbf{x} = \begin{pmatrix} 20 \\ 10 \\ 20 \\ 10 \end{pmatrix};$$ b) $$\mathbf{A} = \begin{pmatrix} 0{,}3 & 0{,}2 & 0{,}2 & 0{,}2 \\ 0{,}1 & 0{,}3 & 0{,}05 & 0{,}1 \\ 0{,}3 & 0{,}4 & 0{,}2 & 0{,}2 \\ 0{,}05 & 0{,}3 & 0{,}05 & 0{,}3 \end{pmatrix};$$

c) $$\mathbf{y} = \begin{pmatrix} 0{,}7 & -0{,}2 & -0{,}2 & -0{,}2 \\ -0{,}1 & 0{,}7 & -0{,}05 & -0{,}1 \\ -0{,}3 & -0{,}4 & 0{,}8 & -0{,}2 \\ -0{,}05 & -0{,}3 & -0{,}05 & 0{,}7 \end{pmatrix} \begin{pmatrix} 20 \\ 10 \\ 20 \\ 10 \end{pmatrix} = \begin{pmatrix} 6 \\ 3 \\ 4 \\ 2 \end{pmatrix}.$$

17.7.3
Es ist $\mathbf{AA} = \mathbf{A}^2 = \mathbf{E}$, also gilt $A = A^{-1}$.

17.9.1
a) $(6,9,0,3)+(-4,-7,3,0)+(-6,-4,2,4) = (-4,-2,5,7)$;
b) $(2,3,0,1)+(12,21,-9,0)+(-12,-8,4,8) = (2,16,-5,9)$.

18.1.1 $$\begin{pmatrix} 5 & 3 & -2 \\ -1 & -1 & 1 \\ 2 & -4 & 4 \end{pmatrix} \begin{pmatrix} x \\ y \\ z \end{pmatrix} = \begin{pmatrix} 1 \\ 0 \\ 2 \end{pmatrix}$$

18.1.2 a) nein; b) $\begin{pmatrix} 5 & -4 & -1 \\ -3 & 5 & 4 \end{pmatrix} \begin{pmatrix} x \\ y \\ z \end{pmatrix} = \begin{pmatrix} 0 \\ 0 \end{pmatrix}$;

c) Nach Multiplikation der 2. Gleichung mit x_2^2 und den Substitutionen $x_1 x_2 = x$ und $x_2^2 = y$ erhält man $\begin{pmatrix} 1 & 5 \\ 1 & -3 \end{pmatrix} \begin{pmatrix} x \\ y \end{pmatrix} = \begin{pmatrix} 1 \\ -1 \end{pmatrix}$.

18.1.3
a)

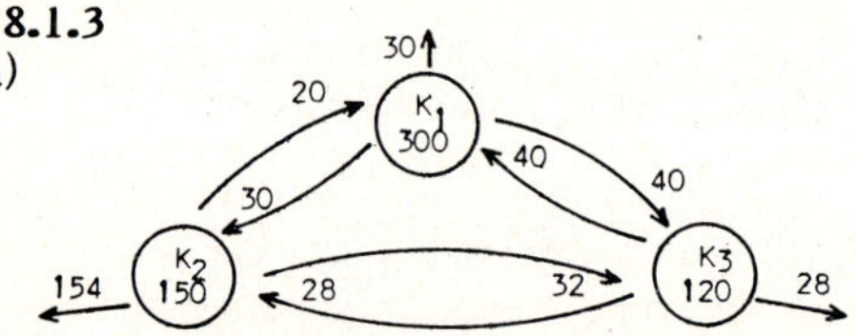

b) Werden die Verrechnungspreise mit v_1, v_2 und v_3 bezeichnet, so ergibt sich:

$$\begin{pmatrix} 100 & -20 & -40 \\ -30 & 206 & -28 \\ -40 & -32 & 96 \end{pmatrix} \begin{pmatrix} v_1 \\ v_2 \\ v_3 \end{pmatrix} = \begin{pmatrix} 300 \\ 150 \\ 120 \end{pmatrix} .$$

18.1.4 $x = 40 + 3y + 6z$, $y = 60 + 5z$, $z = 20$ bzw. $\begin{pmatrix} 1 & -3 & -6 \\ 0 & 1 & -5 \\ 0 & 0 & 1 \end{pmatrix} \begin{pmatrix} x \\ y \\ z \end{pmatrix} = \begin{pmatrix} 40 \\ 60 \\ 20 \end{pmatrix}$

18.1.5 Mengen der Legierungen x_1 bzw. x_2. Menge des Kupfers: x_3.

$$\begin{pmatrix} 50 & 60 & 0 \\ 30 & 10 & 100 \\ 20 & 30 & 0 \end{pmatrix} \begin{pmatrix} x_1 \\ x_2 \\ x_3 \end{pmatrix} = \begin{pmatrix} 43 \\ 38 \\ 19 \end{pmatrix} ; \text{ Lösung: } \begin{pmatrix} x_1 \\ x_2 \\ x_3 \end{pmatrix} = \begin{pmatrix} 0{,}5 \\ 0{,}3 \\ 0{,}2 \end{pmatrix}$$

18.3.1

$$\left(\begin{array}{ccc|c} 1 & 1 & -1 & 4 \\ 2 & -1 & 1 & 5 \\ 1 & 1 & 1 & 6 \end{array}\right) \Rightarrow \left(\begin{array}{ccc|c} 1 & 1 & -1 & 4 \\ 0 & -3 & 3 & -3 \\ 0 & 0 & 2 & 2 \end{array}\right) \Rightarrow \left(\begin{array}{ccc|c} 1 & 0 & 0 & 3 \\ 0 & 1 & -1 & 1 \\ 0 & 0 & 2 & 2 \end{array}\right) \Rightarrow \left(\begin{array}{ccc|c} 1 & 0 & 0 & 3 \\ 0 & 1 & 0 & 2 \\ 0 & 0 & 1 & 1 \end{array}\right) \Rightarrow \begin{pmatrix} x_1 \\ x_2 \\ x_3 \end{pmatrix} = \begin{pmatrix} 3 \\ 2 \\ 1 \end{pmatrix}$$

18.3.2 a)

$$\left(\begin{array}{ccc|c} 1 & 3 & -4 & 10 \\ 3 & 10 & -6 & 40 \\ 4 & 12 & -12 & 48 \end{array}\right) \Rightarrow \left(\begin{array}{ccc|c} 1 & 3 & -4 & 10 \\ 0 & 1 & 6 & 10 \\ 0 & 0 & 4 & 8 \end{array}\right) \Rightarrow \left(\begin{array}{ccc|c} 1 & 0 & -22 & -20 \\ 0 & 1 & 6 & 10 \\ 0 & 0 & 4 & 8 \end{array}\right) \Rightarrow \left(\begin{array}{ccc|c} 1 & 0 & 0 & 24 \\ 0 & 1 & 0 & -2 \\ 0 & 0 & 1 & 2 \end{array}\right) \Rightarrow \begin{pmatrix} x_1 \\ x_2 \\ x_3 \end{pmatrix} = \begin{pmatrix} 24 \\ -2 \\ 2 \end{pmatrix}$$

b)

$$\left(\begin{array}{ccc|c} 1 & 4 & 1 & 0 \\ 1 & 0 & 1 & 4 \\ 0{,}5 & -3 & 2 & 5 \end{array}\right) \Rightarrow \left(\begin{array}{ccc|c} 1 & 4 & 1 & 0 \\ 0 & -4 & 0 & 4 \\ 0 & -5 & 1{,}5 & 5 \end{array}\right) \Rightarrow \left(\begin{array}{ccc|c} 1 & 0 & 1 & 4 \\ 0 & 1 & 0 & -1 \\ 0 & 0 & -1{,}5 & 0 \end{array}\right) \Rightarrow \left(\begin{array}{ccc|c} 1 & 0 & 0 & 4 \\ 0 & 1 & 0 & -1 \\ 0 & 0 & 1 & 0 \end{array}\right) \Rightarrow \begin{pmatrix} x \\ y \\ z \end{pmatrix} = \begin{pmatrix} 4 \\ -1 \\ 0 \end{pmatrix}$$

18.3.3

$$\begin{array}{rcl} 4Z + 4K + 2E = 68 & & 2Z + 2K + E = 34 \\ 200Z + 1000K + 30E = 3600 & \Rightarrow & 20Z + 100K + 3E = 360 \\ 10K - E = 0 & & 10K - E = 0 \end{array}$$

$$\left(\begin{array}{ccc|c} 2 & 2 & 1 & 34 \\ 20 & 100 & 3 & 360 \\ 0 & 10 & -1 & 0 \end{array}\right) \Rightarrow \left(\begin{array}{ccc|c} 1 & 1 & 0{,}5 & 17 \\ 0 & 80 & -7 & 20 \\ 0 & 10 & -1 & 0 \end{array}\right) \Rightarrow \left(\begin{array}{ccc|c} 1 & 0 & 0 & 5 \\ 0 & 1 & 0 & 2 \\ 0 & 0 & 1 & 20 \end{array}\right) \Rightarrow \begin{pmatrix} Z \\ K \\ E \end{pmatrix} = \begin{pmatrix} 5 \\ 2 \\ 20 \end{pmatrix}$$

18.4.1

$$\left(\begin{array}{ccc|c} 1 & -2 & -3 & 2 \\ 1 & -4 & -13 & 14 \\ -3 & 5 & 4 & 0 \end{array}\right) \Rightarrow \left(\begin{array}{ccc|c} 1 & -2 & -3 & 2 \\ 0 & -2 & -10 & 12 \\ 0 & -1 & -5 & 6 \end{array}\right) \Rightarrow \left(\begin{array}{ccc|c} 1 & 0 & 7 & -10 \\ 0 & 1 & 5 & -6 \\ 0 & 0 & 0 & 0 \end{array}\right)$$

$x = -10-7z$; $y = -6-5z$

18.4.2

$$\left(\begin{array}{ccccc|c} 1 & 0 & 0 & \frac{1}{2} & 2 & -2 \\ 0 & 1 & 0 & -\frac{1}{2} & 1 & 5 \\ 0 & 0 & 1 & -\frac{1}{2} & 0 & -1 \end{array}\right) \quad \text{bzw.} \quad \begin{array}{l} x_1 = -2 - 0{,}5x_4 - 2x_5 \\ x_2 = 5 + 0{,}5x_4 - x_5 \\ x_3 = -1 + 0{,}5x_4 \end{array}$$

18.4.3

$$\left(\begin{array}{ccc|c} 1 & 3 & -5 & 8 \\ 2 & -1 & 6 & 9 \\ 3 & 2 & 1 & 20 \end{array}\right) \Rightarrow \left(\begin{array}{ccc|c} 1 & 3 & -5 & 8 \\ 0 & -7 & 16 & -7 \\ 0 & -7 & 16 & -4 \end{array}\right) \Rightarrow \left(\begin{array}{ccc|c} 1 & 3 & -5 & 8 \\ 0 & 1 & -\frac{16}{7} & 1 \\ 0 & 0 & 0 & 3 \end{array}\right)$$

Das Gleichungssystem ist nicht lösbar.

18.4.4

$$\left(\begin{array}{cccc|c} 1 & 2 & 3 & -10 & 11 \\ 1 & 5 & 9 & -22 & 20 \\ 1 & -1 & -3 & 2 & 2 \\ 2 & 4 & 6 & -20 & 22 \end{array}\right) \Rightarrow \left(\begin{array}{cccc|c} 1 & 0 & -1 & -2 & 5 \\ 0 & 1 & 2 & -4 & 3 \\ 0 & 0 & 0 & 0 & 0 \\ 0 & 0 & 0 & 0 & 0 \end{array}\right) \Rightarrow \begin{array}{l} x_1=5+x_3+2x_4 \\ x_2=3-2x_3+4x_4 \end{array}$$

18.5.1

a)
$$\left(\begin{array}{ccc|c} 2 & 1 & -2 & 10 \\ 3 & 2 & 2 & 1 \\ 5 & 4 & 3 & 4 \end{array}\right) \Rightarrow \left(\begin{array}{ccc|c} 2 & 1 & -2 & 10 \\ 0 & 0{,}5 & 5 & -14 \\ 0 & 0 & -7 & 21 \end{array}\right) \Rightarrow \begin{array}{l} z = -3 \\ y = 2 \\ x = 1\,; \end{array}$$

b)
$$\left(\begin{array}{ccc|c} 5 & 7 & 15 & 6 \\ 1 & 2 & 3 & 6 \\ 2 & 4 & 12 & 6 \end{array}\right) \Rightarrow \left(\begin{array}{ccc|c} 5 & 7 & 15 & 6 \\ 0 & 0{,}6 & 0 & 4{,}8 \\ 0 & 0 & 6 & -6 \end{array}\right) \Rightarrow \begin{array}{l} x = -7 \\ y = 8 \\ z = -1 \end{array}$$

18.5.2

$$\left(\begin{array}{ccc|c} 1 & 2 & 2-t & t^2 \\ 1 & 3 & 3-t & t^2+2 \\ 0 & 2-t & t^2 & t^2+t+6 \end{array}\right) \Rightarrow \left(\begin{array}{ccc|c} 1 & 2 & 2-t & t^2 \\ 0 & 1 & 1 & 2 \\ 0 & 0 & t^2+t-2 & t^2+3t+2 \end{array}\right) ;$$

$t^2+t-2 = 0 \Rightarrow t_1 = 1$ und $t_2 = -2$.

Für $t = 1$ lautet die letzte Zeile (0 0 0 6). Das Gleichungssystem ist also für $t = 1$ **nicht** lösbar.

Für $t = -2$ lautet die letzte Zeile (0 0 0 0). Das Gleichungssystem ist für $t = -2$ **mehrdeutig** lösbar.

Für $t = 0$ ergibt sich

$$\left(\begin{array}{ccc|c} 1 & 2 & 2 & 0 \\ 0 & 1 & 1 & 2 \\ 0 & 0 & -2 & 2 \end{array}\right) \quad \text{bzw.} \quad \begin{array}{l} x_1 = -4 \\ x_2 = 3 \\ x_3 = -1. \end{array}$$

18.6.1

$$\mathbf{A}^{-1} = \begin{pmatrix} -1 & 1 & 1 \\ \frac{4}{5} & -\frac{2}{5} & -\frac{3}{5} \\ \frac{3}{5} & -\frac{4}{5} & -\frac{1}{5} \end{pmatrix} .$$

18.6.2 Ausgangsmatrix: $\left(\begin{array}{cc|cc} 2 & 8 & 1 & 0 \\ 1 & 4 & 0 & 1 \end{array}\right)$

Matrix nach der 1. Iteration: $\left(\begin{array}{cc|cc} 1 & 4 & \frac{1}{2} & 0 \\ 0 & 0 & -\frac{1}{2} & 1 \end{array}\right)$

Im nächsten Schritt müßte der Einheitsvektor e_2 erzeugt werden. Das ist jedoch nicht möglich, da die Elemente a_{21} und a_{22} gleich Null sind. Die Matrix hat daher keine Inverse.

18.6.3
a) $\mathbf{A}^{-1} = \begin{pmatrix} -1 & 1 \\ 3 & -2 \end{pmatrix}$; b) $\mathbf{B}^{-1} = \begin{pmatrix} \frac{3}{43} & \frac{7}{43} \\ \frac{4}{43} & -\frac{5}{43} \end{pmatrix}$;

c) $\mathbf{C}^{-1} = \begin{pmatrix} 7 & -3 & -3 \\ -1 & 1 & 0 \\ -1 & 0 & 1 \end{pmatrix}$; d) $\mathbf{D}^{-1} = \begin{pmatrix} 1 & -1 & -1 \\ 0 & 2 & 1 \\ 0 & 1 & 1 \end{pmatrix}$; e) $\mathbf{E}^{-1}$ existiert nicht.

18.7.1
a) $\mathbf{A}^{-1} = \begin{pmatrix} 4 & 0 & -5 \\ -18 & 1 & 24 \\ -3 & 0 & 4 \end{pmatrix}$; $\mathbf{x} = \mathbf{A}^{-1}\mathbf{b} = \begin{pmatrix} 1 \\ -1 \\ 3 \end{pmatrix}$.

b) $\mathbf{A}^{-1} = \begin{pmatrix} -1 & 1 & 1 \\ \frac{4}{5} & -\frac{2}{5} & -\frac{3}{5} \\ \frac{3}{5} & -\frac{4}{5} & -\frac{1}{5} \end{pmatrix}$; $\mathbf{x} = \mathbf{A}^{-1}\mathbf{b} = \begin{pmatrix} 1 \\ 3 \\ 4 \end{pmatrix}$.

c) Da die Inverse der Koeffizientenmatrix nicht existiert, kann die Lösung des Gleichungssystems auf diesem Wege nicht gefunden werden.
d) Da die dritte Gleichung aus der ersten durch Multiplikation mit 2 hervorgeht, ist sie überflüssig

$\mathbf{A} = \begin{pmatrix} 1 & 1 \\ 1 & -1 \end{pmatrix}$, $\mathbf{b} = \begin{pmatrix} 1 \\ 3 \end{pmatrix}$, $\mathbf{A}^{-1} = \begin{pmatrix} \frac{1}{2} & \frac{1}{2} \\ \frac{1}{2} & -\frac{1}{2} \end{pmatrix}$, $\begin{pmatrix} x \\ y \end{pmatrix} = \mathbf{A}^{-1}\mathbf{b} = \begin{pmatrix} 2 \\ -1 \end{pmatrix}$.

18.7.2 Mit a,b und c seien die benötigten Mengen der Produkte A, B und C bezeichnet:
a) $a+2b+3c = 25$
$3a+b+4c = 25$
$2a+5b+2c = 50$;
b) $\begin{pmatrix} 1 & 2 & 3 \\ 3 & 1 & 4 \\ 2 & 5 & 2 \end{pmatrix} \begin{pmatrix} a \\ b \\ c \end{pmatrix} = \begin{pmatrix} 25 \\ 25 \\ 50 \end{pmatrix}$;

c) $\mathbf{A}^{-1} = \frac{1}{25} \begin{pmatrix} -18 & 11 & 5 \\ 2 & -4 & 5 \\ 13 & -1 & -5 \end{pmatrix}$, $\begin{pmatrix} a \\ b \\ c \end{pmatrix} = \mathbf{A}^{-1}\mathbf{b} = \begin{pmatrix} 3 \\ 8 \\ 2 \end{pmatrix}$.

18.8.1 a) linear abhängig, denn $b = -2a$; b) linear unabhängig; c) linear abhängig, den $a+b+c = d$; d) linear abhängig, da es sich um 4 Vektoren 3. Ordnung handelt; e) linear unabhängig

18.8.2 a) $d = 0$, $d = 1$; b) a,b und c sind immer linear unabhängig.

18.9.1 a) rang($\mathbf{A}$) = 3, b) rang($\mathbf{B}$) = 2, c) rang($\mathbf{C}$) = 3.

18.9.2 In einem zweidimensionalen kartesischen Koordinatensystem kann der Vektor (x,y) als Pfeil vom Koordinatenursprung zum Punkt (x,y) gedeutet werden. Linear abhängige Vektoren liegen dann auf **einer** Geraden.

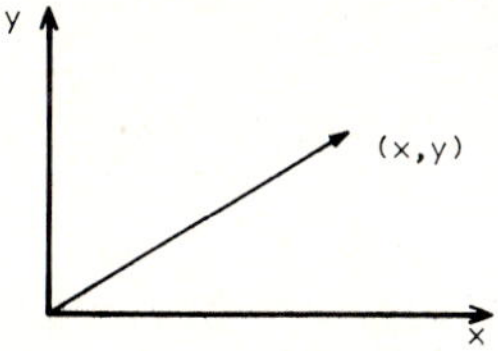

Bei Vektoren mit drei Elementen (x,y,z) kann man entsprechend eine Interpretation als Pfeile im Raum vom Koordinatenursprung zum Punkt (x,y,z) vornehmen. Linear abhängige Vektoren liegen dann in einer Ebene.

18.9.3 a) $\text{rang}(\mathbf{A}) = \text{rang}(\mathbf{A}|\mathbf{b}) = 3 = n \implies$ eindeutig lösbar;
b) $\text{rang}(\mathbf{A}) = 2 < \text{rang}(\mathbf{A}|\mathbf{b}) = 3 \implies$ nicht lösbar;
c) $\text{rang}(\mathbf{A}) = 3 = \text{rang}(\mathbf{A}|\mathbf{b}) < n = 4 \implies$ mehrdeutig lösbar.

18.9.4 m Gleichungen in 2 Unbekannten stellen m Geraden im (x_1,x_2)-Koordinatensystem dar. Die Lösung enthält die Punkte, die allen Geraden gemeinsam sind. Es gilt

Lage der Geraden zueinander:	Lösbarkeitskriterium ergibt:
1 Schnittpunkt	eindeutig lösbar
Identität	mehrdeutig lösbar
Parallelität	nicht lösbar
mehrere verschiedene Schnittpunkte für je 2 Geraden	nicht lösbar

19.1.1 a) $|\mathbf{A}| = 11$; b) $|\mathbf{B}| = 1$; c) $|\mathbf{C}| = 0$; d) $|\mathbf{D}|$ nicht definiert.

19.1.2 $a_{11}a_{22} = a_{12}a_{21}$.

19.1.3

$$\mathbf{A}_{ad} = \begin{pmatrix} 4 & 2 \\ -1 & 3 \end{pmatrix}; \quad \mathbf{B}_{ad} = \begin{pmatrix} 0 & 0 & -3 \\ 2 & -4 & -3 \\ -4 & 2 & 6 \end{pmatrix}.$$

19.2.1 a) $|\mathbf{A}| = \lambda^2 - 13\lambda - 2$; b) $|\mathbf{B}| = -4$; c) $|\mathbf{C}| = 38$.

19.2.2 $|\mathbf{A}| = -80$.

19.3.1 a) $|\mathbf{A}| = -4$;
b) $|\mathbf{B}| = -8$. **B** ergibt sich aus **A** durch Multiplikation der ersten Zeile mit 2 (Anwendung von R 19.3.5);
c) $|\mathbf{C}| = 4$. **C** ergibt sich aus **A** durch Vertauschen der 2. und 3. Spalte (Anwendung von R 19.3.9);
d) $|\mathbf{D}| = -4$. **D** ergibt sich aus **A** durch Addition der 2. Zeile zur 1. Zeile (Anwendung von R 19.3.11);
e) $|\mathbf{E}| = -108$. $\mathbf{E} = 3\mathbf{A}$ (Anwendung von R 19.3.7);

f) $|\mathbf{F}| = 0$. Die 2. Zeile von **F** ist gleich dem doppelten der 1. Zeile (Anwendung von R 19.3.13).

19.3.2 Es gilt: $|\mathbf{A}|\ |\mathbf{B}| = |\mathbf{A\,B}|$ (R 19.3.2). Durch mehrfache Anwendung dieser Regel erhält man:

$$\underbrace{|\mathbf{A}| \ldots\ldots |\mathbf{A}|}_{r\text{-mal}} = |\mathbf{A}|^r = |\mathbf{A}^r|$$

Da aber $|\mathbf{A}^r| = 0$ ist, gilt somit auch:

$$|\mathbf{A}|^r = 0 \Longrightarrow |\mathbf{A}| = 0 \Longrightarrow \mathbf{A} \text{ singulär.}$$

19.4.1 a)
$$x_1 = \frac{\begin{vmatrix} 13 & 7 \\ -2 & 4 \end{vmatrix}}{\begin{vmatrix} 2 & 7 \\ -2 & 4 \end{vmatrix}} = 3, \quad x_2 = \frac{\begin{vmatrix} 2 & 13 \\ -2 & -2 \end{vmatrix}}{\begin{vmatrix} 2 & 7 \\ -2 & 4 \end{vmatrix}} = 1;$$

b)
$$x_1 = \frac{\begin{vmatrix} -10 & 6 & 4 \\ 12 & -6 & -2 \\ -1 & 1 & 2 \end{vmatrix}}{\begin{vmatrix} -3 & 6 & 4 \\ 2 & -6 & -2 \\ -1 & 1 & 2 \end{vmatrix}} = -4, \quad x_2 = \frac{\begin{vmatrix} -3 & -10 & 4 \\ 2 & 12 & -2 \\ -1 & -1 & 2 \end{vmatrix}}{\begin{vmatrix} -3 & 6 & 4 \\ 2 & -6 & -2 \\ -1 & 1 & 2 \end{vmatrix}} = -3, \quad x_3 = \frac{\begin{vmatrix} -3 & 6 & -10 \\ 2 & -6 & 12 \\ -1 & 1 & -1 \end{vmatrix}}{\begin{vmatrix} -3 & 6 & 4 \\ 2 & -6 & -2 \\ -1 & 1 & 2 \end{vmatrix}} = -1.$$

19.4.2 a)
$$x = \frac{\begin{vmatrix} 10 & 2 \\ 3 & 3 \end{vmatrix}}{\begin{vmatrix} 4 & 2 \\ 2 & 3 \end{vmatrix}} = 3, \quad y = \frac{\begin{vmatrix} 4 & 10 \\ 2 & 3 \end{vmatrix}}{\begin{vmatrix} 4 & 2 \\ 2 & 3 \end{vmatrix}} = -1;$$

b)
$$\left(\begin{array}{cc|c} 4 & 2 & 10 \\ 2 & 3 & 3 \end{array}\right) \Longrightarrow \left(\begin{array}{cc|c} 1 & \frac{1}{2} & \frac{5}{2} \\ 0 & 2 & -2 \end{array}\right) \Longrightarrow \left(\begin{array}{cc|c} 1 & 0 & 3 \\ 0 & 1 & -1 \end{array}\right) \Longrightarrow \begin{pmatrix} x \\ y \end{pmatrix} = \begin{pmatrix} 3 \\ -1 \end{pmatrix}.$$

19.4.3 Die Zahl bzw. ihre Ziffern seien mit B bzw. mit x, y und z bezeichnet.
Dann gilt: $B = 100x+10y+z$.

a)
$$\left.\begin{array}{r} x + y + z = 18 \\ x + z \quad = y \\ 100z + 10y + x = B-99 \end{array}\right\} \Longrightarrow \left\{\begin{array}{r} x + y + z = 18 \\ x - y + z = 0 \\ 99x \quad -99z = 99; \end{array}\right.$$

b)
$$\begin{pmatrix} 1 & 1 & 1 \\ 1 & -1 & 1 \\ 99 & 0 & -99 \end{pmatrix} \begin{pmatrix} x \\ y \\ z \end{pmatrix} = \begin{pmatrix} 18 \\ 0 \\ 99 \end{pmatrix};$$

c) $|\mathbf{A}| = 396$, $|\mathbf{A}_1| = 1980$, $|\mathbf{A}_2| = 3564$, $|\mathbf{A}_3| = 1584$,

$\Longrightarrow x = 5, y = 9, z = 4 \Longrightarrow B = 594.$

19.5.1 a) $|\mathbf{A}| = 1$; b) $|\mathbf{B}| = 2$;

$$\mathbf{A}^{-1} = \begin{pmatrix} 7 & -3 & -3 \\ -1 & 1 & 0 \\ -1 & 0 & 1 \end{pmatrix}; \qquad \mathbf{B}^{-1} = \frac{1}{2}\begin{pmatrix} 1 & -1 & -1 \\ 0 & 4 & 2 \\ 0 & 2 & 2 \end{pmatrix} = \begin{pmatrix} \frac{1}{2} & -\frac{1}{2} & -\frac{1}{2} \\ 0 & 2 & 1 \\ 0 & 1 & 1 \end{pmatrix}.$$

19.5.2 Aus $\mathbf{A} = \mathbf{BC}$ ergibt sich durch Multiplikation mit $\mathbf{C}^{-1}$ von rechts

$\mathbf{A\ C}^{-1} = \mathbf{B}$

$$C^{-1} = \begin{pmatrix} \frac{3}{2} & -\frac{1}{2} & -2 \\ 4 & -2 & -5 \\ -2 & 1 & 3 \end{pmatrix} \Rightarrow B = AC^{-1} = \begin{pmatrix} -\frac{25}{2} & \frac{13}{2} & 18 \\ \frac{3}{2} & -\frac{3}{2} & -1 \\ \frac{7}{2} & -\frac{3}{2} & -4 \end{pmatrix} .$$

20.2.1

$2x_1 + 5x_2 \leqq 2400; \quad x_1 \geqq 0$

$6x_1 + 3x_2 \leqq 2400; \quad x_2 \geqq 0$

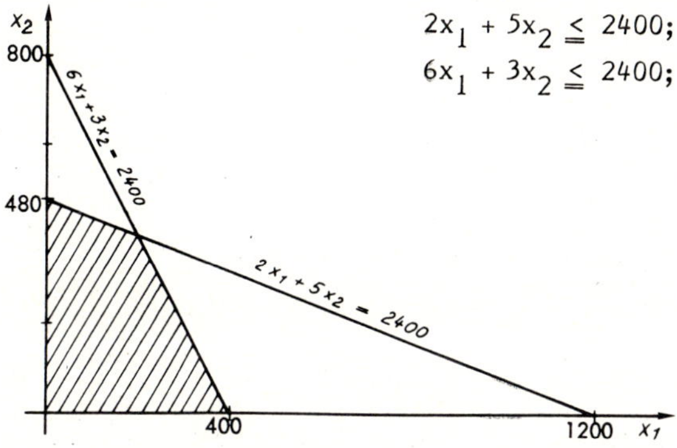

20.2.2

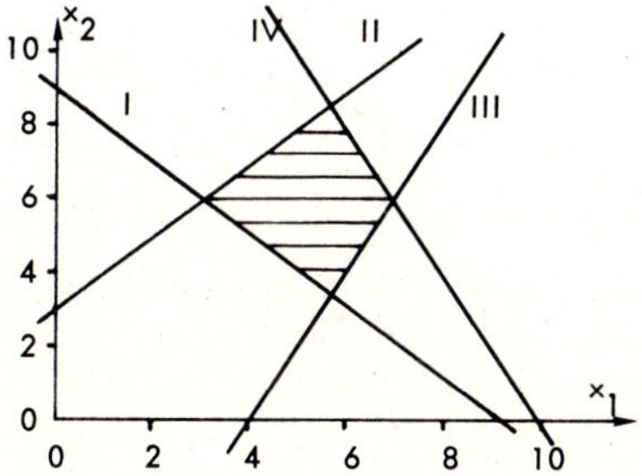

20.2.3

$0{,}1x_1+0{,}2x_2 \geqq 1; \quad x_1 \geqq 0$

$0{,}2x_1+0{,}1x_2 \geqq 0{,}8; \quad x_2 \geqq 0$

$0{,}1x_1+0{,}6x_2 \geqq 1{,}8$

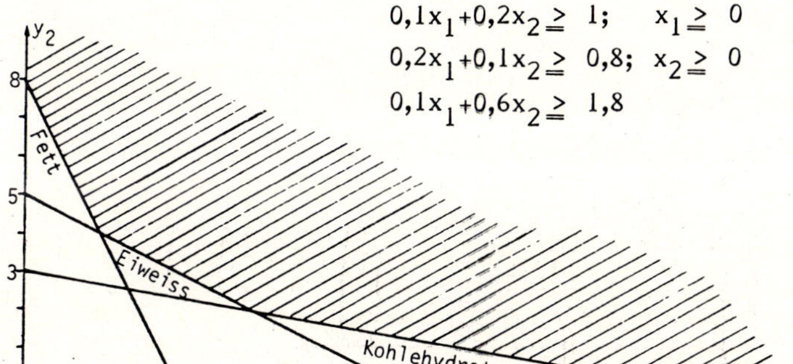

20.2.4

a) $2x_1+5x_2 \leq 1000 \qquad x_1 \geq 0$
$5x_1+4x_2 \leq 1000 \qquad x_2 \geq 0$
$2x_1+\ x_2 \leq\ \ 320$

b)

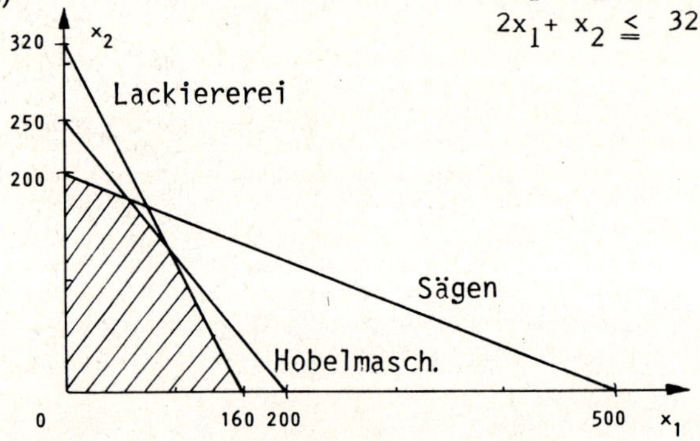

c) Nein, dazu müßten sich die Kapazitätsbegrenzungslinien (Geraden) in einem Punkt schneiden.
d) z.B. Erhöhung der Kapazität der Hobelmaschine.

20.3.1

a) I $4x_1+\ 4x_2 \leq 200,\ x_1 \geq\ 0,$
II $8x_1+\ 4x_2 \leq 200,\ x_2 \geq\ 0.$
III $2x_1+10x_2 \leq 200,$

b)

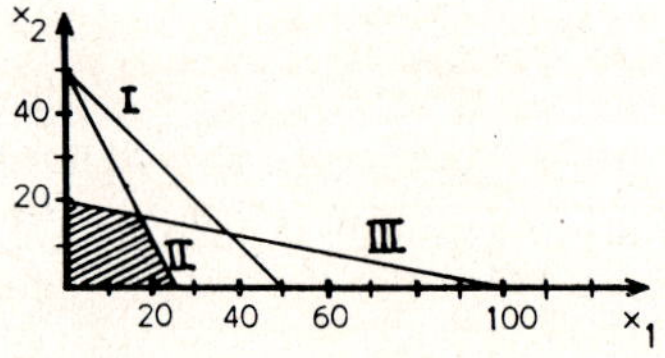

c) Die Kapazitätsbedingung I ist überflüssig, da sie von der Bedingung II dominiert wird.

20.3.2

a, b, c)

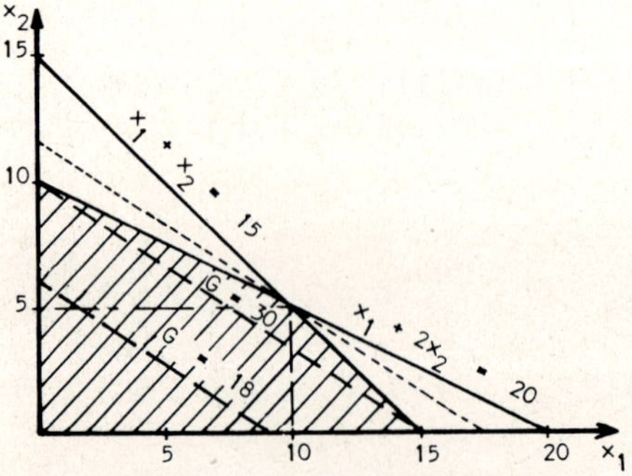

Das Maximum der Zielfunktion liegt bei $x_1 = 10$, $x_2 = 5$.

20.3.3

b)

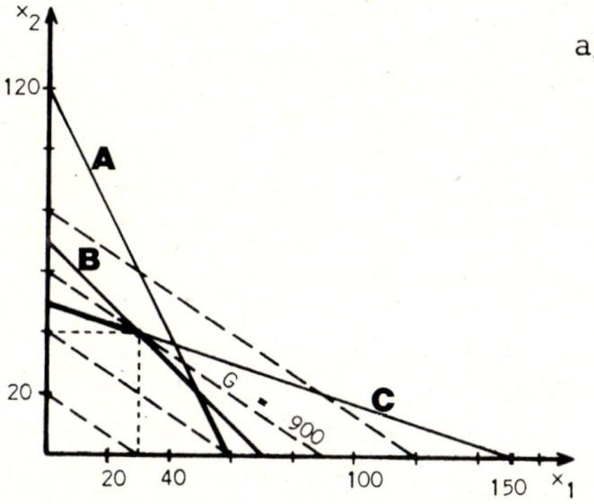

a) A: $2x_1+x_2 \leqq 120$,

B: $x_1+x_2 \leqq 70$,

C: $x_1+3x_2 \leqq 150$,

c) Nein; d) Neue Beschränkung: $x_1 + x_2 \leqq 78$, $t = 4\frac{4}{7}$ h;
e) siehe Figur unter b).

20.4.1 $\text{Max}\left\{G = 5x_1+4x_2 \;\middle|\; \begin{pmatrix} 8 & 12 \\ 15 & 5 \end{pmatrix}\begin{pmatrix} x_1 \\ x_2 \end{pmatrix} \leqq \begin{pmatrix} 2400 \\ 2400 \end{pmatrix};\ \begin{pmatrix} x_1 \\ x_2 \end{pmatrix} \geqq \begin{pmatrix} 0 \\ 0 \end{pmatrix}\right\}$.

20.4.2 Maximiere $G = 24x_{11}+12x_{12}+15x_{13}+25x_{21}+15x_{22}+6x_{23}$
unter den Bedingungen

$x_{11}+x_{21} \leqq 100$; $x_{12}+x_{22} \leqq 40$; $x_{13}+x_{23} \leqq 60$;

$4x_{11}+2x_{12}+5x_{13} \leqq 100$; $6x_{21}+5x_{22}+10x_{23} \leqq 300$ und
$x_{ij} \geqq 0$ (i=1,2; j=1,2,3).

20.4.3 Seien mit x_1 und x_2 die Mengen von Bier und Brot bezeichnet, mit N der Nutzen. Dann gilt:

$\text{Max}\left\{N = x_1+1{,}5x_2 \;\middle|\; \begin{pmatrix} 1 & 1{,}25 \\ 0{,}2 & 0{,}48 \end{pmatrix}\begin{pmatrix} x_1 \\ x_2 \end{pmatrix} \leqq \begin{pmatrix} 400 \\ 120 \end{pmatrix};\ \begin{pmatrix} x_1 \\ x_2 \end{pmatrix} \geqq \begin{pmatrix} 0 \\ 0 \end{pmatrix}\right\}$.

20.5.1

a) Ausgangstableau:

x_1	x_2	y_1	y_2	y_3	G	
2	1	1	0	0	0	120
1	1	0	1	0	0	70
1	3	0	0	1	0	150
-10	-15	0	0	0	1	0

Endtableau:

x_1	x_2	y_1	y_2	y_3	G	
0	0	1	-2,5	0,5	0	20
1	0	0	1,5	-0,5	0	30
0	1	0	-0,5	0,5	0	40
0	0	0	7,5	2,5	1	900

$x_1 = 30$
$x_2 = 40$
$y_1 = 20$
G = 900;

b) $x_1 = 50$, $x_2 = 20$; c) $30 \leqq x_1 \leqq 50$, $x_2 = 70 - x_1$.

20.5.2 $x_4 = 50$, $x_5 = 30$, $G = 420$.

20.5.3 Seien x_1 und x_2 die Anzahlen der männlichen und weiblichen Gäste.

a) $G = (0{,}3 \cdot 9 + 0{,}7 \cdot 6)x_1 + (0{,}5 \cdot 9 + 0{,}5 \cdot 6)x_2 = 6{,}9x_1 + 7{,}5x_2$;

$x_1 + x_2 \leqq 300$, $0{,}3x_1 + 0{,}5x_2 \leqq 100$; $x_1 \geqq 0$, $x_2 \geqq 0$;

b) Ausgangstableau:

x_1	x_2	y_1	y_2	G	
1	1	1	0	0	300
0,3	0,5	0	1	0	100
-6,9	-7,5	0	0	1	0

Endtableau

x_1	x_2	y_1	y_2	G	
1	0	2,5	-5	0	250
0	1	-1,5	5	0	50
0	0	6	3	1	2100

$x_1 = 250$, $x_2 = 50$, $G = 2100$

c) Ja. Der Maximalgewinn entsteht genau dann, wenn Motel und Restaurant voll ausgelastet sind. Es ist dann

$$\left.\begin{array}{r} x_1 + x_2 = 300 \\ 0{,}3x_1 + 0{,}5x_2 = 100 \end{array}\right\} \Rightarrow x_1 = 250,\ x_2 = 50.$$

20.6.1 $$\text{Max}\left\{ G = 5x_1 + 4x_2 \;\middle|\; \begin{pmatrix} 1 & 2 \\ 5 & 4 \\ 11 & 4 \end{pmatrix} \begin{pmatrix} x_1 \\ x_2 \end{pmatrix} \leqq \begin{pmatrix} 240 \\ 600 \\ 1200 \end{pmatrix},\ \begin{pmatrix} x_1 \\ x_2 \end{pmatrix} \geqq \begin{pmatrix} 0 \\ 0 \end{pmatrix} \right\}$$

Endtableau:

0	0	1	$-\frac{3}{4}$	$\frac{1}{4}$	0	90
0	1	0	$\frac{11}{24}$	$-\frac{5}{24}$	0	25
1	0	0	$-\frac{1}{6}$	$\frac{1}{6}$	0	100
0	0	0	1	0	1	600

Die Nicht-Basisvariable y_3 hat in der letzten Zeile den Wert 0, somit liegt eine mehrdeutige Lösung vor.

20.6.2 a) $$\text{Max}\left\{ G = 4x_1 + 6x_2 \;\middle|\; \begin{pmatrix} 3 & 1 \\ 1 & 3 \\ 2 & 2 \end{pmatrix} \begin{pmatrix} x_1 \\ x_2 \end{pmatrix} \leqq \begin{pmatrix} 60 \\ 60 \\ 60 \end{pmatrix},\ \begin{pmatrix} x_1 \\ x_2 \end{pmatrix} \geqq \begin{pmatrix} 0 \\ 0 \end{pmatrix} \right\}$$

b) Endtableau:

0	0	1	1	-2	0	0
0	1	0	$\frac{1}{2}$	$-\frac{1}{4}$	0	15
1	0	0	$-\frac{1}{2}$	$\frac{3}{4}$	0	15
0	0	0	1	$\frac{3}{2}$	1	150

oder:

1	0	$\frac{3}{8}$	$-\frac{1}{8}$	0	0	15
0	1	$-\frac{1}{8}$	$\frac{3}{8}$	0	0	15
0	0	$-\frac{1}{2}$	$-\frac{1}{2}$	1	0	0
0	0	$\frac{3}{4}$	$\frac{7}{4}$	0	1	150

$x_1 = 15$, $x_2 = 15$. Die Basisvariable y_1 nimmt den Wert Null an. Es liegt also eine degenerierte Lösung vor.

20.7.1

Das Minimum liegt bei $y_1 = 45$ und $y_2 = 25$.

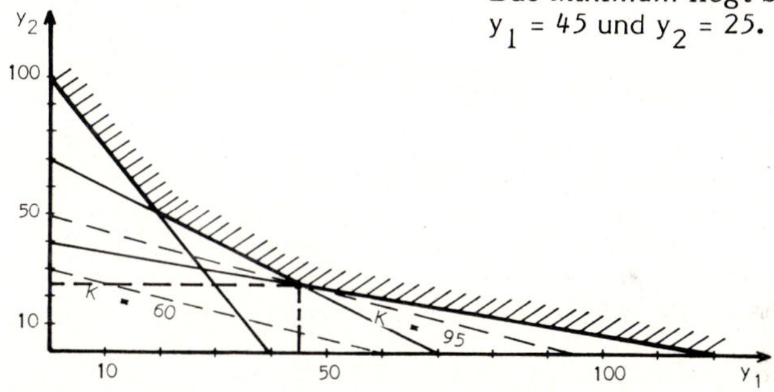

20.7.2 Aufteilungsmöglichkeiten für eine Rolle

Plan	1	2	3	4	5	6
65 cm Breite	2	1	1	0	0	0
55 cm Breite	0	1	0	2	1	0
45 cm Breite	0	0	1	0	2	3
Verschnitt	20	30	40	40	5	15

Die Anzahl der Rollen nach Plan i wird mit y_i bezeichnet.

Minimiere $K = 20y_1+30y_2+40y_3+40y_4+5y_5+5y_6$ unter den Beschränkungen $2y_1+y_2+y_3 \geqq 20$, $y_2+2y_4+y_5 \geqq 30$, $y_3+2y_5+3y_6 \geqq 50$ und $y_i \geqq 0$ $(i=1,\dots,6)$.

20.7.3 $G = 5(y_{11}+y_{12}+y_{13})+4(y_{21}+y_{22}+y_{23})+7(y_{31}+y_{32}+y_{33})$

$-3(y_{11}+y_{21}+y_{31})-5(y_{12}+y_{22}+y_{32})-2(y_{13}+y_{23}+y_{33})$

$= 2y_{11}+3y_{13}+y_{21}-y_{22}+2y_{23}+4y_{31}+2y_{32}+5y_{33}$

Mengenbeschränkungen

$y_{11}+y_{21}+y_{31} \leqq 200\,000$, $y_{12}+y_{22}+y_{32} \leqq 250\,000$,

$y_{13}+y_{23}+y_{33} \leqq 150\,000$

Mischungsbedingungen

$y_{11} \geqq 0{,}6(y_{11}+y_{12}+y_{13})$ oder $3y_{12}+3y_{13}-2y_{11} \leqq 0$

$y_{12} \geqq 0{,}1(y_{11}+y_{12}+y_{13})$ oder $y_{11}+ y_{13}-9y_{12} \leqq 0$

$y_{21} \geqq 0{,}4(y_{21}+y_{22}+y_{23})$ oder $2y_{22}+2y_{23}-3y_{21} \leqq 0$

$y_{22} \geqq 0{,}3(y_{21}+y_{22}+y_{23})$ oder $3y_{21}+3y_{23}-7y_{22} \leqq 0$

$y_{32} \geqq 0{,}6(y_{31}+y_{32}+y_{33})$ oder $3y_{31}+3y_{33}-2y_{32} \leqq 0$

20.8.1 Die Mengen an Schweröl, leichtem Heizöl und Kohle seien mit y_1, y_2 und y_3 bezeichnet. Dann ergibt sich:

$\text{Min}\{K = 30y_1+40y_2+24y_3 \mid 24y_1+28y_2+16y_3 \geqq 48000;\ y_3 \geqq 800;\ y_1,y_2,y_3 \geqq 0\}$

Simplex Tableau der dualen Aufgabe:

x_1	x_2	y_1	y_2	y_3	G	
24	0	1	0	0	0	30
28	0	0	1	0	0	40
16	1	0	0	1	0	24
-48000	-800	0	0	0	1	0

Endtableau:

1	0	$\frac{1}{24}$	0	0	0	$\frac{5}{4}$
0	0	$-\frac{7}{6}$	1	0	0	5
0	1	$-\frac{2}{3}$	0	1	0	4
0	0	$1466\frac{2}{3}$	0	800	1	63200

Es werden $y_1 = 1466\frac{2}{3}$ t Schweröl und $y_3 = 800$ t Kohle eingesetzt. Die minimalen Kosten betragen K = 63200.

20.8.2

Ausgangstableau der dualen Aufgabe:

x_1	x_2	y_1	y_2	G	
2	2	1	0	0	3
3	1	0	1	0	4
-18	-10	0	0	1	0

Endtableau:

0	1	$\frac{3}{4}$	$-\frac{1}{2}$	0	$\frac{1}{4}$
1	0	$-\frac{1}{4}$	$\frac{1}{2}$	0	$\frac{5}{4}$
0	0	3	4	1	25

Optimale Lösung $y_1 = 3$, $y_2 = 4$. Minimum der Zielfunktion: K = 25.

21.1.1 a)

	R1	R2	R3	R4	
T1	5	6	4	2	3000
T2	8	5	6	3	2400
T3	6	5	7	2	4200
	2000	2500	1500	3600	

b) zum Beispiel:

	R1	R2	R3	R4	
T1	2000	1000			3000
T2		1500	900		2400
T3			600	3600	4200
	2000	2500	1500	3600	

	R1	R2	R3	R4	
T1	2000		1000		3000
T2		1900	500		2400
T3		600		3600	4200
	2000	2500	1500	3600	

21.2.1 $K = 5x_{11}+4x_{12}+3x_{13}+7x_{14}+3x_{21}+5x_{22}+2x_{23}+6x_{24}+2x_{31}+5x_{32} + 3x_{33}+3x_{34}$

Beschränkungen:

(1) $x_{11}+x_{21}+x_{31} = 25$

(2) $x_{12}+x_{22}+x_{32} = 8$

(3) $x_{13}+x_{23}+x_{33} = 6$

(4) $x_{14}+x_{24}+x_{34} = 12$

(5) $x_{11}+x_{12}+x_{13}+x_{14} = 16$

(6) $x_{21}+x_{22}+x_{23}+x_{24} = 22$

(7) $x_{31}+x_{32}+x_{33}+x_{34} = 13$

$x_{ij} \geqq 0$; $i=1,2,3$; $j=1,2,3,4$.

21.3.1

a)

	E1	E2	E3	E4	
V1	16				16
V2	9	8	5		22
V3			1	12	13
	25	8	6	12	

b)

	E1	E2	E3	E4	
V1	2	8	6		16
V2	22				22
V3	1			12	13
	25	8	6	12	

21.3.2 a) Nord-West-Ecken-Regel;

	B1	B2	B3	B4	
T1	2000	1000			3000
T2		1500	900		2400
T3			600	3600	4200
	2000	2500	1500	3600	

K = 71300

b) VOLGELsches Approximationsmethode:

	B1	B2	B3	B4	
T1				3000	3000
T2		1800		600	2400
T3	2000	700	1500		4200
	2000	2500	1500	3600	

K = 41300

21.4.1 Optimallösung

	E_1	E_2	E_3	
V_1	6 / 2	3 / 8	2 / 5	15
V_2	4 / 10	4 / +3	5 / +5	10
	12	8	5	

21.4.2

	B_1	B_2	B_3	B_4	
A_1	7 (+7)	6 (+7)	4 (+6)	2 / 3000	3000
A_2	9 (+3)	5 / 1800	6 (+2)	8 / 600	2400
A_3	6 / 2000	5 / 700	4 / 1500	10 (+2)	4200
	2000	2500	1500	3600	

21.4.3 a) Zielfunktion:

$$K = 11x_{11}+13x_{12}+15x_{13}+20x_{14}+14x_{21}+17x_{22}+12x_{23}+13x_{24}$$
$$+\ 18x_{31}+18x_{32}+13x_{33}+12x_{34}$$

Nebenbedingungen:

$x_{ij} \geqq 0$ für alle i und j.

$$\sum_{j=1}^{4} x_{1j} = 4, \quad \sum_{j=1}^{4} x_{2j} = 6 \quad \sum_{j=1}^{4} x_{3j} = 8,$$

$$\sum_{i=1}^{3} x_{i1} = 6, \quad \sum_{i=1}^{3} x_{i2} = 3, \quad \sum_{i=1}^{3} x_{i3} = 4, \quad \sum_{i=1}^{3} x_{i4} = 5.$$

b) Ausgangsbasislösung nach der Nord-West-Ecken-Regel:

Garage \ Baustelle	1	2	3	4	
1	$x_{11}=4$				4
2	$x_{21}=2$	$x_{22}=3$	$x_{23}=1$		6
3			$x_{33}=3$	$x_{34}=5$	8
	6	3	4	5	

Kilometerleistung der Lösung:

$$K = 11\cdot 4+14\cdot 2+17\cdot 3$$
$$+12\cdot 1+13\cdot 3+12\cdot 5$$
$$= 44+28+51+12+39+60$$
$$= 234.$$

c) Optimallösung:

Garage \ Baustelle	1	2	3	4	
1	11 / 1	13 / 3	15 (+6)	20 (+12)	4
2	14 / 5	17 (+1)	12 / 1	13 (+2)	6
3	18 (+3)	18 (+1)	13 / 3	12 / 5	8
	6	3	4	5	

Die Kilometerleistung im Optimum beträgt:
$K = 11 \cdot 1 + 13 \cdot 3 + 14 \cdot 5 + 12 \cdot 1 + 13 \cdot 3 + 12 \cdot 5 = 231.$

21.5.1

	E_1 $v_1 = 6$	E_2 $v_2 = 5$	E_3 $v_3 = 4$	E_4 $v_4 = 8$	
V_1 $u_1 = -6$	7 / +7	6 / +7	4 / +6	2 / 3000	3000
V_2 $u_2 = 0$	9 / +3	5 / 1800	6 / +2	8 / 600	2400
V_3 $u_3 = 0$	6 / 2000	5 / 700	4 / 1500	10 / +2	4200
	2000	2500	1500	3600	

21.5.2 a) Zielfunktion:

$$K = 6x_{11}+2x_{12}+8x_{13}+7x_{14}+5x_{15}+4x_{21}+3x_{22}+7x_{23}+5x_{24}+9x_{25}$$
$$+ 2x_{31}+1x_{32}+3x_{33}+6x_{34}+4x_{35}+5x_{41}+6x_{42}+4x_{43}+8x_{44}+3x_{45}$$

Nebenbedingungen:

(1) $x_{11}+x_{12}+x_{13}+x_{14}+x_{15} = 40$
$x_{21}+x_{22}+x_{23}+x_{24}+x_{25} = 70$
$x_{31}+x_{32}+x_{33}+x_{34}+x_{35} = 60$
$x_{41}+x_{42}+x_{43}+x_{44}+x_{45} = 30$
$x_{ij} \geqq 0,\ i=1,2,3,4;\ j=1,2,3,4,5;$

(2) $x_{11}+x_{21}+x_{31}+x_{41} = 30$
$x_{12}+x_{22}+x_{32}+x_{42} = 60$
$x_{13}+x_{23}+x_{33}+x_{43} = 50$
$x_{14}+x_{24}+x_{34}+x_{44} = 40$
$x_{15}+x_{25}+x_{35}+x_{45} = 20$

b)

	B1	B2	B3	B4	B5	
Z1	30	10	0	0	0	40
Z2	0	50	20	0	0	70
Z3	0	0	30	30	0	60
Z4	0	0	0	10	20	30
	30	60	50	40	20	

c)

	3	2	4	4	3	
0	6 / +3	2 / 40	8 / +4	7 / +3	5 / +2	40
1	4 / 30	3 / *0*	7 / +2	5 / 40	9 / +5	70
-1	2 / *0*	1 / 20	3 / 40	6 / +3	4 / +2	60
0	5 / +2	6 / +4	4 / 10	8 / +4	3 / 20	30
	30	60	50	40	20	

d) Es ergibt sich die Optimallösung in c)

21.7.1

a)

	9	20	15	
-8	8 +7	12 200	25 +18	200
0	9 150	20 50	15 200	400
	150	250	200	

b)

	9	13	15	6	
-1	8 70	12 130	25 +11	6 +1	200
0	9 80	20 +7	15 200	6 120	400
	150	130	200	120	

c)

	9	20	15	
-8	8 +7	12 180	25 +18	180
0	9 150	20 50	15 200	400
0	20 +11	20 20	20 +5	20
	150	250	200	

22.2.1

a)

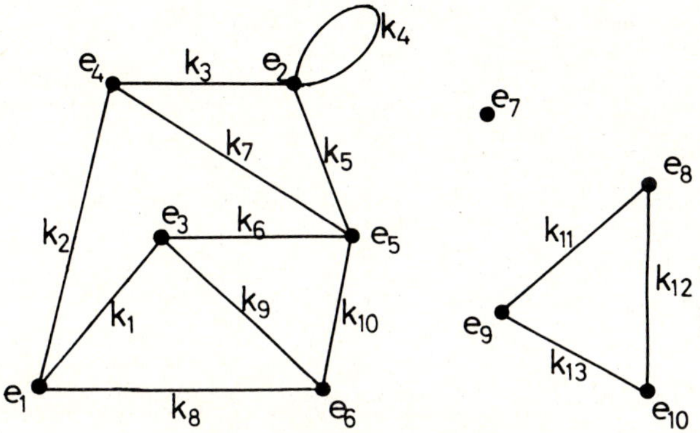

b)

	e1	e2	e3	e4	e5	e6	e7	e8	e9	e10
e1	0	0	1	1	0	1	0	0	0	0
e2	0	2	0	1	1	0	0	0	0	0
e3	1	0	0	0	1	1	0	0	0	0
e4	1	1	0	0	1	0	0	0	0	0
e5	0	1	1	1	0	1	0	0	0	0
e6	1	0	1	0	1	0	0	0	0	0
e7	0	0	0	0	0	0	0	0	0	0
e8	0	0	0	0	0	0	0	0	1	1
e9	0	0	0	0	0	0	0	1	0	1
e10	0	0	0	0	0	0	0	1	1	0

c)

ν	1	2	3	4	5	6	7	8	9	10
$\gamma(e_\nu)$	3	4	3	3	4	3	0	2	2	2

d) e2, e4, e5; e) k5, k6, k7, k8, k9;

f) E' = {e1,e2,e3,e4,e5,e10 }
K' = { k1,k2,k3,k4,k5,k6,k7 }

ϕ'(k1) = (e1,e3); ϕ'(k2) = (e1,e4); ϕ'(k3) = (e2,e4); ϕ'(k4) = (e2,e2);
ϕ'(k5) = (e2,e5); ϕ'(k6) = (e3,e5); ϕ'(k7) = (e4,e5);

	e1	e2	e3	e4	e5	e10
e1	0	0	1	1	0	0
e2	0	2	0	1	1	0
e3	1	0	0	0	1	0
e4	1	1	0	0	1	0
e5	0	1	1	1	0	0
e10	0	0	0	0	0	0

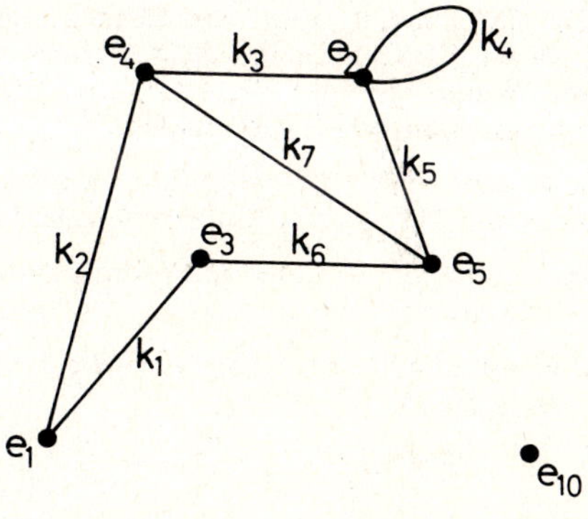

22.2.2 a) Miminalgrad: 2 Maximalgrad: 4

b) Einen Untergraphen erhält man durch Entfernung von Knoten und der mit diesem Knoten inzidenten Kanten. Die Anzahl der Untergraphen wird also gegeben durch die Anzahl der echten Teilmengen der Knotenmenge E. Man erhält somit $2^{13} - 1 = 8191$.

c) 9, nämlich k1,k2,k6; k3,k6; k4,k5,k6; k4,k5,k3,k1,k2,k6; k1,k2,k3,k4,k5,k6; k4,k5,k2,k1,k3,k6; k3,k5,k4,k1,k2,k6; k3,k2,k1,k4,k5,k6; k1,k2,k5,k4,k3,k6;

d) 3, nämlich k1,k2,k6; k3,k6 und k4,k5,k6;

e) e4,e5,e,9,e11; f) k6,k16

g) k1,k2,k3,k4,k5,k6,k7,k8,k9,k10,k11,k12,k13,k14,k15,k16,k17,k18,k19;

h) k1,k4,k5,k6,k7,k8,k11,k14,k15,k16,k17,k18;

i)

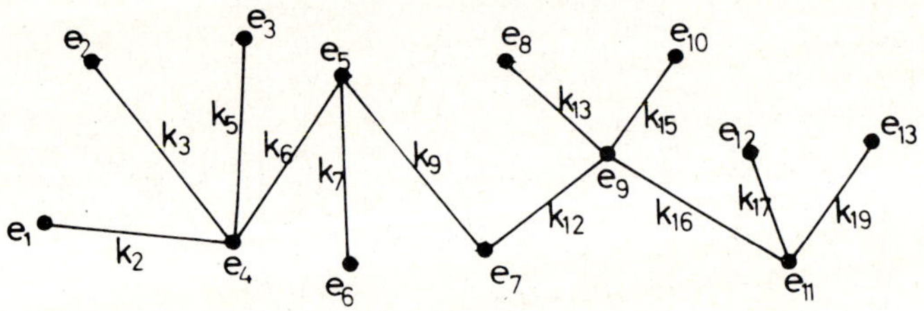

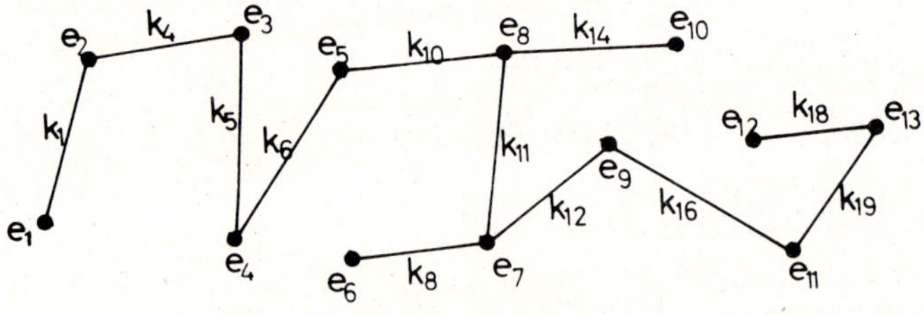

22.2.3 Da jeder Knoten des Graphen genau einmal berührt werden soll, und keine Restriktionen durch nicht vorhandene Kanten bestehen, ist diese Frage gleichbedeutend mit der Frage nach der Anzahl der Permutationen von 4 Elementen. Es gibt 4! = 24 Wege.

22.2.4 Die dem betreffenden Knoten zugeordnete Zeile und Spalte enthält nur "0", da der Knoten keinen Nachbarn hat.

22.2.5 Jede "2" auf der Hauptdiagonalen der Adjazenzmatrix zeigt eine Schleife an.

22.2.6 Für einen **ungerichteten** Graphen mit der Adjazenzmatrix $A = (a_{ij})$ gilt

$$\gamma(ei) = \sum_j a_{ij} = \sum_j a_{ji}$$

Für einen gerichteten Graphen mit der Adjazenzmatrix $\mathbf{A} = (a_{ij})$ gilt

$$\gamma^{+}(ei) = \sum_{j} a_{ij} \text{ und } \gamma^{-}(ej) = \sum_{i} a_{ij}.$$

22.4.1

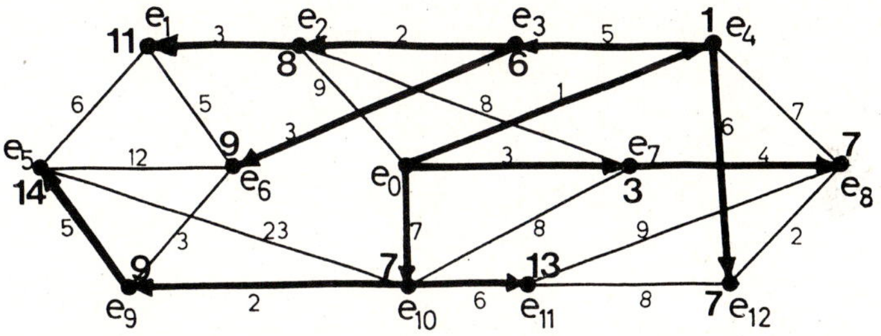

22.4.2

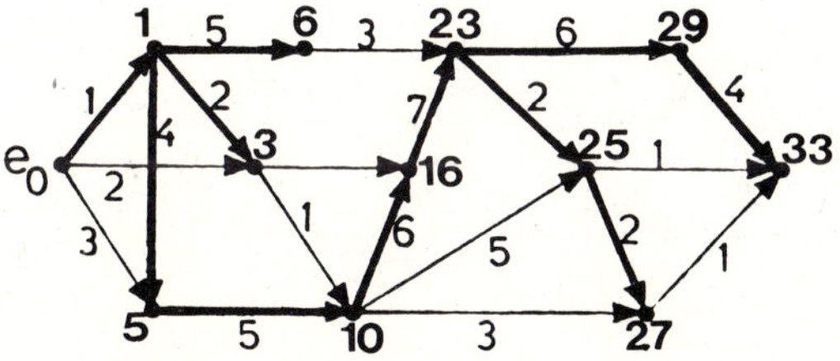

22.4.3

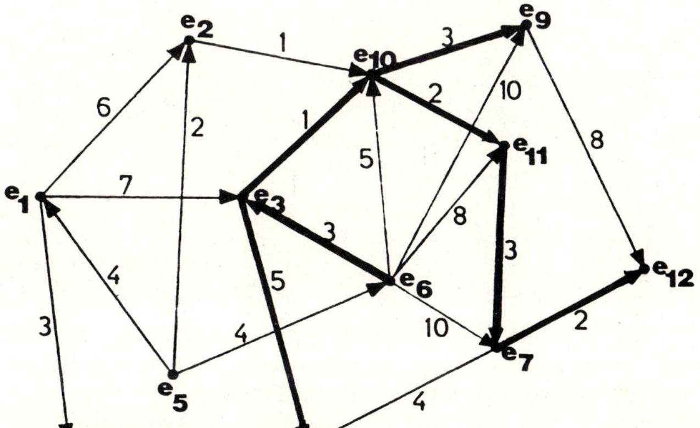

e1, e2 und e5 sind von e6 aus nicht erreichbar.

22.4.4

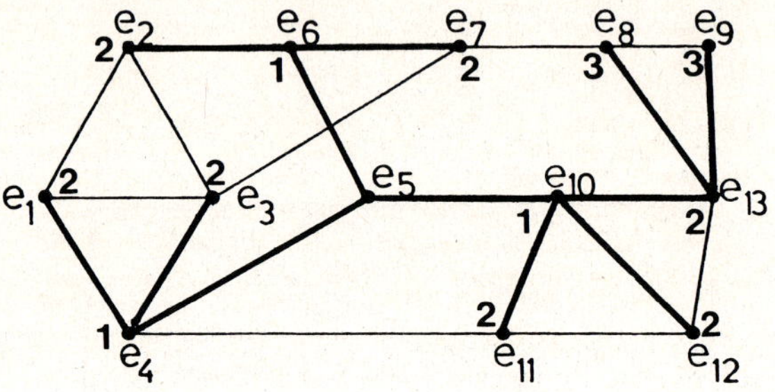

22.5.1

a)

$$\mathbf{C}^* = \begin{pmatrix} 0 & 8 & 2 & \infty & \infty & \infty \\ 8 & 0 & 4 & 5 & 16 & \infty \\ 2 & 4 & 0 & 12 & \infty & \infty \\ \infty & 5 & 12 & 0 & \infty & 5 \\ \infty & 16 & \infty & \infty & 0 & 2 \\ \infty & \infty & \infty & 5 & 2 & 0 \end{pmatrix}; \mathbf{C}^{*(2)} = \begin{pmatrix} 0 & 6 & 2 & 13 & 24 & \infty \\ 6 & 0 & 4 & 5 & 16 & 10 \\ 2 & 4 & 0 & 9 & 20 & 17 \\ 13 & 5 & 9 & 0 & 7 & 5 \\ 24 & 16 & 20 & 7 & 0 & 2 \\ \infty & 10 & 17 & 5 & 2 & 0 \end{pmatrix};$$

$$\mathbf{C}^{*(3)} = \begin{pmatrix} 0 & 6 & 2 & 11 & 22 & 18 \\ 6 & 0 & 4 & 5 & 12 & 10 \\ 2 & 4 & 0 & 9 & 19 & 14 \\ 11 & 5 & 9 & 0 & 7 & 5 \\ 22 & 12 & 19 & 7 & 0 & 2 \\ 18 & 10 & 14 & 5 & 2 & 0 \end{pmatrix}; \mathbf{C}^{*(4)} = \begin{pmatrix} 0 & 6 & 2 & 11 & 20 & 16 \\ 6 & 0 & 4 & 5 & 12 & 10 \\ 2 & 4 & 0 & 9 & 16 & 14 \\ 11 & 5 & 9 & 0 & 7 & 5 \\ 20 & 12 & 16 & 7 & 0 & 2 \\ 16 & 10 & 14 & 5 & 2 & 0 \end{pmatrix};$$

$$\mathbf{C}^{*(5)} = \begin{pmatrix} 0 & 6 & 2 & 11 & 18 & 16 \\ 6 & 0 & 4 & 5 & 12 & 10 \\ 2 & 4 & 0 & 9 & 16 & 14 \\ 11 & 5 & 9 & 0 & 7 & 5 \\ 18 & 12 & 16 & 7 & 0 & 2 \\ 16 & 10 & 14 & 5 & 2 & 0 \end{pmatrix}; \mathbf{C}^{*(6)} = \begin{pmatrix} 0 & 6 & 2 & 11 & 18 & 16 \\ 6 & 0 & 4 & 5 & 12 & 10 \\ 2 & 4 & 0 & 9 & 16 & 14 \\ 11 & 5 & 9 & 0 & 7 & 5 \\ 18 & 12 & 16 & 7 & 0 & 2 \\ 16 & 10 & 14 & 5 & 2 & 0 \end{pmatrix}.$$

b) Es ist $\mathbf{S} = \mathbf{C}^{*(5)}$

c)

$$\mathbf{R} = \begin{pmatrix} 1 & 3 & 1 & 2 & 6 & 4 \\ 3 & 2 & 2 & 2 & 6 & 4 \\ 3 & 3 & 3 & 2 & 6 & 4 \\ 3 & 4 & 2 & 4 & 6 & 4 \\ 3 & 4 & 2 & 6 & 5 & 5 \\ 3 & 4 & 2 & 6 & 6 & 6 \end{pmatrix}$$

22.8.1

a)

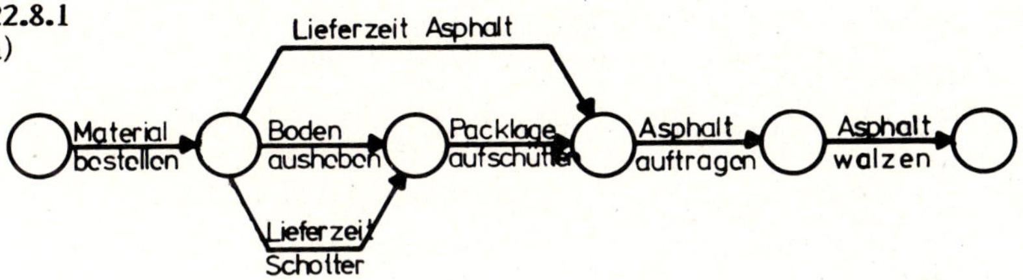

b)

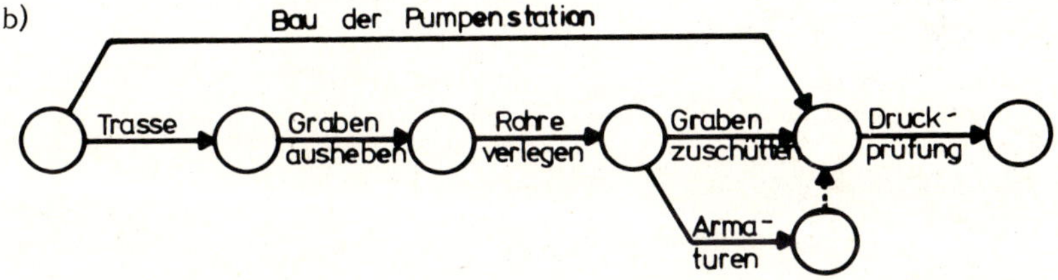

22.8.2

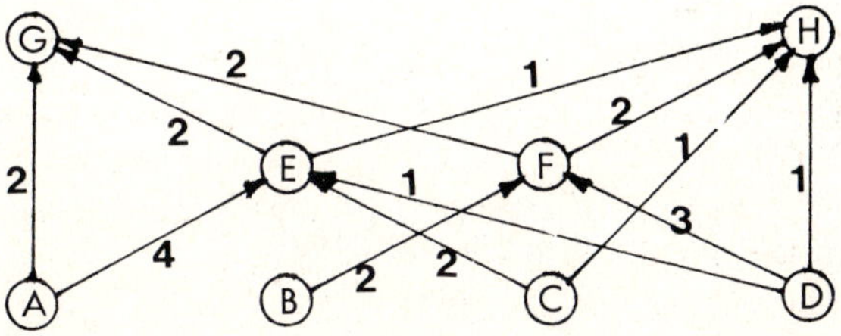

22.8.3

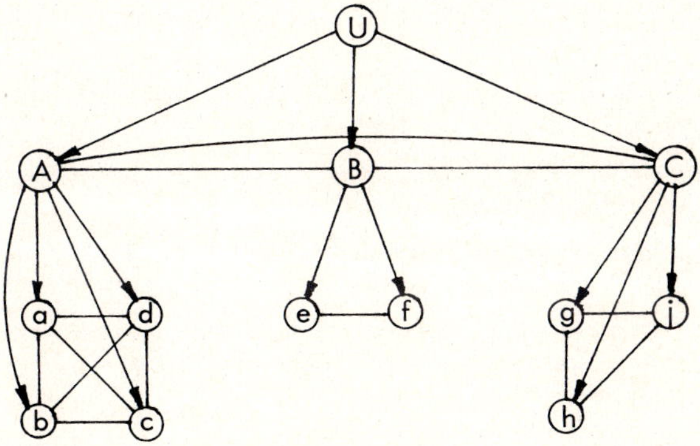

Weiterführende und ergänzende Literatur

1. Allgemeine Literatur

Dück, W., Körth, H., Runge, W. (Hrsg.): Mathematik für Ökonomen. Band 1 und Band 2. Thun, Frankfurt/M. Verlag Harri Deutsch, 1980.

Kemeny, J.G., Schleifer jr., A., Snell, J.L., Thompson, G.L.: Mathematik für die Wirtschaftspraxis. Berlin, New York. de Gruyter, 2. Aufl. 1972.

Tinhofer, G.: Mathematik für Studienanfänger. München, Wien. Carl Hanser Verlag, 1977.

Zurmühl, R.: Praktische Mathematik für Ingenieure und Physiker. Berlin, Heidelberg, New York. Springer-Verlag, 5. Aufl. 1965.

2. Formelsammlungen und Nachschlagewerke

Bartsch, H.-J.: Mathematische Formeln. Leipzig. VEB Fachbuchverlag Leipzig, 20. Aufl. 1984.

Bronstein, I.N., Semendjajew, K.A.: Taschenbuch der Mathematik. Zürich, Frankfurt. Verlag Harri Deutsch, 21. Aufl. 1983.

Gellert, W., Kästner, H., Neuber, S. (Hrsg.): Fachlexikon ABC Mathematik. Thun, Frankfurt/M. Verlag Harri Deutsch, 1978.

Meschkowski, H.: Mathematisches Begriffswörterbuch. Mannheim, Wien, Zürich. Bibliographisches Institut, 3. Aufl. 1971.

Rottmann, K. (Hrsg.): Mathematische Formelsammlung. Mannheim. Bibliographisches Institut, 3. Aufl. 1984.

Vogel, A.: Mathematische und statistische Tabellen. Stuttgart. Verlag Konrad Wittwer, 1983.

3. Zu Kapitel 17, 18 und 19 (Matrizen, Determinanten, Gleichungssysteme)

Aitken, A.C.: Determinanten und Matrizen. Mannheim, Wien, Zürich. Bibliographisches Institut, 1969.

Ayres, Frank: Matrizen. New York, u.a.. Schaum's outline series (McGraw-Hill), 1978.

Dietrich, G., Stahl, H.: Grundzüge der Matrizenrechnung. München. Ernst Battenberg Verlag, 9. Aufl. 1975.

Dietrich, G., Stahl, H.: Matrizen und Determinanten und ihre Anwendung in Rechnik und Ökonomie. Thun, Frankfurt/M., Verlag Harri Deutsch, 5. Aufl. 1978.

Goodman, A.W., Ratti, J.S.: Finite Mathematics with applications. New York, London. Macmillan, 1971.

Vogel, Friedrich: Matrizenrechnung in der Betriebswirtschaft. Opladen. Westdeutscher Verlag, 1970.

Zurmühl, R.: Matrizen. Berlin, Göttingen, Heidelberg. 4. Aufl. 1964.

4. Zu Kapitel 20 und 21 (Lineare Optimierung)

Blum, E., Oettli, W.: Mathematische Optimierung. Berlin, Heidelberg, New York. Springer-Verlag, 1975.

Dantzig, G.B.: Lineare Programmierung und Erweiterungen. Berlin, Heidelberg, New York. Springer-Verlag, 1966.

Ellinger, Th.: Operations Research. Berlin, Heidelberg, New York. Springer-Verlag, 1984.

Krekó, Béla: Lehrbuch der Linearen Optimierung. Berlin. VEB Deutscher Verlag der Wissenschaften, 5. Aufl. 1970.

Richter, Klaus-Jürgen: Methoden der Optimierung. Band I: Lineare Optimierung. Leipzig. VEB Fachbuchverlag, 4. Aufl. 1971.

Witte, Th., Deppe, J.F., Born, A.: Lineare Programmierung. Wiesbaden. Gabler Verlag 1975.

5. Zu Kapitel 22 (Graphentheorie)

Busacker, R.G., Saaty, Th.L.: Endliche Graphen und Netzwerke. München, Wien. Oldenbourg Verlag 1968.

Hässig, K.: Graphentheoretische Methoden des Operations Research. Stuttgart. Teubner Verlag, 1979.

Harary, F.: Graphentheorie. München, Wien. Oldenbourg Verlag, 1974.

Laue, R.: Elemente der Graphentheorie und ihre Anwendungen in den biologischen Wissenschaften. Braunschweig. Friedr. Vieweg + Sohn, 1971.

Noltemeier, H.: Graphentheorie mit Algorithmen und Anwendungen. Berlin, New York. de Gruyter, 1976.

Perl, J.: Graphentheorie. Wiesbaden. Akademische Verlagsgesellschaft, 1981.

Sachs, H.: Einführung in die Theorie der endlichen Graphen. München. Hanser Verlag,1971.

Walther, H.: Anwendungen der Graphentheorie. Braunschweig/Wiesbaden. Friedr. Vieweg + Sohn, 1979.

Symbolverzeichnis

Symbole, die nicht in diesem Band erläutert sind, wurden ebenfalls mit aufgeführt. Bei den Seitenzahlen wurde dann die Bandnummer hinzugefügt.

$\mathbb{N}$	Menge der natürlichen Zahlen, Band 1, S.17
$\mathbb{Z}$	Menge der ganzen Zahlen, Band 1, S.17
$\mathbb{Q}$	Menge der rationalen Zahlen, Band 1, S.17
$\mathbb{R}$	Menge der reellen Zahlen, Band 1, S.17
$\mathbb{R}^n$	Raum der reellen n-Tupel, Band 1, S.55
a^n	n-te Potenz von a, Band 1, S.18
$\sqrt[n]{a}$	n-te Wurzel aus a, Band 1, S.18
$a < b$	a kleiner als b
$a = b$	a gleich b
$a > b$	a größer als b
$a \leqq b$	a kleiner gleich b
$a \geqq b$	a größer gleich b
$\sum_{i=k}^{n} a_i$	Summenzeichen, "Summe aller a_i für i von k bis n", Band 1, S.24,25
$\prod_{i=k}^{n} a_i$	Produktzeichen, "Produkt aller a_i für i von k bis n", Band 1, S.29
$\|a\|$	Betrag a, absoluter Betrag von a, Band 1, S.30
(a,b)	abgeschlossenes Intervall, $a \leqq x \leqq b$, Band 1, S.22
)a,b(	offenes Intervall, $a < x < b$, Band 1, S.22
(a,b(	rechts halboffenes Intervall, $a \leqq x < b$, Band 1, S.22
)a,b)	links halboffenes Intervall, $a < x \leqq b$, Band 1, S.22
$\bar{A}$	Negation von A, "nicht A", Band 1, S.32
$\wedge$	und, Konjunktion, Band 1, S.33
$\vee$	oder, Disjunktion, Band 1, S.33
$\Longrightarrow$	Implikation,Band 1, S.34
$\Longleftrightarrow$	Äquivalenz, Band 1, S.35
$a \in A$	a Element A, Band 1, S.44
$b \notin A$	b nicht Element A, Band 1, S.44
$\{\}$, $\emptyset$	leere Menge, Band 1, S.44

$A \subset B$	A ist Teilmenge von B, Band 1, S.46
$A \not\subset B$	A ist nicht Teilmenge von B, Band 1, S.46
$\mathfrak{P}(A)$	Potenzmenge der Menge A, Band 1, S.47
$A \cap B$	Durchschnitt der Mengen A und B, Band 1, S.48
$A \cup B$	Vereinigung der Mengen A und B, Band 1, S.49
$B \setminus A$	Differenz zwischen den Mengen B und A, Band 1, S.50
$\bar{A} = \complement_{\Omega} A$	Komplement von A in bezug auf Ω, Band 1, S.50
$n!$	n Fakultät, Band 1, S.64
$\binom{n}{k}$	Binomialkoeffizient, Band 1, S.65
$\mathbf{A}, \mathbf{B}, \ldots$	Matrix S.10
(a_{ij})	Matrix S.10
$\mathbf{A}_{mn}$	mxn Matrix S.10
$(a_{ij})_{mn}$	mxn Matrix S.10
$\mathbf{a}, \mathbf{b}, \ldots$	Spaltenvektor S.11
$\mathbf{a}', \mathbf{b}', \ldots$	Zeilenvektor S.11
$\mathbf{0}$	Nullmatrix S.13
$\mathbf{E}$	Einheitsmatrix S.14
$\mathbf{e}_i$	i-ter Einheitsvektor S.14
$\mathbf{A}'$	Transponierte der Matrix **A** S.15
$\mathbf{A}^T$	Transponierte der Matrix **A** S.15
$\mathbf{A}^{-1}$	Inverse der Matrix **A** S.32
rang($\mathbf{A}$)	Rang der Matrix **A** S.73
det ($\mathbf{A}$)	Determinante der Matrix A S.76
$\lvert \mathbf{A} \rvert$	Determinante der Matrix A S.76
$\mathbf{A}_{ad}$	adjungierte Matrix S.79

Stichwortverzeichnis

-, Nullv. 13
-, Rang eines Vektorsystems 73

Die Vorlesung

Die Vorlesung

Einführung in eine akademische Lehrform

von

Hans Jürgen Apel

1999

BÖHLAU VERLAG KÖLN WEIMAR WIEN

Die Deutsche Bibliothek – CIP-Einheitsaufnahme

Apel, Hans Jürgen:
Die Vorlesung : Einführung in eine akademische
Lehrform / von Hans Jürgen Apel. –
Köln ; Weimar ; Wien : Böhlau, 1999
ISBN 3-412-03499-1

Umschlagfoto: David Ausserhofer, Berlin

Satz: Elke Perz, Bayreuth
Druck und Bindung: MVR-Druck GmbH, Brühl
Gedruckt auf säure- und chlorfreiem Papier
Printed in Germany
ISBN 3-412-03499-1

Inhalt

Vorwort

Einen hochschuldidaktischen Versuch vorzulegen, dessen zentraler Gegenstand die Lehrform „Vorlesung“ ist, dürfte manchen Kolleginnen und Kollegen als überflüssig, manchen als unzeitgemäß, anderen aber auch wieder als sinnvoll vorkommen. Überblickt man den Tenor der deutschsprachigen Literatur zur Hochschuldidaktik seit den sechziger Jahren, dann liegt scheinbar nichts ferner, als die hergebrachte Vorlesung kultivieren zu wollen. In Theorie und Praxis universitärer Lehre werden die unterschiedlichsten Positionen vertreten. Von einigen Autorinnen und Autoren wird diese vortragende Lehrform als Ausdruck eines undemokratischen Verhaltens, als eine subtile Form der Herrschaft und Einschüchterung dargestellt. Andere halten die Vorlesung durch technische Neuerungen, in diesem Fall durch die mediale Revolution, für überholt. In den Hörsälen ist die Situation jedoch ganz anders. Die Vorlesung gilt noch immer als typische Lehrform der Universität und wird von Studierenden mit entsprechenden Erwartungen besucht, die jedoch nicht immer erfüllt werden; denn die didaktische Qualität und das rhetorische Können der Dozenten sind sehr unterschiedlich. Die meisten Lehrenden handeln nach der traditionellen Ansicht: Wer eine Sache beherrscht, kann sie auch lehren! „Wissen heißt lehren können“.[1] Hierbei trifft man auf verschiedenste Praktiken des Lehrens. Sie werden bewusst und unbewusst eingesetzt, um durch den Vortrag Wissen zu vermitteln, Verstehen und Nachdenken anzuregen.

Gegen eine vorschnelle Abwertung des akademischen Lehrvortrags werden in dieser Schrift Argumente für die Beibehaltung der Vorlesung und ihre Weiterentwicklung als didaktisch-rhetorische Lehr-Lern-Situation im universitären Bereich formuliert. Zwar sollen Mängel dieser Lehrform aufgedeckt, zugleich sollen aber auch Vorzüge aufgezeigt und praktikable Formen des Vortragens vorgestellt werden. Dabei soll einsichtig werden, dass die Vorlesung sowohl didaktisch als auch rhetorisch gestaltet werden muss, wenn sie bildend wirken soll. Dann wird diese Lehr-Lern-Situation von den meisten Studierenden als Verlebendigung von Daten, Theorien, Thesen begrüßt. Beobachtbares Verhalten in Vorlesungen und studentische Antworten auf Befragungen zeigen dies deutlich.

---

1 MITTELSTRAß 1998, S. 5.

1. Einleitung

Als der Berliner Philosophie- und Pädagogikprofessor FRIEDRICH PAULSEN (1846 - 1908) um 1900 die Vorlesung gegen „höhnische Geringschätzung“ und „giftige Verachtung“[2] durch einige Kritiker verteidigte, da konnte er noch den „Vorzug des lebendigen Worts vor dem Buch“[3] herausstellen. PAULSEN unterstrich als „Aufgabe der Vorlesung“, „dem Hörer, der den Zugang zu einer Wissenschaft sucht, in einer Reihe zusammenhängender Vorträge eine von einer lebendigen Persönlichkeit getragene, lebendige Gesamtansicht von dem Ganzen dieser Wissenschaft zu geben“[4]. Die Vorlesung - so seine Ansicht - soll den Zuhörenden durch verlebendigenden Vortrag der Materie eine Übersicht über Grundfragen der Disziplin, über methodische Verfahren des Erkennens und Argumentierens, über den Zusammenhang vorliegender Einsichten mit dem Ganzen vermitteln und so die noch Unkundigen dazu anleiten, in der Vielfalt vorliegenden Denkens einen Sinn zu erkennen. Das sei die Voraussetzung dafür, bei den Zuhörenden ein Interesse für die Sache zu erwecken. In einer solchen persönlichen Darstellung sah PAULSEN die Überlegenheit des akademischen Lehrvortrags vor dem Lehrbuch. Die Vorlesung sei dort gezielt einzusetzen, wo es darum gehe, „zuerst das Interesse für die Wissenschaft zu gewinnen, den Glauben an ihre Bedeutung zu erzeugen, die Aufmerksamkeit auf die wesentlichen Thatsachen und Fragen einzustellen, leitende Gesichtspunkte zu geben und so überhaupt zuerst ein inneres Verhältnis zur Sache zu begründen“[5].

Die Vorlesung - eine bis heute umstrittene Lehrform

Wer in der gegenwärtigen Situation eine hochschuldidaktische Schrift über die Vorlesung als akademische Lehrform vorlegt, möchte vielleicht, kann aber nicht nahtlos an diese Position anknüpfen. Zu leicht kann ihm vorgeworfen werden, eingetretene Entwicklungen übersehen zu haben oder diese nicht wahr haben zu wollen. Wurde die Vorlesung als akademische Lehrform schon um 1900 kritisch beäugt, so wird sie dies gegenwärtig noch viel mehr. Die einen halten sie für eine unangemessene autokratische Lehrform,

---

2 PAULSEN 1966, S. 239.

3 Ebd., S. 242.

4 Ebd., S. 240.

5 Ebd., S. 241.

die das eigentliche Lernen, die selbstständige Konstruktion des Wissens, verhindert; den anderen erscheint sie als Ausdruck einer veralteten Vorstellung universitärer Bildung, in der immer noch auf Anwesenheit zu bestimmter Zeit an einem festgelegten Ort und auf Bereitschaft zur Rezeptivität in einer Menge Gleichgesinnter gesetzt wird, anstatt moderne Techniken der Kommunikation zu nutzen, um Studierenden wie Lehrenden den Umgang miteinander über Medien zu jeder Zeit und von jedem Ort aus zu ermöglichen. Wieder andere stellen sich auf den Standpunkt, dass Vorlesungen zwar wichtig, hochschuldidaktische Regeln für den wissenschaftlichen Vortrag aber unbedeutend sind; bedeutsam sei allein die inhaltliche Qualität des Vortrags.[6] Gegen den neuerdings erhobenen Anspruch, dass Professorinnen und Professoren ihre Lehrinhalte auch angemessen vermitteln, dass sie sich neben der wissenschaftlichen Argumentation auch didaktische Reflexionen zumuten, führen sie ins Feld, dass das Vermitteln des Wissens allenfalls eine Kunst sei, aber kein wissenschaftlich zu erörternder Gegenstand eigener Dignität. Der Anspruch, sich didaktisch für den Lehrvortrag zu rüsten, erscheint ihnen schlichtweg als eine Zumutung. Schließlich - so die Gegenrede - trage man geordnet Argumente vor, entwickele Folgen, formuliere Hypothesen, erläutere Methoden und Ergebnisse, verdeutliche an Beispielen, benutze Folien und beschreibe die Tafel - das müsse im lehrenden Umgang mit jungen Erwachsenen reichen. Immer noch gelte, was schon der DOKTOR FAUSTUS zu seinem Famulus WAGNER sagt: „Sei er kein schellenlauter Tor! Es trägt Verstand und rechter Sinn mit wenig Kunst sich selber vor"[7].

Gegen diese Position lassen sich Einwände vorbringen. Es kann nicht gleichgültig sein, wie Lehrvorträge gestaltet werden, auch wenn unbestritten bleibt, dass vor didaktischen Reflexionen die Beherrschung der Sache, die Urteilsfähigkeit und die wissenschaftliche Erfindungskraft rangieren. Die angelsächsische Diskussion zur „lecture method" ist ein gutes Beispiel dafür, wie notwendig eine hochschuldidaktische Erörterung auch bei uns ist, soll der akademische Lehrvortrag gekonnt erfolgen; denn das wird viel zu oft übersehen, dass die professionelle Darstellung begeistern und für die Sache eher interessieren kann als der hoch wissenschaftliche, aber ungelenke

---

6 Das ist ein altes Problem. Vgl. hierzu die Diskussion über eine hochschulpädagogische Qualifikation der Lehrenden zwischen W. FÖRSTER und F. PAULSEN 1900 (in: WEBLER/OTTO 1991, S. 387 - 399). In jüngster Zeit hat diese Position vehement JÖRG WOLFF verteidigt, indem er von der „Selbstverpflichtung zum Denken" (1998) sprach, die durch hochschuldidaktisches Vorgehen keinesfalls aufgehoben werden dürfe: Es könne nicht darum gehen, „eine langweilige Vorlesung interessant zu machen oder eine schwierige Vorlesung zu vereinfachen" (1998, S. 479). Wer dies tue, verhindere die eigene Anstrengung der Studierenden und habe die Unmündigkeit seiner Zuhörenden zu verantworten.

7 GOETHE, Faust I, Vers 549 - 551.

Vortrag, den man hinter sich bringen muss. Wer Wichtiges zu sagen hat, sollte dies durch die angemessene Wahl der Mittel unterstreichen. Das Verlesen eines vorformulierten Textes allein reicht nicht hin; „man muss einen solchen Text in Rede, in Ansprache, in ein eigentliches Ansprechen verwandeln durch Pausen, durch Zögern und andere Mittel, um so Nachdenklichkeit - den Eindruck von ihr - künstlich zu erzeugen“[8]. Dadurch kann die didaktische Situation gestaltet werden. Vortragende haben Intentionen, die sie mit ihrer Darstellung nachdrücklich spürbar machen sollten. Sie stehen vor Rezipienten, die wegen dieses Vortrags gekommen sind.

Die Vorlesung erscheint zu vielen Lehrenden als eine einfache Methode des sprachlichen Darstellens. Wer ist schon - als akademisch Lehrender - unfähig, einen Text vorzutragen, Zusammenhänge und Formeln an der Tafel zu entwickeln, Folien zu erläutern, Experimente vorzuführen und zu erklären, Krankengeschichten darzustellen und eine Differentialdiagnose durchzuführen, juristische Fälle zu erörtern und Wirtschaftssysteme oder technische Phänomene sprachlich zu vermitteln? Das scheint dem gebildeten Menschen, der die Sache beherrscht, von Natur aus gegeben. Allenfalls verfügt der eine über mehr, der andere über weniger von dieser Kunstfertigkeit. Und doch zeigen sich gerade an dieser Stelle didaktische Probleme. Es ist eben nicht so, dass der- oder diejenige einen Sachverhalt den Studierenden zu vermitteln im Stande ist, der über ihn verfügt, ohne die besonderen Bedingungen der Vorlesungs-Situation zu beachten. Ausformulierte Lehrtexte müssen didaktisch umgesetzt und auf die Hörsaal-Situation bezogen werden. Vorlesen und Vortragen müssen mit freien Erläuterungen verbunden werden. Rhetorische Mittel wie Analogien und Beispiele sind zur Verlebendigung einzufügen. Kurze Abschweifungen und witzige Bemerkungen können als Umwege zu neuer Konzentration genutzt werden. Medien sind in begrenztem Maß zur Anregung des Denkens und zur vertieften Konzentration einzusetzen. Dabei muss Zeit eingeplant werden, damit die Gedanken aufgenommen, nachvollzogen, gewichtet und im Auszug festgehalten werden können. Die herkömmliche Vorlesung eines Lehrtextes wirkt - sofern noch praktiziert - je nach Vortrag und Aufbau schnell langweilig. Aber auch das freie Sprechen ist nicht risikolos; Vortragende können das Anspruchsniveau verfehlen und sich evtl. über Beispiele und Zwischenberichte von der Sache entfernen. Studierende beschweren sich gelegentlich nicht ohne Grund über geistige Unordnung, Abschweifungen, Langeweile, Verständnisschwierigkeiten und - als deren mögliche Folge - über Unruhe im Hörsaal. Was also macht das hochschuldidaktische Spezifikum der Vorlesung

---

8 GAUGER 1995, S. 188f.

aus? Worin bestehen Möglichkeiten und Grenzen des akademischen Lehrvortrags? Wie erlernt man seine professionelle Praxis?

Dass solche Fragen auch dann gestellt werden müssen, wenn sie nicht sofort beantwortet werden können, ist einleuchtend: Die Klagen Studierender über mangelnde Qualität akademischer Lehrvorträge sind wohl der wichtigste Grund dafür. Die seit einigen Jahren erhobenen Forderungen nach Qualitätskontrollen der Hochschullehre und die kürzlichen Proteste der Studierenden zur Hochschulsituation (Ende 1997) sind weitere Gründe. Auch wenn die Forderung nach Evaluation der Lehrtätigkeit durch Studierende skeptisch gesehen werden muss,[9] bleibt festzuhalten, dass die Lehre unter Berücksichtigung der international geführten hochschuldidaktischen Diskussion kompetenter praktiziert werden muss. Das trifft vor allem für die Vorlesung als akademische Lehrform zu. Wird sie als rhetorisch-didaktische Lehrform nicht professioneller gestaltet, dann verliert sie an Bedeutung, zumal Überlegungen zu Lehrangeboten in einer virtuellen Hochschule als Alternative bei einem Teil der Studierenden auf Interesse stoßen. Mit derartigen Angeboten eines zeitlich und räumlich unabhängigen Lernens in globaler Vernetzung kann nur eine inhaltlich, rhetorisch und didaktisch auf hohem Niveau gehaltene Vorlesung konkurrieren. Diese hat allerdings als kommunikative Situation gegenüber der Bildschirmübermittlung und auch gegenüber dem Buch entscheidende Vorteile: Sie kann durch die Verlebendigung des Diskurses zu einer Situation der Bildung werden. Persönliche Vermittlung kann Sachverhalte ansprechend erschließen und entscheidende Lernhilfe bei der Einarbeitung in größere Zusammenhänge sein.

Die Vorlesung als akademische Lehrform

Vorlesungen sind Lehrvorträge, in denen Grundfragen der Disziplin mit Worten, mit dem Einsatz optischer Hilfen, in bestimmten Fächern auch an Fällen, dargestellt werden. Als Vorlesung (engl.: lecture) wird generell eine Folge inhaltlich verbundener Lehrvorträge angesehen, die während eines Semesters vor einer studentischen Hörerschaft mit der Absicht vorgetragen werden, wissenschaftliche Kenntnisse und Methoden des Forschens zu vermitteln, Problembewusstsein und kritisches Denken, Interesse und zusammenhängendes Wissen bei den Studierenden zu fördern. In der Regel besteht die Vorlesung aus einer Reihe von Lehrvorträgen, in denen einzelne Schwerpunkte einer wissenschaftlichen Disziplin sprachlich dargestellt werden. Die Aufgabe dieser Lehrform hat HORST MUNSKE treffend so umrissen: In der Vorlesung „geht es darum, das jeweilige Fach in großer Breite leh-

---

9 Vgl. GRALKI 1999, KROMREY1994, 1996(a) und (b).

rend darzustellen, dabei aber eine Auswahl und Bewertung durch eigene Forschungserfahrung vorzunehmen und sich auch durch den Zwang zu breiter Lehre zu Forschungen auf neuen Gebieten anregen zu lassen. Umgekehrt werden Forschungsergebnisse durch die Behandlung in Vorlesungen und Seminaren auf ihre Überzeugungskraft getestet. Sie lehrend darstellen zu müssen, erfordert mehr, als sie in wissenschaftlichen Publikationen darzulegen".[10] Auswählen, Darstellen und Bewerten, etwas Neues Ausprobieren - das scheinen wesentliche Funktionen des akademischen Lehrvortrags zu sein. Dabei verfolgen akademische Lehrer mehrere Ziele. Sie wollen das Nachdenken anregen, Kenntnisse erweitern und vorhandene Meinungen problematisieren. Zugleich sollen Perspektiven eröffnet werden, um Sachverhalte anders zu sehen. Dazu dienen etwa rhetorische Fragen und Beispiele, durch die Alltagssichtweisen in einem anderen Licht erscheinen. Damit verfolgen sie das Ziel einer akademischen Bildung junger Menschen, die zu Wissen und Können, zu kritischen Fragen und anderen Perspektiven angeleitet werden sollen. Die gegenwärtigen Forderungen nach schneller Ausbildung drängen diesen Zweck jedoch zurück. Politik und Wirtschaft übersehen: Akademische Lehre ist nicht schulische Bildung mit anderen Mitteln, sie ist der HUMBOLDT'schen „Idee einer Bildung durch Wissenschaft" verpflichtet.[11]

Der Begriff „Vorlesung" legt nahe anzunehmen, dass ein zusammenhängender Text vorgelesen und erläutert wird. Das ist nicht häufig der Fall. Üblich ist vielmehr in allen Fakultäten und Fächern die zwar textorientierte, aber grundsätzlich doch interpretierend freie Darstellung eines Sachverhalts, wobei Lehrende in ergänzenden Bemerkungen auch Ansichten und Ratschläge einflechten, die von wissenschaftlichen Thesen deutlich zu unterscheiden sind. Von „Vorlesungen" als Vortrag eines Manuskriptes sprechen wir meistens, wenn es sich um „Probevorträge" (in Habilitations- oder Berufungsverfahren), um „Antrittsvorlesungen" (mit Entfaltung eines Forschungsprogramms) oder um eine Gastvorlesung (über ein erwünschtes Thema vor fremdem Auditorium) handelt. Aus der Kritik an der Vorlesung wurden Modifikationen der ursprünglichen Form entwickelt, so z. B. der „lecture-course" (eine Verbindung von Lehrvorträgen mit Übungsstunden und Diskussionsrunden), die Diskussionsvorlesung (nach Art eines Podiumsgesprächs zwischen verschiedenen Wissenschaftlern) und die interaktive Vorlesung.

---

10 GOEBL 1999, S. 51. GOEBL zitiert aus einem Schreiben, das der Erlanger Germanist H. MUNSKE an ihn gerichtet hatte.

11 MITTELSTRAß 1998, S. 8.

Die neueste Variante wurde mit dem Modell der „virtuellen Vorlesung" eingeführt. Hier sind verschiedene Formen möglich: Vorlesungen können am Ort A in traditioneller Form gehalten und über das Netz vermittelt oder multimedial konserviert (CD-ROM) weitergegeben werden. Dieser Modus kann durch Kontakte der Teilnehmer zu den Lehrenden über e-mail erweitert werden. Als weiteres Verfahren bietet sich an: Vorlesungen können als (Hyper)-Text mit Bildunterstützung über Internet abgerufen und am PC bearbeitet werden.

Das Grundmuster des Lehrvortrags ist in den Fächern der verschiedenen Fakultäten und Fachbereiche sehr ähnlich. Juristen greifen auf Gesetzessammlungen zurück, um Fälle zu erläutern und Entscheidungen zu begründen. Sie interpretieren und betonen die Bedeutung einzelner Festlegungen. Zugleich unterstreichen sie bestehende Einschränkungen oder Ausnahmen. Hier wie in den folgenden Beispielen dominiert eindeutig die Sprache. Wirtschaftswissenschaftler erklären Entwicklungen und aktuelle Vorgänge an Modellen, Tabellen oder Formeln. Sie kombinieren den Lehrvortrag mit Berechnungen und Erläuterungen zu sozialwissenschaftlichen Forschungen. Biologen verwenden häufig Dias, Folien und Filme, um Entwicklungen oder Vorgänge in der Natur aufzuzeigen und zu erklären. Mathematiker und Informatiker arbeiten mit Formeln und Symbolen, die sie in der Regel auf Folien oder an der Tafel entwickeln. Sprach- und Gesellschaftswissenschaftler stellen Sachverhalte und Vorgänge häufig in sprachlich geschlossener Form dar. Sie schildern und interpretieren, erklären und suchen nach Motiven, Interessen und Zwängen sozialen Handelns. Dabei verwenden sie verschiedene Medien je nach Bedarf zur Veranschaulichung oder Erklärung von Zusammenhängen, aber auch zur Anregung der Vorstellungen. So präsentieren die Fachvertreter den Lehrvortrag in unterschiedlicher Form. Die Methode der Präsentation hängt immer davon ab, was vermittelt wird und was dadurch erreicht werden soll.

Aus der Verpflichtung zu wissenschaftlicher Bildung folgt der Auftrag, die Zuhörenden zum Denken und zur Beurteilung des Gehörten anzuregen. Die Vorlesung soll nicht in der Vermittlung von Fakten stecken bleiben, sie soll Diskussionen anregen! So entsteht günstigenfalls eine Situation des Lehrens auf der einen und des aktiven Lernens auf der anderen Seite. Das wirkt bei etlichen Hörenden durch Konzentration und Anspruch disziplinierend, kultivierend und zivilisierend.[12] Zudem darf ein praktischer Zweck nicht übersehen werden: Vorlesungen bieten den Zuhörenden die Gelegen-

---

[12] Bei diesen Begriffen wird an KANTS Vorschlag zu Schritten der pädagogischen Einwirkung gedacht.

heit, sich darin zu üben, aus einem sprachlichen Vortrag das Wichtige aufzunehmen, es in kurzen Notizen festzuhalten, Fragen und Einwände vorzubringen. Damit wird eine für das öffentliche und berufliche Leben unverzichtbare Qualifikation trainiert. Ob dies jedoch gelingt und ob Studierende sich in dieser Situation als erfolgreich erfahren, hängt von mehreren Faktoren ab: (1) von den Erwartungen, die Studenten in diese Situation zur Sache wie zum eigenen Lernverhalten mitbringen(2) von ihrer Anstrengungsbereitschaft, ihrem Interesse und ihrer Aufmerksamkeit, (3) von den Vorstellungen, die Dozenten in der Vorlesungssituation über ihre Studenten entwickeln, (4) von der didaktisch-rhetorischen Qualität des Lehrvortrags.

Die Vorlesung historisch und systematisch betrachtet

Wer über die didaktische Struktur und Funktion der Vorlesung nachzudenken beginnt, sollte dies in historischer und systematischer Form tun. Historisch muss man beginnen, weil die Sache selbst eine Geschichte hat und weil bereits seit der Institutionalisierung der modernen Universität Auseinandersetzungen über diese Form des Lehrens geführt werden. Systematisch vorzugehen ist aus anderen Gründen sinnvoll: Zum einen sind die besondere Aufgabe und die Bedeutung dieser akademischen Lehrform innerhalb der Verfahren universitärer Lehre zu bestimmen; zum anderen ist die Gestaltung des Lehrvortrags unter didaktischen und rhetorischen Gesichtspunkten genau zu erörtern. Dabei müssen die Möglichkeiten sprachlicher Darstellung und medialer Präsentation herausgearbeitet werden. Der erste Zugang ist rhetorischer, der zweite methodischer Art.

Schon an dieser Stelle ist aus hochschuldidaktischer Sicht festzuhalten: Vorlesungen sind nur *eine* Form akademischer Lehre. Sie können sich als angemessen erweisen, wenn es um die Einführung in ein für die Studierenden unübersichtliches Gebiet geht, das zudem engagiert und mit didaktischem Gespür für die Hörsaal-Situation vermittelt wird. Sie sind aber wie Vortrag nur von begrenzter Wirkung und müssen durch dialogische Formen des Studiums wie Seminare, Kolloquien, Übungen und Anleitungen zur Selbsttätigkeit, Vortragsschulung und Mitarbeit bei Forschungen ergänzt werden. Hinzu kommt ein typisches Risiko gerade dieses Lehrverfahrens: Durch die Darstellungsform geraten Lehrvorträge - aus studentischer Sicht - bisweilen zu einer autokratischen Lehr-Lern-Situation, durch die weder zum Denken noch zum Urteilen angeregt wird. Ob durch den Lehrvortrag Formen eines „selbstbestimmt - motivierten Lernens" (PRENZEL) angestoßen und eingeleitet werden, ist nicht geklärt; es wird sogar grundsätzlich bezweifelt. Wahrscheinlich, so eine Ansicht, dienen Lehrvorträge vorrangig der Selbstdarstellung Lehrender, die dabei am meisten lernen, wie spöttische

Skeptiker meinen. Trotzdem sind Vorlesungen bei Studierenden in erstaunlichem Ausmaß beliebt, wenn die Vortragenden sich nur darum bemühen, klar, also übersichtlich und verständlich, ihre wissenschaftliche Position darzustellen oder wenn sie mitreißen und unterhaltend wirken. Sie werden dann - das zeigen auch die von mir regelmäßig seit Jahren durchgeführten Befragungen der Studierenden[13] - als wichtige Hilfe und Anregung zum Lernen betrachtet. Zugleich bedeuten sie eine Entlastung von der Aufgabe, sich die Sachverhalte aus der wenig übersichtlichen Fachdiskussion mühsam selbst erarbeiten zu müssen. Außerdem kommt hinzu: Zuhören erscheint vielen leichter als Lesen oder gar Exzerpieren. Man kann bereits Vorgearbeitetes aufnehmen und erhält Hinweise für weitere Studien.

Mit der vorliegenden Studie will ich hochschuldidaktische Anregungen geben, um zur Verbesserung dieser wichtigen Lehrform beizutragen, ohne jedoch die Vorlesung als 'Königsweg' universitärer Lehre herauszustellen. Mir geht es vielmehr darum, über die Bedingungen und Möglichkeiten der Lehr-Situation im Hörsaal zu informieren, Forschungen zur Vorlesung darzustellen und damit für diese besondere Lehr-Lern-Situation, für ihre Möglichkeiten und Grenzen zu sensibilisieren. Vortragende sollen während der Vorlesung natürlich ihre Thematik, zugleich aber auch die Studierenden als Zuhörende im Blick behalten; sie sollen Wissenschaftler und Lehrer sein, strukturierende Hilfen geben, Orientierung vermitteln, Abschnitte und gedankliche Absätze deutlich herausheben, Folien geschickt und nicht massenweise einsetzen, zur Filterung des Wichtigen aus dem sprachlichen Vortrag auffordern, die Geschwindigkeit ihres Vortrags beachten, Zusammenhänge redundant darstellen und immer wieder zusammenfassen. Ihnen muss klar sein: Vorträge sind mit sprachlichen Mitteln und mithilfe von Medien zu strukturieren, damit Unterschiedliches erkannt und angemessen eingeordnet wird. In dieser Hinsicht finden wir derzeit in den Hörsälen etliche Naturtalente, aber auch viele, die erlernen sollten, die Vorlesung als Lehr-Lern-Situation zu nutzen und Fehler bei der Darstellung zu vermeiden.

---

13 Seit mehreren Jahren lasse ich meine Vorlesung nach etwa zwei Dritteln des Semesters von den Studierenden bewerten. Die Antworten sind jedesmal aufschlussreich. Auf kritische Hinweise kann ich in den abschließenden Vortragsstunden noch reagieren. Die Studierenden können die Bewertung zum einen an vorgegebenen Gegensatzpaaren vornehmen, zum anderen auf der Rückseite des Bogens in freien Äußerungen zu einzelnen Fragen vornehmen. Der Fragebogen hat nur explorativen Charakter. Die Beurteilungen eröffnen mir aber wichtige Einblicke in mein Lehrverhalten und seine Wirkung auf Zuhörende. Die Auswertung erfolgt als Polaritätsprofil und als Zusammenfassung der freien Meinungsäußerungen. Interessierte können den Fragebogen einsehen unter der Web-Adresse der Universität Bayreuth:
www. uni-bayreuth.de/departments/s-paedagogik/index.html

Der vorliegende Text ist in drei Teile unterteilt, in einen historischen, einen systematischen und einen praktischen Teil. In Teil I wird in die Geschichte der Vorlesung eingeführt. In Teil II wird die Vorlesung als akademisch-rhetorische Lehrform entwickelt. In Teil III werden Hinweise zur Gestaltung des akademischen Lehrvortrags gegeben. Der Text soll zu einer variableren Gestaltung der Vorlesung anregen, die in größerem Umfang möglich ist, als dies die gängige Vorlesungswirklichkeit vermuten lässt. Eines darf aber nicht übersehen werden: Die Kunst des Lehrvortrags lernt man nicht durch Lektüre, sondern nur durch eine reflektierte Praxis, in der die akademische Lehre unter didaktischen und rhetorischen Gesichtspunkten kritisch überdacht wird. HANS-MARTIN GAUGER hat die zwei Schwerpunkte solchen Lernens aus rhetorischer Sicht präzise formuliert: „Lernen kann man solches Reden nicht oder eigentlich lernen kann man es nur, wenn man es - irgendwoher und sehr weithin - schon kann. Dann kann man gewiss entscheidend *dazu*lernen. Und dieses Dazulernen liegt dann wohl wesentlich im Vermeiden des Negativen, in der Elimination dessen, was da an Negativem, von der *actio* angefangen, noch ist, dann aber auch in der Verstärkung des positiv bereits Anwesenden“.[14] Diese Schrift soll Anregungen geben dazuzulernen.

---

[14] GAUGER 1996, S. 46f.

2. Zur Geschichte der Vorlesung

In diesem Kapitel kann keine Geschichte der Vorlesung geschrieben werden. Das allein wäre eine umfangreiche Studie, die über Theorie und Praxis der Vorlesung mindestens seit dem Mittelalter informieren müsste. Statt dessen erfolgt der historische Blick als Vergewisserung über bereits vorhandene Konzepte. Jeder, der historisch gearbeitet hat, weiß, dass in vergangenen Zeiten bereits Lösungen für Probleme entwickelt wurden, die zur Bewältigung heutiger Schwierigkeiten Beachtung verdienen. Solchen Beispielen kann man Anregungen zum Umgang mit gegenwärtigen Fragen entnehmen. Für die akademische Lehre ist spätestens seit der Neuzeit, insbesondere aber seit der Aufklärung anzunehmen, dass über die angemessene Form der Lehre diskutiert wurde. Bei der Durchsicht vorliegender Beiträge stößt man immer wieder auf überraschende Ideen, die später verschüttet und mühsam neu ausgegraben oder sogar erst entwickelt werden müssen.

Für die Vorlesungspraxis sind vor allem drei zeitliche Diskussionsschwerpunkte interessant: (1) die Zeit nach 1800, in der das Konzept der neuen (gegenwärtig wieder umstrittenen) deutschen Universität entwickelt und partiell realisiert wurde, (2) die Hochzeit des Wilhelminismus um und nach 1900, in der eine intensive Erörterung über das Für und Wider der Vorlesung stattfand, sowie (3) die neueste Periode seit den 1960er Jahren, in denen die Studentenbewegung eine Erschütterung der traditionellen Lehrrituale bewirkte, an die sich ein zunehmendes Interesse an hochschuldidaktischen Fragen anschloss. Gegenwärtig wird vor allem die Evaluation der Lehre unter dem vorrangigen Gesichtspunkt der Nützlichkeit betrieben. Damit hat sich die hochschuldidaktische Auseinandersetzung jedoch vereinseitigt. Den historisch Denkenden verwundert deshalb nicht, dass JÜRGEN MITTELSTRAß 1998 wieder an die Aufgabe der Universität als einer Bildungsinstitution erinnert. In diesem Kontext sind die folgenden Anmerkungen zur Geschichte der Vorlesung zu sehen.

2.1 Von der „praelectio“ zur heutigen Vorlesung

Von der Antike zur Neuzeit

Die seit etwa 200 Jahren in der neuzeitlichen Universität übliche Vorlesung hat ihre Wurzeln in der antiken Philosophie und Rhetorik. Der in den griechischen Philosophenschulen übliche Lehrvortrag kann als Grundform der akademischen Vorlesung angesehen werden.[15] Der römische Redelehrer QUINTILIAN spricht von der „praelectio“ als der „erklärenden Darstellung eines Textes“[16] und meint damit eine zusammenhängende Erläuterung. Auf diese Weise wurde sie in der mittelalterlichen Universität als auslegende Vermittlung kanonischer Wissensinhalte in den Fakultäten praktiziert. Das sah so aus: Die Vorlesung folgte „dem Text auf das Engste. Der Dozent las Textstelle für Textstelle vor“.[17] Ihm war vorgeschrieben, dass er keine Stellen auslassen durfte. „Auch die Behandlung der einzelnen Stelle war festgelegt. ... Die Vorlesungen wurden regelmäßig diktiert und mitgeschrieben“.[18] Der Dozent musste sie grundsätzlich zusammenfassen und unter Berücksichtigung anderer Stellen oder einzelner Fälle (so in der Rechtslehre) interpretieren. Allerdings liegen unterschiedliche Regelungen darüber vor, wieviel die Vortragenden diktieren mussten. Disputationen (Auseinandersetzungen um Thesen), Deklamationen und Repetitionen ergänzten diese Form der akademischen Lehre. Nach der Erfindung des Buchdrucks (um 1450) konnte das Diktieren zwar allmählich zurückgenommen werden, da Texte zunehmend zur Verfügung standen, die Vorlesung als Vermittlung allgemein geltenden Wissens wurde aber beibehalten. Professoren stellten die kanonischen Aussagen der Disziplin vor, systematisierten und sicherten auf diese Weise die Überlieferung.

In der frühen Neuzeit entwickelte sich ein neues Verfahren des Lehrens. Neben den offiziellen Lektionen, zu denen die Professoren verpflichtet waren, begannen sie, auch private Vorlesungen in ihrer Wohnung gegen gesonderte Bezahlung anzubieten. Diese Privatvorlesungen - so COING mit Blick auf die Rechtslehrer- „haben für die Entwicklung des juristischen Unterrichts große Bedeutung gehabt. In ihnen konnten neue Lehrmethoden ausprobiert, vor allem aber auch Materien behandelt werden, die in das ei-

15 Vgl. PAULSEN 1966, S. 237.

16 WENKE 1967, S. 11.

17 COING 1973, S. 72.

18 Ebd., S. 73.

gentliche Lehrprogramm noch nicht aufgenommen waren".[19] Dies förderte die Entwicklung der Vorlesung. Impulse zur Veränderung der Vorlesungsform gingen auch von der jesuitischen Reformbewegung (um 1580) aus. Nicht das Diktieren des Textes, sondern der lebendige Vortrag sollte nun im Zentrum der Vorlesung stehen; denn dieser „erregt, bringt zu kräftigem Ausdruck, prägt ein, belebt, hebt die Aufmerksamkeit, macht deutlich".[20] Allerdings - so PAULSEN - darf man dabei nicht übersehen, dass die Nachschriften derartiger Vorträge nur selten zutreffend gelangen. Damit wird ein zentrales Problem dieser Lehrform deutlich: Wird diktiert, dann verflacht das Denken, die Studierenden konzentrieren sich aufs Nachschreiben. Wird zügig vorgetragen, dann müssen die Zuhörenden das selektieren und notieren, was sie zur Prüfung wissen sollen. Wie aber soll das gelingen, wenn es an Übersicht und Vorkenntnis zur Sache fehlt? Deshalb wird von den Reformern vorgeschlagen, die Vorlesung grundsätzlich durch eine Diskussion abzuschließen: Die Studierenden sollen „nach Schluss der Vorlesung ... in Gruppen von etwa Zehn eine halbe Stunde lang das Gehörte unter sich durchgehen".[21] Für diese Erörterung sollten sich Tutoren und der Professor bereithalten.

Beginnender Wandel - das Denken der Neuzeit

Die Entwicklung der Wissenschaften, insbesondere das Aufkommen der Naturwissenschaften, trug dazu bei, dass der Lehrkanon erweitert und die Lehrform modifiziert wurde. Wissenschaftler wie JOHANNES KEPLER, GALILEO GALILEI, RENÉ DESCARTES und FRANCIS BACON begründeten in der ersten Hälfte des 17. Jahrhunderts neues wissenschaftliches Denken. An der Wende zum 18. Jahrhundert setzte sich in der universitären Lehre dann zunehmend die „libertas philosophandi", die „Freiheit der Lehre", durch. CHRISTIAN THOMASIUS nahm sie um 1700 in Halle in Anspruch, indem er seine Vorlesungen erstmals in deutscher, statt in lateinischer Sprache hielt. Damit verband man auch die „Absage an allen Autoritätsglauben".[22] Die Aufgabe des Professors sollte nun darin bestehen, in Vorlesungen und Diskussionen wissenschaftliche Gebiete darzustellen, eigene und fremde Forschungen zu vermitteln. Das bewirkte einen grundlegenden Wandel der universitären Lehre: Die Vorlesung diente nicht mehr dazu, kanonische Wahrheiten zu übermitteln, sondern sie sollte, der Aufklärung verpflichtet, die

---

19 COING 1977, S. 47.

20 PAULSEN 1919, S. 430.

21 Ebd., S. 431.

22 Ebd., S. 540.

Studierenden „zum Selbstdenken und [zu] freier wissenschaftlicher Forschung“[23] anregen. Im Idealfall hatte sie sich von der scholastischen zu einer aufgeklärten Lehrform gewandelt. In der Praxis führte dies aber überwiegend dazu, dass Vorlesungen in der Erläuterung zu Grunde gelegter Schriften bestanden: Die Professoren „lasen“ aus einem Buch und interpretierten das Vorgelesene.

Die moderne Universität - Fichte, Humboldt, Schleiermacher

Die moderne Universität entstand um 1800 und mit ihr eine neue Vorstellung von der Vorlesung als einer grundlegenden akademischen Lehrform.[24] 1794 waren in Frankreich die École Normale und die École Polytechnique gegründet worden, für die neue Formen des Lehrens vorgeschrieben wurden. Ihre Lehrenden sollten vor den Studierenden freie Vorträge halten und diese mit rhetorischen Mitteln so gestalten, dass sie die Zuhörenden direkt ansprachen und in die Lehre einbezogen. In Preußen und danach auch in anderen deutschen Staaten führte die HUMBOLDT'sche Bildungsreform (um 1810) zu jener bis in die Gegenwart beachteten Neuordnung der Universität, die auch eine verbesserte Lehrordnung vorsah. In den Gutachten zur Neugestaltung liegen die Ansichten FICHTES, HUMBOLDTS und SCHLEIERMACHERS zur Universitätsreform im allgemeinen und über den akademischen Lehrvortrag im besonderen vor. Aus historischer Distanz erweisen sie sich noch heute als anregende Beispiele für eine hochschuldidaktische Diskussion, auch wenn sie nicht bruchlos auf die gegenwärtigen Verhältnisse übertragen werden können. Ich beginne mit FICHTEs Ansicht zum Lehrvortrag.

JOHANN GOTTLIEB FICHTE (1762 - 1814) scheint ein entschiedener Gegner der überlieferten Vorlesungsform gewesen zu sein, wie er in seinem „Deducirte[n] Plan einer zu Berlin zu errichtenden höheren Lehranstalt“ [1807][25] herausstellt. Deutlich verurteilt er Vorlesungen aus gedruckten Büchern, die Studierende besser selbst läsen. Außerdem - so ein zweiter Vorwurf - kümmere sich der Professor während des Lehrens überhaupt nicht darum, ob die Studierenden seiner Darstellung folgten. So entstehe eine Situation, in der die Studierenden nur rezipierten, anstatt dass sie zu selbsttätigen Studien, zur Auseinandersetzung mit der Lehre angeregt würden. Auf diese Weise würden Studierende zur Passivität gezwungen: „...das leidende Hingeben [wird] als Regel eingeführt, der Trieb der eigenen Thätigkeit ver-

---

23 Ebd., S. 543.

24 Zu dieser Aussage vgl. PAULSEN 1921, SCHELSKY 1963, WENKE 1967.

25 In: FICHTE, Bd. VIII, 1971.

nichtet ..."[26] An die Stelle dieser herkömmlichen Lehrform müsse deshalb etwas Neues treten, um die „höhere Lehranstalt Universität" zu einer „Schule der Kunst des wissenschaftlichen Verstandesgebrauchs"[27] zu entwickeln. Dieses Neue ist nach FICHTE eine Kunst des Vortragens, die darin besteht, die Fragestellung so zu entwickeln, dass die Studierenden sie aufgreifen und selbsttätig bearbeiten. Die Bearbeitung muss der Lehrer beobachten und mit den Studierenden fortlaufend diskutieren. So gewinnt die Vorlesung an Bedeutung als Anregung des Denkens bei den Zuhörenden. Sie wird ein Beitrag zur Selbstbildung der Studierenden. In ihr soll der Gelehrte „die Idee zunächst darstellen im Begriffe"[28] und sie dabei zu immer höherer Klarheit entwickeln. Gleichzeitig soll er die Zuhörenden dazu anregen, in der Idee etwas Erstrebenswertes zu erblicken. Auf diese Weise soll er sie durch den Vortrag dazu „bilden, dass sie fähig werden, selbstständig und durch sich die Idee zu erfassen".[29] Dies erreicht der Gelehrte am besten durch mündliche Vorträge, in denen die Zuhörenden zum Nachdenken, also zu geistiger Eigentätigkeit, angeregt werden.

Der Gedanke, dass der akademische Lehrvortrag die Selbstbildung des Menschen fördern soll, findet sich auch bei WILHELM VON HUMBOLDT (1767 - 1835). Er äußerte seine Vorstellungen über die Vorlesung als akademische Lehrform in der Schrift „Ueber die innere und äussere Organisation der höheren wissenschaftlichen Anstalten in Berlin".[30] Zur Aufgabe der Professoren stellte er fest: Sie sollen forschen und lehren. Ihre Lehre soll sich aber von den bisher üblichen Vorlesungen grundlegend unterscheiden. Sie soll ein „freier Vortrag vor Zuhörern, unter denen doch immer eine bedeutende Zahl mitdenkender Köpfe ist"[31], sein. Diese Stelle wird immer wieder zitiert, weil HUMBOLDT präzise festlegt, dass er von Professoren die Fähigkeit freier und zusammenhängender Lehre in einer darstellenden Rede erwartet und dass er eine Lehr-Lern-Situation voraussetzt, in der das Mitdenken der Studierenden gefordert ist. Der freie Vortrag, nicht das Ablesen geschriebener Zeilen bewegt die Zuhörenden. Dadurch kann es zu der Form geistiger Gemeinsamkeit kommen, die für die weitere Entwicklung der Wissenschaft unverzichtbar ist. Erst wenn ein solcher Lehrvortrag bei den Zuhörenden Interesse und Aufmerksamkeit sowie Diskussions- oder Kritikbereitschaft freisetzt, wird es möglich, dass sich „der Gang der Wissenschaft ... auf einer

---

26 FICHTE 1971, VIII, S. 98f.

27 Ebd., S. 102, Orig. kursiv.

28 FICHTE 1971, VI, S. 428.

29 Ebd., S. 429.

30 HUMBOLDT 1903.

31 Ebd., S. 257.

Universität, wo sie (die Wissenschaft; H.J.A.) immerfort in einer großen Menge und zwar kräftiger, rüstiger und jugendlicher Köpfe herumgewälzt wird, rascher und lebendiger [entwickelt]".[32] So erweist sich der Lehrvortrag als Mittel zum Zweck allgemeiner und vielseitiger Bildung. Er muss der Situation angemessen, also didaktisch und rhetorisch zugleich, angelegt sein und auf ansprechende Art vorgetragen werden. Das aber setzt - wie HUMBOLDT verdeutlicht - beim Wissenschaftler fachliche wie fachdidaktische Überlegungen und rhetorisches Können vor dem Vortrag voraus; denn „Wissenschaft [lässt sich] als Wissenschaft nicht wahrhaft vortragen, ohne sie jedesmal wieder selbstthätig aufzufassen, und es wäre unbegreiflich, wenn man nicht hier, sogar oft, auf Entdeckungen stoßen sollte".[33] Der Lehrvortrag glückt also nur, wenn immer wieder das Thema durchdacht und neu konzipiert wird. Als freier Vortrag kann er nur gelingen, wenn die Sache strukturiert wurde, wenn die Darlegungen geordnet, die Argumente gesammelt und schließlich zusammenfassende Leitsätze formuliert sind. Dabei können auch Wissenschaftler immer wieder auf neue Einsichten stoßen; die Lehr-Lern-Situation Vorlesung bietet also den Vortragenden ebenfalls Gelegenheiten zum Lernen, besonders deshalb, weil sie ihr Wissen übersichtlich ordnen müssen, um gegen die unter den Zuhörenden aufgeweckten und kritischen Köpfe zu bestehen. Dies aufgreifend kann SCHELSKY in seiner Interpretation der HUMBOLDT'schen Position feststellen: „Der Student ist für den Professor da".[34] Er befindet sich mit ihm in einer Gemeinschaft bezogen auf ein Drittes, nämlich auf die Wissenschaft. In dieser Hinsicht sind beide gleichrangig, was die traditionelle Situation des Belehrens umdreht und es erlaubt, „die Lehrveranstaltungen als Hilfsmittel für die wissenschaftliche Erkenntnis der Professoren zu erklären".[35] Trotzdem darf nicht übersehen werden, dass in der Situation „Vorlesung" Professoren und Studierende unterschiedliche Funktionen zu erfüllen haben: Die Professoren sollen die Vorlesung „als eine organisierte Gelegenheit zu wissenschaftlichen Einfällen und zur Anregung der Selbstproduktion" nutzen; die Studierenden sollen geistig rege sein, mitdenken, den Vortragenden „befragen, bezweifeln und kritisieren".[36] Nur dann erfüllen sie ihre Aufgabe, ja ihre „Pflicht" als Studierende. So verstandene Lehre ist also in erster Linie beiderseitige Anregung zum Denken, nicht Übermittlung feststehenden Wissens.

---

32 Ebd.

33 Ebd.

34 SCHELSKY 1963, S. 94.

35 Ebd.

36 Ebd., S. 95.

Vergleichen wir hiermit SCHLEIERMACHERS Überlegungen über die Aufgabe des „Kathedervortrags". In seinem Gutachten „Gelegentliche Gedanken über deutsche Universitäten in deutschem Sinn"[37], bestimmt FRIEDRICH DANIEL SCHLEIERMACHER (1768 - 1834) die Vorlesung als zentrale universitäre Lehrform unter der Bedingung, dass nicht jahrelang dieselben Ausarbeitungen aus Heften diktiert oder dieselben Bücher vorgelesen werden. Zwar sollte - so SCHLEIERMACHERS Ansicht - das Gespräch die eigentliche Bildungsform in einer Gemeinschaft sein, deren Mitglieder nach wissenschaftlicher Erkenntnis streben, aber in der gegenwärtig üblichen, privaten Form könne es nicht mehr diesem Anspruch genügen. Deshalb sei die grundlegende Lehrform „die zusammenhängende Rede", die „Ideen zuerst zum Bewusstsein bringen soll".[38] Ein solcher Vortrag müsse die Form des antiken Dialogs haben, um die noch unwissenden Zuhörer in mäeutischer Absicht mit dem wissenden Vortragenden zu verbinden. Deshalb verlangt SCHLEIERMACHER zwei formal-didaktische „Elemente" als unverzichtbare Bestandteile jedes Kathedervortrags: das „populäre" und das „produktive".[39] Das populäre Element steht am Anfang und zeigt sich in der Kunst, die Zuhörer über ihr Noch-nicht-Wissen aufzuklären, ihnen diesen Mangel bewusst zu machen und dadurch die Notwendigkeit des Wissenserwerbs herauszustellen. Das produktive Element des Vortrags folgt nach und dient dazu, nun nicht einfach das Wissen, sondern das Erkennen des Wissens zu vermitteln. Der Vortragende soll deshalb „sein eigenes Erkennen, die Tat selbst, reproduzieren, damit [die Zuhörer; H.J.A.] ... die Tätigkeit der Vernunft im Hervorbringen der Erkenntnis unmittelbar anschauen und anschauend nachbilden".[40] Der Zweck des akademischen Lehrvortrags besteht also nicht darin, Wissen zu vermitteln, sondern darin, wissenschaftliches Denken vorbildlich am Gegenstand vorzuführen und die Konstruktion des Gegenstandes zu lehren. Das allerdings geschieht über die Vermittlung von Kenntnissen.

Ein solcher Vortrag muss sich durch rhetorische „Tugenden" des Lehrenden auszeichnen. Wer vorträgt, muss „Lebendigkeit und Begeisterung"[41] für die Sache erkennen lassen, ebenso wie er „Besonnenheit" in der Argumentation und „Klarheit" [42] in der Übersicht ausstrahlen soll.

---

37 SCHLEIERMACHER [1808] 1990.

38 SCHLEIERMACHER 1990, S. 193.

39 Ebd.

40 Ebd.

41 Ebd.

42 Ebd., S. 194.

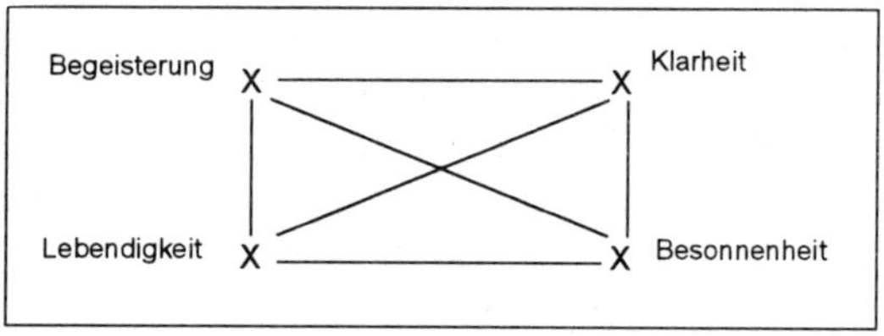

Abb. 1: Merkmale einer rhetorisch-didaktisch geleiteten Vorlesung

SCHLEIERMACHER geht davon aus, dass die konsequente Praxis dieser Tugenden dazu beiträgt, Interesse und Aufmerksamkeit der Zuhörer zu wecken, ihre Auffassungsbereitschaft anzuregen. Die Meisterschaft eines lebendigen und begeisternden Vortragens zeige sich z. B. darin, dass Wiederholungen durch neue Beispiele interessieren und motivieren, dass auch der Lehrer selbst durch die vortragende Lehre lernt. Besonnen und klar vermittele er sein Erkennen. Er verdeutliche den Zuhörern die Zusammenhänge und unterstütze ihre geistige Bildung. Dabei beachte er immer, „dass er nicht nur für sich, sondern wirklich für sie rede und seine Ideen und Kombinationen ihnen wirklich zum Verständnis bringe".[43] Gerade darin bestehe die Vortragskunst, dass der Professor das populäre mit dem produktiven Moment verbinde und in seinem Vortrag *Begeisterung für die Sache* mit *Klarheit in der Sache* in ein angemessenes Verhältnis bringe.

Die technische Frage, wie dieser Vortrag im einzelnen zu halten sei, überging SCHLEIERMACHER. Aber er unterstrich, dass die Vorlesung allein das Ziel der universitären Bildung nur teilweise fördern könne. Neben den Lehrvorträgen seien deshalb die Umgangsformen des Lehrers mit seinen Studierenden wichtig: „eine Kette von Verhältnissen", die SCHLEIERMACHER als „Konversatorien, Wiederholungs- und Prüfungsstunden, solche, in denen eigene Arbeiten mitgeteilt und besprochen werden, bis zum Privatumgang des Lehrers mit seinen Zuhörern"[44] beschrieb. In diesem Umgang sollte das für die Bildung des Lehrers wie seiner Zuhörer wichtige Gespräch vorherrschen, durch das beide bereichert werden. Zwei Aussagen bleiben schon an dieser Stelle festzuhalten: Die Vorlesung konstituiert, richtig angelegt und durchgeführt, für alle Beteiligten eine Situation der Bildung. Sie muss stilistischen Grundregeln folgen, durch Lebendigkeit und Klarheit begeistern. Dann kann der Hochschullehrer das Interesse der Zuhörer für die Sache und den Vortrag gewinnen.

43 Ebd.
44 Ebd., S. 195f.

Ideal und Wirklichkeit

Die Verhältnisse an den Universitäten waren aber und sind heute noch anders. Immer macht sich neben Idealen menschliche Unzulänglichkeit breit. Der berühmte Philosoph GEORG WILHELM HEGEL (1770 - 1831) z. B. kümmerte sich, wie Zeitgenossen berichten, bei seinen Lehrvorträgen weder um didaktische noch um rhetorische Notwendigkeiten. Von seiner Art vorzutragen, wird aus der Zeit seines höchsten Ruhmes Folgendes berichtet: „Abgespannt und grämlich sitzt er auf seinem Lehrstuhl mit niedergebücktem Kopf: in sich zusammengefallen. Immerfort sprechend blättert und sucht er in den langen Folioheften vorwärts und rückwärts, unten und oben; das stete Räuspern und Husten stört allen Fluss der Rede; jeder Satz steht vereinzelt da und kömmt mit Anstrengung zerstückt und durcheinander geworfen heraus; jedes Wort, jede Sylbe löst sich nur widerwillig los, um von der metalleeren Stimme in schwäbisch breitem Dialekt, als sei jedes das Wichtigste, einen wundersam gründlichen Nachdruck zu erhalten".[45] Wie ihn so ein verehrender Schüler namens HOTHO schildert, erscheint er als höchst ungelenker Lehrer. Doch bleibt die zweite Seite des Vortragens zu beachten. HOTHO weiter: Zunächst „wühlte und webte jener große Geist mit großartig selbstgewisser Behaglichkeit und Ruhe"[46] in den Tiefen des scheinbar nicht zu Entziffernden, dann wandte er sich mit kurzem Blick den Zuhörern zu und konzentrierte sich erneut auf die begriffliche Konstruktion der Wirklichkeit. War dies die produktive Form der Lehre? Wurde durch diese Form das Mitdenken der Zuhörer motiviert? Oder fehlte ihr das von FICHTE, HUMBOLDT und SCHLEIERMACHER mit kleinen Unterschieden geforderte dialogische Element in der Lehre vor mitdenkenden Köpfen? Das von SCHLEIERMACHER verlangte didaktisch-rhetorische Können ist hier zwar nicht erkennbar, geschildert wird aber eine Faszination des Denkenden auf seine Zuhörer.

Dass methodisches Un-Geschick an den Universitäten verbreitet war und zu schlechtem Vorlesungsstil beitrug, lässt eine Verordnung des preußischen Ministeriums für Geistliche, Unterrichts- und Medicinal-Angelegenheiten aus dem Jahr 1844 vermuten. Durch Hinweise sah sich der Minister EICHHORN veranlasst, „jene Beschränkung des Verhältnisses zwischen Lehrer und Lernenden auf bloßes Vorlesen und Zuhören" zu rügen, das die universitären Studien bestimmte[47]. Er unterstrich, dass die Methode des Lehrvortrags „nur die talentvolleren und wissenschaftlich begeisterten unter den

---

45 Bericht seines Schülers HOTHO, zit. n. WENKE 1967, S. 17.

46 Ebd., S. 18.

47 Die Verordnung wird zitiert nach V. RÖNNE 1855, S. 515ff.

Studirenden eine freie, wissenschaftliche Selbstthätigkeit gewinnen und bewahren" lasse; „die größere Zahl" - so EICHHORN weiter - „versinkt unter dem bloßen Hören und Nachschreiben des Gehörten nur zu leicht in eine Passivität", die es verhindere, dass das Ziel einer höheren geistigen Auffassung des Lebens in allen seinen Tätigkeiten erreicht werde. Dringend notwendig sei es deshalb, „dass neben den zusammenhängenden Vorträgen eine auf freie Geistesanregung berechnete dialogische Form der Mittheilung und ein dadurch begründeter innigerer geistiger Verkehr zwischen den Universitätslehrern und ihren Zuhörern" erfolge.[48] Diese Kritik am gängigen Lehrstil ist deutlich und wird zu allen Zeiten wiederholt. Auch die Vorschläge zur Abhilfe ähneln sich: Der Lehrvortrag sollte durch entsprechende Konversation, durch dialogische Lehrformen, durch stärkere Beteiligung der Studierenden, ergänzt werden.[49]

Auch in der Folgezeit blieb das Konzept der preußischen Reformer zum akademischen Lehrvortrag ein Ideal. Im deutschen Kaiserreich verschärfte sich die Diskussion über Sinn und Form dieser Lehr-Lern-Organisation. Die universitäre Wirklichkeit forderte zu kritischen Analysen und Vorschlägen heraus, die von Modifikationen der Vorlesung bis hin zu dem Wunsch nach einer vollständigen Abschaffung dieser vermeintlich autoritären und ineffektiven Lehrform reichten. Gleichzeitig fanden sich überzeugte Verfechter für die Beibehaltung dieser Lehrform, die auf mehrere Vorteile der persönlich gestalteten Lehre verwiesen.[50]

Gegenwärtige Situation

Nachhaltig wurde die Vorlesung als sog. Massenveranstaltung seit den 60er Jahren des 20. Jahrhunderts in Frage gestellt. Die Öffnung der Universitäten zu Massenbildungsanstalten förderte die Kritik an den tradierten Lehr- und Umgangsformen, deren Unzulänglichkeit unter den neuen Bedingungen „Überfüllung" und „studentischer Protest" deutlich wurde. Obwohl solcher Protest sich gegen tradierte Lehr-Lern-Muster und universitäre Umgangs-

---

48 Interessanterweise erscheint in demselben Jahr eine Veröffentlichung von J. C. HENNIG, in der die universitäre Vortragsmethode heftig kritisiert wird. Die Übereinstimmung mit derzeitigen Forderungen eines selbstbestimmt-motivierten Lernens im akademischen Studium ist überraschend.

49 So wird gegenwärtig gelegentlich die Form des sog. Lecture-Course als Alternative zu einer durchgängigen Einführungsvorlesung angeboten.

50 So vor allem F. PAULSEN (1902), der die Bedeutung der Vorlesung umfassend herausarbeitete (1966, S. 236 - 250). Im 20. Jahrhundert setzten seine Argumentation z.B. E. SPRANGER (1930 und 1948) sowie H. WENKE (1967) fort. Die verschiedenen Argumente werden im folgenden Kapitel 2.2 „Kritik und Zustimmung"erörtert.

formen richtete und sich in sog. Teach-In-Veranstaltungen äußerte, in denen - vehementer und mit absoluterem Anspruch als in vielen Vorlesungen - ideologisch indoktriniert wurde, wurde die Vorlesung nicht ernsthaft in Frage gestellt. Zur Vorlesung als Typus akademischer Lehre wurden zwar Varianten erprobt, aber die tradierte Grundform wurde doch neben Übungen, Seminaren und Kolloquien beibehalten, auch wenn sie gelegentlich massiv gestört und unterbrochen wurde.

So bleibt festzustellen, dass *die Vorlesung* sich über Jahrhunderte hinweg *weltweit als eine akademische Lehrform etabliert* hat. Der Lehrvortrag gilt als bewährte Grundform der Wissensvermittlung, die allerdings von Personen unterschiedlich gestaltet wird. Auch die fachlichen Inhalte erfordern verschiedene Verfahren. Dominieren in einigen Fächern Demonstrationen und Fallbeispiele während des Lehrvortrags, müssen in anderen Fächern Beschreibungen, Beispiele, Übersichten die Darstellung erleichtern, wogegen in wieder anderen Berechnungen und Experimente Ausgangspunkt der Lehre sind. In jedem Fall stellt die Vorlesung Lehrende vor die Aufgabe, ein Thema zusammenhängend darzustellen und zu erklären, offene Fragen oder Probleme der Theoriebildung herauszuarbeiten, Kontroversen und gängige Lehrmeinungen zu vermitteln, damit die Zuhörenden einen Einblick in die komplexe Struktur wissenschaftlicher Reflexion erhalten.

Aus zwei Richtungen wurde die Vorlesung als akademisch-rhetorische Lehrform kürzlich erneut in Frage gestellt. Vertreter konstruktivistischer Modelle zur Erklärung von Lehren und Lernen kritisierten die herkömmliche Form des Vermittelns als ineffektiv, weil sie die aktive Aneignung von Wissen nicht stütze.[51] Befürworter der neuen multimedialen Präsentationsformen stellten den Lehrvortrag als rückständig dar, weil Möglichkeiten des selbstbestimmten Lernens mit mehreren Sinnen und in selbstgewählten Bahnen nicht genutzt würden. Die Mittel einer multimedialen Präsentation - so ihr Argument - eröffneten „eine neue Qualität von Lehre und Studium“ durch „interaktive Lehr-, Lern- und Kommunikationsformen“.[52]

Schlussbemerkung

Die Vorlesung ist eine akademische Lehrform mit langer Tradition. Über Jahrhunderte dominierte der Modus, geschrieben vorliegende Texte vorzulesen und zu interpretieren. Mit der Einführung der modernen Universität wurde diese Form der Vorlesung kritisch in Frage gestellt. An ihre Stelle

---

51 Vgl. hierzu Kap. 2.2 „Kritik und Zustimmung“.

52 WISSENSCHAFTSRAT 1998, S. 4. Vgl. hierzu Kap. 3.4 „Modernisierung der Vorlesung durch Multimedia?“

sollte ein akademischer Lehrvortrag treten, in dem Gelehrte zentrale Ideen ihrer Forschungen vor interessierten Zuhörern entwickelten. Dieser neue Typus der Vorlesung verlangte von den Professoren, didaktische und rhetorische Merkmale des Darstellens während des Vortrags zu berücksichtigen.

Aus zwei Gründen blieb die Vorlesungsmethode aber immer umstritten:
(1) Viele Professoren bemühten sich nicht darum, diesen didaktisch-rhetorischen Anspruch zu erfüllen;
(2) die behauptete oder zumindest angenommene positive Auswirkung der Vorlesung auf das Lernen im Studium konnte nicht nachgewiesen werden.

Trotzdem ist die Vorlesung bis in die Gegenwart eine dominante akademische Lehrform geblieben, wie Besuche universitärer Lehrveranstaltungen zeigen.

2.2 Kritik und Zustimmung - Gestern und heute

In der gut 200-jährigen Geschichte der neuzeitlichen Universität gerät die Vorlesung als angeblich ineffiziente Lehrform immer wieder unter heftigen Beschuss. Gleichzeitig finden sich aber auch engagierte Verteidiger dieser Lehrform unter den Hochschullehrern, die vor allem die Aktualität der Lehrmeinung, die Möglichkeit ihrer adressatengemäßen Gestaltung und die Lebendigkeit des Lehrvortrags als Vorteile der Vorlesung hervorheben. Seit den sechziger Jahren des 20. Jahrhunderts findet man außerhalb des deutschsprachigen Raumes eine vielseitige und aufschlussreiche Diskussion über die Vor- und Nachteile der „Lecture“ in englischsprachigen Beiträgen, wobei auch empirische Untersuchungen zur Effektivität des Lehrvortrags angeführt werden. Das ist nicht verwunderlich, hat die „Lecture“ in diesem Universitätssystem doch eine andere Funktion als traditionell im deutschen System.

„Friss oder stirb!“ - die Situation des Rezipierens

Seit dem Beginn des 19. Jahrhunderts stellen Kritiker der Vorlesung immer wieder heraus, dass der Vortrag eines Textes vor einer Gruppe von Zuhörenden deren selbsttätiges Lernen beeinträchtige; denn Vorträge zwingen zum Nach-Denken und Nach-Schreiben. Sie können sogar das freie Denken und Urteilen verhindern, weil Zuhörende immer unter dem Druck stehen, den Sinn des Vorgetragenen zu erfassen, Wichtiges von Nebensächlichem zu trennen, das Bedeutsame dem eigenen Wissen hinzuzufügen. So filtern die Zuhörenden beständig und rennen dem gesprochenen Wort hinterher, wie man es selbst erlebt, wenn man mit unzureichendem Training einen fremdsprachlich gehaltenen Vortrag hört. Währenddessen sprechen Vortragende weiter, ohne sich um die geistigen Kapazitäten der Zuhörenden zu kümmern. Gelegentlich überschwemmen Mengen von Informationen die Anwesenden wie eine Sturzflut. Es herrscht die Regel: „Friss oder stirb!" „Schwimm oder ertrink!" Als sinnlos erweist sich für viele der Versuch, in den Informationsfluten durch Notizen sich einen festen Halt zu verschaffen. Unerträglich wird diese Form des Lehrens, wenn die Zuhörenden im Vorgetragenen keine relevanten Strukturen und Zusammenhänge erkennen, wenn es zu einem ermüdenden Monolog entartet und nur durch die Amtsautorität des Lehrstuhlinhabers oder durch den Prüfungsdruck die Lehrsituation aufrecht erhalten wird. Dieser Abhängigkeit entkommen Studierende nur, wenn sie möglichst bald nach Selbstständigkeit durch Selbsttätigkeit streben, wenn sie der Vorlesung in erster Linie Anregungen zur selbstständigen Erarbeitung entnehmen. „Sonst schwellen [ihre] Hefte an";[53] denn „nicht die Menge der Vorlesungen, sondern die Art, wie dieselben orientieren und anregen",[54] ist bildend. Der akademische Lehrvortrag erweist sich - so schon der überspitzte Vorwurf DÜHRINGS - als Ausdruck eines autoritären Selbstverständnisses, als die vorgetragene „Weisheit der Kathederpfründner".[55] Dass hier der Kritiker polemisierte und eine Karikatur der Hochschullehre entwarf, ist anzunehmen.

Ein Rückblick auf die Diskussion zur Lehrform Vorlesung während des 19. Jahrhunderts zeigt, dass zwei Einwände gegen diese Lehrform immer wieder vorgebracht wurden. Sie betreffen (1) die Vorlesung als rezeptive Lehr-Lern-Situation und (2) daran anschließend die Form der Darstellung vieler akademischer Lehrvorträge.

(1) Als rezeptive Lehr-Lern-Situation wird die Vorlesung von verschiedenen Kritikern abgelehnt.[56] Allgemein gilt als unsinnig vorzutragen, was verschriftlicht bereits vorliegt; denn Vorlesen zwinge dazu zu rezipieren. Dabei komme die selbsttätige Auseinandersetzung zu kurz. ERNST BERNHEIM brachte diese Kritik abschließend auf den Punkt: Die Vorlesung eigne sich nicht dazu, die Studierenden zu selbsttätigen Studien zu motivieren. Sie fördere in erster Linie die Aufnahme des Vorgetragenen und verhindere dadurch, dass die Studierenden „die eigene Denkthätigkeit und das selbststän-

---

[53] FRIES 1895, S. 15.

[54] Ebd., S. 16.

[55] DÜHRING 1885, S. 51.

[56] FICHTE [1807] 1971 (vgl. Kap. 2.1), HENNIG 1844, NIETZSCHE [1872] 1964, DÜHRING (1885), BERNHEIM (1898).

dige Anschauungsvermögen"[57] entwickeln. Sie werden nicht dazu angehalten, ihre Urteilsfähigkeit zu üben.

(2) Bei der Darstellung wurde immer wieder die Langeweile des Vortrags beklagt. FICHTE rügte jene Lehrer, die nur die Sache darstellten, ohne sich im Geringsten darum zu kümmern, ob die Zuhörenden auch folgen (können). SCHLEIERMACHER lehnte das jahrelange Vorlesen derselben Ausarbeitungen ab und erklärte solche Vorlesungen für sinnlos. HENNIG bezeichnete die „continuierlich-vorlesende Methode" als „zweckwidrig"[58]. SCHMIDKUNZ beklagte neben der Langeweile auch die Gefahr des didaktischen Materialismus, die Vermittlung großer Stoffmassen, die nur dadurch gelinge, dass ermüdend vorgetragen werde.

Die Punkte zeigen, dass schon im 19. Jahrhundert mögliche Nachteile der Vorlesung präzise gesehen wurden. Sie lassen erkennen, dass es sich um didaktische Mängel handelt, die durch eine bessere Übung in der Kunst des akademischen Vortrags behoben werden können. Der Blick auf historische Positionen kann aber noch mehr leisten: Er kann verdeutlichen, dass es in der Macht der Vortragenden liegt, diese Lehrform so umzugestalten, dass Studierende mitdenken und nachfragen können. Lehrvorträge sind zu halten, um Perspektiven und Ideen zu entwickeln, worauf schon FICHTE verwiesen hat. PAULSEN konnte deshalb die Kritik an Rezeptivitätszwang und Langeweile leicht entkräften.[59]

Der Kampf gegen die Vorlesung 1968

Die Kritik an dieser Lehrform verstummte nie. Sie wurde in der Studentenrevolte um 1968 jedoch heftiger und schärfer als früher vorgetragen. Hinter dem Motto „Unter den Talaren der Muff von 1000 Jahren" verbarg sich ein antiautoritäres Selbstverständnis, das sich vor allem gegen solche Hochschullehrer richtete, deren Veranstaltungen als Ausdruck einer überkommenen Ordinarienherrschaft interpretiert wurden. Ins Schussfeld gerieten vorzugsweise jene Professoren, die gegen die Bewegung Position bezogen und sich somit als Zielscheibe geradezu anboten. In ihnen fanden die sich politisch verstehenden Studenten lohnende Objekte zur Auseinandersetzung. Deren akademische Vorlesung wurde als Ausdruck eines autoritären und

---

57 BERNHEIM 1898, S. 15.

58 HENNIG 1844, S. 24.

59 Nach 1918 findet man bis in die kritische Phase der 1960er Jahre nur wenige Erörterungen zur Vorlesung. SPRANGER (1930 u. 1948), JASPERS (1966) und WENKE (1967) treten mit unterschiedlichen Argumenten für die Vorlesung ein.

somit undemokratischen Herrschaftsanspruchs attackiert.[60] Als „Frontalvorlesung" diene sie - so ein zentraler Vorwurf - nur der autokratischen Selbstdarstellung der Vortragenden, der Verkündigung „unbefragbare[r] Wahrheiten".[61] Die professorale Dominanz habe einzig den Zweck einer „intellektuelle[n] Einschüchterung"[62] und bewirke - gewollt oder ungewollt - die Sozialisation autoritätshöriger Charakterstrukturen. So wurde die Vorlesung als akademische Lehrform regelrecht diffamiert.

Die Attacke wurde gestützt durch den Aufruf zur Vorlesungskritik. Unter dem Schlagwort „Wider die Untertanenfabrik"[63] wurden ausführliche Empfehlungen zu studentischen Vorlesungsrezensionen verbreitet. Der veröffentlichten Literatur zufolge orientierte sich diese Kritik allerdings an offen gelegten, also überprüfbaren Punkten. Das musste sie auch, war man doch unter dem Anspruch angetreten, zur Demokratisierung der Hochschule beizutragen, und das erforderte, dass die Gesichtspunkte der Kritik und Bewertung dargelegt wurden. Kommentiert und kritisiert wurden Planung und Relevanz des Dargestellten aus Sicht der Hörenden, weiter das Interesse des Dozenten am Lernfortschritt der Studierenden, die thematische Struktur, der Vorlesungsstil und die wissenschaftliche Arbeitsmethode, der Forschungsstand und die Aktualität des Vorgetragenen, außerdem die Berücksichtigung gegensätzlicher Lehrmeinungen, die Argumentation und die Ideologie des Vortragenden, d.h. seine wertende Position.[64] Das war zwar ein unerhörtes Unterfangen, betrieben von einigen, und wurde als geradezu unbotmäßige Einmischung der kritischen Studenten in die Freiheit der Lehre empfunden; die meisten angelegten Kriterien lassen aber doch ernsthaftes Interesse an einer Lehrform erkennen, in der auch studentische Ansprüche berücksichtigt werden sollten.

Die attackierte Lehrform wurde übrigens von den meisten Hochschullehrern auch während dieser Zeit mehr oder weniger problemlos praktiziert. Sie blieb als 'monologische Einwegkommunikation' von der Mehrzahl der Studierenden anerkannt und genutzt, wurde nur von wenigen entschiedenen Rebellen als solche kritisiert und attackiert. Auch die Vorwürfe, die Vorlesung leiste nicht, was sie eigentlich solle, sie motiviere nicht zum Studium, verschaffe keine Erfolgserlebnisse etwa durch ein besonders gelungenes

---

60 Kollegen haben mir berichtet, dass einem damals etwa 50jährigen Ordinarius im heftigen Kampf mit diesen Gruppen, die „Gegenvorlesung" schon morgens auf das Pult im Hörsaal gelegt worden sei.

61 ECKSTEIN 1972, S. 16.

62 Ebd., S. 19.

63 Titel einer Veröffentlichung hrsgg. v. S. LEIBFRIED (1967 - 5. Aufl.).

64 Vgl. SADER U.A. 1967.

Verstehen der wissenschaftlichen Zusammenhänge und rege nicht zu selbstständigem Denken an, prallten an der etablierten Lehrpraxis weitgehend wirkungslos ab.[65] So bleibt festzuhalten, dass der akademische Lehrvortrag zwar durch die kritische Studentenschaft der 1960er und 1970er Jahre heftig problematisiert, letztlich aber doch in der bestehenden Form weiter genutzt wurde.

Kritik durch die Lecture-Forschung

Neue Kritik ging von anderen Voraussetzungen aus. In ihren beiden Beiträgen über akademische Lehrmethoden verarbeiteten SCHULMEISTER und RIECK/RITTER Anfang der 1980er Jahre Ergebnisse der angelsächsischen Lecture-Forschung und stellten die Vorlesung erstmals stärker als bisher in den Kontext einer Lehr-Lern-Situation. ROLF SCHULMEISTER machte u.a. deutlich, dass die akademische Lehre durch den Lehrvortrag eine Situation besonderer didaktischer Spannung schaffe, indem einerseits eine verschulte Form des Lehrens gepflegt, andererseits aber eine freiheitliche Erwachsenenbildung angestrebt und selbstbestimmtes Lernen von den Zuhörenden erwartet werde. Faktische Reglementierung und die ausdrückliche Erwartung von Selbstständigkeit im Studium sah er als das typische Signum jenes Gegensatzes. RIECK/RITTER arbeiteten heraus, dass die Vorlesung auch in anderer Hinsicht widersprüchliche Aufgaben miteinander zu verbinden verlange: Einerseits solle man aufmerksam zuhören und den Sinn des Vortrags erkennen, andererseits solle man aber auch gleichzeitig das Wesentliche schriftlich festhalten. Diese Spaltung der Aufmerksamkeit war aber nicht erst in unserer Zeit bewusst geworden. Auf sie hatte schon HENNIG 1844 hingewiesen.

Selbsttätiges Lernen vs. Übernahme dargestellter Lehre

Einen Schwerpunkt gegenwärtiger Vorlesungskritik findet man bei Repräsentanten einer konstruktivistisch orientierten Lerntheorie. Sie unterstreichen, dass die Aufnahme vorgetragenen Wissens überwiegend nur zu sog. „trägen“ Kenntnissen führe, zu einer Menge von Wissen, die nicht in konkreten Situationen angewendet werden könne.[66] Gegen die etablierte Form

65 Interessanterweise kommen sie gegenwärtig über lerntheoretische Argumente wieder in die Diskussion (vgl. die konstruktivistisch orientierte Kritik an der universitären Lehre).

66 Das ist ein altes Problem, das bereits vielfach unter dem Verhältnis von Theorie und Praxis erörtert wurde. Die direkte Umsetzung des theoretisch Erlernten in praktisches Handeln gilt als unmöglich. Immer schon wurde hervorgehoben, dass theoretische Kenntnisse nicht bruchlos zur

der akademischen Wissensvermittlung fordern z. B. MANDL/GRUBER/RENKL, konstruktivistische Einsichten über die Bedeutung des aktiven Selbstlernens zu berücksichtigen und die darbietenden Lehrformen zurückzunehmen. Wie in anderen Lehr-Lern-Situationen sei es auch in der universitären Lehre notwendig, „vom individuellen Vorwissen, von persönlichen Überzeugungssystemen und Einstellungen“[67] auszugehen und konkrete Aufgaben zu stellen (Problemorientierung), wenn man erfolgreich zu selbsttätigem Lernen anregen wolle. Theorie ohne Problembezug habe keine helfende Bedeutung für die Lösung praktischer Aufgaben. Deshalb müssten verstärkt Lehrprozesse an konkreten Beispielen konzipiert werden, die auf der anderen Seite Lernprozesse auslösen. Lernende müssten sich auch in akademischen Lehrveranstaltungen aufgefordert fühlen, sich ihre Kenntnisse selbst anzueignen. Aktiver als bisher müssten sie sich an problemorientierten Darstellungen Informationen erarbeiten, um 'nützliches' (= später wieder nutzbares) Wissen aufzubauen. Implizit wird damit betont, dass dem Studium eine Ausbildungsfunktion zukommt, dass Studieren stärker als bisher für ein Handeln in beruflicher Praxis qualifizieren soll.

Das meinen auch die Verfasser jener Empfehlungen zur Lehrerbildung, die die Formen bisheriger Ausbildung durch traditionelle Lehrformen kritisieren.[68] Sie unterstreichen, dass die herkömmlichen Formen des Studierens, insbesondere die Vorlesung nicht effektiv auf die Berufsausübung vorbereite. Zum einen werde nicht auf die Lernvoraussetzungen der Studierenden eingegangen, zum anderen praktiziere diese Lehrform den „heimlichen Lehrplan der traditionellen Vermittlungsformen“,[69] weil derartige Lehrformen durch ihre autokratische Präsentation nicht in Frage gestellt würden. Das erschwere die Entwicklung zu einer Persönlichkeit in der Institution Universität. Statt dessen rufe es „eine weitgehend unkritische Haltung gegenüber den vermittelten Inhalten hervor und verstärke die u.a. durch Werbung und Fernsehen bereits stark vorgeprägte Konsumhaltung“.[70] Genau dies aber passe weder zu einer akademischen Bildung, die zu Freiheit und Urteilsfähigkeit anregen solle, noch zu dem angestrebten Lehrerberuf. Deshalb müsse die Vorlesung durch „teilnehmer-, erfahrungs- und handlungsorientierte Methoden“[71] zurückgedrängt, wenn nicht ersetzt werden. Selbstständiges

---

Lösung praktischer Fragen genutzt werden können. Gegenwärtig sucht man mit der Form des „situierten“ Lernens eine andere Lösung des Problems.

67 MANDL/GRUBER/RENKL 1994, S. 77.

68 So z.B. KOMMISSION 1997.

69 KOMMISSION 1997, S. 94.

70 Ebd.

71 Ebd.

Lernen müsse an die Stelle der Rezeption mehr oder weniger strukturiert vorgetragenen Wissens treten.[72]

Solche Kritik übergeht positive Auswirkungen der Vorlesung. Gerade die Vorlesungssituation und die Art des Vortrags kann junge Menschen auch zum Widerspruch und zu Auseinandersetzung, also zum Denken, herausfordern. Lehrvorträge sind keineswegs nur Ausdruck einer Einbahnkommunikation. An sie können sich Diskussionen, Einsprüche oder Eingaben anschließen. Zudem haben Hochschullehrer die Möglichkeit, vorhandene Lernvoraussetzungen insofern zu berücksichtigen, dass sie Vorlesungen als aufbauende Kurse anbieten. Schließlich trägt die redundante Darstellung eines Sachverhalts aus unterschiedlichen Perspektiven dazu bei, dass Studierende mehrdimensional angesprochen und zur Verarbeitung des Gehörten angeregt werden.

Die Lectureforschung - Einwände gegen den akademischen Lehrvortrag

In der angelsächsischen Lecture-Literatur wird Vorlesungskritik anders gehandhabt als in deutschsprachigen Veröffentlichungen. Generell wird die „Lecture“ als eine universitäre Lehr-Lern-Situation gesehen, deren Ziel es ist, Informationen über eine wissenschaftliche Disziplin zu vermitteln und zur Entwicklung von „critical thinking“[73] beizutragen. Dass diese Aufgabe nur schwer mit einer lehrzentrierten Instruktion wie der Vortragsmethode in Einklang zu bringen ist, wird immer wieder beklagt. Die vortragende Lehre schaffe eine „authoritarian social situation“[74], in der Kommunikation und kritische Auseinandersetzung mit der Sache und mit dem resp. der Vortragenden nicht möglich sei. Ein weiterer Nachteil dieser Lehrform wird so umschrieben: „It does not necessarily engage the attention or the active participation of the auditor“.[75] Ein Drittes komme hinzu. Man müsse die Effizienz dieser Lehrform grundsätzlich überprüfen: Welche Ziele lassen sich mit ihr erreichen? Welche Vorteile haben mediale Präsentationen via Bildschirm gegenüber dem Lehrvortrag? Welche Mängel wirken sich in einem etwa einstündigen Vortrag aus und beeinträchtigen die Rezeption durch die Zuhörenden?

Man sieht an derartigen Fragen, dass eine pragmatische Orientierung bei diesen Stellungnahmen im Vordergrund steht. Die Lecture soll angemessen

72 Erstaunlicherweise praktizieren im übrigen Verfasserinnen und Verfasser solcher Hinweise in der Lehre den akademischen Lehrvortrag,.

73 ENTWISTLE 1981, S. 264.

74 BLIGH 1972, S. 19.

75 MCLEISH 1976, S. 253.

verbessert werden! Deutlicher als die kritische Analyse in deutschsprachigen Veröffentlichungen verweist dieses Vorgehen auf die Notwendigkeit, die Lehr-Lern-Situation „Lecture“ nicht nur deskriptiv, sondern auch empirisch zu untersuchen. Wann erweist sie sich als effizient? Wann taugt sie überhaupt nicht? Können Lehrvorträge dazu beitragen, das Denken und Urteilen der Zuhörenden anzuregen, Einstellungen zu verändern? Wenn ja, durch welche Präsentationsformen? Wie müssen Vorträge strukturiert sein, um bei Zuhörenden bereitwillig aufgenommen zu werden? Welche Voraussetzungen müssen die Zuhörenden ihrerseits mitbringen, um in dieser Situation zu profitieren? ROBERT THOULESS brachte die Probleme auf den Punkt, indem er fragte:

- Lassen sich durch die Lecture erfolgreich die für ein Studium erforderlichen Kenntnisse vermitteln?
- Trägt die Lecture dazu bei, dass auch andere Ziele wie Verstehen und Denken sowie Kreativität entwickelt werden?
- Wenn sie wirklich eine erfolgreiche Lehrform in dem angesprochenen Sinn ist, erweist sich dann die praktizierte Form eines etwa einstündigen Vortrags als sinnvoll?
- Gibt es Modifikationen der Vortragstechnik, die ihre Effektivität erhöhen?
- Wie ergänzen andere universitäre Lehrmethoden die Lecture?
- Sind effektive Kombinationen zwischen Lecture und anderen Lehrmethoden in der universitären Lehre denkbar und praktikabel?
- Wie sollten sich diese verschiedenen Formen in den akademischen Disziplinen unterscheiden?[76]

Aktualität und Anregung - die Bedeutung der Vorlesung

Nach solcher Kritik bleibt zu fragen, warum eigentlich Vorlesungen noch immer zu den von vielen Studierenden geschätzten akademischen Lehrformen gehören. Es kann doch nicht allein daran liegen, dass die Darstellung wissenschaftlicher Zusammenhänge gegenüber dem mühsamen Anlesen, Exzerpieren und Einprägen entlastend wirkt. Es kann auch nicht darauf zurückzuführen sein, dass man in Vorlesungen Bekannte trifft, obwohl das heutzutage nur langsam verebbende Gerede vor Beginn der Lehre im Hörsaal die Wichtigkeit dieses Punktes für Studierende erkennen lässt. Welche Argumente lassen sich also für die Aufrechterhaltung dieser scheinbar dem

---

[76] Vgl. THOULESS 1968, S. VIII.

Lernen kontraproduktiven Lehrform anführen? Ich unterscheide nun nicht mehr nach deutschsprachigen und angelsächsischen Publikationen.[77]

Gründe für die Beibehaltung der Vorlesung

Die Kritiker des akademischen Lehrvortrags übersehen die Bedeutung, die der lebendigen Darstellung eines Sachverhalts durch sprachliche Vermittlung und durch die direkte oder indirekte Ansprache der Studierenden zukommt. Sie wollen nicht wahrhaben, dass auch die Situation des gemeinsamen Zuhörens auf den größeren Teil der Studierenden anregender und verpflichtender wirkt, als einsame Studien entsprechend aufbereiteter Materialien mit unterschiedlichen Medien. Sie sehen nicht ein, dass die Entwicklung anregender Gedanken bei interessierten Hörern auf fruchtbaren Boden fallen und ein Nachdenken provozieren kann, das zu selbsttätiger Auseinandersetzung mit dem Gesagten führt. Sie erkennen nicht an, dass gerade von überlegter Provokation Anregung zum Nachdenken ausgehen kann. Vor allem: Sie gehen grundsätzlich von schlechten Lehrvorträgen aus. So zu verfahren ist einseitig und unzulänglich, auch wenn der Hinweis auf Mängel der Praxis berechtigt ist. Betrachten wir die Bedeutung, die der persönlichen Darstellung einer Wissenschaft durch Lehrende gegenüber der Systematik eines Lehrbuchs zukommt.

Während das Lehrbuch durch eine systematische Darstellung der Sache die notwendige Übersicht zusammenhängend vermitteln soll, kann ein Lehrvortrag das Interesse der Zuhörenden an wissenschaftlichen Zusammenhängen in ganz anderer Weise stimulieren. Die Anregung beginnt mit der Lebendigkeit des Vortragenden, der aktuelle Bezüge herausstellen, kürzliche Ereignisse einbeziehen, Gewichtungen vorliegender Positionen vornehmen und begründen kann. Auf diese Weise können Lehrende das Interesse der Zuhörenden durch sprachliche Mittel wie Bericht, Fallschilderung, Irritation, ironisierende Darstellung und Überspitzung unterschiedlich ansprechen. Sie können in „lebendige[r] Wechselwirkung"[78] mit den Zuhörenden etwa durch das Mittel der rhetorischen Frage Probleme herausstellen und deren Lösung schrittweise entwickeln. In der Darstellung und Argu-

---

77 Verteidiger des akademischen Lehrvortrags findet man viele. Ich nenne nur mir wichtig erscheinende: PAULSEN 1966, SPRANGER 1930/1948, WENKE 1967, KÖPKE 1996. Gar nicht überraschend ist, dass sich in den 80er Jahren in der DDR eine ausdrückliche Befürwortung der Lehrform Vorlesung durchsetzte (JACKSTEL/JACKSTEL 1985). In der angelsächsischen Literatur wird die Kritik durchgängig mit Empfehlungen für eine gute Gestaltung der Vorlesung verbunden. Dabei beachten die Autoren grundlegende rhetorische Regeln (z. B.: MCLEISH 1976, ENTWISTLE 1981, DUBROW/WILKINSON 1983, FINK 1989, REINSMITH 1992).

78 PAULSEN 1966, S. 244.

mentation sind Lehrende frei und können der Hörsaalsituation entsprechend reagieren. Sie können sich darauf konzentrieren, die großen und wesentlichen Züge einer Sache herauszuarbeiten, auf Kleinigkeiten zu verzichten. Sie können die Anschaulichkeit der gesprochenen Sprache durch Beispiele, Vergleiche, Analogien und Metaphern nutzen, um bildliche Vorstellungen bei den Zuhörenden anzuregen. Unterstützend lassen sich an der Tafel Abbildungen entwickeln oder auch per Folie, Dia, Video vermitteln. So schaffen Vortragende durch Anschaulichkeit und Lebendigkeit, durch Engagement und Klarheit einen Überblick in der Flut tatsächlich vertretener Meinungen und vorhandener Fakten. Sie produzieren Kontexte und Bezugsrahmen, in welchen Bedeutungen generiert werden können. Sie stellen dar, erläutern, erklären, systematisieren. Damit bieten sie Studierenden sichere 'Plätze', von denen aus diese sich argumentativ entweder direkt oder in späterer Diskussion zum Vortrag äußern können. PAULSENS Ansicht zur Notwendigkeit des Lehrvortrags ist keineswegs überholt: „Je größer und unübersehbarer die Literatur wird, um so notwendiger wird die Vorlesung, die aus der unendlichen Masse zunächst einiges Wesentliche und Notwendige heraushebt".[79] Selbst wenn dabei nicht alle Positionen berücksichtigt werden, bleibt doch der Vorteil, durch akzentuierte Darstellung gegenüber dem „gleichförmige[n] Einerlei"[80] des Handbuchs Orientierung im Dschungel der Erkenntnisse und Meinungen zu vermitteln. Die Zuhörenden müssen allerdings, wie bei jeder Informationsaufnahme, darüber befinden, was sie aufnehmen und wie sie das Aufgenommene weiter verarbeiten. Dabei stellt sich die Frage, ob die vorgesehene Zeit reicht und ob akzentuierende Hilfen weiterführende Perspektiven eröffnen.

Halten wir fest: Aktualität des Vorgetragenen, Orientierung der Studierenden und persönliche Darstellung der Wissenschaft werden von den Befürwortern der Vorlesung als wesentliche Vorteile dieser Lehrform herausgestellt. Vortragende haben bei ihrer Tätigkeit nicht zu unterschätzende Möglichkeiten, eine kommunikative Lehr-Lern-Situation herzustellen, in der auch die Zuhörenden aktiviert werden. „Didaktisch gesehen liegt in der persönlichen Mittlerrolle des Dozenten die Chance, Interesse, Motivation, Begeisterung für Arbeitsgebiete und Disziplinen zu wecken", so ANDREAS KÖPKE in seiner engagierten Befürwortung der Vorlesung.[81] Vorlesungen können durch die vortragende Person unmittelbar ansprechend wirken und Interesse an der Sache erzeugen. Allerdings kann dies nur gelingen, wenn neben wissenschaftlich korrekter Darstellung auch die Besonderheit der

---

79 Ebd., S. 247.
80 Ebd.
81 KÖPCKE 1996, A 2.1, S. 13.

rhetorisch-didaktischen Situation beachtet wird. In Vorlesungen sollten deshalb - wenn möglich - Probleme, Vorgänge, aktuelle Fälle aufgegriffen, dargestellt, argumentativ ausgeleuchtet und durch eine Stellungnahme abgeschlossen werden. Das logisch klare Argument ist zwar unverzichtbar, reicht aber für sich allein nicht aus; vielmehr ist es notwendig, bei der Darstellung auch die Empfindungen der Zuhörenden anzusprechen, um zu überzeugen.[82] NOEL ENTWISTLE drückt das so aus: Entscheidend für den wissenschaftlichen Lehrvortrag ist die Balance zwischen logischer Argumentation und dem Modus der Präsentation. Darin kehrt rhetorisches Grundwissen wieder, dass der Redner die Sache klar darstellen und die Empfindungen der Zuhörer ansprechen solle. „Logos“ und „Pathos“ sind die Mittel eines wirksamen Vortrags. Genau das kann für die Vorlesung als Lehrform sprechen, wenn es gelingt, zwei Typen des Vortragens zu verbinden: „careful, unemotional logical presentation [that] ensures accuracy and balance [with] enthusiasm, humour and overstatements [that] provoke interest and stimulate thought“.[83] Für die Beibehaltung der individuellen Vorlesung spricht also mehreres:

- Die persönliche Darstellung kann durch Aktualität, Problemorientierung und Situationsbezug mitreißen.
- Sie erlaubt die Hervorhebung des in der wissenschaftlichen Diskussion Wichtigen und kann den notwendigen Überblick über die Disziplin vermitteln.
- Sie bietet die Chance, durch die Form des Vortrags zum Nachdenken anzuregen und Äußerungen der Zuhörenden sofort aufzugreifen.
- Vortragende können verschiedene wissenschaftliche Positionen darstellen, vergleichen, beurteilen und bewerten.
- Sie können durch Engagement und Nachdruck die Bedeutung einer Sache gegenüber anderen Positionen hervorheben.
- Sie können Widersprüche aufgreifen und als fruchtbare Störung zur Erläuterung konstruktiv nutzen.
- Sie können auf Aufmerksamkeitsverfall oder Unruhe mit Humor, Veranschaulichungen oder Beispielen reagieren, um die Lehr-Lern-Situationen wiederherzustellen und fortzusetzen.

---

82 Das hat nichts mit der heute so gern praktizierten Oberflächlichkeit in wissenschaftlichen Texten zu tun. Die Anstrengung des Begriffs darf darüber keineswegs vernachlässigt werden. Sie kann aber in rhetorisch-didaktischen Formen besser vermittelt werden. Darauf haben Studierende einen Anspruch. Zur Bedeutung einer Rede, die sich an die Affekte der Adressaten wendet, vgl. KOCH 1997, der in seiner Erneuerung einer Affektenlehre an die Erkenntnisse der antiken Rhetorik anschließt.

83 ENTWISTLE 1981, S. 266.

Dies alles scheint PAULSEN Recht zu geben, der schon 1902 feststellte: „Wenn wir, nach dem Rat der Reformer, die Vorlesungen zerstörten und verkümmern ließen und unsere Studenten alle Tage einige Stunden in Übungen zu sitzen nötigten, es würde sich bald der Ruf erheben und unwiderstehlich durchsetzen: Gebt uns die Vorlesungen zurück!“.[84]

Schlussbemerkung

Bilanzieren wir: Die Vorlesung hat sich trotz heftiger, z. T. durchaus berechtigter Attacken gegen die übliche Praxis des Vortragens als akademische Lehrform behauptet. Die Vorwürfe gegen den Lehrvortrag haben allerdings auch - wie der Besuch des Autors in Vorlesungen unterschiedlicher Disziplinen zeigt - nichts an Aktualität verloren. Immer noch werden Lehrvorträge gehalten, die nicht überzeugend strukturiert sind, in denen eine Fülle von Informationen ohne redundante Darstellung abgehandelt wird, in denen jede Form sprachlichen Nachdrucks und anregender Präsentation fehlt. Um auch zukünftig gegen neue Lehrformen und berechtigte Einwände zu bestehen, muss die Darbietung in rhetorischer wie in didaktischer Hinsicht verbessert werden. Allerdings gibt es Grenzen solcher Veränderungen. Akademische Lehre muss von der Sache her anspruchsvoll sein, kann sich nicht durch Vereinfachungen ‘beliebt’ zu machen suchen.

---

[84] PAULSEN 1966, S. 250.

3. Realität der Vorlesung als akademisch-rhetorische Lehrform

Wer sich zum Vergleich Vorlesungen in verschiedenen Fakultäten/Fachbereichen anhört und Studierende nach ihren Erfahrungen mit akademischer Lehre befragt, sieht und hört, wie wichtig es ist, dass Vorlesungen anregend gestaltete Lehr-Lern-Situationen sind. Zuhörende werden zwar immer noch in erster Linie durch fachliche Kompetenz beeindruckt; daneben wirken aber auch andere Faktoren, so z.B. die sprachliche Gestaltung, das Auftreten und die persönliche Vermittlung der Sache sowie der mehr oder weniger gekonnte Einsatz von Medien. Wer etwas vorträgt, hat die Chance, seine Zuhörenden sowohl kognitiv als auch affektiv anzusprechen. Diese alte rhetorische Einsicht über effektives Vortragen vor einer Zuhörerschaft, deren Aufnahmebereitschaft man erst gewinnen muss, gilt ohne Einschränkung auch für den Hörsaal. Der Lehrvortrag ist, wie FRIEDRICH SCHILLER nach seiner Jenenser Antrittsvorlesung 1789 treffend feststellte, ein „Abenteuer auf dem Katheder". Wer es heute erfolgreich bestehen will, der sollte auch als Könner seines Faches didaktische Hinweise und rhetorische Regeln nicht verachten. Dazu lässt sich Wichtiges aus Hochschuldidaktik und Rhetorik, ergänzend dazu einiges aus der genaueren Beobachtung der Vorlesungswirklichkeit lernen.

Im zweiten Teil der Studie wird von der Vorlesungspraxis ausgegangen. Anknüpfend an Berichte aus dem Hörsaal werde ich Merkmale unzulänglicher, aber auch solche anregender Vorlesungen aufzeigen. Mit dem Anspruch, akademische Lehre zu bewerten, begebe ich mich allerdings auf ein schwieriges Feld. Der Philosoph KARL JASPERS drückte die Problematik einmal so aus: „Man kann nicht für Vorlesungen einen Maßstab des Richtigen aufstellen. Sie haben, wenn sie gut sind, eine je besondere unnachahmbare Gestalt" (1981, S. 203). Dies ist die gewagte These eines Philosophen, der für hochschuldidaktische Bemühungen scheinbar wenig übrig hatte und die Chance gering schätzte, auf diesem Gebiet etwas Bedeutsames hinzuzulernen. Die Frage liegt nahe: Lässt sich wirklich nicht genauer aussagen, was die anregende Vorlesung als gut auszeichnet, was die unzulängliche dagegen als schlecht kennzeichnet? Im Gegensatz zu JASPERS Ansicht lassen sich in den vorliegenden Beiträgen eindeutige Merkmale für qualitative Unterschiede der Vorlesungspraxis erkennen. Neben dem Einmaligen der ausgezeichnet vortragenden Persönlichkeit, die man nicht nachzuahmen versuchen sollte, gibt es seit langem tradierte Regeln des sprachlichen Vortrags. Sie sind Ausdruck der Kunstlehre, die Lehrende erlernen können und im Hörsaal beherrschen sollten. Rhetorische und didaktische Elemente der Vorlesung stehen also im Zentrum des Interesses, wenn es darum geht, Theorie und Praxis des akademischen Lehrvortrags aufeinander zu beziehen und gute wie schlechte Lehre zu charakterisieren.

Im Folgenden beschreibe und analysiere ich zunächst Beobachtungen in Hörsälen (3.1). Danach werde ich eine Übersicht über Ansätze und Ergebnisse der Wirkungsforschung zur Vorlesung (3.2) geben. Daran anschließend werde ich die Vorlesung als Lehr-Lern-Situation (3.3) darstellen. Im letzten Kapitel folgen Hinweise zur virtuellen Vorlesung (3.4).

3.1 Wirklichkeit Vorlesung

3.1.1 Als Zaungast in Hörsälen[85]

Man sitzt als Lehrender gelegentlich in sog. Probevorträgen bei Habilitationen oder Berufungsvorstellungen, lauscht in entspannter Form einer Antrittsvorlesung (mit den Gedanken bereits beim anschließenden Empfang) und erfährt sich überwiegend selbst in der Rolle des Katheder-Besitzers, der die Situation im Hörsaal bestimmt. Das reicht aber nicht, um darüber zu schreiben; denn es bietet nur eine ausschnitthafte Sicht auf die Vorgänge, die während einer Vorlesung im Hörsaal vor sich gehen, und auch auf den Lehrvortrag selbst. Ich entschloss mich deshalb, verschiedene Vorlesungsstunden als teilnehmender Beobachter anzuhören, um nach langer Zeit mal wieder von der Gegenseite aus die Hörsaal-Situation einschätzen zu können. Ich wollte genauso unvorbereitet wie viele unserer Studierenden den Lehrvortrag meiner Kollegen aufnehmen und dabei einen für mich nützlichen Vorteil zu erhaschen suchen. Stellenweise war ich noch unvorbereiteter als die Studierenden, liegen doch meine Schulkenntnisse - so vor allem in Mathematik/Naturwissenschaften - bereits lange zurück, weshalb ich mir einige Informationen mühsamer aneignen musste als die Studierenden. Allerdings war ich mir durchaus im Klaren darüber, dass diese Wirklichkeit Vorlesung, die ich aufnahm, die von mir aus professoraler Sicht konstruierte Realität

[85] Der Begriff 'Zaungast' wird hier als ein rhetorisches Mittel verwendet. Als 'Zaungast' werden Zuschauer bezeichnet, die außerhalb bzw. hinter dem Zaun stehen und das Geschehen auf dem Spielfeld verfolgen, aber kein Eintrittsgeld bezahlt haben. Insofern war ich nur dann in einer vergleichbaren Rolle, wenn ich die Lehrenden nicht über meine Teilnahme an ihrer Vorlesung informiert hatte.

war. Die folgenden Beobachtungen sind also keine objektiven Darstellungen, sondern die Wiedergabe eines subjektiven Standpunktes, der dieses Mal allerdings in der Mitte der Studierenden eingenommen wurde.

Zunächst fragte ich Studierende danach, bei welchen Kolleginnen und Kollegen sie glaubten, besonders gute Vorlesungen zu hören, wohl wissend, dass dieses subjektive Urteil nicht mehr als ein Hinweis sein konnte. Daneben wählte ich jedoch Vorlesungsstunden zufällig nach dem Vorlesungsverzeichnis und meinen verfügbaren Stunden aus und achtete auf eine Mischung aus Fakultäten und Fächern. Bisweilen ging ich spontan in eine Vorlesung, wenn sie sich in eine verfügbare Zeit fügte. Gelegentlich fragte ich die Kolleginnen und Kollegen, ob ich teilnehmen dürfe; meistens setzte ich mich aber einfach in eine der oberen Reihen der universitätsoffenen Lehrveranstaltung, gespannt, ob die Lehre wirklich so schlecht sei, wie sie immer wieder öffentlich dargestellt wird.

Exzellente Darsteller und Vermittler - schreckliche Langweiler

Der erste Eindruck ist nicht überraschend: Ohne Zweifel gibt es an den Universitäten exzellente Vortragende, Professoren, die es verstehen, ihre Themen in sprachlich sehr anregender Form darzustellen und das Interesse am Gegenstand des Studiums anzustoßen. Sie vertreten ihre Thematik mit Engagement, stehen hinter dem, was sie entwickeln. Man merkt beim Vortrag, dass es ihnen Freude macht, Zusammenhänge aufzuzeigen, Vorgänge zu erklären. Sie lieben offenbar den Hörsaal als eine Arena, in der sie sich bei der Vermittlung von Wissen darstellen und in der sie unkalkulierbare Risiken jederzeit aufspießen können. Dabei verstehen sie es, die inhomogene Menge der Zuhörenden in den sog. Massenvorlesungen für die Thematik zu interessieren, gehen mit Hinweisen und Anmerkungen auf studentisches Verhalten ein, fordern mit unterschiedlichem Nachdruck die Aufmerksamkeit ihrer Zuhörer. Etwas darstellen, die Thesen, Erläuterungen, Berechnungen verteidigen, Einwände widerlegen - das gehört zu ihrem Metier. Allerdings ist man gelegentlich nicht sicher, inwieweit hier eine spezielle Situation inszeniert wird; denn darüber, dass das Katheder zur Selbstdarstellung verführt, darf man sich keinen Illusionen hingeben. Das muss im Übrigen so lange nicht schlecht sein, wie Studierende zum Nachdenken angeregt, zum Widerspruch provoziert und so für die Sache interessiert werden.

Neben den kunstvoll Dozierenden lehren aber auch schreckliche Langweiler, Professoren von vielleicht unbestritten fachlicher (Spezial-)Kompetenz, die aber dringend einen rhetorischen Grundkurs und eine hochschuldidaktische Schulung benötigen. Zwar weisen sie diese Empfehlung in der Regel brüsk zurück, weil die Hochschule eben doch keine Schule sei, weil die Studierenden keine didaktischen Hilfen benötigen sollten und weil überhaupt das ganze Gerede um Präsentationsformen der Wissenschaft nur schade. Es komme nicht darauf an, wie man etwas darstelle, sondern entscheidend sei, was mit welchen Folgen für die Zuhörenden vermittelt werde. Wenn es dem Lehrenden gelänge, bei Zuhörenden Überlegungen zur Sache auszulösen, dann habe er mehr erreicht als durch jede didaktische Perfektionierung erzielt werden könne. Eine solche Argumentation mag partiell zutreffen; sie ändert aber nichts an der Tatsache, dass in Vorlesungen immer wieder gegen elementare Grundregeln des Darstellens, Argumentierens und Präsentierens gleichgültig verstoßen wird. Der Philosoph und Pädagoge JOHANN FRIEDRICH HERBART (1776 - 1841) würde in diesem Fall von einem langjährigen „Schlendrian" der Lehrenden sprechen, der sich darin zeige, dass man sich ignorant gegenüber solch 'niederen' Erwartungen an eine rhetorisch-didaktische Verfeinerung der akademischen Lehre verhält.

Ich folgte den Vorträgen mit dem Interesse des „gebildeten Laien", immer bereit, inhaltlich und methodisch dazuzulernen. Natürlich erfuhr ich nur Splitter des geballten Wissens, das Semester für Semester auf die Studierenden ausgegossen wird, so z.B. Kenntnisse in juristischen und ökonomischen Theorien, Wissen über biologische und klimatische Vorgänge, Informationen über den Aufbau von Kleinkläranlagen, spezielle Interpretationen des Schaffens von THOMAS MANN oder FRANZ KAFKA, Berechnungen zu Versuchen in der Experimentalphysik, EDV-Theorie und anderes. Über die Vortragsweise lernte ich dagegen als Teilnehmer von den Kollegen einiges. Es gibt interessante Varianten des akademischen Lehrvortrags: Sie beginnen mit der Eröffnung der Vorlesung, setzen sich in der Gliederung fort, drücken sich in sprachlicher Gestaltung des Vortrags sowie Mediennutzung aus und zeigen sich schließlich darin, wie Vortragende auf die Hörsaalsituation eingehen.

Eröffnung als Strategie zur Gewinnung der Zuhörenden

Es gibt selten Vorlesungen ohne eine besondere *Eröffnung*. Wird aber doch darauf verzichtet, dann beginnen Vortragende zumeist etwa so: „Wir haben in der letzten Stunde ...". Sie schlagen ihre Vortragsmappe auf und setzen einfach fort, wo sie aufgehört haben. „Heute betrachten wir einmal die Kreislaufsysteme bei ...". Wer so anfängt, geht in der Regel davon aus, dass sein Vortrag schon geistige Abnehmer findet, dass er nicht auf die Sache aufmerksam machen muss, dass sich irgendwann Konzentration bei den Zuhörenden einstellt. Meistens erlebte ich den Beginn der Vorlesungsstunde aber anders: Lehrende beginnen den Lehrvortrag mit einer vorgeschalteten allgemeinen Anregung der Zuhörenden, mit einer Ankündigung oder mit

Angaben zum Thema der Vorlesungsstunde. Diese Einführung ist entweder sachlich oder humorvoll gehalten. Sie bildet das Mittelglied zwischen Gerede und ernsthafter Lehr-Lern-Situation. Wer sachlich beginnt, erläutert am Anfang sein Programm, erklärt das beabsichtige Vorgehen durch Hinweise auf die abzuarbeitenden Punkte oder verdeutlicht seine Absichten durch eine Übersicht der Punkte oder Ziele auf Folie. Vielfach beginnen Lehrende auch mit einstimmend humorvoll gemeinten Bemerkungen, die sich auf einen Vorgang im Hörsaal oder auf ein (politisches) Ereignis beziehen.

> Ein Professor, der um 12.15 Uhr seine zweistündige Vorlesung begann, eröffnete mit folgenden Sätzen: „Haben Sie schon zu Mittag gegessen? Nicht? Wer hat noch nicht? Sehen Sie, essen Sie gar nichts! Das bekommt Ihnen viel besser! Heilfasten sollten Sie, dann fühlen Sie sich besonders wohl!"
> Ein anderer, dessen Studierende gerade das umfangreiche Skript zur Vorlesung für DM 25.- erworben hatten: „Nun haben sie ja alle das Skript erhalten." Auf entstehendes Gemurmel: „Ja, ja, ich weiß schon, Sie mussten es kaufen; 25.- DM finden Sie viel? Na ja, ist doch bezogen auf den Inhalt recht preiswert."

So versuchen Professoren, zunächst durch eine auf die Zuhörenden und die Hörsaalsituation gemünzte Bemerkung das „wohlwollende Interesse" und die Aufmerksamkeit ihrer Studierenden zu gewinnen. Sie erreichen damit in der Regel eine gewisse Beruhigung im Hörsaal, die vor jedem Beginn des Lehrens unverzichtbar ist. Den meisten Studierenden erscheint dieses Vorgehen als souverän; sie schätzen weniger die direkte Anforderung an diszipliniertes Verhalten, die einige Lehrende auch praktizieren. Diese warten, bis es ruhig ist, bis die Augen der Studierenden auf das Katheder oder die Tafel gerichtet sind, bis das Rascheln der Blätter beendet ist.

Die Eröffnung lässt somit bereits die unterschiedlichen Strategen des Hörsaals erkennen; sie gibt Hinweise darauf, wer eigentlich das Lehren als lästige Pflicht und wer es als anregende Tätigkeit in der Universitätsöffentlichkeit ansieht. Wer gern lehrt, ergreift direkt Besitz vom Hörsaal. Solche Professoren sprechen meistens laut und verständlich, nutzen die Eröffnung zur Herstellung von Aufmerksamkeit und zeigen deutlich, wo es langgehen soll. Die meisten Studierenden honorieren dies; sie wissen nun, was auf sie zukommt. Jene, die die Lehre zwar absolvieren, aber wohl lieber ihren Forschungen nachgehen, zeigen dies im schwächeren Kontakt zu den Zuhörenden, in einem geringeren Interesse an deren Rezeption und in einer streng wissenschaftsorientierten Darstellung. Überlegungen, wie durch die Vermittlung auch Wissen und Können der Zuhörenden gefördert werden, scheinen für sie keine Rolle zu spielen; sie sind weder an methodischen Maßnahmen noch an Sprach- oder Umgangsformen erkennbar.

Gliederung: Klarheit und Übersichtlichkeit

Nach der Eröffnung geben viele Professoren eine *Gliederung der Vorlesungsstunde*. „Wir besprechen heute zunächst ausführlich Möglichkeiten, Investitionsprojekte zu beurteilen und erörtern in dem Zusammenhang Vor- und Nachteile des Kredit- und des Leasingkaufs. Im zweiten Teil der Vorlesung gehen wir auf Amortisations- und Renditerechnung ein". Die grobe Übersicht vermittelt den Hörenden eine inhaltliche Orientierungslinie, an der entlang sie gedanklich das Vorgetragene einordnen können. Das erleichtert die kognitiven Verarbeitungsprozesse des Dargebotenen. In diesem Fall bot der Lehrende zudem ein umfangreiches Skriptum zur Vorlesung an. Es enthielt neben kurzen Textpassagen die Beispiele, die er aufgriff und durcharbeitete. Auf die Strukturierung des Lehrvortrags ging der Lehrende nicht genauer ein; er hielt dies wohl für selbstverständlich. Folgende Schritte waren erkennbar:

- Problemstellung: Investitionsplanung - Kredit- oder Leasingkauf?
- Problemlösung: vergleichende Berechnung der finanziellen Vor- und Nachteile, Analyse des Ergebnisses.
- Zwischenbilanz: nochmalige Übersicht über das Problem - neues Beispiel.
- Durcharbeiten: Betrachtung der Ergebnisse aus verschiedenen Perspektiven.
- Zusammenfassung.

Man erkennt hier die deutliche Absicht, nicht nur die Thematik zu entwickeln, sondern auch das Verstehen des Dargestellten zu unterstützen. Der Lehrvortrag soll die Wissensaneignung fördern und die fachspezifische Methode verdeutlichen. Das zeichnet diese Form des Lehrvortrags vor der zusammenhängenden Darstellung eines Themas aus. In einer sprachlich geschlossenen Vorlesung wird in der Regel ein Sachverhalt entwickelt, es wird eine These unter verschiedenen Aspekten diskutiert. Vorrangiges Ziel sind Information und Überzeugung, gelegentlich aber auch Provokation der Zuhörenden: „Virtuelle Lehre reduziert die Hochschulmisere!" Bei dem Wissen erschließenden Lehrvortrag ist dies etwas anders. Hier steht im Vordergrund das Interesse, Wissen durch geschickte Präsentation begrifflich und systematisch aufzuschließen, Zusammenhänge zu erklären und das

Verstehen der Vorgänge zu sichern. Dazu ist die methodische Stufe des Durcharbeitens wichtig, ja unverzichtbar. Sie wird im Hörsaal jedoch offenbar nur wenig genutzt. Bei diesem methodischen Schritt handelt es sich darum, das Vermittelte aus unterschiedlichen Perspektiven immer wieder neu zu betrachten. Welche Vorteile bringt Kredit/Leasing den Gebern, welche den Nehmern? Welche Vorteile können Geschäftsleute daraus ziehen, welche Privatleute? Welche Nachteile sind mit Leasing verbunden? Wie günstig sind billige Kreditangebote z.B. bei der Kfz-Finanzierung wirklich? Solche Anwendungen an verschiedenen Beispielen sind in praxisbezogenen Disziplinen dringend notwendig, um Theorie an Fallbeispielen auf konkrete Verhältnisse beziehen zu können. Das Durcharbeiten des Vermittelten ist ein wesentliches Element jener Lehre, durch die Verstehen, Wissen und Können gefördert werden sollen.

In einer anderen Vorlesungsstunde über „Kernenergie" bot der Vortragende die Gliederung ebenfalls durch klare inhaltliche Unterscheidungen an. Aus seiner Sicht artikulierte er das Thema so:

- Einführung: Fragen zum Energieverbrauch und zur Umweltbelastung.
- Thesen: Kernenergie ist notwendig.
Kernenergie ist sicher.
Aussagen über Kernenergie sind glaubwürdig.
- Darstellung und Argumentation.
- Schluss: Karikatur und humorvolle Bemerkung.

Zentrale Punkte dieser Artikulation sind Thesen, Darstellung und Argumentation. Dies entspricht fast genau der Strukturierung, wie sie die klassische Rhetorik bereits anbietet. Der Vortragende wollte durch die Plazierung seiner Argumente, immer verbunden mit einleuchtenden Abbildungen, allmählich einen logisch konsequenten Prozess des Überzeugens aufbauen. Die Vorlesung war eindeutig auf das Ziel 'Kenntnisvermittlung und Überzeugung' angelegt.

Daneben habe ich an mehreren Vorlesungen teilgenommen, die ausdrücklich als Vortrag eines wissenschaftlichen Sachverhalts zu verstehen sind, ohne dass sich die Lehrenden besonders dem Erfolg der Lehre verpflichtet fühlen. In solchen Lehrvorträgen steht die Darstellung der Sache im Vordergrund. Die Lernleistung der Studierenden hängt dann davon ab, inwieweit sie selbst das Vorgetragene in eine Ordnung bringen, es bereits vorhandenem Wissen zuordnen.

In den Zusammenhang passt die - ohne Zweifel hoch interessante - Vorlesung eines Literaturwissenschaftlers über THOMAS MANN. Er stellte in der ausgewählten Stunde den „politisch-unpolitischen" Schriftsteller vor, der nach dem Zusammenbruch des Kaiserreiches 1919 sich zeitweilig auf die Novelle „Herr und Hund" konzentriert. Der Lehrende trug sehr anregend über die Lebenssituation MANNs in dem sozialen und politischen Umfeld Münchens vor, um die Entstehung der Arbeiten darauf zu beziehen. Dabei las er Textstücke vor, interpretierte und reflektierte über den Text und seine grammatisch-stilistische Struktur. Ein didaktischer Aufbau der Vorlesung war nicht erkennbar. Trotzdem war das Ziel eindeutig: Am Beispiel des Textes sachliche Zusammenhänge aufzuzeigen und zugleich die Methode des Interpretierens vorzumachen. In diesem Fall stellt der Gelehrte sein Wissen den Zuhörenden vor und bietet die Möglichkeit, durch Rezeption und Imitation, ergänzt durch weitere Studien, sich allmählich zu einem Wissenden zu entwickeln. Das ist der traditionelle Typus der Vorlesung. Lehrende konzentrieren sich ausschließlich auf die wissenschaftliche Darstellung eines Sachverhalts. Mit kleinen Unterschieden fand ich diese Form der Vorlesung recht verbreitet. Sie ist angemessen für höhere Semester, die bereits ein breites Fundament mitbringen. Anfänger und auch Studierende mittlerer Semester benötigen einen anderen Modus, durch den schrittweise erläutert und auch durcharbeitend vertieft wird. Das geschieht teilweise durch die Verbindung der Einführungsvorlesung mit entsprechenden Übungen (organisatorische Lösung).

Sprache und Auftreten

Vorlesungen erhalten ihre unverwechselbare Einmaligkeit durch *Sprache und Auftreten der Vortragenden*, durch die *Form des Vortrags* und die *Nutzung von Medien.* In diesen Punkten unterschieden sich die gehörten Vorlesungen erheblich. Die *Sprache* der Lehrenden ist von höchster Bedeutung, ist sie doch jenes Element, durch dessen Gebrauch Hochschullehrer überzeugen sollen. Lehrende zeigen ihre Kompetenz in einer gekonnten sprachlichen Darstellung der fachlichen Zusammenhänge. Überwiegend benutzen sie eine Form der gehobenen Alltagssprache zur Vermittlung. Besonders gut wirkt eine eindeutige, klar und anschaulich formulierte Darstellung, in der kurze Sätze vorherrschen. Das trägt am ehesten dazu bei, einen Sachverhalt sprachlich zu vermitteln und vielseitig durchzuarbeiten. Gelegentlich scheinen sich Lehrende durch eine 'lässige' Sprache vermuteten studentischen Sprachgewohnheiten anpassen zu wollen. Das wirkt aber komisch und verhindert, dass ein angemessenes wissenschaftliches Niveau erreicht wird. Professionalität äußert sich darin, die Sachverhalte souverän entwickeln und verständlich präsentieren zu können. Dabei zeigte sich in allen Vorlesungen, dass nachdrückliche und pointierte, also hervorhebende (nicht: laute)

Sprache die Wahrnehmung des Dargestellten fördert. Nachdruck hat nichts mit Lautstärke, wohl aber etwas mit Kraft und Überzeugtsein zu tun. Wer sich seiner Sache weniger sicher ist, neigt dazu, zaudernder zu sprechen.

Zur Sprache gehört das *Auftreten*. Schon in der Rhetorik des ARISTOTELES findet man diesen Hinweis. Man überzeugt Zuhörende durch drei Dinge: durch die persönliche Glaubwürdigkeit, durch die Ansprache der Empfindungen und durch die Kraft der Argumentation. Souveränes Auftreten unterstreicht die Glaubwürdigkeit und wirkt vielfach auf die Empfindungen der Zuhörer. Die meisten Vortragenden zeigten ruhige Verhaltensweisen am Katheder. Sie bewegten sich wenig im Raum und verzichteten darauf, übertrieben mit den Armen umherzufuchteln. Leichte Bewegungen waren verbreitet, wobei die Konzentration auf einen zentralen Punkt im Raum durchgängig auffiel.

Monolog und Dialog - Prüfungs- und rhetorische Fragen

Die *Form des Vortragens* ist ein weiterer Ausdruck dieses professionellen Tuns. Die meisten Lehrenden tragen frei vor. Die Vorlesung als Verlesung eines ausformuliert vorliegenden Textes ist im Hörsaal eine Seltenheit geworden. Akademische Lehre erfolgt fast immer als überwiegend freier Vortrag, in dessen Verlauf Lehrende gelegentlich auf Textstellen zurückgreifen, Paragrafen zitieren, Formeln zur Berechnung überprüfen, veranschaulichende Darstellungen zur Kontrolle nachschlagen und sehr häufig den Gedanken an vorgefertigten Übersichten (Tabellen, Begriffsgrafiken, Abbildungen) zusammenhängend entwickeln. Die geschlossene Vorlesung als Vortrag eines geschriebenen Manuskripts ist wahrscheinlich noch stärker in der Philosophischen Fakultät als in anderen Fakultäten anzutreffen und bei Vorstellungsvorträgen. Auch der Modus des Vortragens war unterschiedlich, nämlich monologisch oder dialogisch angelegt. Eine monologische, also nur die Sache betonende Darlegung ohne erkennbaren Bezug zu den Zuhörenden wurde in verschiedenen Fächern praktiziert. Die „Morphologie der Schalentiere“ wurde ebenso wie die „Prozeduren der Personalbeurteilung“ oder die „Berechnung von Drehbewegungen“ nur aus der Sicht der Dozenten vermittelt. Dabei wurde Wissen dargestellt, Prozeduren wurden entwickelt; die Studierenden mussten rezipieren, aufschreiben, aufnehmen und merken. Anders war das in der Mehrzahl der Vorlesungen, in denen Studierende in die Darstellung einbezogen wurden. Hier unterbrachen Professoren ihre Darstellung und fragten z.B.: „Haben Sie hierzu eine Nachfrage?“ Oder konkreter: „Auf welche rechtliche Vorgabe kann der Bauherr seinen Antrag stützen?“ Und bei ausbleibenden Antworten: „Also, Sie können oder wollen noch nicht antworten? Dann gehen wir doch einmal zusammen zu Paragraf ... ." Allerdings wurden die Fragen mit unterschiedlichem Unterton gestellt. Stellenweise klangen sie wie rhetorische Fragen, auf die von den Studenten keine Antwort erwartet wurde. Einige Professoren ließen auch gar keine Zeit zum Nachdenken darüber, ob die Darstellung verstanden sei. Wer als Student Fragen hatte, musste sehr schnell sein. Andere Lehrende räumten Auffassungspausen ein. Wieder andere verbanden derartige Fragen mit Ironie, Provokation und gewissem Spott. „Ich will jetzt sehen, was sitzen geblieben ist. Also, welche Normen sind in diesem Fall zu beachten? Wer weiß es? Keiner? Alle durchgefallen. Sie versetzen mich in eine Depression! Sagen Sie das nicht weiter!" Und als einer eine richtige Antwort gibt: „Sie haben die Ehre der Vorlesung gerettet!" Dialogik kann also für die Studierenden auch unangenehm sein, zumal sie in der Vorlesung eigentlich erwarten, nicht vor allen anderen geprüft oder (negativ) heraus-, also bloßgestellt zu werden. Dieser zuletzt genannte ironisierend-herausfordernde Stil ist aber selten. Bei den Nicht-Betroffenen löst er zudem unterschiedliche Empfindungen aus: Mitgefühl mit dem Opfer ebenso wie Freude darüber, nicht erwischt zu sein, gelegentlich auch Schadenfreude. Häufiger trifft man jedoch bei den Dozenten auf eine sachbezogene Darstellung, getragen von einer grundsätzlichen Freundlichkeit im Umgang mit gleichberechtigten jungen Erwachsenen, verbunden mit einem eindeutigen Signal über die erwartete Leistung in dem Fachgebiet. Das ist als ein verbreiteter Vorlesungsstil einzustufen. Gelegentlich gingen Vortragende auch besonders freundlich und hilfsbereit auf ihre Studierenden ein, vor allem dann, wenn sie nur wenige vor sich sitzen hatten. In großen Vorlesungen aber war es die Regel, den Gegenstand überzeugend zu präsentieren und durch Bemerkungen freundlicher oder ironischer Art die menschliche Seite der Hörsaalsituation so oder so anzusprechen.

Darstellen und Entwickeln - Grundformen des Lehrvortrags

In Vorlesungen werden fachliche Zusammenhänge entweder dargestellt oder entwickelt. Wer darstellt, der berichtet über einen Vorgang, erklärt einen Entscheidungsprozess, erläutert vorgelegte Tabellen oder Formeln, wertet eine getroffene Entscheidung. Wer entwickelt, sucht den Ausgangspunkt bei einem Problem: „Was ist bei einer geschichteten Stichprobe zu berücksichtigen?" „Sollen Ausländerklassen beibehalten oder aufgelöst werden?" „Wie können wir Jugendliche zur Gemeinschaftsfähigkeit erziehen?" Der Ausgangspunkt ist in diesen Fällen oft ein Beispiel, an das sich die Erörterung der ungelösten Frage, die Darstellung vorliegender Untersuchungen, die Diskussion der Folgen möglicher Lösungen anschließen. Wer darstellt, analysiert und erklärt, seziert und verbindet, vermittelt in jedem Fall vorhandenes Wissen. Wer entwickelt, lässt die Aufgabe entstehen, probiert verschiedene Lösungen, schlägt dann eine vor. Entwickeln kann auch genetisch verstanden werden: „In welchen Situationen ist die Projektmethode entstanden? Welche Absicht wurde mit einer weitgehenden Selbsttätigkeit der Lernenden verbunden? Warum wurde sie zu einer Methode der politischen Bildung weiterentwickelt?“ Die Fragen zeigen allerdings auch, wie eng Darstellen und Entwickeln zusammenliegen.

Mediennutzung und Präsentation - noch verbesserungsbedürftig.

Der Lehrvortrag lebt wesentlich von der stützenden *Mediennutzung*. Sie wurde in den Fakultäten unterschiedlich praktiziert. Dabei waren die fachlichen Eigenheiten deutlich zu erkennen. Während in juristischen Vorlesungen das gesprochene Wort als Medium neben dem BGB und anderen Schriften deutlich dominierte, erfolgten betriebswirtschaftliche Vorlesungen nicht ohne Skriptum (Tischvorlage) und waren ohne den Einsatz von Folien (Modelle, Tabellen, Statistiken) nicht vorzustellen. In einigen Naturwissenschaften war die Situation wieder anders: Hier wurden Tafel, Folien, Dias, Film/Video unterschiedlich, teils parallel genutzt. Die Vermittlung vom Aufbau und Werden des Zellkerns wurde erst mit Folien, Dias und einem abschließenden Kurzfilm vollständig. Bei einigen Themen wurden Folie und Dia nebeneinander auf die Wand projiziert, um beide Medien zur Erläuterung zu nutzen. Solche Vorlesungen leben vom kunstvollen Arrangement der Medien. Der Lehrvortrag verläuft entlang den entsprechend zusammengestellten Medien.

Mit völlig falschen Erwartungen war ich in eine Vorlesung über „Experimentalphysik im Unterricht“ gegangen. Laut Ankündigung ging es hier um die Vermittlung experimenteller Möglichkeiten für die Ausübung des Lehramts. Zwar standen neben dem Katheder viele Geräte für physikalische Experimente, doch gelehrt wurde anderes. Der Vortragende berechnete zunächst die Trägheitsmomente einer Scheibe, danach die eines Hohlzylinders. Statt Experimente vorzuführen und Aspekte ihrer didaktischen Umsetzung zu erläutern, standen komplizierte Formelberechnungen im Vordergrund, die sicher die Fähigkeiten der später zu unterrichtenden Schüler überstiegen. Nur in den letzten fünf Minuten wurde ein einfaches, aber immerhin eindrucksvolles und unter schulischen Bedingungen reproduzierbares Experiment vorgeführt.

Erstaunlich selten wurde die Tafel zur Entwicklung von Zusammenhängen eingesetzt, einmal im Fach Informatik, ein anderes Mal im Fach Tierphysiologie. Hörsaaltafeln vermitteln im allgemeinen ein Bild chaotischer Nutzung. Sie sind meistens unsauber und das Angeschriebene ist nur selten gegliedert. Dabei geht es doch darum, durch die deutliche Strukturierung auf einer solchen Fläche das Verstehen zu fördern, dem Vortrag ein ordnendes Gerüst zu geben. Wie immer bestätigen Ausnahmen die Regel. Der Informatiker setzte die Tafel geschickt zur Entwicklung seiner Vorstellungen ein; der Tierphysiologe nutzte sie in jeder Hinsicht meisterhaft. Um tierphysiologische Vorgänge zu verdeutlichen, verwendete er gezielt weiße und farbige Kreide. Er gliederte die Tafelfläche präzise auf. Die Zeichnungen waren klar und eindeutig, übersichtlich und gekonnt, die Schrift ausgewogen und ansprechend gleichmäßig. Dieser Professor konnte die üblichen Entschuldigungen für unzulängliche Wiedergabe wie: „Das müssen Sie sich als ein Herz vorstellen!“ Oder: „Zeichnen war noch nie meine Stärke“. weglassen. Seine Darstellungen überzeugten durch Eindeutigkeit. Ganz anders war das in einer Vorlesung, in der das System der Kleinkläranlagen erklärt wurde. In dieser Stunde entwickelte der Vortragende langsam und mit simplen Symbolen Funktionen solcher Anlagen, wobei er deutlich die Vorgänge erläuterte. Wenn auch die symbolhafte Darstellung auf den ersten Blick wenig professionell wirkte, so überzeugte doch die damit verbundene gründliche Erklärung. Der Lehrende beschrieb mit einfachen Worten die Vorgänge, redete während der Darstellung nicht zu viel und verlangsamte seine Informationen dadurch, dass er die wichtigsten Punkte aufschrieb. Die langsame und gründliche Erklärung wurde von den Studierenden offensichtlich honoriert; denn sie wurden nach anfänglicher Unruhe aufmerksam und interessiert.

Die neuen Medien, so z.B. Laptop mit Beamer auf der Basis von PowerPoint, konnte ich noch nirgends im Einsatz vorfinden. Allerdings sind auch nur wenige Hörsäle dafür ausgestattet und der Transport der Geräte über den Campus ist schwierig. So müssen die Studierenden noch mit der Nutzung traditioneller Medien auskommen. Das aber ist ein Mangel, zumal wenn man bedenkt, dass die von vielen Seiten erwartete „Allgemeine Bildung“ der Absolventen neben fachlichem Wissen und der geheimnisvollen ‘Teamfähigkeit’ auch technisches Können mit einschließt. Wo aber soll dieses gelernt werden, wenn es im Studium nicht vorgeführt wird? Auch wenn die sprachliche Vermittlung noch immer den wichtigsten Weg zur Anregung des Denkens, zur Förderung selbstbestimmt-motivierten Lernens darstellt, so sollte doch die moderne Technik in die Hörsäle Einzug gehalten haben, wenn für Zukunft ausgebildet wird. Dem Anspruch an ein wissenschaftliches Denken muss das nicht schaden.

Aufmerksamkeit und Disziplin - studentisches Verhalten im Hörsaal

Wie Vortragende *auf die Hörsaalsituation eingehen*, wurde bereits angedeutet. Als erstes beobachtete ich, dass sie ganz unterschiedlich mit der anfänglich verbreiteten Unruhe umgehen. Bei den souveränen Strategen wird der Hörsaal mit dem Vortrag beherrscht. Sie sind sich ihrer Sache sicher, treten entsprechend auf, nehmen die Studierenden sofort in den Blick und verschaffen sich damit Ruhe und Aufmerksamkeit. Allerdings hängt dies auch immer davon ab, für wie wichtig die Studierenden den Lehrvortrag einschätzen. Mir fiel auf, dass eine die Zuhörer ansprechende Problemstellung am Anfang der Stunde dazu beitragen kann, die Studierenden auf die Vorlesung zu konzentrieren. Auch eine akustisch klare Darstellung, bei der schnell vermittelt, dabei ironische Bemerkungen eingestreut, Vorgänge bewertet und die Sache an lebendige Vorgänge geknüpft wird, bewirkt, dass Studierende sich auf den Lehrvortrag konzentrieren. Allerdings erfuhr ich auch, dass die Hörsaalsituation immer höchst labil ist. In einer Vorlesung, die morgens um 8.15 Uhr begann, scherte sich der Dozent nicht um die Disziplin seiner Zuhörenden. Er begann vielmehr gegen ein verbreitetes Gemurmel, lehrte gegen ein Geschwätz auf störendem Niveau, wehrte sich nicht gegen die vorhandene Unruhe. Nach etwa 5 Minuten setzte zwar allmählich eine gewisse Beruhigung ein, eine durchgängige Ruhe und Aufmerksamkeit wurde aber an keiner Stelle erreicht.

Generell scheint für die Vorlesungssituation zu gelten: Die Aufmerksamkeit der Studierenden ist im zeitlichen Verlauf recht unterschiedlich verteilt. In diesem Fall war sie bei etlichen während der ersten zehn Minuten überhaupt nicht vorhanden. Danach konzentrierten sich allmählich mehr und mehr Studierende auf den Lehrvortrag, dessen inhaltliche Aussagen zutreffend durch interessante Folien ergänzt wurden. Nach etwa einer Stunde ließ die Aufmerksamkeit wieder nach, Unruhe und Gerede entstanden von neuem, nachdem das Thema vorläufig abgeschlossen war. Auf diese Situation ging der Lehrende gar nicht ein. Ihn bekümmerte nicht, dass ein Teil der Studierenden ihren persönlichen Meinungen und Ansichten freien Lauf ließ, ohne die Lerninteressen der anderen zu berücksichtigen.

Das war allerdings nicht überall so. Andere Lehrende verstanden es, durch eindeutige Hinweise, durch Leistungsansprüche, durch Stoffmengen die Zuhörenden zu einer gewissen Konzentration zu zwingen. Dabei fiel mir auch auf, dass in den Vorlesungen, in denen Studierende vieles mitschreiben müssen, zunächst Ruhe durchgesetzt wurde, dann aber sofort Unruhe aufkam, wenn nichts mehr zu notieren war. Diese Vorlesung erreichte also nicht das Ziel eines akademischen Vortrags vor bereitwillig mitdenkenden

Köpfen. Das scheint eher mit einem souverän und engagiert vorgetragenen, klar gegliederten und studienbezogenen Thema zu gelingen. Genauer zu untersuchen dürfte eine andere Beobachtung sein: Die von LLOYD (1968) festgestellte Aufmerksamkeitskurve scheint in dieser Verlaufsform für die gegenwärtige Hörsaalsituation nicht mehr zuzutreffen: Die traditionelle Ideallinie wird immer wieder verlassen. Am Anfang fehlt bei vielen Studierenden die Bereitschaft, sich sofort konsequent zu konzentrieren; später scheint die Aufmerksamkeit in Stößen abzufallen, sich aber auch wieder kurzfristig herstellen zu lassen.[86]

Überhaupt ist das studentische Verhalten während des akademischen Lehrvortrags höchst unterschiedlich. Es beginnt mit der Pünktlichkeit bzw. Unpünktlichkeit. Es gibt Studierende, die z.B. bei einer gewählten morgendlichen Vorlesung - im Sommer wie im Winter - das ganze Semester zu spät kommen, sich also nicht dazu disziplinieren, die Zeiten einzuhalten. Ich habe bemerkt, dass sich dies auch nicht ändert, wenn man eine solche Veranstaltung statt um 8.15 Uhr erst um 8.30 Uhr beginnen lässt. Zu spät kommen meistens dieselben! Hinzukommt seit einigen Jahren bei einigen die Neigung, im Hörsaal zu frühstücken oder einen Imbiss zu nehmen und dies auch ganz öffentlich zu tun. Die Kaffeebecher sind dafür nur die äußeren Zeichen, die kauenden Studierenden gehören bereits zu einer geradezu alltäglichen Erscheinung. Wie das Zuspätkommen so ist auch das Zufrühgehen eine verbreitete Unart. Solange es leise erfolgt, ist nichts dagegen zu sagen. Das ist aber nicht immer der Fall. Man verlässt eine Vorlesung auch dann, wenn man mitten drin sitzt und dies für notwendig ansieht. Schließlich die verbreitete Geschwätzigkeit! Es ist eine Neigung des Menschen, zu Behauptungen, die ihm vorgetragen werden, wieder eigene Meinungen zu entwickeln und diese möglicherweise seinem Nachbarn mitteilen zu müssen. Manch einer tut dies so angenehm leise, dass es allenfalls optisch stören kann. Viele Studierende kümmern sich aber überhaupt nicht darum, dass sie die Vortragenden, ja sogar ihre Umgebung stören, weil ihre Lautstärke deutlich darüber liegt, was man als nicht mehr wahrnehmbares Flüstern auf Distanz empfindet.

So erweist sich das Verhalten einiger Studenten im Hörsaal als Herausforderung, mit der Lehrende jederzeit souverän und konsequent umgehen müssen. Die Hörsaalsituation wird immer von zwei Seiten gestaltet, von den Studierenden ebenso wie von den Dozenten.

---

[86] Die Aufmerksamkeitskurve wird in Kap. 3.2 „Ansätze und Ergebnisse der Wirkungsforschung" diskutiert; vgl. S. 88ff.

3.1.2 Die schlechte Vorlesung

Vorlesungen sollen für Studierende gehalten werden, auch wenn sie den Vortragenden u. a. dazu dienen, sich selbst über den erreichten Wissensstand Gewissheit zu geben. „Wenn ich etwas genau wissen will, dann halte ich darüber eine Vorlesung“ - so einmal ein Kollege zu mir. Aber daneben gilt auch eine dienstliche Pflicht: Man hält eine Vorlesung nicht für sich, sondern für andere, auch wenn man sich damit besonders in der Sachkenntnis fordert und selbst weiterbildet. Diese anderen sind die Studierenden. Deshalb ist ihr Urteil zuerst aufzunehmen, wenn es darum geht, Merkmale einer unzulänglichen Vorlesung herauszustellen.[87] „Unzulänglich“ wird somit eindeutig aus dem Blickwinkel der Adressaten gesehen, d. h. unter einem Verwendungszweck; denn Studierende hören Vorlesungen in erster Linie als Bestandteil eines verpflichtenden Studienprogramms, nur selten aus akademischem Interesse. Nach diesem ersten Urteil sind vorliegende Aussagen verschiedener Autoren über negative Merkmale der Vorlesung aufzunehmen, ehe durch die Analyse von Beispielen die Mängel schlechter Vorlesungen aufgezeigt werden.

Studierende über Unzulänglichkeiten der Vorlesung.

Bittet man Studierende regelmäßig über einen längeren Zeitraum darum, Vorlesungen zu beurteilen und wertet diese Urteile konstant aus, dann erhält man wichtige Hinweise darauf, in welchen Dimensionen der Lehrvortrag für die Adressaten verbessert werden kann.[88] Als unzulängliche, also schlechte Vorlesung möchte ich - hier den Ansichten der Studierenden folgend - den Lehrvortrag bezeichnen, der Defizite bei der inhaltlichen Darstellung, bei der methodischen Ausführung, beim Mediengebrauch und bei der allgemeinen Präsentation aufweist.

---

87 Damit ist kein blauäugiger Glaube an die Objektivität des studentischen Urteils verbunden. Vielmehr gilt, was MARTIN SCHWEER in seinem Beitrag zur „Evaluation der Lehre“ festhält: Zahlreiche Arbeiten deuten darauf hin, „dass subjektive Wahrnehmungsmuster und individuelle Strategien der Informationsverarbeitung häufig zu einer unterschiedlichen Sichtweise und Bewertung identischer Situationen führen“ (1998, S. 124). Das ist auch bei den Beurteilungen meiner Lehrveranstaltungen durch Studierende so. Erstaunlicherweise zeigen die Beurteilungen der Vorlesung über einen längeren Zeitraum aber doch eine deutliche Konstanz in der Einschätzung. Darin drückt sich aber keine Objektivität aus. Zur Gültigkeit studentischer Beurteilungen vgl. auch KROMREY 1993 u. 1996.

88 Bei den folgenden Ausführungen verwende ich die von BIRGIT FRANZ erstellte Zusammenfassung über die Befragungen meiner Studierenden an der Uni Bayreuth zwischen WS 1994/95 und SS 1998. In die Darstellung gehen auch neuere Befragungsergebnisse und Beobachtungen in Hörsälen ein. Vgl. Anm. 13.

- *Defizite bei der inhaltlichen Darstellung*: Solche Mängel zeigen sich immer dann, wenn Lehrende während des freien Vortrags allzusehr vom Thema abweichen. Generell bevorzugen Studierende die vom Text gelöste Entwicklung des Sachverhalts. Sie schätzen weniger das genaue Ablesen eines geschriebenen Textes. Sie honorieren zwar humorvolle oder geistreiche Zwischenbemerkungen, erwarten aber gleichzeitig, dass Lehrende den „roten Faden“ des Lehrvortrags genau im Auge behalten. In unzulänglichen Vorlesungen driften Lehrende zu weit von der Thematik des Vortrags ab, verhindern den klaren Blick auf das Thema und verbrauchen zuviel der kostbaren Zeit. Das hat unangenehme Folgen: Entweder sie erreichen nicht das thematische Ziel der Vorlesung, weil sie in den einzelnen Stunden immer hinter dem gesetzten Ziel zurückbleiben, oder sie verkürzen die weiteren Punkte der vorgesehenen Thematik dieser Stunde, hasten schließlich kurz über wichtige Fragen hinweg und überziehen möglicherweise die zur Verfügung stehende Zeit. Wer abschweift, bemerkt außerdem zumeist nicht mehr, dass er die Studierenden mit der von ihm selbst geschätzten Thematik langweilt. Studierende erwarten, dass in der Vorlesung die vorgesehene Problematik diskutiert wird und sehen sich dann enttäuscht, ohne dagegen etwas ausrichten zu können.
  Neben der Abschweifung stört viele Studierende immer wieder *der fehlende Bezug zu praktischen Fragen*, zumindest in den Fächern, in denen er möglich ist. Sie wollen eine auf praktische Vorgänge hin orientierte Theorie geboten haben. Als unzulänglich werden deshalb jene Lehrvorträge kritisiert, in denen es an Anwendungen der entwickelten Theorie fehlt. Sehr hoch werden aktuelle Bezüge geschätzt. Der Physiker sollte über Kerntechnik nicht ohne Bezug zu den drängenden gesellschaftlichen Fragen sprechen. Juristen müssen Rechtsfragen auf aktuelle Fälle beziehen. Pädagogen sollten an Beispielen auf Erziehungsprobleme in Schule und Unterricht eingehen, dabei auch öffentliche Diskussionen über Erziehung und Unterricht in Presse, Funk und Fernsehen einbeziehen. Experimentalphysiker sollten komplizierte Berechnungen im Wechsel mit Experimenten präsentieren. Professoren dürfen nicht übergehen, dass Studierende vielseitig wahrnehmen, auch wenn sie bei allen Studienpflichten verständlicherweise die eigenen Studienziele in erster Linie im Auge haben.
- *Defizite der Methode*: Studierende bemängeln immer wieder, dass in Vorlesungen zu schnell dargestellt, zu wenig wiederholt, zu unpräzise entwickelt wird. Gedankensprünge, die den Lehrenden gar nicht mehr

bewusst sind, werden als Mangel des Lehrvortrags wahrgenommen. Auch die Geschwindigkeit des Wortes bemerken Vortragende nicht, vor allem nicht mehr die Menge der Information, die dadurch auf die Hörenden niederprasselt. Fehlt dann noch eine angemessene Strukturierung durch die Vorgabe eines klaren „roten Fadens", dann geraten auch im Mitschreiben geübte Studierende bald in Schwierigkeit. Die Vorlesung kann dann zur „Faktenschleuder" (SADER) werden.
Neben der Geschwindigkeit des Vermittelns wird immer wieder als ein Mangel vieler Vorlesungen herausgestellt, dass in ihnen keine Dialogmöglichkeit gegeben sei. Dieser Vorwurf ist jedoch so pauschalisierend nicht zutreffend. In keiner der von mir besuchten Vorlesungen war es unmöglich, sich zu Wort zu melden, zu fragen, Erläuterungen zu verlangen. Das spezielle Problem scheint die viele Studierende einschüchternde Hörsaalsituation zu sein. Die meisten Zuhörenden trauen sich vor dem Lehrenden ebensowenig zu wie vor den Mithörenden. Die Vorlesung ist kein Ort des Gesprächs, obwohl fast alle Hochschullehrer heute auf diesen Wunsch der Studierenden eingehen.

- *Der unprofessionelle Mediengebrauch*: Dass Professoren moderne Technik nicht bedienen können, dafür ihre Assistenten oder studentischen Hilfskräfte haben, gehört zum universitären Alltag. Dass sie deshalb vorwiegend auf Folien zurückgreifen, ist ebenfalls Realität. Diese Folien könnten aber in vielen Fällen besser durchstrukturiert und ansprechender gestaltet sein. Einfache Farbdrucker bieten Möglichkeiten, auch hier dem Auge eine gewisse Abwechslung vorzusetzen, was die Aufmerksamkeit erhöhen kann. Sie können zudem gezielter ausgewählt, thematisch begrenzt und professioneller präsentiert werden. Der OHP[89] wurde u.a. dazu erfunden, um Sachverhalte mit Blick auf die Zuhörerschaft darzustellen. Wer sich nun abwendet, um sich der projizierten Abbildung zuzuwenden und 'gegen die Wand' spricht, nutzt das System schlecht. Den Mangel an technischer Professionalität drückt auch in vielen Fällen die Tafelanschrift aus. Nur selten wird die Tafel überlegt genutzt. Meist fehlt es an einer vorher geplanten Aufteilung, um eine klare Wirkung zu erzielen.
- *Unzulänglichkeiten der persönlichen Darbietung*: Studierende haben ein gutes Gespür für eine gelungene persönliche Präsentation. Das erfolgreiche Auftreten in Durchsetzungssituationen und die sprachliche Kompetenz gehören zu den wichtigsten Qualifikationen bei der Bewerbung und Behauptung auf dem Arbeitsmarkt. Die Hörenden beurteilen deshalb in

---

[89] OverHeadProjector (Tageslichtprojektor, Lichtschreiber).

erster Linie die sprachliche Präsentation, die durch das Auftreten im Hörsaal unterstrichen wird. Sie muss fachliche Kompetenz und sollte didaktisch-rhetorisches Können ausstrahlen, um anregend zu wirken. Als unzulänglich wird immer kritisiert, wenn die Darstellung zu trocken und nüchtern erfolgt, wenn Lehrende im Hörsaal einen eher verkrampften Eindruck machen, Monotonie ausstrahlen und das, was ihnen wichtig ist, nicht erkennen lassen.

Man kann nach dieser Auswertung studentischer Urteile vorsichtig eine Bilanz ziehen: Die Vorlesung ist in den Augen der Studierenden dann unzulänglich, wenn die angekündigte Thematik nicht angemessen und konsequent abgearbeitet wird. Das ist der Fall, wenn es an Klarheit und Eindeutigkeit fehlt, wenn zu viele Abweichungen vom Thema wegführen, so dass der „rote Faden" nicht erkennbar ist. Weniger Bedeutung sprechen Studierende der medialen Präsentation zu. Hier sind die meisten bereit, geringeres Können zu akzeptieren, wenn die Lehre überzeugt. Das gilt auch für die personale Präsentation, die zudem von der Individualität der Lehrenden lebt.

Erkenntnisse über unzulängliche Vorlesungen

In der Lecture-Diskussion gibt es Versuche, aus empirischen Studien angemessene und unpassende Stile des Lehrvortrags zu klassifizieren. BROWN/ BAKHTAR (1984) stellen in ihrer Studie über Vorlesungstypen und Vorlesungsstile heraus, dass eine schlechte Vorlesung in erster Linie an der mangelnden Struktur des Vortrags zu erkennen ist. Sie sprechen von einem amorphen, d.h. gestaltlosen, zerfahrenen Vortragsstil. Wer sich keine klaren Ziele setzt, das Thema des Vortrags nicht sachangemessen bestimmt und einhält, nicht klar argumentiert und dazu noch schlecht darstellt, dessen Lehrvortrag verfehlt seinen Zweck. Halten wir vorläufig fest: Die defizitäre Vorlesung kann zwar wissenschaftlich korrekt sein, ist aber rhetorisch wie didaktisch unzulänglich.

Etwas anders klassifiziert REINSMITH (1992), der drei Typen von schlecht dozierenden Hochschullehrern unterscheidet:

1. den fleißigen Forscher, der aber langweilig vorträgt. Sein Vortrag ist trocken und ohne unterhaltsame Einfälle.
2. den strebsamen, aber sich gegenüber den Zuhörenden herablassend gebenden Lehrenden, der durch Ironie und Spott, Sarkasmus und die Demonstration der eigenen Position die Distanz zu den Studierenden betont.

3. den freundlichen Lehrenden, der aber in seiner Präsentation zu keiner Ordnung findet. Seine Darstellung erscheint chaotisch, auch wenn er als Person liebenswert ist.

Derartige Muster tragen dazu bei, eine gewisse Ordnung zu stiften. Man darf aber nicht übersehen, dass sie gleichzeitig den Blick auf die Vielfalt der Praxis verstellen. Dies bewirkt eine unzulängliche Vorstellung von der Hörsaalsituation, die nur durch eine genaue Beschreibung korrigiert werden kann. Deshalb wenden wir uns jetzt einem Beispiel zu, an dem sich typische Merkmale einer unzulänglichen Vorlesung zeigen lassen.

Schlecht strukturiert - zu lang - eintönig und gehetzt vorgetragen.

Immer wieder muss man auf Kongressen und in Hörsälen unzulängliche Lehrvorträge hören. Erträglich wird die Situation nur dadurch, dass daneben auch gelungene Vorträge geboten werden. Worin bestehen die wesentlichen Unterschiede? Unzulängliche Lehrvorträge sind in didaktischer wie in rhetorischer Hinsicht defizitär.[90] Didaktisch mangelt es, weil die Strukturelemente der hochschuldidaktischen Situation (Ziel, Inhalt/Thema, Methode, Medien sowie Hörsaalsituation) nicht zutreffend vorgeplant werden. Rhetorisch sind diese Lehrvorträge unzulänglich, weil die sprachlichen Möglichkeiten nicht genutzt, die persönliche Form des Darstellens nicht eingebracht und die zeitliche Vorgabe nicht richtig berücksichtigt werden. Betrachten wir das folgende Beispiel:

> Auf einem Kongress ging ich voll Interesse zu dem Vortrag eines Kollegen über besondere Möglichkeiten selbsttätigen Lernens in Schule und Unterricht. Schon bald musste ich allerdings feststellen, dass dem Vortrag eine klare Zielsetzung fehlte. Was wollte der Vortragende eigentlich? Im Allgemeinen werden Zuhörende mit dem Vortragsthema angesprochen. Zwar versprach das Thema Interessantes, aber nicht nur sein Ziel war unklar, sondern auch die Gliederung des Vortrags überzeugte nicht. Der Vortragende vermittelte keine eindeutige Übersicht zur Sache, bot vielmehr eine Menge vielfältiger Informationen, wobei er sich wiederholte, ohne jedoch

90 Dass Vorträge auch durch eine Nichtbeachtung der rhetorischen Situation unzulänglich werden, zeigt folgendes Beispiel: Bei der Eröffnung eines Kongresses der Deutschen Gesellschaft für Erziehungswissenschaft war durch zu knappe Planung und entsprechende Zeitüberschreitungen der Verlauf aus dem Takt geraten. Als nun ein bekannter Vertreter der Zunft das Wort ergriff, war ihm diese Situation klar; denn er stellte trotzig fest: „Zwar ist die Zeit schon weit fortgeschritten, aber ich wollte und werde 45 Minuten sprechen!“ Sagte es und sprach fast 60 Minuten, überzeugt von der eigenen rhetorischen Sendung. In diesem Falle gilt wie so häufig: Weniger wäre mehr gewesen!

nach Wichtigkeit zu strukturieren. Der Vortrag enthielt eine Fülle einzelner Aussagen, die dann allerdings nur oberflächlich abgehandelt werden konnten. Damit fehlte der Darstellung eine äußere Artikulation, wie sie etwa als Einführung und Zielsetzung, Problementwicklung und Lösung sowie als Zusammenfassung sinnvoll ist und die Auffassung des Vorgetragenen erleichtert. So war schon die didaktische Struktur des Vortrags unzulänglich.
Als noch problematischer erwies sich jedoch die Form des Vortragens, die Methode der Darbietung. Der Vortragende hatte sich für das Verlesen seines ausformulierten Textes entschieden. Das ist für eine unvorhersehbare Situation wie diese sinnvoll, weil man sich dann ganz auf vorliegende Formulierungen stützen und die Situation besser kontrollieren kann. Allerdings erfordert dieses Vorlesen auch den Einsatz rhetorischen Könnens; die Verlesung eines Textes muss geübt sein, um entsprechend zu betonen, zu pausieren bzw. zu beschleunigen. Da dies fehlte, fiel die Eintönigkeit auf, mit der verlesen wurde. Es fehlte an sprachlichem Nachdruck und an rhetorischer Rhythmisierung. Der Vortragende hob Wichtiges nicht hervor, er steigerte sich nicht bei der Wiedergabe, er schwächte die Stimme bei Übergangsphasen im Text nicht ab. Das wäre aber notwendig gewesen, um zwischen 16.30 Uhr und 17.30 Uhr anregend zu wirken und die Zuhörenden bei Interesse, Aufmerksamkeit und Laune zu halten.
Ein deutlicher Mangel war zudem, dass der Text zu lang war. Die für den Vortrag vorgesehene Zeit wurde erheblich überschritten. Diese Überlänge seines Vortrags wurde dem Vortragenden zunehmend bewusst, so dass er begann, das Verlesungstempo zu beschleunigen. Das wieder bewirkte den Verzicht auf jede Betonung und verhinderte die von den Zuhörenden erwartete Nachdrücklichkeit des Vortrags an den entscheidenden Stellen. Man hatte zunehmend den Eindruck, nicht das thematisch Wichtige sollte übermittelt werden, sondern die Zeitüberschreitung sollte minimiert werden. Klar, dass bei diesem Vorgehen das Auditorium etwas unruhiger wurde.
Die gesamte Konstellation förderte die Unsicherheit des Vortragenden. Er sprach mit Blick auf die Uhr über den Zeitdruck der Situation (was gar nicht an diese Stelle gehörte), änderte aber nicht seinen Vortragsstil. Zudem erläuterte er vorgelesene Textstellen frei durch weitere Hinweise und vermehrte damit den Zeitdruck, unter dem er stand, erheblich.
Schließlich las er eine umfangreiche Zusammenfassung ab, die er besser in drei Sätzen frei formuliert hätte nach dem Muster: Für Schule und Unterricht bedeuten meine Ausführungen
erstens, zweitens, drittens ... .

Fassen wir zusammen: Was waren die entscheidenden Mängel? Sie lagen zum einen in der didaktischen Unzulänglichkeit (Ziel, Inhalt, Methode), zum anderen in den rhetorischen Defiziten (Fehleinschätzung der Situation, unzulängliches Vorlesen, Unfähigkeit, sich an die Situation anzupassen). Die Folge war: Der Vortragende vermittelte nicht mehr engagiert seine Botschaft. Er verlor durch den bemerkten Zeitdruck zunehmend an Ausdruckskraft, weil er sich an seinen Text klammerte, anstatt diesen in wesentlichen Thesen frei zu entwickeln. Er hetzte durch seine Blätter, verlor an Souveränität und Überzeugungskraft, weil er die Bedeutung des Vorgelesenen überschätzte.

Schlussbemerkung

Aus dem Beispiel lässt sich folgern, was man bei Lehrvorträgen und Vorlesungen vermeiden sollte:

(1) im didaktischen Feld:
- dass Ziele unklar definiert bleiben,
- dass Unterpunkte des Themas nicht strukturiert, also als vor- oder als nachrangig ausgewiesen werden,
- dass das Vorgehen unzulänglich artikuliert wird.

(2) im rhetorischen Bereich:
- dass vom Thema abgeschweift wird,
- dass zeitliche Begrenzung zur Hetze durch den vorliegenden Text führt,
- dass gedankliche Sprünge gemacht werden,
- dass zu schnell gesprochen und auf Wiederholungen verzichtet wird,
- dass ohne Nachdruck, also eintönig vorgetragen wird.

Unter Zeitdruck ist es z. B. notwendig, sich kurzfristig aus dem Manuskript zu lösen, wesentliche Aussagen frei vorzutragen und sich als Souverän der Situation zu erweisen. Ich erinnere mich an eine andere Tagung, auf der Folgendes passierte: Als der letzte Redner, ohne seine Zeit zu überziehen, sich bei fortgeschrittener Zeit - die Vorredner hatten überzogen - immer stärker mit dem Unwillen der Zuhörenden konfrontiert sah und die Moderatoren auch zum Abschluss drängten, da stellte er kurz und bündig fest: „Wenn Sie das alles nicht hören wollen, dann trage ich Ihnen das auch nicht vor!“ Donnernder Applaus von einigen, Erstaunen bei anderen, aber durchgängig Zustimmung begleiteten dann die (frei gesprochene) Zusammenfassung, die aufmerksam rezipiert wurde. Sicher ist das jedoch kein allgemein geltendes Rezept für diese Situation.

3.1.3 Die gute Vorlesung

Auch bei der Suche nach Merkmalen guter, Denken und Interessen anregender Vorlesungen ist zuerst von den Ansichten der Studierenden auszugehen. Sie benötigen die Vorlesungen, um Studienleistungen zu erbringen und urteilen deshalb von einem Standpunkt, der Theorie und Praxis einander pragmatischer zuordnet, als dies Wissenschaftler tun können.[91] An zweiter Stelle ist zu diskutieren, unter welchen Gesichtspunkten Vorlesungen als anregend (im Sinne von „gut") bezeichnet werden können. Im Anschluss daran soll eine Variante anregender Vorlesungspraxis vorgestellt werden: die interaktive Vorlesung.

Studierende über die Vorlesung

„Don't give me theory: just give me something that works"[92] - so schlimm, wie hier der australische Kollege seine Erfahrungen zuspitzt, ist es allerdings nicht. Aus meinen mehrjährigen Befragungen zur Qualität der Vorlesungen geht hervor, dass die Studierenden zwar keine übereinstimmenden Vorstellungen davon haben, warum und wann Vorlesungen gut bzw. schlecht sind, dass aber sehr wohl eine Mehrheit von ihnen bestimmte Ansichten darüber hat, wann ein Lehrvortrag das Studieren anregt und wann nicht. So wünschen sich Studierende in erster Linie eine gründliche Darstellung theoretisch fundierten Wissens, ohne dabei jedoch auf einen Praxisbezug zu verzichten. Theorie sollte so vermittelt werden, dass ihre Bedeutung für das Handeln in der erstrebten beruflichen Praxis erkennbar wird. Außerdem erwarten viele, dass die akademische Lehre immer in einer Beziehung zum Examen steht. Wenn dies neben fachlicher Qualität in Vorlesungen deutlich wird, dann stufen Studierende diese Form akademischer Lehre überwiegend als gut und sinnvoll ein.

Eindeutig sind auch die Ansprüche, die viele an die Professoren stellen: „Der Dozent sollte die Vorlesung gestalten. Er strukturiert klar und deutlich den gesamten Themenkreis und auch die einzelnen Inhalte. Er stellt die zu vermittelnde Theorie zügig, aber mit einigen Wiederholungen und an unverständlicheren Stellen anschaulich mit treffenden Beispielen dar. Auf zu persönliche Wertungen sollte er verzichten; oder diese als persönliche Be-

---

91 Diese Urteile dürfen nicht mit den derzeit geforderten Evaluationen verwechselt werden. Meine Umfragen zur Vorlesungsqualität lassen gut erkennen, wie Studierende beurteilen und dass sie dies überwiegend rational begründen. Die Antworten der Studierenden dienen mir in erster Linie dazu, mich über mögliche verbessernde Veränderungen durch stärkeren Bezug auf die Adressaten zu informieren.

92 RAMSDEN 1992, S. XI.

wertung ankündigen; den Studierenden geht es in erster Linie um die Lerninhalte mit Bezug zur Praxis und um Aktualität. Sie erhoffen sich von der Vorlesung einen erheblichen Lerneffekt. Zwischenfragen und kleinere Diskussionen sollten Dozenten zulassen und auch provozieren. Wichtig ist hierbei allerdings, dass die Studierenden klare Antworten erhalten."[93]

Eine seltener geäußerte studentische Erwartung kollidiert allerdings mit der immer wieder geforderten Praxisorientierung: „Grundsätzlich sollten Vorlesungen an der Universität wissenschaftlich und theoretisch vorgetragen werden und nur mit wenigen Beispielen auf mögliche spätere Berufsfelder verweisen."[94] Die Befragungen zeigen aber auch ein Problem der gegenwärtigen Zusammensetzung unserer Studierenden: Etliche Studierende müssen in dieser Situation erst noch lernen, dass die Universität keine Fortsetzung der Schule ist, sondern eine qualitativ andere Institution, in der akademische Denkweisen aufgezeigt, geprüft und selbsttätig eingeübt werden sollen.

Didaktisch-rhetorische Qualitäten der Vorlesung

Es gibt „keine Regeln, wie eine gute Vorlesung zu machen sei", schreibt der Philosoph KARL JASPERS in seiner Schrift „Was ist Erziehung?" Wenn es so einfach wäre und nur darum ginge, „die Sache ernst zu nehmen, die Vorlesung als einen Höhepunkt der Berufsleistung mit Verantwortung zu halten, im übrigen auf alle Kunst zu verzichten" [95], wie er weiter vorschlägt. Die Realität der akademischen Lehre zeigt aber immer wieder, dass dieser sog. „Höhepunkt" vielfach ein Tiefpunkt ist! Die Hörsäle sind zeitweise Orte rhetorischer Unzulänglichkeit, Orte, an denen junge Menschen viel zu wenig dazu aufgefordert werden, sich selbst in Auseinandersetzung mit den Lehrenden oder in Orientierung an deren Vorträgen zu bilden. Woran liegt das? Nach meinen Besuchen in Vorlesungen vermute ich, dass die Mängel auf zwei Ursachen zurückzuführen sind: auf ein verbreitetes Desinteresse der Dozenten an didaktischer Orientierung und auf Mangel an rhetorischem Können. Beide Elemente professioneller Lehre lassen sich zumindest fördern und entwickeln; sie sind lern- und trainierbar. Ich erblicke Ansatzpunkte zur Bestimmung einer anregend wirkenden Vorlesung - wie schon gesagt - vor allem in der Verbindung rhetorischen Könnens mit didaktischer Kompetenz. Fragen wir zuerst nach den rhetorischen, dann nach den didaktischen Möglichkeiten, bevor wir die didaktisch-rhetorische Form der angel-

---

93 Aus der bereits zitierten Auswertung mehrjähriger Befragungen meiner Studierenden.

94 Ebd.

95 JASPERS 1981, S. 204.

sächsischen Lecture ansprechen und schließlich die derzeitige hochschuldidaktische Diskussion aufgreifen, um Hinweise auf notwendige Bestandteile einer guten Vorlesung zu finden.

Darstellen und Argumentieren - die rhetorische Seite der Vorlesung

Unter den universitären Lehrformen ist die Vorlesung als eine rhetorische Situation zu verstehen. Deshalb steht die sprachliche Gestaltung des Lehrvortrags im Vordergrund hochschuldidaktischer Überlegungen. Wer vorträgt, entwickelt in sprachlich geschlossener Form Thesen, stellt Entwicklungen und Zusammenhänge dar und trägt Argumente zur Stärkung seiner Position vor. Das ist die logische Seite des sprachlichen Vortrags. Sie kann und sollte in den meisten Fällen heute auch durch bildliche Präsentationen erweitert werden. Das Schwergewicht des Vermittelns verbleibt jedoch auf der sprachlichen Präsentation, so dass die Anregung der Vorstellungskraft bei den Zuhörenden durch die sprachliche Darstellung gelingen muss. Schilderungen, Beispiele, Analogien und Vergleiche sind die Mittel, die hierzu eingesetzt werden. In vielen Fächern bietet die Fallanalyse den geeigneten Zugang, um die Wirklichkeit theoretisch zu durchdringen. Rhetorisch konzipierte Lehrvorträge zielen somit in erster Linie darauf,

- Vorgänge oder Situationen sprachlich darzustellen,
- durch Beschreibung und Zergliederung das Verstehen zu erleichtern,
- das Interesse an der Sache anzuregen und zugleich Emotionen wie Zustimmung oder Ablehnung auszulösen,
- die Sache lebendig und dadurch auch unterhaltsam zu vermitteln.

In der rhetorisch gestalteten Vorlesung kommen jene Merkmale zur Geltung, die schon Aristoteles in seiner „Rhetorik" als Charakteristika des Redners hervorhob: Ethos, Pathos und Logos. Das Ethos des Redners ist eine Haltung, durch die er Glaubwürdigkeit bei den Zuhörenden erreichen will. Es zeigt sich in seinem Auftreten, durch das er die Zuhörenden für sich gewinnt oder verliert. Im Hörsaal heißt das, dass Wissenschaftler ihre Botschaft selbstsicher vermitteln sollten. Dabei müssen sie darauf achten, dass sie sprachlich überzeugen und durch ihr Verhalten glaubwürdig erscheinen. Das können wirklichkeitsdistanzierte Gelehrte ebenso wie jene Manager, die mit beiden Beinen in Alltagsprojekten stecken und daraus Zusammenhänge darstellen. Daneben sollte nicht vergessen werden, durch den Vortrag und durch Medieneinsatz angemessene Empfindungen bei den Zuhörenden auszulösen. Freude und Begeisterung fördern das Behalten ebenso wie Betroffenheit durch eine Sache und Mitgefühl für Personen. ARISTOTELES nennt in dem Zusammenhang das Pathos des Redners, seine Fähigkeit, die Affekte der Zuhörenden anzusprechen.[96] Schließlich müssen Vortragende durch ihren Scharfsinn überzeugen, durch präzise Darstellung und stützende Argumentation, durch Beispiele und Analogien. In diesem Fall spricht ARISTOTELES vom Logos, von der Kraft des Geistes, die auf Ethos und Pathos aufbauend den Prozess des Überzeugens vollendet.

Studierende bevorzugen den freien Vortrag. Ihm ist leichter zuzuhören.[97] Dabei gelingt am ehesten, was in der antiken Rhetorik als „docere, movere, delectare" bezeichnet wird. Die anregende Vorlesung zeichnet sich durch die Verbindung dieser drei Elemente aus: Lehre wird von den Studierenden als gut erlebt, wenn sie auch Empfindungen (wie Zustimmung oder Ablehnung, wie Begeisterung und Nachahmungswunsch) anspricht. Solche Lehre kann zum Mitdenken herausfordern, nicht ohne zugleich auch unterhaltend zu wirken. Sie kann, muss aber nicht für alle Sachverhalte bis in die Unterpunkte hinein untergliedert sein. Grundsätzlich sollte sie dialogisch angelegt sein, damit die Studierenden in die Konstruktion des Wissens einbezogen werden, wenn sie sich beteiligen wollen. Dass Ironie, Provokation, Spott, Übertreibung möglicherweise zu Meinungsäußerungen wie Kritik und Widerspruch herausfordern, erwarten vor allem die Dozenten.

Lehrvorträge dieser Art - so die allgemeine Überzeugung - können beeinflussen und das Denken der Zuhörenden anregen, wenn sie verständlich und lebendig gehalten werden, wenn in ihnen eine Idee entwickelt wird. Sie können durch Klarheit und Besonnenheit in der Argumentation als geistige Führung wirken. Darin liegt allerdings für die Hochschulsituation auch eine gewisse Gefahr; Führung ist zwar notwendig, muss aber so tolerant erfolgen, dass Selbstdenken, kritisches Prüfen und Handeln nach gründlichem Abwägen immer ermöglicht wird. Wo die Rhetorik der politischen Rede geistige Nachfolge bewirken will, da muss die Rhetorik der Lehre die Selbstständigkeit des Urteilens und Handelns fördern. So ist die überzeugende Rede zwar eine wichtige Seite des Lehrvortrags, aber eben nur ein Teil von diesem.

Strukturieren und Präsentieren - die didaktische Seite der Vorlesung

Didaktisches Können zeigt sich darin, wie die Vorlesung als Ganzes gegliedert, wie der Gegenstand der Vorlesung bestimmt, wie die Schritte des Vortrags artikuliert werden, wie geistige Anregung praktiziert wird. Zu didakti-

---

96 ARISTOTELES Rhetorik; zur Bedeutung der Affektenlehre für die überzeugende Wirkung, vgl. KOCH 1997.

97 Bei vielen Vorlesungsstunden am Tag sollte man dieses Argument nicht abweisen.

schem Können gehören auch ein angemessener Medieneinsatz, gelungene Zeitnutzung und geschickt eingesetzte Redundanz bei der Darstellung. Aus studentischer Sicht werden die Erwartungen an hochschuldidaktisches Können klar formuliert. Besonders wichtig ist für Studierende, dass die Vorlesung klar und übersichtlich strukturiert ist und verständlich vorgetragen wird. Vortragende sollen themenbezogen darstellen und sich auf Zwischenfragen einlassen. Sie müssen durch abwechselnden Vortrag Spannung erhalten und zeigen, wie durch Vermittlung oder Problematisierung geistig geführt wird. Dabei sollten sie die Gliederungspunkte einhalten, zum mindesten immer wieder darauf zurückkommen.

Auch zur äußeren Gestaltung des Lehrvortrags haben Studierende ihre Ansichten. Vorlesungen sollen nicht immer nach dem gleichen Muster konzipiert und vermittelt werden. Einfache Varianten bieten schon Wechsel bei der Medienwahl und bei der Mediennutzung im Hörsaal. Sprachliche Darstellungen sollen deshalb durch unterschiedliche mediale Präsentationen unterstützt werden. Tafelanschriften sollen übersichtlich und langsam entwickelt werden, um den denkenden Nachvollzug und das Mitschreiben zu ermöglichen; Folien sollen vor allem dann benutzt werden, wenn Übersichten, Abbildungen oder Statistiken zu zeigen und zu erläutern sind. Arbeitsblätter sollten nur dann verteilt werden, wenn sie Informationen enthalten, die nicht mitgeschrieben werden können. Aus studentischer Sicht ist ein begleitendes Skriptum, in dem Tabellen, Folien und zentrale Aussagen enthalten sind, besonders wichtig.

Ein wichtiger Punkt ist der richtige Umgang mit Zeit. Zeit steht nur in knappen Mengen zur Verfügung. Die Vorlesungsstunde sollte deshalb so angelegt sein, dass auch bei Abschweifungen innerhalb der vorgegebenen Zeit ein Ziel erreicht wird. Viele Studierende begrüßen kurz vor Ende der Vorlesung eine präzise und knappe Zusammenfassung des Stundenthemas in wenigen überblickbaren Punkten.

Klare Argumentation und dramatisierende Lehrkunst: die Lecture

In angelsächsischen Forschungen zur Lecture wird deutlich, dass der akademische Lehrvortrag auf einer Verbindung von rhetorischen und didaktischen Elementen basiert. Die Lecture wird allgemein als eine zwar unverzichtbare, aber auch problematische Lehrform angesehen. Didaktische Fähigkeit wird erkennbar, wenn Ziel, Inhalt und Methode sowie situative Bedingungen und Lernvoraussetzungen der Zuhörenden berücksichtigt und in ein Verhältnis zueinander gesetzt werden. Generell wird postuliert: Die Lecture soll zwei Ansprüchen gerecht werden: Sie soll logisch präzise Darstellung mit anregender Vermittlung kombinieren.

Wer überzeugend vorzutragen versteht, verbindet in der Regel das rhetorische Moment mit dem didaktischen. ENTWISTLE spricht deshalb bei der Lecture von einer Presentation, in der „logical clear argumentation" und „dramatic art of presentation"[98] verbunden werden. Die Vorlesung gilt als gelungen, wenn sie den Zuhörenden eine anregende Erfahrung wissenschaftlichen Denkens und Tuns vermittelt. DUBROW/WILKINSON drücken diese Aufgabe so aus: „To hear a good lecture is an inspiring experience".[99] Das wird - so die Autoren - ermöglicht, wenn die Lecture

- genügend geistige Herausforderung bietet,
- durch die Klarheit der Darstellung überzeugt,
- die Empfindungen anspricht und bewegt,
- Humor, also Freude, und geistige Anregung zusammenbringt,
- die Vermittlung eines zusammenhängenden Wissens in einer chaotischen Welt leistet.

Obgleich nicht genannt, wird deutlich, dass eine solche Wirkung mehr als nur fachliche Kompetenz erfordert. Die Auswirkung des Lehrvortrags hängt wesentlich vom rhetorisch-didaktischen Können der Lehrenden ab. Redegewandtheit, Scharfsinnigkeit, Fähigkeit, durch Bemerkungen zu unterhalten, Spritzigkeit und geschickter Medieneinsatz sind Merkmale, die die Qualität der Lecture entscheidend beeinflussen; die Orientierung an den Lernvoraussetzungen der Zuhörenden tritt dagegen etwas zurück, zumal dies im Hörsaal fast unmöglich ist.

Überzeugende Rede und akademische Bildung

Ein weiterer Zugang bietet sich, wenn man konsequent nach den Zielen der Vorlesung und nach den Mitteln fragt, diese Ziele zu erreichen. Was ist der Zweck akademischer Lehrvorträge? Diese Frage scheint überflüssig, doch wird man eines Besseren belehrt, wenn man sie zu beantworten versucht. In vorliegenden Veröffentlichungen wird immer wieder kontrovers darüber diskutiert, ob Vorlesungen dazu beitragen können, Informationen zu vermitteln, das Denken anzuregen und sogar Haltungen/Einstellungen zu verändern. Ich will bescheidener festhalten: Vorlesungen sind nur ein Teil der akademischen Lehrformen und sie sollen in erster Linie dazu dienen,

98 ENTWISTLE 1981, S. 265.
99 DUBROW/WILKINSON 1983, S. 25.

- Wissen zugänglich zu machen (Überblicke, Positionen, Thesen, Strukturen und Prozesse darzustellen und zu erklären),
- Nachdenken sowie Interesse über die fachlichen Zusammenhänge, über die vorgetragenen Aussagen anzustoßen und dadurch
- das Selbststudium anzuregen.

Allerdings ist umstritten, inwieweit Vorlesungen wirklich dazu beitragen können, die akademische Selbstbildung durch die Erweiterung der Kenntnisse und durch die Einübung in Denken und Urteilen anzuregen. HELMKE/ SCHRADER unterstreichen gegen vorschnelle Rechtfertigungen: Zwar „werden Vorlesungen oft als eine sinnvolle Methode angesehen, ein begriffliches Grundgerüst (*conceptual map*) aufzubauen und *Interesse* und *Neugier* zu wecken. Untersuchungen zeigen jedoch, dass viele Vorlesungen ineffizient, zu detailliert und zu unanschaulich sind, passives rezeptives Lernen zu sehr begünstigen und zu wenig Gelegenheit zu aktivem Lernengagement bieten".[100] Zugleich stellen die Autoren aber auch fest, dass „erfolgreiche Lehre" sich von unzulänglicher durch drei Merkmale unterscheidet: (1) durch die Qualität der Erklärung, (2) durch das Engagement, mit dem Lehrende Thesen bzw. Sachverhalte vermitteln, und (3) durch die Empathie, die Wertschätzung, die Lehrende ihren Studierenden entgegenbringen. Man kann also davon ausgehen, dass es eine überzeugende Lehre gibt. Sie soll dazu beitragen, bei den Studierenden ein Lernen anzustiften, das selbstbestimmt und aus Interesse erfolgt. Dadurch sollen diese in ihrem Streben nach Kompetenz bestärkt werden. Ihnen soll ein Zugang zum Wissen für akademische Berufsfelder vermittelt werden. Man darf jedoch eines nicht übergehen: Neben der Arbeit in Gruppen, Seminaren, Praktika, in der Bibliothek und am PC bietet gerade die Vorlesung wichtige Sozialisationserfahrungen. Durch anregende Vorlesungen können Hochschullehrer wissenschaftliches Urteilen und Arbeiten, übersichtliches Darstellen und Erklären modellhaft präsentieren. Insofern kann die gute Vorlesung instruierend wirken, wenn Studierende die notwendige Lernbereitschaft mitbringen. Sind sie aber überzeugt, dass sie selbstständig sich alles am besten aneignen, dann öffnen sie sich nicht dem Lehrvortrag. Eine weitere Aufgabe, die gegenwärtig nur zu selten gesehen wird, ist mit der Sozialisation zu genauem Zuhören, zur Entnahme des Wichtigen aus dem Vorgetragenen und zur Wiedergabe des Gehörten verbunden. „Schweigen und Hinhören",[101] gedankliche Zusammenhänge zutreffend erfassen, passen als Bildungsziele scheinbar

[100] HELMKE/SCHRADER 1998, S. 185.
[101] GRIGAT 1996.

nicht in unsere Zeit, zumal vor allem diejenigen auffallen, die öffentlich sich darstellen, reden, ihre einmalige Wichtigkeit hervorheben. Diskussionen, Auseinandersetzungen, Verhandlungen und Kooperationen sind aber ohne Zuhören ganz unmöglich; denn wer nicht zuhört, wiederholt nur vorhandene Vorurteile. Deshalb werden aufmerksames Zuhören und sachbezogene Argumentation auch heute neben der Eloquenz als akademische Qualifikationen eines Studiums erwartet. Hierauf müssen allerdings viele in der Vorlesung erst aufmerksam gemacht werden. Dabei bietet die Vorlesung zwar kein direktes Übungsfeld zur Anwendung des Erfahrenen, aber sie kann die erforderlichen Anstöße zur notwendigen Selbstbildung - allein und im Umgang mit anderen - vermitteln. Darin besteht eine wesentliche Funktion dieser Lehrform.

Mittel des Lehrvortrags

Nach der Klärung des Ziels bleiben die unterschiedlichen Möglichkeiten zur Gestaltung der Vorlesung zu klären. In der Hochschuldidaktik werden gegenwärtig drei didaktische Faktoren hervorgehoben:[102]

1. die Bedeutung des Themas. Es ist ein Unterschied, ob den Zuhörenden signalisiert wird: Dieses Thema ist für das Verständnis der fachlichen Zusammenhänge wichtig - oder ob dies nicht geschieht. Man kann z.B. fragen: Welche Relevanz hat dieser Lehrstoff für das Denken, Urteilen und Handeln in der Praxis? Oder man kann behaupten: Ohne dieses Wissen und Können werden Sie in der Praxis scheitern.
2. das Interesse der Lehrenden an der Thematik, ihr Engagement für die Sache beim Vortrag. Zuhörende erkennen, ob der entwickelte Sachverhalt nur pflichtgemäß, also ohne innere Beteiligung, abgearbeitet oder ob auch der Vortragende die Thematik zu seiner Angelegenheit macht.
3. die Qualität der Instruktion, die sich darin zeigt, wie artikuliert und strukturiert wird, welche Medien eingesetzt werden, wie problematisiert und wie durchgearbeitet wird.[103]

Man kann also festhalten: Vorlesungen werden zu einer bildenden Lehrform, wenn bei den Studierenden die Entwicklung personaler Fähigkeiten vielseitig angeregt wird, wenn fachliche Kompetenz gefördert, Autonomie

---

102 Vgl. PRENZEL 1996.

103 HELMKE/SCHRADER sprechen neuerdings von „Erklärung, Enthusiasmus, Empathie“. Ihrer Ausführung zufolge ist in diesen Begriffen die rhetorische Tradition zu erkennen (1998, S. 185).

des Lernens angeregt und Techniken wie Zuhören, Fragen, Kritisieren, Einwenden geübt werden. Dies geschieht sowohl durch einen klaren, einleuchtenden Vortrag mit Beispielen oder medialen Ergänzungen, als auch durch eine problemorientierte Darstellung, die bei den Zuhörenden zu Fragen herausfordert. Die Lehrkunst besteht darin, durch Varianten des Darstellens Neugier und Freude hervorzurufen, um gelegentlich das Interesse an der Sache zu verstärken. Von einem anregenden Lehrvortrag ist zu sprechen, wenn eine scharfsinnige Darstellung und Argumentation mit didaktischen Strukturen und rhetorischer Kunst verbunden wird.

Beobachtungen und Berichte

Die folgenden zwei Beispiele stammen aus verschiedenen Fakultäten. Sie können aber auf jeweils andere Fakultäten und Fächer übertragen werden. Grundsätzlich gilt, dass die Vorlesung nach den Erfordernissen des Fachgebiets, nach den Zielen der Vermittlung und nach dem speziellen Thema der Stunde zu konzipieren ist. Dabei befinden sich Lehrende mit hoher sprachlicher Kompetenz grundsätzlich in einer günstigeren Ausgangslage als diejenigen, die zwar fachlich hochqualifiziert, aber sprachlich nur mittelmäßig sind. Ich möchte zwei Grundformen der Vorlesung unterscheiden:

- die „klassische Vorlesung“, in der die sprachliche Vermittlung dominiert und mit einer guten didaktischen Organisation verbunden wird.
- den „interaktiven Lehrvortrag“, bei dem Lehrende darauf achten, dass Wissensvermittlung mit Wissenserörterung wechselt.[104]

Die sog. klassische Vorlesung.

Als „klassische Vorlesung“ möchte ich die vor allem bei Juristen angetroffene Grundform des akademischen Lehrvortrags bezeichnen. Hier erfuhr ich am eindeutigsten die Vorlesung als sprachlich zusammenhängende Darstellung bzw. Entwicklung eines Sachverhalts in der traditionell rhetorisch orientierten Form. Ich gebe ein Beispiel:

> Vorlesung zum Thema „Baurecht“, hieraus die spezielle Thematik der Vorlesungsstunde: Rechtliche Aspekte bei Verträgen über Folgekosten und Erschließungsverträgen.

---

104 Sonderformen wie etwa „Dialog-Vorlesung“, „Diskussions-Vorlesung“, „Lecture Course“, „virtuelle Vorlesung“ werden hier nicht besprochen.

Der Lehrende beginnt zunächst mit einem vorlesenden Vortrag zur Sache, in dem er die rechtliche Grundlage herausstellt. Bald löst er sich von seinen schriftlichen Unterlagen und entwickelt einen Fall: „Stellen Sie sich vor: Ich bin der Bürgermeister. Sie sind der Bauträger = Investor. Es geht um die Erschließung von Bauland in der Gemeinde A und um Zusagen an Sie als Investor. Was kann der Bürgermeister Ihnen als Investor, was kann er Ihnen nicht zusagen? Die Antwort auf eine solche Frage müssen Sie immer aus dem BGB bzw. aus Paragrafen des Baurechts ableiten".
Der Lehrende arbeitet nun mit rhetorisch gemeinten Prüfungsfragen, die er selbst beantwortet, wenn Antworten ausbleiben oder nicht richtig sind. Antworten werden auf bestimmte Paragrafen bezogen und daran gemessen. Während des Lehrvortrags wendet er sich immer an seine Studierenden, spricht grundsätzlich klar und akzentuiert, mit gewissem Nachdruck und immer freundlich sowie korrekt. Auf die von etlichen Fachkollegen gern genutzte Ironie, auf überhebliche Hinweise zur Unkenntnis der Studierenden verzichtet er ganz. Dagegen gibt er präzise Hinweise darauf, was aus den einzelnen Paragrafen wichtig ist, auf welches Wort es ankommt („Unterstreichen Sie bitte in § 13 'angemessen' ".). Die Vortragstechnik erscheint geradezu klassisch einfach und ohne Schnörkel.
Im vollen Hörsaal ist es erstaunlich ruhig. Eine Studentin begründet das mir gegenüber so: Die Darstellung des Lehrenden komme eben wegen ihrer klaren Sachorientiertung und wegen der freundlichen Vermittlung gut an. Der Lehrende verstehe es, zum Mit- und Nachdenken aufzufordern, seine Art spreche viele Studierende positiv an und fördere damit Verstehen und Lernen. Auf der Suche nach den Gründen für diese Beurteilung will ich folgende Merkmale der Vorlesung festhalten: Diese traditionelle Form des Lehrvortrags zeichnet sich aus durch

- eindeutige Sprache: klar, anschaulich, verständlich,
- anregende, zum Denken auffordernde Darstellung, die an Texten wie Urteilen, an Gesetzen und an Fällen erfolgt,
- Interpretation der passenden Paragrafen,
- kurzzeitige Auflösung der strengen Vorlesung in Einzeldiskussionen,
- einfache, aber das Ganze unterstreichende Gestik,
- ruhige Lokomotion, vor allem hinter dem Pult bleibend.

Für Jurastudierende ist diese Konzentration auf sprachliche Darstellung, Vorstellung und logische Kombination sinnvoll. Prüfen wir einmal, welche Merkmale einer guten Vorlesung dadurch erfüllt werden, indem wir fünf didaktische und drei rhetorische Elemente betrachten.

Didaktische Elemente

(1) *Zielsetzung*. Das Ziel der Vorlesungsstunde wird zwar nicht eigens genannt, aber trotzdem scheint aus der Regelmäßigkeit der akademischen Leh-

re für die Studierenden eine klare Zielsetzung vorhanden zu sein: Die Studierenden sollen die gesetzlichen Vorgaben kennen, interpretieren können und auf Fälle zum Baurecht anwenden. Diese Zielvorgabe steht im Raum. In der Vorlesung muss der Lehrende dies angemessen vormachen, indem er klar strukturierend vorgeht.
(2) *Thematik*. Bei der Darstellung des Themas sind Sprünge zu vermeiden. Die gedankliche Entwicklung sollte logischen Gesetzmäßigkeiten folgen, sollte also klar gegliedert und übersichtlich erfolgen. Gleichzeitig sind Argumente zu konfrontieren, ist das Pro und Contra zu erörtern. Der Sachverhalt muss aus verschiedenen Blickwinkeln betrachtet werden.
(3) *Methodenorganisation*. Der Lehrende folgt seiner Kenntnis der Dinge. Er stellt dar und verweist auf die entsprechenden Belegstellen. In seinem Vortrag argumentiert er entlang einer sachlogischen Linie. Davon löst er sich nur, um rhetorische Fragen an die Anwesenden zu richten.
(4) *Mediengebrauch*. Visualisieren und Verbalisieren sollen durch den Medieneinsatz verbunden werden. Allerdings ist mir gerade bei den Juristen aufgefallen, dass sie auf bildliche Ergänzungen ganz verzichten. Selbst Folien und Tafeln werden nur selten eingesetzt. Die Beispiele sollen den Medienverzicht wett machen und vor allem dazu anhalten, den juristischen Fall sich konkret vorzustellen und als das wesentliche Verbindungsstück zur Praxis anzusehen. Das zentrale Medium des juristischen Studiums sind das BGB bzw. andere Gesetzessammlungen.
(5) *Situationsbezug*. Der Lehrende bezieht seine Vorlesung, wie er mehrfach andeutet, auf erwartbares Wissen und Können seiner Zuhörenden. Er bemüht sich darum, deren Verstehen zu unterstützen, indem er Hinweise zu den wichtigen Begriffen in den Gesetzen gibt und Wesentliches zu markieren anrät.

Rhetorische Elemente

(1) *Sprache*. Wer Vorlesungen analysiert, stellt fest, dass in ihnen zum einen eine „Fachsprache", zum anderen aber immer auch eine „Vermittlungssprache"[105] benutzt wird. In der Fachsprache erscheinen die fachspezifischen Sachverhalte, wogegen die Vermittlungssprache Anweisungen und Hinweise in alltagssprachlicher Form enthält. Die Vortragenden müssen beide Bereiche trennen, so wie sie wissenschaftliche Aussagen und persönliche Meinungen zu etwas unterscheiden müssen. Die sprachlichen Überleitungen, die Hinweise auf das Ende einer Fallanalyse, die Ankündigung anderer gesetzlicher Regelungen - alles das erleichterte in der miterlebten

---

105 GRÜTZ 1995, S. 21.

Vorlesung das Verstehen. Die Studierenden konnten dem Professor leicht durch die Pfade der gesetzlichen Vorgaben folgen. Dieser Prozess wurde durch den beiläufigen Gebrauch rhetorischer Mittel weiter erleichtert. Der Lehrende bemühte sich immer wieder, durch aktuelle Beispiele einen Bezug zur Realität herzustellen und zugleich den trockenen Stoff zu personalisieren (Szene: Bürgermeister - Investor als Lehrszene).

(2) *Auftreten*. Ruhiges, selbstsicheres Auftreten ist im Hörsaal eine erste Bedingung. Unruhe überträgt sich schnell auf die Zuhörenden. Um dann das Gesetz des Handelns zu bestimmen, ist es allerdings notwendig, das Thema der Vorlesung entsprechend fachlich wie didaktisch durchdacht und präsent zu haben. Schon CICERO unterstreicht in seinen Empfehlungen, dass der Vortrag geschrieben und strukturiert, zusätzlich mit Ankerbegriffen versehen vorliegen solle. Man kann daraus folgern: Wer die Übersicht über seinen Lehrvortrag im Kopf hat und dazu einige gedankliche Stützen auf dem Blatt, der ist besser in der Lage, sich der Unterweisung des Hörsaals zu widmen; denn die versammelte Zuhörerschaft benötigt die Zuwendung des Vortragenden.

(3) *Zeit*. Lehrvorträge sind zeitlich begrenzt. Sie sind an Aufmerksamkeitskurven gebunden und können deshalb nicht beliebig ausgedehnt werden. Mit der zeitlichen Grenze kalkulieren auch die Studierenden. Zeit ist eine Größe, nach der man sich richten muss. Die Menge der Darstellung muss in die Zeit passen und sollte noch eine Zusammenfassung erlauben. Bei diesem Lehrvortrag überzeugte, dass kein zeitlicher Druck entstand, dass nicht zum Ende hin schneller und gedrängter vermittelt wurde als anfangs.

Die interaktive Vorlesung

Der ehemalige Kölner Ordinarius für Betriebswirtschaftslehre, GERD ROSE, schreibt über seine langjährige Vorlesungspraxis:

> „Die Vorlesungen, von denen ich spreche, waren dreigeteilt und basierten auf von mir verfassten Lehrbüchern (Textbüchern). Die Studenten waren gehalten, zu jeder Sitzung vorweg eine etwa zwanzig Druckseiten umfassende 'Portion' des Lehrbuchs zu lesen und einige der darin erwähnten Quellen in die Hand zu nehmen. Sie sollten sich die Zweifelsfragen und ihnen erläuterungsbedürftig erscheinenden Ausführungen notieren und so präpariert in die Vorlesung kommen. In der Vorlesung selbst habe ich den Stoff grundsätzlich nicht wiederholt. Das erste Drittel der Vorlesung bestand aus den Fragen der Hörer zu den gelesenen Texten und zur Erörterung der notierten Zweifelsfragen, möglichst unter Beteiligung anderer Studenten. Im zweiten Drittel stellte ich die zum Thema gehörigen - ausschließlich aus dem vorbereiteten Stoff stammenden - Fragen und konnte

> aus den Antworten weitere etwaige Lücken und Verständnisschwierigkeiten erkennen. Im dritten Drittel wurden dann schließlich von mir vorbereitete Fallstudien erörtert, d.h. das abstrakt gewonnene Wissen auf komplexere Situationen und Fragestellungen angewandt. In allen drei Phasen der Vorlesung gab es Gelegenheit zum Aufzeigen und Erörtern wissenschaftlicher Fragestellungen".[106]

Diese Schilderung zeigt eine Variante des Lehrvortrags, bei dem die Lehrleistung des Hochschullehrers mal mehr, mal weniger dominiert. Der Professor betrachtet die Vorlesung wie ein Repetitorium. Deshalb werden die Studierenden konsequent aufgefordert, nicht nur zu rezipieren, sondern eine eigene Lernleistung im Voraus und dann in der Vorlesung zu erbringen. Sie sollen sich auf die Vorlesungsstunde vorbereiten und Fragen zur Sache stellen. Selbst die Antworten auf diese Fragen will ROSE, wenn möglich, nicht allein vom Katheder aus geben. Auch hier sollen Studierende eingespannt werden. Erst wenn diese sich in das Feld hineingetastet haben, stellt der Lehrende seine speziellen Fragen zur Sache. Die Fragen werden offenbar wie Prüfungsfragen gehandhabt, können dann aber zu rhetorischen Fragen gewandelt und vom Lehrenden selbst beantwortet werden. Im dritten Teil schließlich wird versucht, Theorie auf praktische Aufgaben anzuwenden. Diese Form erlaubt einen spezifischen Lehrvortrag, bei dem sich der Vortragende weitgehend an Kenntnislücken der Studierenden orientieren kann. Das wichtige Durcharbeiten des Stoffes erfolgt auf verschiedenen Ebenen: zunächst durch die Erörterung unklar gebliebener Stücke der Lektüre, dann durch die Suche nach Antworten auf speziellere Fragen zum Thema und schließlich durch Anwendungsaufgaben.

ROSE sieht erhebliche Vorteile für eine solche Lehrpraxis. Zwar hätte ein Drittel bis maximal die Hälfte der Studierenden nach zwei bis drei Sitzungen die Vorlesung verlassen, aber die übrigen hätten von diesem Modus profitiert; denn:

> „Es versteht sich von selbst, dass bei den Studierenden, die die Vorlesung nicht bereits nach der zweiten oder dritten Sitzung verlassen hatten, Langeweile nicht aufkam und Erfolgserlebnisse produziert wurden. Immer wieder konnte man den großen Vorzug bemerken, dass Professor und Student grundsätzlich mit dem gleichen stofflichen Vorbereitungsgrad ausgestattet waren, der Lernende also nicht in die unmündige Rolle desjenigen

[106] Ich verdanke diese Informationen einem Schreiben von Prof. Dr. Dr. h.c. G. ROSE (emer. Dir. des Seminars für Allg. Betriebswirtschaftslehre und Betriebswirschaftliche Steuerlehre der Universität zu Köln) vom 25. 2. 1998, der mir darin schilderte, wie er die meisten seiner Vorlesungen gehalten habe. Zitat nach Absprache mit dem Briefautor.

> versetzt wurde, dem ein es besser Wissender den Stoff erklärt. Am Schluss der Vorlesungszeit ausgegebene Fragebögen belegen, dass die Mühe des 'Vorarbeitens' durch die vorgeschriebenen Lektüren des Textbuches zwar deutlich empfunden, aber im Vergleich zum 'Nacharbeiten' bei der traditionellen Vorlesung als wesentlich effektiver eingeschätzt wurde. Und der Aufmerksamkeitsabfall, von dem die von Ihnen angeführten Untersuchungen berichten, trat - eben auch wegen der Dreiteilung der Darstellung mit jeweils neuen didaktischen Inhalten - eigentlich niemals ein".[107]

So führt ROSE drei wesentliche Pluspunkte für eine solche Organisationsform an:

- Professor und Studierende verfügen über eine je spezifische, für die Vorlesungsstunde passende stoffliche Vorbereitung.
- Sich auf eine Lektion vorzubereiten, ist sinnvoller als eine gehörte Lektion nach Unterlagen nachzuarbeiten.
- Der Wechsel an Lehr-Lern-Formen und die unterschiedliche Herausforderung zur Beteiligung bedeutet eine dynamische Gestaltung der Vorlesung und trägt wahrscheinlich zu erhöhter Aufmerksamkeit bei.

Man muss den hier von Rose geschilderten Modus der Vorlesung als eine Bereicherung der Lehrpraxis ansehen. Immerhin wird versucht, die rezeptive Haltung der Studierenden in dieser Situation aufzubrechen und durch aktives Lernverhalten zu ersetzen. Das ist es, was auch die Vertreter des Konstruktivismus zu Recht fordern: Nicht rezipieren, sondern perzipieren und aktiv Wissen und Weltverstehen konstruieren. Allerdings passt diese Form nur, wenn die Studierenden diese Form akzeptieren und entsprechende schriftliche Vorlagen vorhanden sind. Daneben hat die andere Form der Vorlesung, in der ein neuer Sachverhalt oder eine Idee entwickelt wird, ihre bildende Bedeutung.

Schlussbemerkung

Eine gute Vorlesung lebt von der persönlichen Verlebendigung des wissenschaftlichen Sachverhalts. Vortragende präzisieren ein Thema aus ihrer Blickrichtung und stellen es übersichtlich dar. Sie pointieren eine oder mehrere Thesen, heben eine aktuelle Diskussion hervor und entwickeln argumentative Schritte zu ihrer Begründung. Schließlich fassen sie wichtige Feststellungen kurz zusammen. Dabei beziehen sie die Studierenden in ihr

---

[107] Ebd.

wissenschaftliches Denken mit ein. Sie wollen erreichen, dass die Hörer in die Sache einsteigen, zumindest aber darüber mit anderen sprechen. Die Vorlesung wird so zu einer dialogischen Lehrform. Sie kann dazu beitragen, dass Studierende fachliche Kompetenz und personale Autonomie entwickeln.

3.2 Ansätze und Ergebnisse der Wirkungsforschung zur Vorlesung

Über die Auswirkungen akademischer Lehrvorträge liegen unterschiedliche Behauptungen und Vermutungen, aber auch lerntheoretisch begründete Aussagen vor. Eindeutig dominieren Feststellungen aufgrund persönlicher Erfahrungen. Nur selten kann auf Ergebnisse empirischer Untersuchungen zurückgegriffen werden, die sich vor allem auf die Effizienz und die Akzeptanz von Vorlesungen, in Einzelfällen auf den Vorlesungsstil beziehen. Als Indikatoren für Effizienz werden in erster Linie überprüfbares Wissen und die erreichte Übersicht über Zusammenhänge eines Faches genannt. Als Akzeptanz gilt die Zustimmung der Studierenden zu dieser Lehrform. Ein besonderer Aspekt wird in der Studie von LLOYD berücksichtigt:[108] der Verfall der Aufmerksamkeit während der Lecture, der bei Studierenden und Lehrenden eintreten kann. Dieser Vorgang ist zwar nur schwer zu erfassen, aber doch ein allgemein bekanntes Phänomen, das sich gravierend auf die Rezeption des Dargestellten auswirkt.

Der Bericht der HALE-Kommission

1964 wurde in England ein Bericht zur Lehre an den Hochschulen veröffentlicht, in dem auch Aussagen über die Wirksamkeit der Lecture enthalten sind. Der Bericht, benannt nach dem Vorsitzenden der Kommission, ist ein gutes Beispiel dafür, welche Funktionen der Vorlesung als Lehrform von den Lehrenden immer wieder zugeschrieben werden.[109] Die Angaben der Kommission beruhen auf der Befragung von Universitätslehrern, geben also deren Meinung über die Wirksamkeit der Lecture, nicht die Ansicht der Studierenden, wieder. Die erfragten Argumente erfüllen vor allem eine Funktion: Sie legitimieren die Vorlesungspraxis als unverzichtbare Lehrform universitären Studierens. Das Komitee unterstrich die Bedeutung des Lecturing auf breiter Basis, indem es wie folgt argumentierte:

---

[108] LLOYD 1968.

[109] Der Report wird hier nach der Darstellung bei MCLEISH (1976, S. 258) zitiert. Vgl. auch BLIGH (1972, S. 18), der ihn unter „Opinions of what may be achieved by lectures" diskutiert.

- Studierende können sich das notwendige Wissen in den Fachdisziplinen nicht allein durch Buchstudien aneignen; erst der Lehrvortrag erschließt die Inhalte.
- Lehrende können Sachverhalte mit verschiedenen Worten und aus unterschiedlichen Perspektiven darstellen, wogegen Buchtexte an eine sprachlich unveränderbare Form gebunden sind.
- Durch einen entwickelnden Lehrvortrag kann in komplexe Zusammenhänge wissenschaftlichen Denkens effektiv eingeführt werden. Dabei können visuelle Hilfen passend eingesetzt werden.
- Die Vorlesung bietet eine Übersicht, vermittelt kritische Gesichtspunkte sowie ästhetische Empfindungen; sie lässt Begeisterung für die Sache spüren.
- Der Lehrvortrag ist besser durchdacht und gründlicher geplant, als dies improvisierte Antworten in einer Diskussion sein können. Er erreicht eine größere Anzahl Zuhörender und konfrontiert die Studierenden mit verschiedenen Ansichten zur Sache.

Die Position der Hale-Kommission zeigt deutlich jene Überzeugungen, die unter vielen Professoren zur Wirksamkeit der Vorlesung verbreitet sind. Vor allem drei Punkte werden immer wieder hervorgehoben, um die Unverzichtbarkeit dieser Lehrform herauszustellen: Die Vorlesung gibt den Studierenden (1) eine *Übersicht über die Struktur der Disziplin*; sie vermittelt (2) *Gesichtspunkte und Kenntnisse*, die von den Lehrenden vertreten werden und andernorts so nicht vorliegen; sie weckt (3) *Begeisterung für das Fach und* stimuliert *eigenes Nachdenken* über das Gehörte. Diese Behauptungen erscheinen einleuchtend; sie müssen aber durch empirische Untersuchungen auf ihre Stichhaltigkeit überprüft werden. Zu fragen ist deshalb: Welche Kenntnis haben wir über die Auswirkung des Lehrvortrags auf Wissen und Können, auf die Anregung kritischen Denkens und auf die Entwicklung einer wissenschaftlichen Haltung? Anzumahnen ist auch eine genauere Beachtung der universitären Wirklichkeit; denn dass derart ideale Vorstellungen kaum für ungeliebte Pflichtveranstaltungen mit Scheinzwang gelten, ist sehr wahrscheinlich.[110] Vorläufig ist nur Folgendes sicher: Ein Lehrvortrag „does not necessarily engage the attention or the active participation of the auditor“, wie JOHN MCLEISH zutreffend festhält.[111] Aber gerade darum geht es in der Vorlesung, wenn man sie als „freie[n] Vortrag vor Zuhörern

---

110 Vgl. zu dieser Problematik HELMKE 1996 und KROMREY 1996.

111 MCLEISH 1976, S. 253.

[versteht], unter denen doch immer eine bedeutende Zahl selbst mitdenkender Köpfe ist“ (oder wenigstens sein sollte), um noch einmal HUMBOLDTs griffige Beschreibung anzuführen.[112] Lehrvorträge - so die gängige Vorstellung - werden gehalten, um Zuhörende in wissenschaftliches Denken einzuführen, Interesse an den Fragestellungen der Disziplin zu wecken und die Aneignung einer wissenschaftlichen Verfahrensweise anzuregen. Sie können allerdings nur dann etwas bewirken, wenn die Zuhörenden selbst tätig werden, wenn sie interessiert und aufmerksam dem Vortrag folgen, gewisse Vorkenntnisse mitbringen, eine Lerndisziplin über die Zeit des Vortrags hinweg zeigen, das Gehörte ihrem bereits vorhandenen Wissen zuordnen und Anregungen zum Nachdenken als solche verstehen und aufnehmen.

Mit seinem Hinweis auf die Notwendigkeit „selbst denkender Köpfe“ hatte schon HUMBOLDT jenen Punkt angesprochen, der in der neueren Forschung zur Auswirkung der Hochschullehre eine besondere Rolle spielt, die Bedeutung nämlich, die den Fähigkeiten und Voraussetzungen der Studierenden und ihrer Selbsttätigkeit für eine erfolgreiche Nutzung der Studienangebote zukommt. Kontrollieren wir nun diese Feststellung an Ergebnissen empirischer Untersuchungen, indem wir

1. nach dem Zusammenhang zwischen individuellen Lernvoraussetzungen und der Wirkung von Vorlesungen,
2. nach der Akzeptanz der Vorlesung durch Studierende,
3. nach den Erkenntnissen über den Verlauf der Aufmerksamkeit und
4. über Stile des Lehrvortrags fragen.

3.2.1 Individuelle Lernvoraussetzungen und die Wirkung von Vorlesungen

Ein zentrales Problem aller Untersuchungen ist die isolierende Analyse einzelner Faktoren, die aus dem Kontext der Lehrsituation herausgenommen und als erklärende Wirkungsgröße behandelt werden. Dagegen hat bereits ANTOINETTE RYAN 1968 eingewendet,[113] dass die Bedeutung der Lecture immer als eine Funktion des Zusammenwirkens zwischen drei Faktoren studiert werden müsse, als Zusammenhang zwischen (1) dem fachlichen Wissen und didaktischen Können des Lehrenden, (2) den Zielen des Lehrvortrags und (3) dem studentischen Lernverhalten, das auf typische Verhal-

---

112 HUMBOLDT 1968, S. 257.

113 Zit. n. MCLEISH 1976, S. 279.

tensformen zurückzuführen sei. Beachtet man diese Abhängigkeiten, dann wird die Schwierigkeit angemessener Untersuchungen schnell plausibel. Dass zwischen der Darstellung fachlicher Zusammenhänge, den Lernvoraussetzungen der Studierenden und dem Effekt universitärer Lehre ein Zusammenhang besteht, ist eigentlich trivial anzumerken. Die Sache verkompliziert sich aber, wenn es darum geht, die Effekte universitärer Lehre näher zu bestimmen. HELMKE stellt hier schon die richtige Frage: Wenn Lehre nachweisbar effektiv ist, um welche Effekte handelt es sich dann? „Wissenszuwachs, oder auch vertieftes Verständnis, verbesserte Lernstrategien? Und wie sieht es mit nicht-kognitiven (sozialen, affektiven, motivationalen, emotionalen) Kriterien aus; welche Rolle spielt zum Beispiel die Steigerung des Sachinteresses, die Förderung intrinsischer Motivation für die Evaluation einer Lehrveranstaltung?"[114] Diese Fragen sind schwierig zu beantworten. Sie erfordern Überlegungen zur Evaluationsforschung. Das kann hier nicht erfolgen; denn an dieser Stelle steht das Interesse an einer Übersicht über vorliegende Forschungsergebnisse im Vordergrund.

Blicken wir deshalb zunächst auf Lernvoraussetzungen der Studierenden. Die entwickelte Selbstständigkeit, das Ausmaß an Flexibilität des Denkens und Entscheidens, die Bereitschaft zu konvergentem und divergentem Denken, die Extra- oder Introvertiertheit der Studierenden beeinflussen die Aufmerksamkeit und die mögliche Verarbeitung vorgetragenen Wissens. Schon MCLEISH zeigt durch die Sekundäranalyse verschiedener Einzeluntersuchungen, wie wichtig die persönlichen Lernfähigkeiten für eine erfolgreiche Nutzung der Lecture sind, ein Gedanke, der von LOMPSCHER/MANDL, aber auch von HELMKE nachdrücklich wieder in die Diskussion um Hochschullehre und Studienerfolg eingebracht wird[115]. Wir beginnen mit Untersuchungen zum Zusammenhang von Lehreffizienz und studentischer Persönlichkeit.[116]

Studienerfolg und Persönlichkeit

Allgemein gilt: Studierende sind nicht nur hinsichtlich ihrer Vorkenntnisse, ihrer Interessen, ihres Selbstkonzepts, ihrer Aufmerksamkeit und ihrer Lerndisziplin zu unterscheiden; vielmehr zeigen sich auch deutliche Differenzen im Anspruchsniveau und in den angewandten Lernstrategien.[117] Sie

---

[114] HELMKE 1996, S. 181.

[115] LOMPSCHER/MANDL 1996, HELMKE 1996.

[116] Die Persönlichkeit der Lehrenden wird später bei der Akzeptanzproblematik und bei der Untersuchung von Aufmerksamkeitsverläufen angesprochen.

[117] HELMKE/SCHRADER 1996; WILD 1996.

beeinflussen, wie das Lernangebot einer Vorlesung genutzt wird. So wurde schon in früheren Untersuchungen gefragt, ob die Studienbefähigung, die soziale Orientierung, die Studienerfahrung oder das Geschlecht sich darauf auswirkten, wie die Lehre rezipiert wird. Als weitgehend sicher gilt, auch wenn persönliche Erfahrungen beim Besuch von Vorlesungen dem zu widersprechen scheinen, dass weniger befähigte und unsichere Studierende Vorlesungen und Kolloquien mit genaueren Vorgaben bevorzugen. Sie erwarten präzisere Lernvorgaben als solche Studierende, die sich ihres Könnens sicherer sind und selbstständiger studieren wollen. Eine andere Gruppe lässt sich durch das Merkmal „weniger sozial orientiert" charakterisieren. Solche Studierende lernen besser in Vorlesungen als in Diskussionsgruppen. „Sozial extravertierte" Studenten berichten jedoch, von Veranstaltungen im Seminarstil mehr zu profitieren, wogegen „sozial introvertierte" Studenten angeben, in Vorlesungen die besseren Leistungen zu erbringen.[118]

Ob die geschlechtstypische Sozialisation sich auf Studieneffekte auswirkt, bleibt unklar. Wichtiger könnte der Faktor „Leistungsorientierung" sein. Studentinnen „mit starker Leistungsorientierung" geben in der Mehrzahl an, Veranstaltungen zu bevorzugen, in denen selbstständiges Arbeiten erwartet wird. Studierende „mit sozialem Kontaktbedürfnis" ziehen Veranstaltungen vor, in denen Dozenten die Arbeiten stärker betreuen[119] und auf ihre Fragen eingehen. Ein weiterer Faktor ist die persönliche Ausprägung der Studierfähigkeit, die dazu führen kann, bestimmte Lehrformen häufiger aufzusuchen: „Hochzufriedene Studenten bevorzugen traditionelle Unterrichtsformen und autoritäre Unterrichtsstile, intrinsisch motivierte Studenten hingegen das selbstständige Studium und demokratische Interaktionsstile".[120] Wer außerdem Studienstrategien wie „Orientierung an Prüfungsanforderungen und Scheinerwerb" in erster Linie praktiziere (ebd., S. 338), der entscheide sich für darbietende Lehrveranstaltungen, in denen die Selbstständigkeit der Lernenden weniger gefragt sei.[121]

Vorlesungs- und Diskussionsmethode

Neben diesen Studien sind Untersuchungen interessant, in denen die *Auswirkungen der Vorlesungs- und der Diskussionsmethode* miteinander vergli-

---

118 Vgl. die Zusammenfassung bei METZ-GÖCKEL 1975, S. 53.

119 Ebd., S. 54.

120 Der Gegensatz überrascht; denn hohe Zufriedenheit und intrinsische Motivation liegen nicht auf einer Ebene.

121 Diese Ansicht beruht allerdings auf einer sehr einseitigen Sichtweise von Vorlesung. Wer den Lehrvortrag als „autoritär" und „traditionell" bezeichnet, hat die Möglichkeiten dieser Lehrform sicher nicht ernsthaft erwogen.

chen wurden. Durchgängig zeigt sich, dass die Vorlesung durch die zusammenhängende Darstellung eines Themas besser als eine Diskussionsmethode zur Wissensvermittlung, zur Einführung, zur Übersicht über ein Thema dienen kann, wogegen die Diskussionsmethode eher zum Mitdenken herausfordert. Lehrende können durch eine zusammenhängende Entwicklung eines Problems Interesse wecken und Verständnis fördern. Dazu ist es allerdings notwendig, dass Studierende die besondere Fragestellung nach der Darstellung gründlich durcharbeiten (=aus verschiedenen Hinsichten, an unterschiedlichen Beispielen diskutieren, also auf Fälle anwenden). Daraus kann sich die Bereitschaft entwickeln, selbstständig weiterzulernen. Die Diskussionsmethode dient grundsätzlich einem anderen Zweck: Hier wird die aktive Beteiligung an der Erörterung und damit ein versprachlichtes Mitdenken verlangt. Lehrvortrag und Diskussionsmethode - so die Ergebnisse - tragen also Unterschiedliches zur Erreichung des Studienziels bei. Die Vorzüge beider Methoden versuchte man deshalb schon früher gelegentlich miteinander zu verbinden, so dass „Kombinationen zwischen Vorlesungs- und Diskussionsmethoden besonders erfolgreich“ sein können.[122] Ein weiterer Aspekt darf nicht übersehen werden: Der Lehrvortrag scheint zwar gegenüber der Diskussion über einen Sachverhalt mehr Wissen zu vermitteln, aber diese Aussage ist ohne Berücksichtiguung der Lernvoraussetzungen unvollständig. Sie gilt nicht für sog. Underachiever (= Studierende, die weniger erreichen, als eine Untersuchung ihrer Fähigkeiten erwarten lässt), die zusätzliche persönliche Unterstützung durch Rückmeldung oder Anerkennung benötigen, um die gestellten Ziele zu erreichen.

Vorliegende Erkenntnisse

Eindeutige Aussagen über die Bedeutung der Vorlesung für die Bildung junger Erwachsener und für das erfolgreiche Bestehen von Examina sind nicht möglich, weil sich die Vorlesung als bildender Faktor nicht aus dem Geflecht der unterschiedlichen Einflüsse während eines universitären Studiums lösen lässt. Deshalb lassen sich abschließend nur folgende Aussagen zur Bedeutung der Vorlesung als akademische Lehrform festhalten:[123]

- Die Vorlesung ist der Diskussionsmethode bei der Übermittlung von Informationen überlegen. Die Diskussionsmethode eignet sich dagegen besser zur Anregung produktiven und argumentativen Denkens.

---

[122] SCHMALOHR 1969, S. 50.

[123] Vgl. MCLEISH 1976, S. 279f., BROWN 1988, S. 285.

- Die Passung zwischen den Lernvoraussetzungen der Studierenden und der Lehrmethode ist wichtig für die Effektivität der Vorlesung.

Wie erfolgreich in Vorlesungen Gelehrtes von Studierenden rezipiert wird, dürfte aber noch von anderen Faktoren abhängen, so z.B. vom Examensdruck, vom persönlichen Verhältnis der Studierenden zu Lehrenden, von der Ausstrahlung der Dozenten, von der Entscheidung für eine bestimmte Lernstrategie[124] und auch von der Studienerfahrung. Außerdem vermutet McLeish trotz aller Einwände, dass die Verbesserung des Lehrvortrags ein probates Mittel sei, die Lerneffizienz zu steigern. Gerade dafür sprechen immer wieder Berichte über Studienerfahrungen. So schreibt z.B. Karl Binneberg über das didaktische Können seines Lehrers Wolfgang Klafki: Er wolle rückblickend drei „bedeutsame Erfahrungen festhalten", die er bei diesem Lehrer gemacht habe:

- die „Kunst seines Lehrers, die Probleme dem Begriffsvermögen des Anfängers wunderbar angepasst darzustellen;
- seine Kompetenz, „Wissenschaft so vorzutragen, dass er auch seine Zuhörer überzeugt und befriedigt";
- sein methodisches Können, „wie er das Problem am einfachsten seinen Zuhörern würde vortragen können".[125]

Mit dieser didaktischen Kompetenz werden wesentliche Voraussetzungen für eine gute Vortragsgestaltung umschrieben.

3.2.2 Akzeptanz der Vorlesung durch Studierende

Als Akzeptanz bezeichnet man allgemein die Bereitschaft, ein Produkt anzunehmen, sich auf etwas, auf eine soziale Situation einzulassen. Für die Vorlesung dürfte Akzeptanz so viel wie Zustimmung zu dieser Lehrform bedeuten. Allerdings wäre zu klären, was Studierende wirklich mit diesem Begriff ausdrücken. Steht Akzeptanz dafür, dass sie die Vorlesung als eine notwendige Einrichtung ansehen, dass sie sie als lästige Pflicht akzeptieren, oder steht Akzeptanz für interessiertes Zuhören? Meint Akzeptanz gar im

124 Vgl. Wild 1996.

125 Binneberg 1997, S. 420.

Studium so etwas wie „Kundenzufriedenheit“[126] mit einer angebotenen Veranstaltungsform?

Unabhängig von derartigen Unklarheiten ist es immer wieder erstaunlich, in welchem Ausmaß die Vorlesung als Lehrform von den Studierenden angenommen wird. Dass diese Lehrform so dominant ist, könnte man darauf zurückführen, dass es an der Erfahrung von Alternativen mangelt. Doch die Gründe der Studierenden sind andere. Schon HAECKER stellte 1969, als Vorlesungskritik stark in Mode war, bei einer Befragung von Studierenden fest, dass „fast alle, nämlich 96% der befragten Studierenden ... Vorlesungen für notwendig [halten]“.[127] Für diese hohe Wertschätzung nannte er drei Gründe: (1) Vorlesungen dienen der Wissensvermittlung. (2) Sie regen das Eigenstudium an. (3) Sie bieten eine Einführung in ein Fachgebiet. Die Studierenden - so HAECKER weiter - binden ihre positive Bewertung aber an Bedingungen: Die Wissensvermittlung soll sachlich und straff, also ohne Umschweife und übersichtlich geschehen. Dabei sollten unterschiedliche Lehrmeinungen abgegrenzt dargestellt werden. Wenn die Vorlesung in dieser Weise in ein Lehrgebiet einführt, dann wird sie als „schnelle und gute Möglichkeit des Wissenserwerbs“[128] geschätzt. Zusätzlich erwarten die Studierenden eine didaktisch überlegte Präsentation: gute, d. h. logische und übersichtliche, Gliederung des Inhalts, anschauliche und humorvolle Darstellung sowie verständliche Formulierungen. Ähnliche Befunde berichtet A. BROWN: einleuchtende Gliederung und ein Interesse der Lehrenden an ihrer Thematik, Klarheit der sprachlichen Darstellung, Verwendung von Beispielen und Analogien tragen entscheidend dazu bei, dass die Vorlesung ‘ankommt’.[129] Diese Positionen werden auch in einer neuen Studie wiederholt. Eine Vorlesung wird etwa dann als schlecht beurteilt, wenn „zu viel Stoff, zu schnell und auf zu hohem Schwierigkeitsgrad vorgetragen“ wird,[130] wenn keine klaren Lernanforderungen formuliert werden, wenn die Struktur des Lehrkonzepts nicht erkennbar ist, wenn der Dozent gegenüber der Sache und seinen Zuhörenden ein distanziertes Verhalten zeigt . Erstaunlicherweise haben aber trotz der didaktisch-rhetorischen Mängel viele der Hörer in dieser Veranstaltung nach eigener Angabe den Eindruck, „relativ viel gelernt zu haben, einen guten Überblick über die Zusammenhänge im Fach sowie Anregungen für die weitere Beschäftigung mit dem Stoff erhalten zu

126 GRALKI 1999, S. 129.

127 HAECKER 1969, S. 262.

128 Ebd., S. 263.

129 Vgl. BROWN 1988, S. 285.

130 KROMREY 1993, S. 42.

haben".[131] KROMREY folgert aus diesem überraschenden Befund, dass es *die* gute Lehre nicht gebe. Vielmehr könnten Studierende mit guter Lerndisziplin schlechte Lehre kompensieren.

Für den erreichbaren Erfolg bleibt neben den Lernvoraussetzungen wahrscheinlich die Selbsttätigkeit der Lernenden höchst bedeutsam. Die Anleitung durch Lehre kann zwar Hinweise zum Lernen geben, aber selbstständiges Lernen ist nicht durch die Darstellung der Sache zu ersetzen. „Lehre - auch gute Lehre - hat nur relativ geringe Chancen, gute Lern-Ergebnisse zu bewirken. Sie kann im Idealfall lernfördernder Service sein".[132]

Und noch eine Einsicht ist wertvoll: Akademische Lehre hat für Studierende eine unterschiedliche Bedeutung. Der als umgänglich erlebte Hochschullehrer kann zwar ein angenehmes Empfinden im Hörsaal vermitteln, aber die notwendigen Anforderungen und Lernhilfen schuldig bleiben. Der streng und eher distanziert erscheinende Professor löst je nach studentischer Selbsteinschätzung Unsicherheit oder auch erhöhte Anstrengung aus und trägt durch konsequente Lehre dazu bei, dass die Grundlagen des Lernens gelegt werden. Aus der Bewertung derselben Veranstaltungen durch verschiedene Studierende ergibt sich eindeutig, dass die Einschätzung als lernfördernd und anregend von persönlichen Erwartungen, Befähigungen oder Vorlieben abhängt. KROMREY resümiert: „Das bedeutet nichts anderes, als dass dieselbe Form der Lehre für den einen Teil der Hörer akzeptabel und lernfördernd, für einen anderen Teil unakzeptabel und lernhemmend, für weitere Hörergruppen schließlich in einigen Aspekten positiv, in anderen negativ ist".[133]

Akzeptanz und Ablehnung - die Breite studentischer Beurteilungen

„Die Uneinigkeit der Studierenden darüber, was als gutes Lehrverhalten empfunden wird, ist außerordentlich groß. Sie besteht darüber hinaus praktisch innerhalb jeder Lehrveranstaltung, d.h. *derselbe* Sachverhalt wirkt positiv auf die einen, negativ auf die anderen".[134] Das belegen auch eigene Erhebungen zur Vorlesungskritik, die in der Form teils ausführlicher Antworten auf offene Fragen vorliegen. Die zusammenfassende Auswertung studentischer Vorlesungsbeurteilung über sieben Semester zeigt: „Während ein Teil der Befragten die Veranstaltungen als trocken und nüchtern be-

---

[131] Ebd.

[132] KROMREY 1996, S. 158.

[133] KROMREY 1993, S. 43.

[134] KROMREY 1996, S. 155.

zeichnete, die abwechslungsreicher hätten dargeboten werden können, fühlte sich eine Vielzahl anderer Studenten locker und flüssig unterhalten. Auch bei der Beurteilung der Klarheit der Darstellung gab es erhebliche Gegensätze, die wieder auf die unterschiedliche Semesterzahl der Studierenden zurückzuführen sind. Viele Befragte beschrieben die Vorlesung als interessant, klar strukturiert und anschaulich, andere sahen sie als zu abstrakt-theoretisch, zu wenig spritzig, zu monoton und zu wenig gegliedert an, wobei der rote Faden zu undeutlich geblieben sei."[135] Die mit der Vorlesungskritik gleichzeitig erhobenen Daten zur Person und die übrigen Bemerkungen der Studierenden zu den offenen Fragen zeigen deutlich, dass die Wirkung von Vorlesungen auf Studierende davon abhängt, welche Vorkenntnisse, welche Studienerfahrungen, welche Lerndisziplin, welches Interesse und welche Motive sie zum Studium mitbringen. Die Vorlesung ist eine Institution, deren besondere Probleme sich auch daraus ergeben, dass ein Sachverhalt für eine Menge von Zuhörenden dargestellt oder entwickelt wird, deren Lernvoraussetzungen und deren Anstrengungsbereitschaft recht unterschiedlich sind. In dieser Situation anregend und vermittelnd zu wirken, ist in der Tat eine Kunst.

Schlussbemerkung

Aus den vorliegenden Ergebnissen zur Akzeptanz der Vorlesung kann man festhalten: Die Vorlesung wird durch die verschiedenen Studien als eine begrenzt wirksame hochschuldidaktische Methode erkennbar. Vorlesungen entsprechen dem Bedürfnis vieler Studierenden, innerhalb der verschiedenen Pflichten eines Studiums in den zu studierenden Fächern überzeugende Darstellungen und Überblicke über Fachgebiete zu erhalten. Sie dienen in erster Linie der Anregung zu selbstständiger Weiterarbeit durch die zusammenhängende Darstellung eines Faches oder spezieller Fragestellungen. Ob sie „für Systematisierungen, Überblicke, die Erstellung eines Bezugsrahmens für bereits motivierte Studenten vorbehalten" bleiben sollen, wie METZ-GÖCKEL folgert,[136] ist nicht eindeutig zu bestimmen. Sie können ebensogut zur Einführung in ein Fachgebiet genutzt werden. Das hängt vom Können der Vortragenden, von ihrer didaktischen Einfühlungsfähigkeit und ihrer rhetorischen Kompetenz ab. Richtig ist aber, dass sie „Übersetzungshilfen" sein sollen, damit sie „Komplexität reduzieren und den vorinfor-

---

135 BIRGIT FRANZ: Zusammenfassung der Befragungen zur Qualität der Vorlesungen am Lehrstuhl Schulpädagogik (Universität Bayreuth).

136 METZ-GÖCKEL 1975, S. 55.

mierten Zuhörern Zeit und Arbeitsaufwand ersparen sowie neue Perspektiven eröffnen".[137]

3.2.3 Aufmerksamkeitsabfall, Darstellungskunst und Rezeptivität

Die bekannte Tatsache, dass sowohl bei den Lehrenden als auch bei den Studierenden die Aufmerksamkeit während des Lehrvortrags - wenn auch unterschiedlich - nachlässt, wird viel zu wenig in ihrer Bedeutung für die Effektivität der Vorlesung erörtert. Hinweise auf dieses Faktum findet man bei BLIGH und MCLEISH, die sich beide auf dieselbe Quelle beziehen, diese aber geringfügig unterschiedlich ausdeuten. Um das Phänomen genau zu diskutieren, lohnt der Rückgriff auf das Original, auf die Studie von LLOYD, veröffentlicht 1968. Dieser berichtet von Untersuchungen mit Studienanfängern, in denen er die These überprüfte, dass die Aneignung des Wissens in Vorlesungen durch den Abfall von Aufmerksamkeit erheblich beeinträchtigt werde. LLOYD wollte die Fähigkeit der Studierenden, Entwickeltes aufzunehmen („receptivity"), als eine in der Zeit veränderliche Größe aufzeigen. Ebenso wollte er nachweisen, dass die Konzentration der Lehrenden („performance") in derselben Zeit gleichfalls nachlässt. Schließlich wollte er prüfen, ob die Qualität der Aufzeichnungen im zeitlichen Verlauf („assimilation") abfällt. Um die Veränderung der Rezeptionsfähigkeit bei den Studierenden aufzuzeigen, griff LLOYD auf langjährige Beobachtungen sowie auf Antworten der Studierenden und Erklärungen der Lehrenden (Selbstwahrnehmungen) zurück. Die Abnahme der Konzentration bei den Lehrenden schloss er aus Äußerungen befragter Professoren. Die Qualität der aufgenommenen Lehre erschloss er aus einem Vergleich zwischen den Notizen der Lehrenden und den Nachschriften der Studierenden. Auch wenn die Aussagen von LLOYD nur auf weichen Daten beruhen, eröffnen sie durch die Kombination verschiedener Quellen einen Blick auf die Vorlesung, der bisher vernachlässigt wurde. Der saloppe Spruch: "Man darf über alles reden, nur nicht über eine Stunde!" hat zwar schon immer auf dieses Problem verwiesen; auch die zu beobachtenden Verhaltensweisen in Hörsälen ließen daran keinen Zweifel, dass Aufmerksamkeit und Aufnahmefähigkeit nach einer kurzen Phase intensiver Konzentration rapide absacken. LLOYD hat aber das Verdienst, diesen Zusammenhang durch die Konstruktion eines zeitlichen Verlaufs der drei Variablen „transmittal performance of lecturer", „receptivity of class" sowie „assimilation by class" fassbar gemacht zu ha-

---

[137] Ebd., S. 58.

ben. Das Verhältnis zwischen den drei Größen wird von ihm in folgender Grafik verdeutlicht:[138]

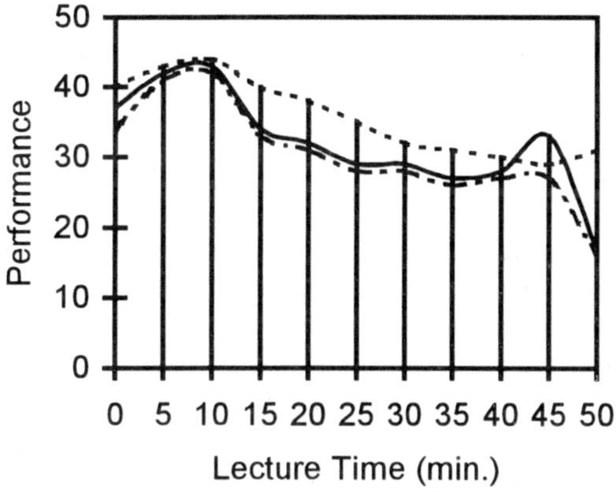

..... Transmittal performance of lecturer
___ Receptivity of class
_._. Assimilation by class

Abb. 2: Aufmerksamkeitsabfall während einer Vorlesungsstunde (50 Min.)[139]

Die Verläufe für die erfassten Variablen enthalten für Vortragende wichtige und aufschlussreiche Informationen. Nach etwa 10 Minuten befinden sich alle Beteiligten auf dem Gipfelpunkt der Aufmerksamkeit. Die Lehrenden haben sich kontinuierlich in der Darstellung gesteigert; die Studierenden haben eine hohe Aufmerksamkeit, verbunden mit zutreffender Verarbeitung des Gehörten, erreicht. Danach fallen Aufmerksamkeit und Aufnahme teilweise rapide und kontinuierlich ab. Allerdings bleiben Aufmerksamkeit und Verarbeitung des Gehörten auf einer niedrigeren Stufe durchaus erhalten. Kurz vor Ende meint Lloyd so etwas wie einen „Wiederbelebungseffekt“

---

138 Die Originalgrafik (LLOYD 1968, S. 25) wurde zwecks möglichst genauer Wiedergabe um die senkrechten Linien erweitert. Auf der Ordinate verzichtet LLOYD auf Zahlen. Um die im Original unscharf bestimmte Kurve zu erfassen, haben wir die Ordinate („Performance“) entsprechend in Fünfer-Einheiten unterteilt. Es sind auch Zweier-Werte oder andere denkbar.

139 Man findet Hinweise auf den Verlauf der Aufmerksamkeit in einer Vorlesungssituation auch bei GIBBS/HABESHAW (1992, S. 26ff.), hier allerdings ohne genaue Angabe der Quellen. Diese Autoren zeichnen den Verlauf der Aufmerksamkeitskurve wesentlich flacher und orientieren sich scheinbar an der von EBBINGHAUS entwickelten Vergessenskurve.

feststellen zu können; das Ende der Lecture wirkt nach seiner Beobachtung aktivierend, ein Effekt, der aber kurz darauf wieder in sich zusammenfällt. Die Studierenden orientieren sich bereits auf andere Aktivitäten wie etwa Ortswechsel für die folgenden Studien (in vollem Hörsaal), Bibliotheksarbeit, Mensa. Interessant ist, dass parallel zu der Aufmerksamkeitskurve der Zuhörenden, wenn auch in geringerem Ausmaß, die Qualität der Lehre abfällt. Auch bei den Lehrenden lässt die Konzentration nach. Die didaktisch-rhetorische Qualität der Lehre 'verflacht'. Eine Erfahrung kommt allerdings gar nicht in den Blick: Wenn Dozenten spüren, dass sie durch Studierende intellektuell stärker gefordert werden, dann erhöhen sie wahrscheinlich ihre Aufmerksamkeit, schon allein zu dem Zweck, sich keine Blöße zu geben.

Allerdings will LLOYD diese Aussage nur als idealtypische Feststellung für den Verlauf einer Lecture verstanden wissen, in der Vortragende sich überhaupt nicht um die didaktische Gestaltung des Vortrags bemühen. Die Realität der akademischen Vorlesung unterscheidet sich deshalb wahrscheinlich von dieser verallgemeinernden Darstellung. Vor allem ist sie - so seine Einschätzung - wesentlich durch den Modus der Präsentation zu beeinflussen. Es muss nicht zu physischer und geistiger Erschöpfung kommen, wenn Lehrende den zu vermittelnden Sachverhalt anregend darzustellen verstehen. Studierende müssen zwar von sich aus die Bereitschaft zu Aufmerksamkeit und Rezeption des Vorgetragenen mitbringen, aber zugleich sind Lehrende aufgefordert, durch verschiedene Techniken wie gezielte sprachliche Variation, geistige Provokation, Ironisierung, fragwürdige Thesen, Zwischenbemerkungen, konzentrierende Hinweise auf die Systematik des Lehrstoffs sowie eine gezielte Mediennutzung Konfusion und Unsicherheit bei den Studierenden abzubauen. Aus den Beobachtungen folgert LLOYD deshalb: „The initial fall in class receptivity (period 10 to 20 mins.) is frequently due, it would seem, to mental confusion. This can be relieved by a brief period of recapitulation, consolidation and example to clear the student's mind possibly with the use of audio-visual aids" (1968, S. 25).

Drei Hinweise zur Gestaltung des akademischen Lehrvortrags lassen sich aus dieser Studie ziehen:

1. Bei der Planung einer Lecture sollten mögliche Phasen der Aufmerksamkeit bedacht werden.
2. Lehrende müssen während des Vortrags durch orientierende und unterhaltende Hinweise immer wieder die Konzentration ihrer Zuhörenden anregen. Dazu sollten, wenn möglich, Medien eingesetzt oder anregende Beispiele wie etwa Fälle herangezogen werden.

3. Wiederholungen können dazu beitragen, die Aufmerksamkeit wieder herzustellen.

Beobachtungen in Vorlesungen verschiedener Fakultäten und unterschiedlicher Lehrender bestärken teilweise die von LLOYD geäußerte Ansicht. Zugleich muss diese Position aber neu überprüft werden, weil die Verhaltensweisen der Studierenden sich seit LLOYDs Studie gewandelt haben. Gegenwärtig fällt auf, dass in vielen Vorlesungen die ersten 10 Minuten durch die Unruhe etlicher Studenten gestört werden. Diese unterhalten sich zunächst ungeniert und entwickeln nur eine geringe Aufnahmebereitschaft. Daneben sind jene Studierenden zu beobachten, die sich sofort auf die Vorlesungsstunde konzentrieren. Beobachtungen während der Vorlesung legen deshalb die Vermutung nahe, dass zwar von einer generellen Abflachung der Aufmerksamkeit auszugehen ist, dass diese aber bei den Zuhörenden ganz unterschiedlich ausgeprägt ist.

Ein zweiter Punkt kommt hinzu. Es ist heute weitgehend üblich, Vorlesungen als Doppelstunden mit einer Dauer von 90 Minuten durchzuführen. Das ist zwar wider jedes Wissen von der Aufnahmekapazität der Zuhörenden, wird aber aus organisatorischen Gründen vielfach als sinnvoll angesehen. In einem Vortrag ohne entsprechende Anregungen muss die Aufnahmefähigkeit der Studierenden schnell erheblich zurückgehen. Vortragende müssen deshalb unterschiedliche Mittel einsetzen, um neben der anspruchsvollen Vermittlung ihres Gegenstandes auch die Konzentration ihrer Zuhörenden anzuregen. GIBBS/HABESHAW nennen folgende Möglichkeiten:

- kurze Unterbrechung des Vortrags (zwei- bis fünfminütige Pause),
- Wechsel im Gebrauch der Medien (so z.B. Einsatz optischer Medien als neuen Reiz, Entwicklung von Übersichten an der Tafel),
- Wechsel der Präsentationsmethode (durch die Aufforderung zu kurzer Diskussion über ein gestelltes Problem oder zu Notizen aus dem Gedächtnis zu dem Vorlesungsgegenstand).[140]

Vorschläge wie diese bleiben jedoch unbefriedigend, weil sie nicht auf entsprechenden Untersuchungen beruhen. Geeignete Verfahren zu einer angemessenen Durchführung der doppelstündigen Vorlesung müssten hochschuldidaktisch unter Berücksichtigung der unterschiedlichen Lernvoraussetzungen erarbeitet werden. Hier wäre zu erproben, welche Abwechslungen zum Lehrvortrag (z. B. zusammenfassende Strukturierung an der Tafel, an-

140 Vgl. GIBBS/HABESHAW 1992, S. 27.

regend gestaltete Folie auf dem OHP, Beispiel(e), pointierte sprachliche Zusammenfassung mit erstens, zweitens, drittens). Ohne methodische Varianten werden Praktiken wie kurze Unterbrechungen, Wechsel im Gebrauch der Medien, erheiternde Zwischenbemerkungen nur zufällige Mittel bleiben, mal mehr, mal weniger erfolgreich.

3.2.4 Lehrtypen und Vorlesungsstil

In der „FRANKFURTER ALLGEMEINE[N] ZEITUNG" erschien kürzlich eine „kleine Typologie des Vorlesungsstils, deren Verfasser RICHARD KÄMMERLINGS scharfsinnig idealtypisch fünf Vortragskünstler unter den Lehrenden im Hörsaal unterscheidet: „den Beamten, den Stegreifspieler, den Clown, den Diktator und das Medium".[141] Die Professoren - so der Autor - entwickeln im Hörsaal verschiedene Formen der Selbstdarstellung, durch die sie den Lehrstoff an die Studierenden zu vermitteln suchen. Der „Beamte" handelt das Ritual der Vorlesung korrekt und geplant ab. Der „Stegreifspieler" verlässt sich bei seiner Darstellung darauf, dass die Verfertigung der Gedanken aus dem Fundus seines Wissens und seiner Erfahrung beim Sprechen gelingt. Der „Clown" agiert als Unterhaltungskünstler, wobei improvisiert erscheinen soll, was in Wirklichkeit doch gut einstudiert ist. Der „Diktator" beherrscht Thema und Hörsaal; er hält auf Ordnung und setzt sie durch. Das „Medium" erscheint als Personifizierung der abzuhandelnden Sache: Der KANT-Spezialist verhält sich auch äußerlich wie der große Meister. Natürlich weiß KÄMMERLINGS, dass diese Typisierung nicht mehr die Wirklichkeit wiedergibt. Deshalb differenziert er abschließend: Im Alltag erscheinen die Idealtypen mit charakterlichen Besonderheiten. Es gibt „schlampige Beamte, lächerliche Diktatoren oder auch - das Schlimmste - langweilige Clowns".[142] Sie alle präsentieren mit der Sache zugleich einen Vorlesungsstil, durch den sie Zustimmung oder Ablehnung bei den Zuhörenden hervorrufen.

Lehrstile und Vorlesungsformen wurde auch mit wissenschaftlicher Akribie untersucht. BROWN und BAKHTAR sind dieser Frage nachgegangen und haben 258 Vortragende nach dem Stil ihres Vortrags befragt, um Grundformen des Lehrens und des Lehrvortrags zu erkennen. Nach der Auswertung verwiesen sie auf sechs Typenkonzepte der Vorlesung und auf

---

141 KÄMMERLINGS 1999, S. 56.

142 Ebd.

fünf unterschiedliche Vorlesungsstile. Als Typenkonzepte benannten sie folgende Vorlesungsformen:

„Information Giving Lecture"
„Structured Lecture"
„Purposive Lecture"
„Presentation"
„Visual Presentation Lecture"
„Self Doubt Lecture"

Mit dieser Klassifizierung markieren die Autoren Merkmale, die eine Vorlesung besonders prägen. Dabei scheinen die Unterschiede zwischen den ersten drei Typen gering zu sein. Bei allen handelt es sich um Lehrvorträge, durch die Studierende grundlegend und übersichtlich über Sachverhalte informiert werden. Während in einer „Information Giving Lecture" die geschriebene Vorlesung vorgetragen und als Skript an die Studierenden weitergegeben wird, erfolgt der Lehrvortrag in den beiden folgenden Typen freier, aber prinzipiell geordnet und systematisch. Bei der „Structured Lecture" gibt es eine stichwortartige Tischvorlage, bei der „Purposive Lecture" steht der akademische Vortrag (ohne Skript) im Vordergrund. Die „Presentation" (Lecture) unterscheidet sich von diesen Formen nach Meinung der Autoren durch eine lustbetontere Darstellung. Vortragende beziehen die Zuhörenden durch Fragen und direkte Ansprache stärker mit ein. Bei der „Visual Presentation Lecture" bemühen sich Lehrende, ihre Darstellung mit Bildern zu veranschaulichen. Das trifft für bestimmte Fächer wie etwa Biologie, Geographie oder Kunstgeschichte zu, wenn z.B. Herz und Blutkreislauf des Regenwurms dargestellt, eine besondere Flusslandschaft behandelt oder ein Bild Tintorettos interpretiert werden soll. Aus dem Rahmen fällt die „Self Doubt Lecture", die die Autoren als ein Beispiel für den Fall nennen, in dem Lehrende an ihrer didaktischen Kompetenz zweifeln.

Wie bereits angedeutet, unterschieden die Autoren zudem innerhalb der unterschiedlichen Vorlesungskonzepte fünf spezielle Stile des Lehrvortrags, den

„Oral Lecturer"
„Exemplary Lecturer"
„Information Provider"
„Amorphus Lecturer"
„Self Doubter"

Die persönlichen Vorlesungsstile lassen sich auf die oben genannten Vorlesungstypen beziehen. Der „Oral Lecturer", der auf die Schärfe seines Geistes und auf seine Sprachfähigkeit vertraut, kann den gut strukturierten und systematischen Lehrvortrag bieten, wobei er weitgehend am Text bleibt und auf sprachliche Vermittlung setzt. Auf mediale Veranschaulichung verzichtet er. Anders dagegen der „Exemplary Lecturer“. Als solchen bezeichnen die Autoren denjenigen, der frei, gut strukturiert, mit angemessener Mediennutzung, der notwendigen Variation der Stimme, mit Hervorhebungen und Wiederholungen ein Thema darstellt. Auch der „Information Provider“ bietet eine gut strukturierte Vorlesung, vermittelt aber mit erbärmlicher rhetorischer und unzureichender didaktischer Gestaltung. Schlecht präsentieren der „Amorphous Lecturer“ und der „Self Doubter“, die beide Schwierigkeiten mit der strukturierten Vermittlung, mit der Konzentration auf die Sache und mit sich selbst als Lehrendem haben.

An dieser Typenbildung fällt allerdings auf, dass die Differenzierung der Vorlesungstypen ebensowenig wie die der Vortragsstile trennscharf gelingt. Zwar lassen sich Formen des Lehrens wie die aufgeführten partiell in der Lehrpraxis finden, aber diese Elemente bilden nur selten die genannten Typen, sehr viel häufiger dagegen andere Mischtypen. Bei den Lehrstilen ist es nicht anders. Die Autoren ziehen entsprechend vorsichtig ihre Folgerung für eine Bestimmung der guten akademischen Lehre: Unter Berücksichtigung der fachlichen Besonderheiten und der studentischen Vorkenntnisse sollten Lehrende in einer Vorlesung

- Informationen strukturiert und zusammenhängend darstellen,
- den Lehrvortrag didaktisch aufbauen,
- durch Mediennutzung verfeinern und
- die Lehre als wichtig und für den Lernerfolg bedeutsam herausstellen.

Der Wert derartiger Typologien ist grundsätzlich zweifelhaft. Allenfalls liegt er darin, auf Möglichkeiten akademischen Lehrens und ihre Folgen aufmerksam zu machen. Dass man den Lehrvortrag ebensogut nach anderen Gesichtspunkten klassifizieren kann, zeigt WILLIAM REINSMITH, dessen Konstrukte trennschärfer und wirklichkeitsnäher zu sein scheinen, aber nicht auf empirischer Erhebung, sondern auf Erfahrung bzw. Einschätzung beruhen. Er unterscheidet (1) den enthusiastisch, (2) den studentorientierten und (3) den dramatisch Vortragenden. „The Enthusiastic Lecturer“ ist von der Aufgabe des akademischen Lehrens angetan und vertritt die Fragen seines Faches mit Nachdruck. Er zeigt seine Begeisterung im Umgang mit den Themen und in der didaktisch-medialen Präsentation. Gleichzeitig bemüht er sich, diese persönliche Vorliebe seinen Studierenden zu vermitteln. „The student-oriented lecturer“ sieht die Aufgabe der didaktischen Vermittlung als vorrangig an. Er achtet auf die Reaktionen der Studierenden, bezieht seinen Vortrag auf vermutete studentische Interessen, sofern dies möglich ist, und beachtet die Entwicklung der Aufmerksamkeit während des Lehrvortrags. „The lecturer as Dramatist“ versucht, eine gewisse Spannung in die Darstellung zu bringen, die Sache zu einer Handlung zu machen (etwa durch passende Fallanalysen). Wenn möglich, werden nicht nur Kognitionen, sondern auch Empfindungen durch sprachliche und mediale Darstellung angesprochen.

Schlussbemerkung

Die empirische Erforschung der Effizienz hat zwar bisher nur wenige Vorteile der Vorlesung aufzeigen können, die Untersuchung der Akzeptanz hat aber trotz der relativ geringen Effizienz dieser Lehrform gezeigt, dass die überwiegende Anzahl der Studierenden die Vorlesung als sinnvolle Einrichtung der akademischen Lehre bejaht, sofern Sachverhalte klar und übersichtlich, anregend und engagiert dargestellt werden. Genauere Studien zum Zusammenhang zwischen Aufmerksamkeit, Effektivität und Akzeptanz bei dieser Lehrform fehlen. Bislang gibt es nur eine vage Bestätigung dafür, dass die Aufmerksamkeit in Vorlesungen deutlich abfällt und zum Schluss kurz wieder ansteigt. Zu vermuten ist, dass in anregenden Vorlesungen Aufmerksamkeit auf den Lehrvortrag immer wieder zu-, aber auch abnimmt. Die Aufmerksamkeit pendelt und wird immer wieder neu - sowohl durch die Sache als auch durch die Person als auch willentlich - angestoßen. Ob Vortragende enthusiastisch oder dramatisch oder hörerorientiert lehren, trägt sicher mit dazu bei. So müsste ein Untersuchungsdesign komplexer sein, um die Realität der akademischen Lehre zu erfassen. Das gilt auch für die Konstruktion von Vorlesungstypen oder Vorlesungsstilen. Die Konstrukte können nur auf die Probleme der Wirklichkeit aufmerksam machen.

Trotz mancher Einwände lässt sich aus den empirischen Untersuchungen folgern, dass Vorlesungen eine wichtige Funktion innerhalb der akademischen Lehre erfüllen. Lehrende sollen durch übersichtliche Darstellung anregen und zum Studium anleiten, vielleicht sogar Überlegungen zur Sache in Gang setzen. Allerdings setzt dies voraus, dass Lehrende die Lernvoraussetzungen der Studierenden möglichst berücksichtigen, den Sachverhalt übersichtlich präsentieren und dem Abfall von Aufmerksamkeit und Kompetenz innerhalb der Vorlesungszeit durch variierende Maßnahmen gegensteuern. Studierende konzentrieren sich bei der Beurteilung von Vorlesungen häufig auf die Klarheit der Darstellung, die Verständlichkeit, die Vorlesungsgeschwindigkeit und auf Diskussionsmöglichkeiten. Daneben sprechen sie die organisatorische Gestaltung der Vorlesung, die Anregung zum Mitdenken, den Mediengebrauch und den Lerneffekt an. Interessant ist allerdings, dass dieselben Vorgänge durch Studierende sehr unterschiedlich eingeschätzt werden.

3.3 Die Vorlesung als Lehr-Lern-Situation

Schon mehrfach wurde die Vorlesung als „Lehr-Lern-Situation" bezeichnet. Damit wurde ein Begriff verwendet, der seit den 70er Jahren des 20. Jahrhunderts in der Bundesrepublik zur Charakterisierung eines Forschungsschwerpunktes eingeführt wurde, um Unterrichtsforschung an ein theoretisches Konzept zu binden. Mit diesem Begriff umschreibt man eine soziale Situation, die durch ihre Struktur und durch die didaktische Gestaltung als zeitlich begrenzte Einheit zur Anregung und Förderung des Lernens anzusehen ist. Die Vorlesung ist eine solche Situation. Sie ist zeitlich sowie organisatorisch begrenzt und wird inhaltlich durch eine lehrende Person strukturiert. Ihr Zweck ist akademische Lehre „vor mitdenkenden Köpfen". Zugleich ist sie aber auch eine soziale Situation, in der die Beteiligten sich in unterschiedlichen Rollen und mit verschiedenen Funktionen erfahren. Dozenten betreten die Hörsaalsituation mit dem Auftrag, einen wissenschaftlichen Sachverhalt angemessen und verständlich für die Zuhörenden darzustellen. Sie sehen sich in dieser Situation einer nicht näher hinsichtlich des Wissens und Könnens definierten Menge junger Menschen gegenüber. Von diesen erwarten sie die Bereitschaft zuzuhören, zentrale Thesen oder Beweise aufzunehmen und gegebenenfalls in Frage zu stellen. Die Studierenden betreten den Hörsaal mit unterschiedlichen Erwartungen. Für die meisten ist die Vorlesung nicht nur eine akademische, sondern auch eine soziale Lehr-Lern-Situation, in der man sich mit anderen trifft und gemeinsam die Lehre verfolgt. Die so umrissene Lehr-Lern-Situation Vorlesung ist nun genauer zu fassen. Ich beginne mit einem einfachen Vorschlag, greife danach die Empfehlung von HELMKE auf, diese Situation durch ein „Angebots-Nutzungs-Modell des universitären Lehr-Lern-Prozesses"[143] darzustellen und schließe mit einem Blick auf den besonderen Bildungsauftrag der Vorlesung.

3.3.1 Grundmodell der Vorlesungssituation

Lehr-Lern-Situationen wie die Vorlesung bezeichnet man gegenwärtig zutreffend als „gegenstandszentrierte Lernumgebungen". Das Primat der Instruktion beherrscht Aufbau und Ablauf solcher Situationen. Dem liegt - bewusst oder unbewusst - „eine kognitivistisch gefärbte Auffassung vom Lernen zugrunde". Diese Annahme führt dazu, Lernen als einen „regelhaft

[143] HELMKE 1996, S. 182; Original kursiv.

ablaufende[n] Prozess der Informationsverarbeitung" zu interpretieren, als einen Vorgang, „der sich eindeutig beschreiben und auch steuern lässt".[144] Für die Vorlesung bietet sich der Begriff „Lehr-Lern-Situation" deshalb als Kennzeichnung geradezu an: Struktur und Verlauf dieser Lehrform werden durch die Aktivität der Dozenten und die Rezeptivität der Studierenden bestimmt. Dabei bedeutet Rezeptivität immer ein Tätig-Sein, allerdings nur als Verfolgung einer vorgegebenen Denklinie, die verarbeitet und - so weit möglich - auf ihre Richtigkeit geprüft, möglicherweise auch in Frage gestellt werden soll. Ein einfaches Grundmodell soll dies erläutern:

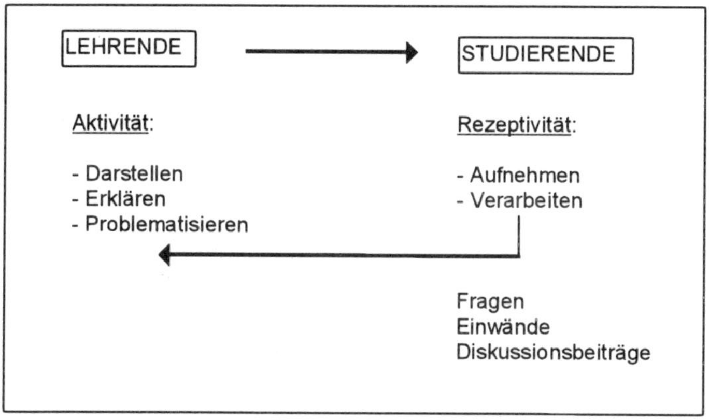

Abb. 3: Grundmodell der Lehr-Lern-Situation Vorlesung

So scheint die Lehr-Lern-Situation Vorlesung durch eine einfache Beziehung zwischen Dozenten und Studierenden charakterisiert zu sein. Dozenten stellen dar oder problematisieren, Studierende nehmen auf, verarbeiten, ordnen zustimmend ein oder fragen und bringen Einwände vor. Die Praxis verschiedener Vorlesungen zeigt aber, dass die Form des Lehrvortrags Varianten zulässt, durch die unterschiedliche Lernprozesse ausgelöst werden können, so z.B.:

- Lehrende tragen den Sachverhalt in geschlossener Form vor, z.B. den Beweis eines geometrischen Lehrsatzes.
- Sie entwickeln verschiedene Möglichkeiten des Beweisens.
- Sie stellen die Beweise in einen historischen Kontext und verdeutlichen die subjektiven Entscheidungen für einen bestimmten Beweis.

---

144 REINMANN-ROTHMEIER/MANDL 1999, S. 8.

- Sie vergleichen die Komplexität verschiedener Beweise.

Die vier Beispiele, frei nach dem aufschlussreichen Buch von PETER BAPTIST über „PYTHAGORAS und kein Ende“ formuliert, können und sollen bei den Zuhörenden unterschiedliches Lernen auslösen. Geht es in der ersten Form darum, einen bestimmten Beweis als unumstößlich herauszustellen und gedanklich nachvollziehen zu lassen, verweisen die anderen Vorgehensweisen darauf, dass in dieser Situation das Mitdenken der Studierenden auch ganz anders angestoßen werden kann. Genetisches, also entwickelndes Vorgehen, die Verdeutlichung von Alternativen, der Vergleich unterschiedlicher Ansätze - das alles löst Denken aus und kann bei vorhandener Lernbereitschaft dazu führen, dass Interesse an der Sache entsteht, auch wenn die Lernenden sich rezeptiv verhalten. Lehrende haben also durch die Form ihres Vortrags unterschiedliche Möglichkeiten, die Lernumgebung Vorlesung anregend und das Lernen fördernd zu gestalten.

3.3.2 Angebots-Nutzungs-Modell der Studiensituation

Vorlesungen sind Lehrangebote. Studierende können diese nutzen oder auch aus unterschiedlichen Gründen verschmähen. Eine entscheidende Voraussetzung für die erfolgreiche Nutzung sind entsprechende Lernvoraussetzungen kognitiver, affektiver und pragmatischer Art. Eine wesentliche Bedingung dafür, dass ein attraktives Angebot bereit gestellt wird, sind fachliches Können, Scharfsinnigkeit und didaktisch-rhetorische Kompetenz der Lehrenden. Betrachten wir nach dieser Vorklärung die Voraussetzungen der Beteiligten. Dazu sind z.B. folgende Fragen zu stellen:

- Was müssen Studierende mitbringen, um das Lehrangebot der Vorlesung nutzen zu können?
- Über welche didaktisch-rhetorischen Qualifikationen müssen Lehrende verfügen, um Sachverhalte angemessen und anregend darzustellen?
- Welche weiteren Kompetenzen zur Gestaltung dieser sozialen Situation sollten sie besitzen?

Auf derartige Fragen bezieht HELMKE sein kompliziert erscheinendes „Angebots-Nutzungs-Modell der universitären Lehre“. Seine Absicht ist es zu zeigen, wie „institutionelle, kontextuelle und individuelle Determinanten des Studienerfolgs“[145] zusammenwirken, wenn es darum geht, Studienangebote zu nutzen. Dieses Modell kann aber auch als Anregung dazu dienen, die Bedingungen der Lehr-Lern-Situation Vorlesung besser zu verstehen. Ich gebe zunächst das von ihm entworfene Konzept wieder (Abb. 4, S. 100):

Die umfangreiche Zusammenstellung der verschiedenen Einflussfaktoren erscheint nur auf den ersten Blick wenig übersichtlich. Sieht man genauer hin, dann wird eine geordnete Übersicht über vielfältige Bedingungen und Zusammenhänge zwischen der Lehre und dem Lernen in der universitären Situation erkennbar. HELMKE verweist auf die Vielfalt möglicher Voraussetzungen und Einflüsse, ohne allerdings etwas über die Gewichtung der einzelnen Faktoren oder Variablen in diesem Kontext auszusagen. Das ist auch nicht sein Anspruch.

Jede Vorlesung - so eine erste Einsicht - steht als Lehrangebot in einem Kontext von Pflicht und Wahl, von Prüfungsrelevanz, Scheinerwerb und Organisation des Studiums. Das sind äußere Bedingungen, die aber für das von Dozenten erwartete Interesse der Zuhörenden bedeutsam sind. Dass Studierende an Pflichtveranstaltungen mit Klausurzwang aus anderen Interessen teilnehmen als an Veranstaltungen, denen sie selbst etwas Ansprechendes abgewinnen, ist allgemein bekannt. Dass Studierende der Eingangssemester die Bedeutung bestimmter Lehrinhalte anders sehen als bereits fortgeschrittene Studenten, zeigen z.B. auch die von mir über längere Zeit praktizierten Vorlesungsbewertungen.

Einen zweiten Schwerpunkt sieht HELMKE in persönlichen Vorlieben. Die Lehrsituation wird für viele Studenten durch das Lehrangebot und die Form der Vermittlung entscheidend beeinflusst. Inhaltliche und methodische Aspekte spielen eine wichtige Rolle. Auch die Lehrgeschwindigkeit und die Redundanz des Vorgetragenen, die mehrfache Erläuterung wichtiger Stellen werden von Studenten als wichtig Merkmale der Lehre erfahren. HELMKE spricht zutreffend von einem entstehenden „Lernklima“ und von den Qualitätsmerkmalen der „Passung“ und der „Verständlichkeit“. „Sowohl Lernerfolg als auch Zufriedenheit hängen selbstverständlich von der *Passung* zwischen Lehrveranstaltung (Persönlichkeit des Dozenten, Lehrmethode) und den individuellen Eingangsvoraussetzungen der Studierenden ab“[146].

---

[145] HELMKE 1996, S. 183.

[146] Ebd.

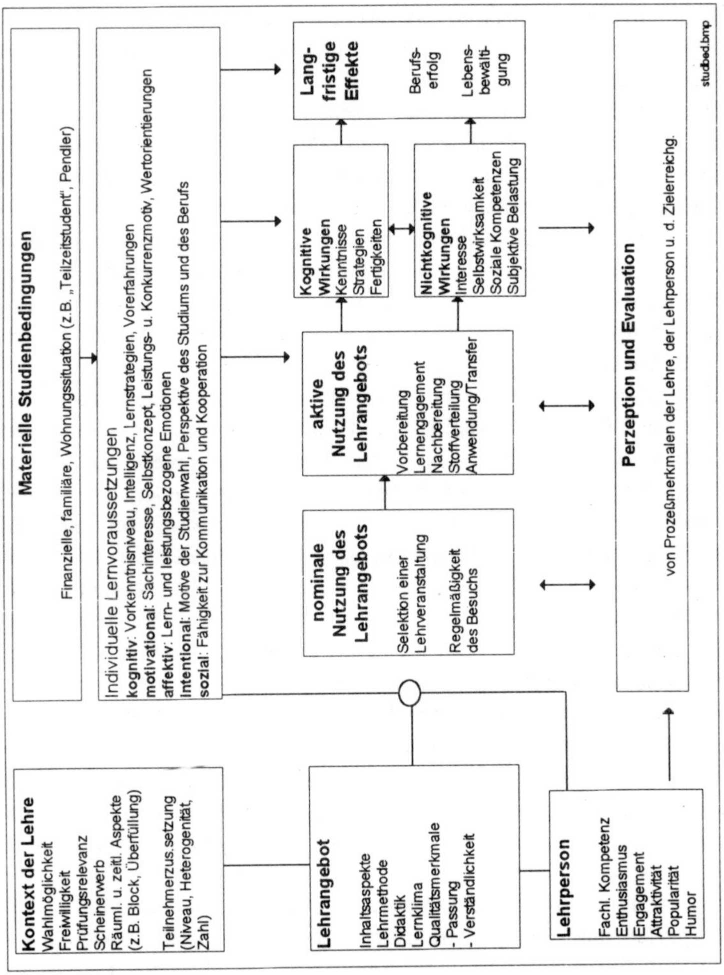

Abb. 4: „Angebots-Nutzungs-Modell zur Veranschaulichung des Zusammenwirkens institutioneller, kontextueller und individueller Determinanten des Studienerfolgs"[147]

147 Ebd.

Dabei kommen auch Einsichten der Rhetorik in den Begriffen „fachliche Kompetenz, Enthusiasmus, Engagement, Attraktivität, Popularität und Humor" zum Tragen. Die Lehr-Lern-Situation Vorlesung wird somit ganz entscheidend durch die Vorgaben der Lehrenden gestaltet.

Allerdings müssen die Lernenden auch spezielle Voraussetzungen mitbringen: HELMKE unterscheidet zwischen kognitiven, motivationalen, affektiven, intentionalen und sozialen Voraussetzungen. Sie reichen von den Vorkenntnissen und Lernstrategien über Sachinteresse und Selbstkonzept, Lern- und Leistungsbereitschaft bis hin zu klaren Vorstellungen darüber, was man mit diesem Studium beruflich bezweckt. Sehr verschiedene „Erfahrungen, Sichtweisen, Gefühle"[148] prägen die Besonderheit der Hörsaal-Gemeinschaft. Das liegt nicht nur an der Semesterzahl, sondern auch an der schulischen Vorbildung. Sprachliches Können und fremdsprachliches Wissen, mathematisches Denken und fachbezogene Kenntnisse sind ungleich entwickelt. Die Bereitschaft, vor anderen aufzutreten, sich öffentlich sprachlich auszudrücken, in Diskussionen sich hervorzuwagen, ist unter den Studierenden auf ungleichem Niveau ausgeprägt. Die Mitschriften der Studierenden lassen verschiedene Ordnungen in den Köpfen erkennen, die Schnelligkeit der Auffassung und des Aufnehmens zeigt weitere Unterschiede. Einige Autoren sprechen von Lerntypen[149] und verweisen darauf, dass Studierende direkte Lehrformen dann bevorzugten, wenn sie lernstrategisch auf schnellen Studienabschluss eingestellt sind. In jedem Fall kommt ungleichen Lernstrategien und unterschiedlich verteilter Studierfähigkeit Bedeutung für die Wahl von Lehrveranstaltungen und für den Erfolg des Studiums zu. Sie zeigt sich darin, wie weit kognitive Fähigkeiten (Denken und Sprache, Wissen, geistige Ordnung), affektive Bereitschaften (Interesse, Motivation, Ausdauer und Anstrengungsbereitschaft) sowie Lerntechniken entwickelt sind.

Insbesondere die Lernstrategien sind in neuerer Zeit als wichtige Instrumente zur Behauptung in Lehr-Lern-Situationen erkannt worden. In neueren Untersuchungen wird die Bedeutung von Lernstrategien für ein erfolgreiches Studium herausgestellt.[150] Interesse allein - so WILD in seinem Artikel - reicht für einen Erfolg im Studium nicht aus; Studierende müssen allein oder mit anderen ihr Lernen organisieren und sollten Strategien entwickeln, die „unmittelbar mit der Aufnahme, Verarbeitung und Speiche-

---

148 LOMPSCHER/MANDL 1996, S. 7.

149 So z. B. METZ-GÖCKEL 1975, SCHULMEISTER 1983, WILD 1996.

150 So z. B. WILD 1996.

rung neuer Informationen verknüpft sind".[151] Idealtypisch lassen sich zwei Grundformen lernstrategischen Vorgehens unterscheiden: die Strategie des Auswendiglernens und die des Verstehen-Wollens.

1. Die *Strategie des Auswendiglernens.* Studierende richten ihre Aufmerksamkeit in erster Linie darauf, Teile, Begriffe, Einzelaussagen oder Regeln wissenschaftlicher Texte wie vorgegeben auswendig zu lernen. Dabei bleibt die Aufmerksamkeit jedoch an der „Oberfläche des Textes".[152] Man nimmt an, dass hinter dieser Lernstrategie in erster Linie eine extrinsische Motivierung, eine Orientierung an dem Ziel, eine gute Prüfungsnote zu erreichen, steht. „Entscheidend für die Abgrenzung zu anderen Lernstrategien ist der Umstand, dass vom Studierenden keine weitergehende inhaltliche Durchdringung der Inhalte angestrebt wird".[153] Studierende, die so verfahren, erstreben ihr Prüfungswissen auf möglichst schnelle Weise.
2. die *Strategie des Verstehen-Wollens.* Studierende bemühen sich darum, die Aussagen von Texten, Tabellen, Formeln usw. in einen Zusammenhang einzuordnen. Sie merken sich die Grundstruktur von Aussagen, nicht einzelne Worte. Sie verwenden ihre Fähigkeiten dazu, Aussagen kritisch zu prüfen, eigene Meinungen und Ideen zu entwickeln. Dabei nutzen sie Strategien, um „das neu aufgenommene Wissen in die bestehende Wissensstruktur zu integrieren".[154] Sie reichern das Gehörte, Diskutierte oder Gelesene mit Beispielen aus dem eigenen Lebens- und Erfahrungsbereich an. Dabei formulieren sie den Stoff mit eigenen Worten um, stellen Zusammenhänge mit dem bereits Erlernten her und eignen sich so Kenntnisse an.

Die Attraktivität oder Abschreckung des Angebots, der Prüfungsdruck und die individuellen Lernvoraussetzungen wie Interessen und Vorwissen beeinflussen in unterschiedlichem Ausmaß die Entscheidung, das Lehrangebot regelmäßig zu nutzen und für diese Nutzung auch zusätzliche Studien aufzuwenden. HELMKE unterscheidet zu Recht die nur normale von der aktiven Teilnahme und führt die Auswirkungen das Studierens auf die Zunahme des Wissens und die Entwicklung der Persönlichkeit darauf zurück, wie die universitäre Lehr-Lern-Situation genutzt wurde. Wichtig ist auch, dass er neben

---

151 WILD 1996, S. 56. Neu ist das jedoch nicht. Studentische Arbeitsgruppen hat es immer gegeben.

152 Ebd., S. 57.

153 Ebd., S. 59.

154 Ebd.

der kognitiven Auswirkung sozialisierende Erfahrungen registriert, dass er die Hochschulsituation also als bildende Einrichtung versteht.

Die Vorlesungssituation ist damit aber immer noch nicht umfassend beschrieben. Unklar ist z.B., welche bildenden Einflüsse auf junge Erwachsene mit dieser Lehr-Lern-Situation verbunden werden. Wie soll sie sich auf die Selbstbildung der Studierenden auswirken? Welche Ziele sind dabei zu verfolgen und welche Mittel/Methoden sind angemessen?

3.3.3 Vorlesung und Hochschulsozialisation

Neben der Erarbeitung gründlicher Fachkenntnisse ist eine akademische Bildung - die Einübung in begründetes Urteilen, wissenschaftliches Entscheiden, selbstbestimmtes Lernen - das Ziel universitärer Studien, das im Kranz der universitären Lehr-Lern-Angebote auch durch die Vorlesung gefördert werden soll. In der Hochschuldidaktik spricht man von einem „selbstbestimmt motivierten Lernen", das durch die verschiedenen Lehrformen angeregt und entwickelt werden soll.[155] Ausgehend von der neueren Interessenforschung werden drei Bedingungen solchen Lernens genannt, die Lehrende bei der Gestaltung von Lehr-Lern-Situationen beachten sollten:

1. die Achtung von Autonomie,
2. die Unterstützung von Kompetenz und
3. die Förderung sozialer Einbindung.

Diese Forderungen lassen sich als Ziele der Hochschulsozialisation verstehen. Sie führen zu folgenden Ansprüchen:

1. Studierende sollten in ihren Bestrebungen um Selbstbestimmung, in ihrem Wunsch nach *Autonomie,* unterstützt werden. Vor allem sollen Eingrenzungen und Bevormundungen vermieden werden, die in der Regel durch Sprache und Auftreten geschehen. Wenn auch die Vorlesung äußerlich eine soziale Situation mit ungleichen Partnern darstellt, ist sie doch so zu gestalten, dass Studierende ihren Anspruch auf Anerkennung als Person verwirklicht sehen. Geistige Gängelei ist zu vermeiden; Reziprozität der Aussagen zu gewährleisten. Die Gegenfrage, der Einwand, die Wortmeldung ganz allgemein sind die Mittel, durch die Zuhörende sich einbringen können. Autonomie zeigt sich darin, Mut zu haben, sich

---

155 PRENZEL 1996, S. 15.

seines Verstandes öffentlich zu bedienen und zum Lehrvortrag Position zu beziehen.

2. Studierende sollten bei ihren Bemühungen um *Kompetenz* ermutigt und, wenn möglich, bestätigt werden, was durch sachliche Rückmeldung auf Studienleistungen geschehen kann. In Vorlesungen geschieht dies, wenn Einwände und Fragen ernst genommen und als Beiträge zur Themenentwicklung behandelt werden.
3. Studierende sollten *sozial eingebunden*, nicht ausgegrenzt werden. Hierzu dienen konstruktive Kritik mit Hinweisen, sachliches Lob und die Unterstützung bei der Durchführung wissenschaftlicher Arbeiten.

Ob sie die akademische Bildung junger Menschen durch Lehre und Umgang unterstützen, kann Dozenten nicht gleichgültig sein, wenngleich zu beachten ist, dass die Hochschule gegenüber den jungen Erwachsenen keine pädagogische Verpflichtung übernehmen kann. Ein erzieherisches Verhältnis kommt zwischen Erwachsenen nicht zu Stande. Die Unterstützung der Subjektwerdung ist nur im Rahmen eines zwischen Erwachsenen üblichen Umgangs unter institutionellen Bedingungen zu leisten.[156]

Was bedeutet nun diese Aufgabe für die Praxis der Vorlesung? Kann sie dort überhaupt erbracht werden? Schon die Tatsache, dass in Vorlesungen Interaktion und Dialog zurückgedrängt werden, scheint den Lehrvortrag für derartige Ziele unbrauchbar zu machen. Dem ist aber nicht so. Vielmehr ist zu beachten, dass Lehrende auch mit der Lehrform Vorlesung einen wichtigen Beitrag zur akademischen Bildung der Studierenden leisten können: Sie können den Zuhörenden beispielhaft Anregungen dazu geben, allmählich Selbstständigkeit des Denkens und Kompetenz im Wissen zu entwickeln.

Ich fasse die wesentlichen Kriterien noch einmal zusammen, auf die immer wieder verwiesen wird. Vorlesungen können einen Beitrag zur Bildung junger Erwachsener leisten, wenn Professoren

1. eine *Begeisterung für die Sache* und für deren Übermittlung erkennen lassen, die zu selbstständiger Weiterarbeit anregt.
2. wenn sie die *Relevanz des zu Lehrenden* herausarbeiten und *angemessen gegenüber den Studierenden vertreten*.

---

[156] Das Verhältnis zwischen Professoren und Studierenden kann kein pädagogisches, wohl aber das eines bildenden Umgangs sein; denn eine pädagogische Beziehung kann nur zwischen Erwachsenen und Noch-nicht-Erwachsenen bestehen. Nur in dieser Situation können Erwachsene aus pädagogischer Verantwortung für die noch Unmündigen entscheiden. Studierende sind junge Erwachsene und deshalb in einer anderen Position, auch wenn sie fachspezifisch Lernende sind. Deshalb bedeutet die Lehre nur ein Angebot, mit dem sie frei umgehen können.

3. wenn sie sich durch *Klarheit und Verständlichkeit, Anschaulichkeit und Strukturierung sowie kognitiven Anspruch* in der Lehre auszeichnen[157] und
4. wenn sie durch die *Gestaltung der Vorlesung* - Fragen und begrenzte Diskussion neben zusammenhängender Darstellung - ein Beispiel für den wissenschaftlichen Diskurs bieten.

Die damit angedeutete Spannung zwischen Ziel und Methode in der Lehr-Lern-Situation Vorlesung lässt sich so verdeutlichen:

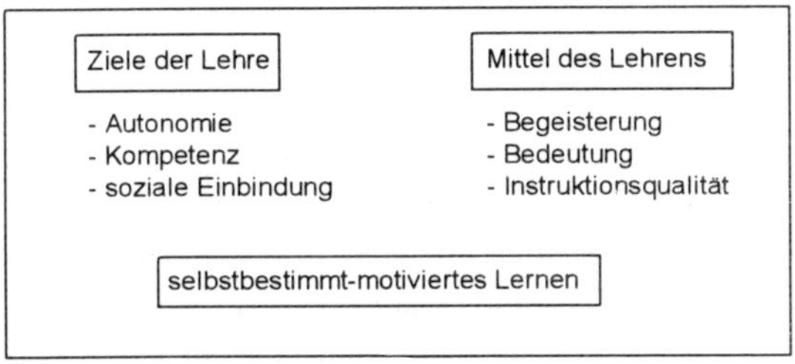

Abb. 5: Ziele und Mittel des Lehrvortrags

Das selbstbestimmt motivierte Lernen, der angemessene Gebrauch von Urteilsfähigkeit und die Bereitschaft, immer wieder neue Qualifikationen zu erarbeiten, ist als hohes Ziel der Hochschulsozialisation anzusehen. Die Hochschullehre kann zur Entwicklung dieses Verhaltens durch unterschiedliche Anregungen beitragen. Sie sollte Autonomie, also die Selbstbestimmung nach vernünftigen Gesichtspunkten, ebenso wie die Vertiefung fachlicher Kompetenz fördern. Daneben darf die Einfügung in soziale Einheiten nicht vernachlässigt werden. Die Lehr-Lern-Situation Vorlesung fördert diese Ziele auf besondere Art. Die Form des Lehrvortrags und die mit dem Vortrag verbundene Begeisterung für die Sache sollen bewirken, dass über ein fachliches Interesse Grundzüge eines selbstbestimmt motivierten Lernens entwickelt werden.

---

157 PRENZEL nennt die drei Faktoren „inhaltliches Interesse der Lehrenden“, „Relevanz des Lehrstoffs“ und „Instruktionsqualität“. Der letzte Faktor wird bei ihm zsätzlich durch den Hinweis auf ein handlungsorientiertes Lehren, auf die Anpassung der Schwierigkeiten, auf induktives Vorgehen während des Vortrags erweitert.

Schlussbemerkung

Die Vorlesung wird eine Lehr-Lern-Situation, wenn es gelingt, die Studierenden zur geistigen Auseinandersetzung mit der Sache zu bewegen. Halten wir also fest: Durch die Qualität der Lehre - fachliche und didaktische Präsentation - sollen Dozenten bei ihren Zuhörenden nicht nur Wissenserwerb und Interesse an der Disziplin herausfordern; sie sollen gleichzeitig die Entwicklung von fachlicher Kompetenz fördern, Autonomie in Form selbstständigen Denkens herausfordern und das soziale Gefühl der Zugehörigkeit zu einer akademischen Gemeinschaft stützen.[158]

3.4 Modernisierung der Vorlesung durch Multimedia?

Von Verfechtern einer multimedial gestützten universitären Lehre wird die Vorlesung seit kurzem in ihrer überlieferten akademisch-rhetorischen Form als überholt bezeichnet und in Frage gestellt. An die Stelle der persönlichen Lehre könnte - so ihre Meinung - auch eine Wissensvermittlung über das Netz mit Antwortmöglichkeiten per e-mail treten. Befürworter der neuen multimedialen Präsentationsformen stellen den Lehrvortrag schon deshalb als rückständig dar, weil Möglichkeiten selbstbestimmten Lernens mit mehreren Sinnen und in selbstgewählten Bahnen nicht genutzt werden könnten. Die Formen und Mittel einer multimedialen Präsentation -so ihr Argument- eröffneten dagegen „eine neue Qualität von Lehre und Studium" durch „interaktive Lehr-, Lern- und Kommunikationsformen"[159].

Realistischer als diese Erwartungen sind gegenwärtig schon mögliche Nutzungen multimedial konzipierter Materialien als unterstützende Veranschaulichung der Vorlesung. DOBERKAT/SCHMEDDING geben ein gutes Beispiel, indem sie etwa auf die Verwertungschancen im Gebiet Kunst- und Architekturgeschichte verweisen. „Mit Multimedia kann ich meinen Studenten zeigen, was sich die mittelalterlichen Baumeister beim Altenberger Dom gedacht haben", so zitieren die Autoren den Inhaber des Lehrstuhls Baugeschichte an der Universität Dortmund.[160] Wer einmal eine virtuelle Begehung einer gotischen Kathedrale oder eines Renaissancepalastes mitgemacht

[158] Weitere Betreuung können die Mitglieder der Hochschule nicht leisten. Die Studierenden sind als junge Erwachsene für die Entwicklung von Autonomie und Kompetenz selbst verantwortlich.

[159] WISSENSCHAFTSRAT 1998, S. 4.

[160] DOBERKAT/SCHMEDDING 1999, S. 249.

hat, weiß, wovon der Hochschullehrer schwärmt. Das multimediale Hilfsmittel versetzt die Zusehenden in eine konkrete Vorstellungswelt, die neben der sprachlichen Darstellung auch die optische Wahrnehmung direkt anspricht. Die Situation Vorlesung erhält eine andere Qualität. Die Darstellung affiziert Logos wie Pathos der Zuhörenden unmittelbar und auf andere Weise. Hier bieten sich Möglichkeiten, die Vorlesung weiterzuentwickeln, die für viele Fächer gelten, aber jeweils unter den fachlichen Zielsetzungen entwickelt werden müssen, ohne jedoch zu comic-ähnlichen Darstellungen zu entarten.

Virtuelle Vorlesungen - Kontakte per Internet und e-mail

Als ein typisches Beispiel solcher Lehre gilt die sog. „virtuelle Vorlesung". Darunter ist eine Organisationsform des Lehrens zu verstehen, bei der nicht mehr Lehrende eine Sache durch ihren Vortrag vermitteln, sondern Studierende sich aufbereitete Stücke der Lehre aus dem Internet der Universität auf ihren Rechner laden und durcharbeiten. Die „virtuelle Vorlesung" ist also keine Vorlesung als verlebendigte Darstellung eines Sachverhalts durch eine lehrende Person vor einem Kreis von örtlich und zeitlich gebundenen Zuhörenden. Sie ist vielmehr eine Arbeitsform an bereitgestellten Studienmaterialien, der das Typische der Vorlesung, der persönliche Lehrvortrag, die Spontaneität des Darstellens und die motivierende Anregung der Affekte durch die Kunst des Vortragens, fehlt. Sie ist mit medialen Hilfen aufbereiteter Text, eine weiterentwickelte Form angeleiteten Selbststudiums, die räumlich und zeitlich vom Präsentsein befreit. Den Möglichkeiten des Rechners entsprechend lassen sich in derartiges Lehrmaterial Videosequenzen zur Veranschaulichung ebenso wie (virtuelle) praktische Übungen (z.B. Sezieren eines Frosches; Diagnose am virtuellen Kranken, Situationen der Klassenführung im Unterricht, simulierende Durchführung physikalischer und chemischer Experimente[161]) einflechten. In der Diskussion werden immer wieder vor allem folgende Vorteile hervorgehoben:[162]

- Der zeit- und ortsungebundene Zugriff auf die Lernmaterialien. Man kann lernen, wann es einem passt.

---

[161] Man vergleiche hierzu die exzellenten Beispiele virtueller Experimente, die von Inhabern fachdidaktischer Lehrstühle im Internet bereitgestellt werden [so z.B. http://www.wuerzburg.de/mm-physik/homep.htm].

[162] Die Diskussion findet gegenwärtig an zwei Orten statt, (1) eher traditionell in gedruckt vorliegenden Veröffentlichungen (so z.B.: FROITZHEIM 1997, Initiative B.I.G. 1997, GENRICH 1998, WISSENSCHAFTSRAT 1998), (2) im Internet, dort über eine Suchmaschine mit dem Stichwort „virtuelle Universität/virtuelle Vorlesung" zu suchen.

- Statt passiven und anonymen Lernens in vollen Lehrsälen selbstbestimmtes und der eigenen Lerngeschwindigkeit entsprechendes Lernen.
- Multimediale Anreicherung der Lehre durch didaktisch gekonnte Aufbereitung; das führe zu besserer Verständlichkeit.
- Effizientere Lernkontrolle durch Rückmeldungen und durch direkte Anfragen beim Dozenten per e-mail.

Dieses System - so ein weiteres Argument - fördere die Chancengleichheit; denn „people previously shut out by distance, disability, work or family responsibilities can now go to university - over the Internet. ...They can view course material, have group discussions, upload assignments to their professor, and even check their grades“. Die Autoren dieses Textes sprechen davon, dass die Nicht-Anwesenheit „plenty of benefits for both teachers and students“ mit sich bringe. Die Studierenden lernten nun aktiv und nicht mehr in Abhängigkeit von ihren Lehrern. Sie könnten sich weltweit die entsprechenden Lehrangebote zusammenstellen und „have more access to their instructors und more time for interaction“.[163] Bei einer derartigen Argumentation wird allerdings mit Unterstellungen gearbeitet. Es ist nicht erwiesen, dass man besser „on-line“ lernt, als wenn man die Sache anregend vorgestellt erhält oder im Seminar diskutiert. Die Motivationsproblematik wird einfach ausgeklammert, bzw. als unbedeutend abgewertet. Die regelmäßige Präsenz in der Hochschule erfordert Selbstzwang, bringt aber auch nützliche Verpflichtungen mit sich; wer nur selbstverantwortlich im Kämmerlein lernt, muss sehr starke Selbstdisziplin aufbringen, um den üblichen Verführungen wie Medienangeboten, Bequemlichkeit, Freizeit zu widerstehen. In der Hochschule helfen möglicherweise Bezugsgruppen in und durch Problemzeiten.

Konservierte Vorlesungen - per Verbund bereitgestellt

Gelegentlich wird noch weitergedacht: CD-ROM-gespeicherte Vorlesungen könnten als Konserven der wissenschaftlichen Diskussion dienen und den Betrieb der Hochschulen entsprechend anreichern. „Führende Fachvertreter“ könnten die Lehrvorträge für ihre Disziplin in allen Hochschulen übernehmen. „Interaktive On-Line-Vorlesungen können verschiedenen Sachverstand in einer Lehrveranstaltung zusammenführen“.[164] Eine solche Übertragung der Lehre würde vor allem wesentliche Einsparungen bewirken. Die

---

163 „Virtual university education in cyberspace“. In: http://nce.nserc.ca/impact/virtuale.htm

164 So der Bundesminister (BMBF) im Internet 1998 (http://www.bmbf.de/dokus/hochschul.htm)

Studierenden könnten bei diesem Angebot ihr Fachgebiet weltweit von zu Hause aus studieren. Der Studienplatz 2000 könnte dann so aussehen:

„Als wäre die Uni ein Dienstleister und der Student ihr Kunde, soll dieser künftig in seiner Wohnheimbude online Zugriff haben auf die gesamte Pflichtlektüre seines Studiengangs. Die Dozenten sind verpflichtet, ihre Skripts mit weiterführenden Quellen im Internet zu verbinden. So verplempern die angehenden Akademiker keine Zeit mehr mit Lektürebeschaffung in Büchereien und Bibliotheken. Sie können tagsüber jobben und unabhängig von Öffnungszeiten und starren Seminarterminen ihr Studium vorantreiben - sogar mitten in der Nacht“.[165]

Hier wird eine Welt unerschöpflicher Kräfte entworfen. Zwar klingt die Formulierung wie bittere Ironie, doch FROITZHEIM hält diese neue Welt für sinnvoll. In diesem 'Schlaraffenland' des virtuellen Studierens scheinen die bisherigen Bedingungen universitärer Wirklichkeit vollständig ausgehebelt zu sein. Tagsüber arbeiten, abends und nachts studieren - das ist die neue Form akademischer Zurichtung, der eine vielseitige Entwicklung persönlicher Fähigkeiten durch die Auseinandersetzung mit institutionellen Zwängen, mit anderen Studierenden, in persönlichen Begegnungen mit Lehrenden ganz abgeht. Hier scheint auch physiologisch alles möglich zu sein. Dass Studieren auch mit Anstrengung verbunden ist und dass Körper und Geist auch der Erholung bedürfen, wird nicht gesehen. In dieser neuen Welt soll alles vorbereitet, zur effizienten Nutzung aufbereitet werden. Nachteile scheint es nicht zu geben, so lange Studieren darin besteht, sich didaktisch vorgeformte Häppchen einzuverleiben.

Kritisch bleibt diesem Szenario entgegenzuhalten: Keine einzige der Behauptungen ist durch Untersuchungen erwiesen. Belegt ist aber, dass die soziale Situation des gemeinsamen Lernens sich auf die notwendige Lerndisziplin auswirkt. Lernen erfolgt ganz wesentlich auch in sozialen Situationen, wird durch diese Vorgaben beeinflusst. In sog. Fernvorlesungen - so erste Beobachtungen - mangelt es an Disziplin unter den Studierenden, die im bereitgestellten Raum nur vor der übermittelten Vorlesung, nicht vor einer lehrenden Person sitzen. Es ist nicht erwiesen, dass selbstbestimmtes Lernen ohne sozialen (oder anderen) Druck konsequent durchgeführt wird. Wie hoch ist die Abbrecherquote? Die persönliche Verlebendigung und Aktualisierung des Themas während des Lehrvortrags fehlt in dem zugeschalteten Hörsaal. Das bedeutet den Verzicht auf wesentliche rhetorisch-

---

165 FROITZHEIM 1997, S. 183.

didaktische Qualitäten, die gerade von vielen Studierenden als bildende Anregungen gern aufgenommen werden.[166]

Globales Studieren an vernetzten Universitäten?

Die Kritik der Befürworter eines multimedialen Umbaus der universitären Lehre reicht aber noch weiter. Glaubt man den Kritikern, dann steht jetzt eine Revolution der Formen akademischer Lehre unmittelbar bevor.[167] Nicht nur das Internet mit seiner weltweiten Verkabelung universitärer Einrichtungen kann (angeblich) Studierwilligen die Pforten vieler Universitäten öffnen und Zugang zu dort veröffentlichten Studienunterlagen ermöglichen, auch die geplante Vernetzung von Universitäten soll dazu beitragen, dass nicht mehr überall, sondern an ausgewählten Orten Lehrvorträge gehalten werden, die dann in Hörsäle übertragen oder via Internet bis in die Wohnung hinein greifbar werden. Eine solche multimediale Organisation der Studien - so deren Befürworter - kann zumindest eine Ergänzung zu der bisher vorherrschenden personalen Vorlesung bieten, zumal die zeitliche und lokale Freiheit der Wahl dem neuen Lebensverständnis eines Teiles der jüngeren Generation entgegenkommt.

Verfechter einer solchen Neuorientierung der universitären Lehre wie etwa BERNHARD KORING argumentieren wie folgt: Wenn man bedenkt, dass Studierende sich Wissen/Fachkenntnisse mit Hypertext aus speziellen Netzangeboten nach „ihrem eigenen Lernmodus aneignen" können und dies z. T. bereits tun, dann „bietet ein gut strukturiertes Hypertext-Lernangebot wie z. B. ein Virtuelles Seminar erheblich mehr als beispielsweise die Lektüre eines erziehungswissenschaftlichen Einführungsbuches oder der Besuch einer entsprechenden Vorlesung".[168] Was macht KORING so sicher? Ist es die vielfach miese Qualität bei Vorlesungen, der rhetorisch und didaktisch schlechte Vortrag, dessen unzureichende Gliederung, der Mangel an persönlicher Energie beim Vortrag? Ist es die Engführung der Lernarbeit durch Hypertext und Hyperlinks, dieses Mal im positiven Sinne gedeutet? Oder ist es gar die subjektiv freie Verfügbarkeit des Lernens, zu jeder Zeit an jedem beliebigen Ort bei vorausgesetzter hoher Selbstdisziplin? Ernst zu nehmende Untersuchungsergebnisse liegen jedenfalls nicht vor, aus denen hervorgeht, dass die tradierte Form des Lehrvortrags durch virtuelle Lehrveranstaltun-

---

166 Auch diese Feststellung kann ich meinen mehrjährigen Befragungen zur Qualität und Verbesserung der Vorlesung entnehmen.

167 GENRICH 1998, GLOTZ 1996, KORING 1997. Neben Veröffentlichungen in Büchern und Zeitschriften sind auch Beiträge im Internet von Bedeutung, so z. B. die Homepage der Fernuni Hagen und der Uni Erfurt, als Artikel: v. Below [http://www.firstsurf.de/below1.htm].

168 KORING 1997, S. 98.

gen hinsichtlich Lernerfolg, bildender Anregung, Interesse und Motivation übertroffen wird. Es wird zu zeigen sein, dass die didaktisch-rhetorisch gekonnte Vermittlung, der professionelle akademische Lehrvortrag, durch das kommunikative Element anderes bewirken kann als eine virtuelle Vorlesung.

Die Vorlesung und das Lernen mit Multimedia

Seit einigen Jahren bereits laufen vor allem in Disziplinen mit auswendig zu lernenden Grundlagen wie Medizin Versuche, das feststehende Wissen über Computerlernprogramme/Videofilmsequenzen mit Prüfungsaufgaben zum Selbstlernen anzubieten. ULRIKE HEINEMANN (1996) geht in ihrer Untersuchung der Frage nach, ob multimediale Lernprogramme bei den Studierenden zur Aneignung derartiger Grundkenntnisse Vorteile vor der Vermittlung durch die Vorlesung haben. Das Ergebnis ihrer Studie ist: Solange es um die Aneignung eindeutig definierter Wissenselemente geht, haben sie Vorteile und werden besser akzeptiert. Die Akzeptanz ist auf die bekannten Gründe zurückzuführen: Multimediale Lernprogramme erlauben eine freie Wahl der Arbeitszeit, bieten interaktives Lernen mit sofortiger Rückmeldung darüber, ob eine Aufgabe richtig oder falsch gelöst wurde. Sie erfordern Selbsttätigkeit der Studierenden und sind von gleichbleibender Qualität. So zeigt die Untersuchung: Das Computer-Lernprogramm mit Text-, Ton- und Bildinformation ist der Vorlesung bei der Wissensvermittlung überlegen.[169] Nicht zu folgern ist aber aus dieser Studie, dass derartige Programme die gesamte vortragende Lehre ersetzen können.

Schlussbemerkung

Es ist zu erwarten, dass multimedial gestaltete Hilfen die herkömmliche Vorlesung wesentlich bereichern können. „Die traditionellen Präsentationsformen (Tafel, Folien, Videos) werden integriert und bieten zudem interaktive Komponenten an. Diese Möglichkeiten zur Darstellung von Inhalten gestatten eine dem Gegenstand oder Auditorium angemessenere Art der Präsentation als konventionelle Darstellungsformen“.[170] Das gilt zumindest für solche Fächer, in denen sich Lehre direkt auf Vorgänge in der Natur oder Kultur bezieht. Für einige Studierende bieten die über das Netz vermittelten Lehrangebote günstige Lerngelegenheiten. Das haben bereits einzelne Fachvertreter angemessen berücksichtigt. Teile des Fachstudiums können Studie-

---

169 HEINEMANN 1996, S. 67.

170 DOBERKAT/SCHMEDDING 1999, S. 249.

rende auch außerhalb der Universität über Internet abarbeiten[171]. Dabei sind sogar virtuelle Experimente in den Naturwissenschaften möglich. Gleichzeitig muss aber auf wichtige bildende Erfahrungen durch die persönlich gestaltete Lehre verzichtet werden.

171 Vgl. als ein Beispiel: das Physikprogramm des Fachdidaktik-Lehrstuhls Physik an der Universität Würzburg (http://www.wuerzburg, de/mm-physik/homep.htm); vgl. Anm. 157.

4. Die Gestaltung der Vorlesung

Wer Vorlesungen verschiedener Fakultäten/Fachbereiche besucht, erlebt unterschiedliche Präsentationsformen. In einigen Disziplinen ist es üblich, den Vortrag an aufgelegten Folien entlang zu entwickeln. Die Vorlesung besteht also darin, erarbeitete Strukturen zu interpretieren. Dabei lassen sich mit modernen Medien (Power-Point, Multimedia) durchaus ansprechende Vorführungen inszenieren, in denen das Wort allerdings in seiner Bedeutung durch die Abbildung etwas zurückgedrängt wird. Die Vorlesung ist nicht länger eine rhetorisch-didaktische Präsentation, sondern sie erfolgt als visuelle Darstellung mit sprachlicher Erläuterung.

Daneben findet man auch heute noch die traditionelle Form, die durch rhetorisches Können geprägt ist. Vortragende vermitteln in sprachlich geschlossener Form einen Sachverhalt, wobei sie sich in erster Linie an die Vorstellungskraft und die schnelle Auffassungsgabe der Zuhörenden wenden. Hier stehen Beschreibung, Darstellung und Argumentation im Zentrum der Vorlesung.

Vorherrschend sind Mischformen; Könner verbinden die Kraft des Wortes mit optischen Anregungen und Erläuterungen. Sie kombinieren, können aber auch allein durch die Kraft des Wortes ihre Zuhörer faszinieren. Andere entwickeln in langsamer Weise, gestützt durch Notizen an der Tafel oder auf dem OHP, ihre Gedanken.

In dem nun folgenden Teil ist zu zeigen, auf welche Weise Vorlesungen sprachlich und organisatorisch gestaltet werden können. Ich gehe zunächst auf die Gestaltung der Vorlesung allgemein, dann auf Stimme und Körpersprache ein. Abschließend formuliere ich Gestaltungsregeln zum Vortrag.

4.1 Die Vorlesung als gestaltbare Lehrform

Vorlesung als persönliche Lehre

Die Vorlesung ist eine Lehrform, die Vortragenden unterschiedliche Chancen persönlicher Gestaltung eröffnet. Das zeigt sich in der didaktisch-rhetorischen Darbietung eines wissenschaftlichen Gegenstandes und in der Art, wie der Kontakt zu den Zuhörenden hergestellt wird. Von kompetenten Vortragenden werden Zuhörende mitgerissen, zur Aufmerksamkeit angeregt, zu kritischem Denken aufgefordert, manchmal aber auch zu kritikloser Übernahme angeregt. Gleichzeitig erwecken Lehrende zu der vorgetragenen Sache bei ihren Zuhörern auch Empfindungen (etwa der Freude oder des Missfallens). Sogar die persönliche Begegnung, wie sie selbst aus der Distanz im Hörsaal erfolgt, hat im wissenschaftlichen Bereich eine Bedeutung; Zuhörende werden unter Umständen angesteckt, sind begeistert und lernen leichter.[172] Damit kommen wir zu einem Gesichtspunkt akademischer Lehre, der gegenwärtig durch die Entwicklung multimedialer Präsentationsmöglichkeiten noch an Bedeutung gewinnen kann, zur persönlichen Vermittlung wissenschaftlicher Sachverhalte. Für Protagonisten der Neuen Medien ist klar: Wie keine andere akademische Lehrform scheint die Vorlesung durch virtuelle Präsentation erweiterbar, im äußersten Falle sogar ersetzbar. Das gilt allerdings nur, wenn man die Tatsache übergeht, dass Lernen gerade durch persönliche Begegnung und sprachlich-visuelle Darstellung angeregt werden kann. Man muss deshalb die Vorlesung als „face-to-face-situation"[173] ansehen und folgende Merkmale des akademischen Lehrvortrags erörtern:

- die Qualität der Darstellung,
- die Angemessenheit des Einsatzes,
- die intellektuelle Herausforderung und
- das zwischenmenschliche Verhältnis.

Zur Charakterisierung der *Qualität* wiederholt FINK die bereits mehrfach genannten Merkmale ansprechender akademischer Lehre: Klarheit des Darstellens, gute Gliederung, Eindeutigkeit von Anfang und Ende, gut gewählte Beispiele, treffende Argumente, überzeugende Erklärungen und unterschiedliche Gesichtspunkte bei der Betrachtung wichtiger Aussagen. Die Möglichkeiten, den Wortvortrag durch mediale Darbietungen zu ergänzen, also neben der akustischen Vermittlung noch eine optische Welt zu etablieren, berücksichtigt er allerdings nicht.

Die *Angemessenheit* des Lehrvortrags zeigt sich in anderer Hinsicht. Die Vorlesung muss als Mittel zur Absicht des Lehrens passen. Diese Intention kann sich im Thema ebenso wie in der definierten Beziehungsebene und damit in der Gesprächssituation zeigen. MANFRED KIENPOINTNER hat die

---

172 Vgl. FINK 1989.

173 FINK.

Elemente einer *angemessenen Darstellung* herausgearbeitet.[174] Auf der thematischen Ebene geht es um „Klarheit, Verständlichkeit, Sachlichkeit".[175] Auch komplizierte Sachverhalte sollen verständlich vermittelt werden. Das verlangt, Vorwissen zu berücksichtigen, schrittweise und ohne Sprünge zu entwickeln, Analogien und Beispiele heranzuziehen. Auf der Beziehungsebene stellt sich das Problem anders: Von einer angemessenen Gestaltung dieses Bereichs ist zu sprechen, wenn versucht wird, „durch Intensivierung [der Argumentation und durch] Veranschaulichung, [aber auch durch] Höflichkeit [und] Humor"[176] für Einsicht und Zustimmung zu werben. Das bestimmt auch die Vortragssituation. Was in ihr angemessen ist, richtet sich z. B. nach der Definition als „öffentlich [oder] privat, formell [oder] informell, angespannt [oder] entspannt"[177]. Schließlich ist Angemessenheit mit Blick auf das Ziel der Vorlesung zu bestimmen. Die Situation erfordert eine Entscheidung darüber, ob diese Lehrform und keine andere sinnvoll ist. Wer Überblicke vermitteln will, kann die Vorlesung nutzen; wer das Argumentieren einüben will, greift besser zu einer anderen Lehrform. Damit wird die *zwischenmenschliche Beziehung* angesprochen, die sich in Blickkontakten oder in humorvollen Bemerkungen, in aufmunternden Worten ebenso wie in echten und rhetorischen Fragen an die Zuhörenden äußert.

Die *intellektuelle Herausforderung* ist das Markenzeichen akademischer Lehre. Sie zeigt sich darin, ob Vortragende zu weiterem Denken auf hohem Niveau anregen, ob sie zu Fragen herausfordern und Diskussionen provozieren. Vorlesungen müssen Ideen enthalten, „höchstens eine Idee pro Vorlesung[sstunde], ...[aber] wenigstens eine!"[178]

Halten wir fest: Gestalten kann die Vorlesung nur, wer sie als Chance begreift, Wissenschaft persönlich, d.h. der Sache angemessen, aber mit eigener Note, darzustellen. Lehrende präsentieren ihre Sicht der Disziplin. Sie vermitteln wissenschaftliche Grundfragen, verlebendigen durch ihre Sprache die Theorie. Anders als in schriftlicher Vorgabe durch Texte oder bei medialer Vermittlung durch Video/CD-ROM bleiben Lehrende das fassbare und angreifbare Medium der Darstellung. Wie wissenschaftliche Fragen gesehen und aufgenommen werden, hängt entscheidend von ihrer vermittelnden Darbietung ab.

---

174 KIENPOINTNER 1996, S. 187.
175 Ebd.
176 Ebd.
177 Ebd.
178 ZEMB 1981, S. 456.

Gestaltungsformen des Lehrvortrags: Sprache - Medien

Im Zentrum der Vorlesung steht die sprachliche Darstellung. Diese sollte didaktisch qualitätsvoll, inhaltlich herausfordernd und zwischendurch anregend-unterhaltsam oder provozierend erfolgen. Sie kann frei oder als vorgetragene Wiedergabe eines Textes erfolgen. Dazwischen liegen entsprechend den speziellen Zielen der fachlichen Disziplinen verschiedenste Varianten. Nicht immer, aber in vielen Fällen sollten Vortragende ein Problem zum Ausgang der Darstellung nehmen, Thesen aufstellen und zu beweisen suchen, Begriffe einander zuordnen, Methoden des Vorgehens erläutern, Fälle zur Verdeutlichung heranziehen. Dabei können sie versuchen, durch zugespitzte Darstellung und Provokation zu interessieren, Widerspruch und Protest bei den Zuhörern zu wecken. Neben humorvollen Bemerkungen und Anekdoten erweist sich die Ironie als ein besonderes Mittel, um die Zuhörenden bei der Stange zu halten. Immer geht es darum, sprachlich eine Sache so darzustellen, dass die Zuhörenden zu sehen glauben, dass sie Vorstellungen von dem Geschilderten entwickeln. Wer in BWL „Investitionsplanung“ thematisiert, handelt vernünftig, wenn er Beispiele für sinnvolle Investitionen zum Ausgang nimmt. Wer in Schulpädagogik Fragen der Unterrichtsführung anspricht, hat verschiedene Möglichkeiten zur Verdeutlichung: Ausgangspunkt kann die typische Fotografie einer Klassensituation sein, aus der heraus die Elemente der Führung entwickelt werden. Es kann auch die Analyse eines Stundenprotokolls, die Interpretation von Schüleraufsätzen oder etwa die Auswertung studentischer Berichte über ihre Schulerfahrungen sein. Die Mediziner haben dieses Vorgehen für die klinischen Semester, die Juristen für das gesamte Studium perfektioniert. Die Sprache ist bei dieser Lehrform das zentrale Mittel, um zu interessieren und zu überzeugen. Sie kann durch mediale Präsentation eindrucksvoll bereichert werden. Mit diesem Verfahren erfüllt die Vorlesung eine wichtige Sozialisationsfunktion: Sie gewöhnt daran, Sprachäußerungen (mit und ohne mediale Vermittlung) zu rezipieren, Vorstellungen (auch ohne Bilder) zu entwickeln, schnell das wichtig Erscheinende zu selektieren, es festzuhalten und möglicherweise zu beurteilen.

Mit der sprachlichen Darstellung versuchen Lehrende verschiedene Ziele der Vorlesung zu erreichen. Sie wollen Wissenschaft darstellen und zum Nachdenken über das Vorgetragene anregen. Zu diesem Zweck benutzen sie gelegentlich rhetorische oder echte Fragen, um die Zuhörenden stärker in den Vortrag einzubinden. Sie versuchen, durch Problematisierung Argumente und Fragen herauszufordern, wollen Einstellungen durch Überzeugung beeinflussen. Die sprachliche Darstellung richtet sich allerdings einseitig an die Vorstellung der Zuhörenden, dies häufig in einer abstrakten

Weise, die erst in konkrete Vorgänge transformiert werden muss. Um die damit verbundene geistige Anspannung zu reduzieren, entwickeln viele Lehrende begriffliche, statistische und andere Zusammenhänge an der Tafel. Derzeit dominiert der Gebrauch von Folien, von zumeist schnell aufzulegenden vorgefertigten Übersichten, die das Mitdenken in eine bestimmte Richtung lenken. Die immer wieder praktizierte „Foliolitis" ist zwar bequem für Vortragende, aber sehr anstrengend für Zuhörende, die meistens mit dem Abschreiben beschäftigt, hinter diesen wechselnden Darstellungen herhecheln. Die Erläuterungen werden nur selten aufgenommen. Wer Folien verwendet, muss auch Zeit zur Abschrift einplanen! Außerdem ist zu überlegen, wie die Einseitigkeit der Darbietung mittels Folien verändert werden kann. Auch die Vorlesung lebt von variabler Gestaltung. Denkbar sind alle möglichen Formen medialer Präsentation von Tafeldarstellungen über Bilder bis hin zu Videos, von der Vorführung bis hin zur Simulation von Experimenten. Medien können Beispiele oder Fälle ersetzen, neben dem Hören das Sehen ansprechen und dadurch in anderem Umfang als nur Sprache Empfindungen wecken.

Fassen wir Wichtiges zusammen: Die Lehr-Lern-Situation Vorlesung erfährt ihre Typisierung durch die Art, wie Vortragende die Sache vermitteln, wie sie mit den Zuhörenden, der Zeit und dem Raum umgehen, wie sie auftreten, sprachlich und medial darstellen. Was hat das für die Gestaltung der Vorlesung zu bedeuten? Vortragende müssen ihre Darstellung so konzipieren, dass die redundante Erörterung grundlegender Fragestellungen dazu beiträgt, wichtige Punkte möglichst vielseitig zu diskutieren. Auf die verschiedenen Sach- und Sozialmotive, auf Wissen und Lernstrategien, auf kognitive Stile und das Lernverhalten der Studierenden können sie nur pauschal durch eine möglichst breite Verlebendigung des Darzustellenden eingehen. Für die Aneignung des Vorgetragenen sind die Zuhörenden selbst verantwortlich.

Sonderformen der Vorlesung

Didaktische Absicht drückt sich in besonderen Formen des akademischen Lehrvortrags aus, wie sie die Dialog-Vorlesung, die Diskussions-Vorlesung und der Lecture-Course darstellen.

- Die Dialog-Vorlesung

Ursprünglich ist „Dialog-Vorlesung" ein Kampfbegriff, gerichtet von den kritischen 68ern gegen die sog. 'Ordinarienherrschaft'. Damit wird ein Modus des Lehrvortrags bezeichnet, bei dem die Dominanz eines einzelnen

Lehrenden aufgehoben werden soll. Professoren sollen z. B. zusammen mit ihrem Assistenten zu einer Sache eine Vorlesung oder Vorlesungsstunden halten, so dass in jeder Stunde zwei Positionen dargestellt und kritisch erörtert werden können. Die ursprüngliche Intention ist antiautoritär, d.h. darauf gerichtet, dominante Herrschaftspositionen zu erschüttern, Hierarchien aufzubrechen. Man kann aber darin auch das Positivum sehen, dass vor Studierenden unterschiedliche Zugänge zu einer Thematik vorgestellt werden, die die Breite des Blicks öffnen. Diese Absicht wird besonders dann unterstützt, wenn zwei Lehrende unterschiedlicher Fächer/Disziplinen/Fachrichtungen ihre Positionen in eine gemeinsame Vorlesung einbringen. Die Darstellung eines Sachverhalts aus unterschiedlichen Perspektiven kann zu einer interdisziplinären Wahrnehmungserweiterung beitragen und damit die Lehre entscheidend bereichern.

Die Diskussions-Vorlesung

Mit diesem Begriff bezeichnet man im allgemeinen eine Diskussionsstunde innerhalb der Vorlesung, in der Podiumsteilnehmer zunächst eine zeitlich begrenzte Stellungnahme zum Thema abgegeben können, ehe danach eine Diskussion über die vorgetragenen Positionen stattfindet. Hier gilt die Durcharbeitung eines bereits erarbeiteten Sachverhalts als besonders förderlich. Die Studierenden sollen den Stoff aus verschiedenen Perspektiven kennen lernen.

Lecture-Course

Dieser Modus des Lehrvortrags dient vor allem dazu, eine Einführung in kleineren Gruppen zu organisieren. Die große Einführungsvorlesung scheint sich ungünstig auf die Hochschulsozialisation auszuwirken. Sie verhindert Engagement, ermöglicht das Verstecken in der Masse. Im Lecture-Course wird diese Masse aufgeteilt und etwa in Zwanziger-Gruppen zusammengefasst, die von Lehrenden und Tutoren betreut werden. In diesen Gruppen finden neben den Lehrvorträgen der Lehrenden auch Vortragsübungen der Studierenden statt. So erweist sich der Lecture-Course als Aufhebung der eigentlichen Vorlesung und vielmehr als eine Form des Proseminars.

4.2 Die Stimme - Mittel der Darstellung

Zum „Gesamtkunstwerk des Auftretens"[179] gehört die Stimme. Zwar erlaubt die moderne Technik jedem, die Stimme zu einer raumfüllenden Lautstärke zu erheben, aber es bleibt ein Unterschied, ob und wie Lehrende den Hörsaal stimmlich füllen. Stimmen unterscheiden sich nach Höhe und Tiefe, nach Kraft und Schwäche. Wer eine kraftvolle Stimme mit mittlerer Tonlage besitzt, hat es leichter, die Botschaft zu senden, das Publikum anzusprechen. Das zeigte sich deutlich in den besuchten Vorlesungen. Lehrende, die eine gut verständliche und den Raum durchdringende Stimme besaßen, waren besser und somit leichter zu verstehen. Sie erreichten damit allerdings nicht immer auch die höhere Aufmerksamkeit bei den Zuhörenden. Das hing von weiteren Merkmalen des Vortrags ab, so etwa davon, welche Prüfungsrelevanz der Thematik zukam, wie attraktiv durch mediale Unterstützung und interessante Beispiele dargestellt wurde, wie direkt die Zuhörenden durch Falldarstellungen beteiligt, wie unmittelbar sie überhaupt angesprochen wurden. Eindeutig schwieriger hatten es die Vortragenden, die mit einer schwächeren Stimme zudem am Manuskript klebten und sich nicht frei auf die Zuhörenden hin orientierten.

Dass die Stimme das wichtigste Mittel zur rhetorischen Darstellung ist, wussten schon die antiken Redetheoretiker. ARISTOTELES unterstrich im dritten Buch seiner „Rhetorik" die besondere Bedeutung der sprachlichen Vermittlung. Er hatte sie bereits im ersten Buch angedeutet, als er die drei Mittel des Überzeugens „Ethos", „Pathos" und „Logos" nannte. Wie anders sollten die Empfindungen der Zuhörenden angesprochen werden als durch einen Inhalt, der durch besondere stimmliche Modulation dargeboten wurde? ARISTOTELES sagte deshalb nachdrücklich: „Die Kunst des mündlichen Vortrags selbst liegt zum einen in der Stimme, wie man diese im Hinblick auf jeden Affekt gebrauchen muss; z. B. wann mit starker, wann mit schwacher, wann mit mittelmäßiger Stimme; ferner in der Modifikation der Stimmlagen, z.B. in hoher, tiefer oder mittlerer Stimmlage; und in einer gewissen rhythmischen Variation hinsichtlich jedes Affektes. Diese drei Aspekte nämlich sind es, auf die man die Untersuchung zu richten hat: Es sind dies Lautstärke, Tonfall und Rhythmus".[180] Treffend hat der große Systematisierer hier die Möglichkeiten stimmlicher Variation zusammengestellt, wobei man nicht übersehen darf, dass für ihn ganz andere Bedingungen des Redens galten als für uns heute. Trotzdem haben die drei Merkmale

---

[179] GÖTTERT 1996, S. 59.

[180] ARISTOTELES 1993, 1403b (S. 167).

nichts an Bedeutung für den akademischen Lehrvortrag verloren. Sie beeinflussen dessen Wirkung im Positiven wie im Negativen. Betrachten wir sie etwas genauer:

- *Die Lautstärke.* Wer vorträgt, soll zwar laut und deutlich sprechen, aber nicht schreien. Dass die Lautstärke im Verlauf der Vorlesung immer wieder der Absicht und der Situation angepasst wird, ist wichtig; denn ein Gleichmaß der Stimme über längere Zeit wirkt eher einschläfernd. Variationen der Lautstärke sollten zum einen mit der Sache zu tun haben (Hervorhebungen, Thesen, Zusammenfassungen; erläuternde Beispiele), zum anderen sollten sie als Reaktion des Lehrenden auf die Hörsaalsituation erfolgen (Unruhe der Zuhörenden, Ermüdung und nachlassende Aufmerksamkeit durch fortgeschrittene Zeit). Ob dann lauter oder leiser zu sprechen ist, kann nicht allgemeingültig festgelegt werden. Hierüber gibt es keine Theorie, wie ARISTOTELES sagen würde. Vielmehr ist hier der rhetorische Takt gefragt, die Fähigkeit, schnell die vorhandene Hörsaalsituation einzuschätzen und entsprechend die Stimme zu modifizieren.
- *Der Tonfall.* Etwas anders ist es mit dem Tonfall. Er ist zunächst durch die natürliche Vorgabe, durch die stimmliche Ausstattung der Person, bedingt. Vortragende bringen von Natur aus eine bestimmte Stimmlage mit. Die Erfahrung zeigt, dass eine hohe Tonlage schriller, aufstachelnder, machmal aber auch eher lächerlich wirken kann, wogegen eine tiefere Stimmlage beruhigender, ja sogar überzeugender sich auswirkt. Seine Stimmlage kann man durch Training etwas beeinflussen, aber nicht ganz ablegen. Um so wichtiger ist es, sie gut auf die anderen Merkmale - Lautstärke und Rhythmus - abzustimmen.
- *Der (Sprach)Rhythmus.* Der Begriff 'Rhythmus' wird vielseitig verwendet. Für die sprachliche Gestaltung gilt: 'Rhythmus' bezeichnet die „Gliederung des Sprachablaufs, besonders in der Verdichtung durch den geregelten, harmonischen Wechsel von langen und kurzen, betonten und unbetonten Silben, durch Pausen und Sprachmelodie“ .[181] In den Vorlesungen zeigte sich, wie wichtig die Rhythmisierung des Vortrags ist. Nach längeren Sätzen oder nach inhaltlichen Einheiten sind kurze Pausen durch Blickkontakt sinnvoll, ehe der nächste Gedanke nachgeschoben wird. Die Stimme sollte an Satzenden abgesenkt werden. Auf jeden Fall ist jene neuere Manier zu vermeiden, noch den ersten Begriff des folgenden Satzes oder des Satzteiles aufzunehmen, ehe die kurze Unter-

[181] Vgl. Fremdwörterduden, Begriff „Rhythmus“.

brechung beginnt. Beobachtungen im Hörsaal zeigen, dass gerade im Rhythmus des Vortragens subjektive Manieren entwickelt werden, die zwar interessant sein können, aber doch immer den Zuhörenden aufgezwungen werden. Ein natürlicher Sprachrhythmus, der die Satzenden als Sinngrenzen achtet, scheint der Sache angemessen zu sein.[182]

Schlussbemerkung

Lautstärke, Tonfall und Sprachrhythmus sind also die Mittel, die Vortragende neben der Gestik und Mimik zur Unterstützung der Bedeutung ihrer Worte einsetzen können. Sie sind in wechselseitiger Abhängigkeit voneinander zu sehen. Wechsel in der Lautstärke verändert auch Tonfall und Rhythmus, rhythmische Abänderungen modifizieren häufig auch die Lautstärke und den Tonfall. Geschickt genutzt können sie die Disziplinierung im Hörsaal erleichtern. Über die Stimme vermitteln Lehrende den geistigen Anspruch des Lehrvortrags, bringen sie ihre Botschaft zum Klingen. Die stimmliche Umsetzung unterstützt den Sinn des Vortrags und kann die Affekte der Zuhörenden positiv wie negativ beeinflussen.

4.3 Körpersprache als Mittel der Gestaltung

Die sprachliche Darstellung wird durch die Art des Auftretens im Hörsaal ergänzt. In der Rhetorik ist die Rede von der „Körpersprache", in der angelsächsischen Diskussion spricht man von „secret language" oder „silent language". Diese Begriffe verdeutlichen treffend, dass es um körperliche Signale geht, um sprachlose Botschaften, die den sprachlichen Vortrag erst vervollständigen. Wie in jeder Kommunikationssituation gilt auch hier: man kann nicht ohne körpersprachliche Signale kommunizieren. Auch wer seine Körpersprache reduziert, sich hinter dem Rednerpult verschanzt, sendet solche Signale aus. Das wussten schon die antiken Rhetoren. QUINTILIAN hat dieses „Phänomen in seiner Bedeutung facettenreich angesprochen" und eine „Psychagogik zur partnerbezogenen Körperwirkung, zur publikumswirksamen Selbstdarstellung und einflussnehmenden Präsentation der Sachinhalte"[183] entwickelt. Seine Hinweise reichen von Empfehlungen zur Gestaltung des Auftretens als Person bis hin zu Einzelratschlägen, die die Blicke, die Arme und die Form der Hände betreffen. Derartige Formen der

---

[182] Gerade zu diesem Thema liegen weitere detaillierte Ansichten etwa von CICERO und QUINTILIAN vor, die hier nicht im einzelnen zu diskutieren sind. Auch jedes moderne Rhetoriklehrbuch enthält entsprechende Anweisungen.

[183] KALVERKÄMPER 1998, Sp. 1345.

Körpersprache werden eingesetzt und können dazu dienen, die Aufmerksamkeit zu binden und die Wirkung des Vortrags zu steigern.[184] Gerade bei einem mündlichen Lehrvortrag lassen Auftreten und damit verbundene Darstellung Stärken oder Schwächen der Lehrenden erkennen. Der Vortrag kann mit oder ohne Nachdruck erfolgen, mit Betonung oder ohne, mit treffenden Hinweisen auf das Wichtige oder ohne solche. Hier zeigt sich die didaktische Absicht in der äußeren Gestaltung der akademischen Lehre. Von der äußerlichen Präsentation geht eine Signalwirkung auf die Zuhörenden aus, die diese Zeichen nach eigenen Deutungsmustern interpretieren.[185].

Körpersprache als nonverbale Kommunikation

Fraglos trägt „nonverbales Verhalten ... zur Verständigung zwischen Individuen bei".[186] Dabei erfüllt es typische Funktionen: Es gibt eine Information weiter, sichert die Kommunikation zwischen Personen und löst interaktive Verhaltensweisen aus[187]. Zugleich dienen nonverbale Botschaften dazu, sich in sozialen Situationen durchzusetzen, einen Herrschaftsanspruch aufrechtzuerhalten, die Rollen und Funktionen anderer festzulegen, die Situation im eigenen Interesse zu bestimmen. Typische Mittel derartigen Verhaltens sind etwa Einladungsrituale und Platzzuweisungen, aber auch Drohgebärden oder (im Gegensatz dazu) Unterwerfungsgesten.[188]

Als Mittel nonverbaler Kommunikation lassen sich drei Elemente identifizieren: (1) der „Ausdrucksträger", (2) der sinnliche „Ausdruck" einer Absicht, (3) die „Ausdrucksbedeutung".[189] Träger der nonverbalen Botschaft sind zum einen der Körper als Ganzes, zum anderen aber auch einzelne Teile wie das Gesicht, die Hände oder Arme. Den Ausdruck dieser Botschaft

---

[184] Sie können allerdings auch von der Sache auf die 'Pantomimik' des Redners ablenken.

[185] Wie die Rezipienten körperliche Signale interpretieren und mit Bedeutung versehen, so verbinden auch die Theoretiker der „Nonverbalen Kommunikation" eindeutige Vorstellungen damit, welche Bedeutung bestimmten Haltungen oder Ausdrucksformen zukommt. Das erscheint gelegentlich eindeutig (erhobener Zeigefinger!), viel häufiger aber mehrdeutig zu sein. Das zeigen auch die von mir regelmäßig vorgenommenen Beurteilungen meiner Vorlesungen, in denen meine Körpersprache in offenen Äußerungen durch Studierende kontrovers interpretiert wird. Ich verzichte deshalb darauf, derartige Bedeutungen aufzuzählen, beschränke mich vielmehr auf die deskriptive Ebene, um auf die Relevanz der Körpersprache als Unterstützung des Lehrvortrags hinzuweisen.

[186] ELLGRING 1995, S. 9.

[187] Vgl. ebd., S. 19.

[188] MOLCHO (1983/1996) hat die Bandbreite menschlicher Äußerungen für die verschiedensten sozialen Lebenssituationen in ihrer Breite eindrucksvoll dokumentiert und interpretiert. In der feministischen Literatur hat diese Frage eine erhebliche Bedeutung (vgl. HENLEY 1991).

[189] KALVERKÄMPER 1998, Sp. 1349.

erkennt man in Mimik, Gestik und Haltung. Die Ausdrucksbedeutung ist schwieriger zu bestimmen. Sie wird zunächst einmal von der Person bestimmt, die die Botschaft aussendet. Wer die Stirne in Falten legt, will damit andeuten, dass er/sie über ein schwieriges Problem nachdenkt. Wer lächelnd einen Vortrag hält, will signalisieren, dass der Inhalt nicht besonders schwierig, vielmehr verständlich ist, vielleicht auch mitteilen, dass er/sie zu jeder Unterstützung bereit ist. Ob diese Botschaft aber auch so von den Rezipienten verstanden wird, bleibt unsicher. Für die Wahrnehmenden bestehen grundsätzlich zwei Möglichkeiten: Sie können die beabsichtigte Bedeutung zutreffend erfassen, sie können aber auch die Botschaft missinterpretieren, also falsch verstehen. KALVERKÄMPER umschreibt diese Situation resümierend so: „Die Gemeinschaft der drei Anschauungsgrößen ist in funktionierender Kommunikation immer auch ein Interpretationsangebot, und dies, immer wieder wichtig zu trennen, einerseits für den Produzenten, andererseits für den Rezipienten. Darüber regelt sich, initiiert aus den körpersprachlichen Ausdrucksformen, die soziale Beziehung zwischen den Kommunizierenden, und dies sehr beherrschend und keinesfalls zu vernachlässigen“.[190] Die Darstellung ist zutreffend und wird viel zu wenig beachtet. Die Vorlesungssituation wird nicht nur durch die fachlich qualifizierte Darstellung oder durch die Entwicklung interessanter Ideen bestimmt, sondern immer auch dadurch, wie diese sprachliche Präsentation körperlich vermittelt wird. Die beiden zentralen Mittel sind Medien und Körpersprache. Betrachten wir das nun an Beispielen aus dem Hörsaal.

Körpersprache Lehrender: Haltung - Blick - Mimik - Gestik

Im Hörsaal geht es darum, durch den Gesamteindruck ein erstes deutliches Signal an die Zuhörenden zu senden. Deshalb ist es nicht beliebig, wie man auftritt, wenngleich dieser Auftritt keinesfalls normiert werden sollte. Vielmehr ist er persönlich zu gestalten, das aber unter Berücksichtigung vorliegender Erfahrungen. Neben dem Gesamteindruck sind der Blick, die Mimik des Gesichtes und die Gestik von Arm und Hand bedeutsam. Über sie können Botschaften ausgesendet werden, die das Verstehen unterstützen sollen. Grundsätzlich erfüllt die Körpersprache während eines Lehrvortrags mehrere Funktionen: Sie soll

1. die sprachlichen Ausführungen angemessen begleiten,
2. die Bedeutung der Aussagen unterstützen,
3. das Gesagte möglicherweise ergänzen und

---

[190] KALVERKÄMPER 1998, Sp. 1350.

4. gelegentlich sogar an die Stelle einer sprachlichen Aussage treten.[191]

Eine weitere Funktion übergeht KALVERKÄMPER an dieser Stelle: Sie soll auch immer zugleich disziplinierend in dem Sinne wirken, dass die bestehende Autoritätsstruktur erhalten bleibt, dass also Lehrende als solche akzeptiert werden. Das kann sie natürlich nur additiv zu den vorrangigen Faktoren universitärer Lehre wie in erster Linie einem inhaltlich überzeugenden Vortrag. Aber dieser wirkt im Hörsaal vielfach nicht von allein. Vielmehr ist hier auch eine gewisse ordnungsstiftende Form der Präsentation unvermeidlich. Sie wird wesentlich durch körperliche Botschaften der Lehrenden unterstützt, die zugleich die Empfindungen der Zuhörenden ansprechen.

Die Haltung - das Auftreten im Hörsaal

Die körperliche Botschaft beginnt mit dem Auftreten vor den Zuhörenden. Bekannt sind die Standbilder antiker Rhetoren, die in der Regel mit dem einem Arm die rednerischen Ausführungen unterstützen. So verschaffen sich auch Lehrende im Hörsaal vor den Studierenden eine Wirkung dadurch, wie sie auftreten. wie sie sich im Raum bewegen. In den besuchten Vorlesungen waren unterschiedliche Formen zu beobachten. Nur wenige Lehrende standen fest verwurzelt hinter dem Pult und trugen ihre Sache vor. Die meisten bewegten sich im Raum, indem sie leicht zur Seite gingen, von der Tafel wieder nach vorne kamen, zum Manuskript zurückgingen. Einige schienen sich eher ziellos, andere dagegen diszipliniert und kontrolliert auf einem begrenzten Raum zu bewegen. Bewegung - das zeigte sich bald - kann zweierlei vermitteln, Ruhe oder Unruhe. Vortragende wirken unruhig, wenn sie zu sehr den Platz wechseln, wenn sie scheinbar unsinnig hin und her laufen. Sie vermitteln den Eindruck von Ruhe und Überlegenheit, wenn sie sich innerhalb begrenzter Bereiche bewegen. Andererseits wirkt zu rigides Verweilen am Platz wie ein Festklammern und kann Unsicherheit signalisieren. Das wird besonders deutlich, wenn zugleich die Stimme dünn ist und der Blickkontakt fehlt. Zudem signalisiert die gesamte Haltung, ob Vortragende sich eher gespannt, d.h. dynamisch, oder schlaff, d.h. kraftlos, in dieses „Abenteuer auf dem Katheder" (SCHILLER) einlassen. Das kann den Studierenden Ernsthaftigkeit und Bedeutung des Themas signalisieren. Allerdings darf man nicht vergessen, dass die Wirkung immer von einem Zusammenwirken zwischen Körpersprache und sprachlicher Gestaltung des geistigen Produkts abhängt. Der beste körperliche Ausdruck bleibt leer,

[191] Ebd., Sp. 1343.

wenn es an geistiger Substanz fehlt. Auch der „Fels in der Brandung“ fällt in sich zusammen, wenn er Löcher hat bzw. auf nicht mehr tragender Substanz steht.

Haltungen gibt es in dieser sozialen Situation viele. Lehrende hängen sich über das Pult. Sie richten sich auf oder neigen sich seitlich gegen das Pult. Sie bauen sich auf beiden Beinen auf oder stehen auf einem Standbein und lassen das Spielbein locker beiseite. Sie neigen sich zu den Zuhörenden oder bleiben distanziert. Sie gehen durch die Reihen oder verbleiben hinter dem Pult. Sicher sind die Situationen unterschiedlich. In der Vorlesung wird die offenere Form der Bewegung dominieren. Sie darf allerdings nicht flapsig wirken; denn durch die Lehre sollen Lehrende zumindest für einen Teil der Studierenden vorbildlich wirken.

Blick und Blickkontakt

In vielen Lebensituationen reichen Blicke als eindeutige Zeichen, um eine Kommunikation zwischen Personen herzustellen. Der Blickkontakt zwischen Mutter und Tochter kann eine bestimmte Verhaltenserwartung signalisieren. Auch die Unterbrechung der Rede und der feste Blick auf eine Gruppe Studierender gilt als ein klares Signal im Hörsaal. Nicht umsonst existiert der Spruch: „Wenn Blicke töten könnten!“ So informieren Personen in sozialen Situationen sprachlos über Absichten oder Wünsche.

Der Blickkontakt ist ein bedeutendes Mittel. Augen können Botschaften senden, Augen nehmen diese wieder auf. So ist es verwunderlich, dass ein Teil der Lehrenden nur selten seine Zuhörenden richtig ansieht. Einige sehen in imaginäre Fernen, andere haben sich an ihr Papier geheftet. Richtig ist es jedoch, den Blick schweifen zu lassen, frei wechselnd das Auditorium im Blick zu behalten. Die Augen sollen allen Zuhörenden signalisieren, dass man sie sieht, Über den Blick wird Verbindung hergestellt. Das gelingt zwar auch über die akustischen Zeichen der Sprache, bedarf aber der Ergänzung durch das Auge. Hier zeigen auch die Studierenden, dass sie in dialogischen Vorlesungssituationen dem angestrebten Austausch sich widersetzen, indem sie einfach wegschauen. Der Blick zeigt noch mehr. Es gibt Menschen mit starrem, andere mit freundlichem Blick, solche mit fixierten Blickrichtungen und andere mit flexiblem, also wechselndem Blick. Wichtig ist es, dass Lehrende ihren Zuhörenden den Eindruck vermitteln, dass sie angesprochen werden. Das geschieht durch Blickkontakt.

Mimik

Mit ihrer Mimik senden Vortragende deutliche Zeichen aus. Mimik zeigt sich in den Gesichtszügen. Hier wirken Vortragende durch heruntergezogene Mundwinkel, durch in Falten gelegte Stirnflächen, durch starren Gesichtsausdruck häufig abweisend. Viele Studierende schätzen andere Signale: Freundliche Gesichtszüge, gelösten Ausdruck, der entspannt wirkt. „Sie sollten öfter mal lachen; das steht Ihnen gut" - so eine Studentin im Fragebogen. Ernsthaftigkeit und Strenge des Gesichtsausdrucks stehen zwar für Konzentration, werden zugleich aber auch als Zeichen von Abweisung und Kälte interpretiert.

Gestik

Die Worte durch Bewegungen der Hand oder des Armes zu begleiten, scheint eine kulturell vermittelte Eigenart des Menschen zu sein. Auch hinter dem Pult verschanzte Hochschullehrer unterstreichen ihre Aussagen durch Handbewegungen. Dabei sind die mit moderaten Bewegungen von denen zu unterschieden, die sich in der Diskussion zu einer pantomimischen Veranschaulichung ihres gestischen Vokabulars steigern. Es beginnt in der Regel mit einfachen Handbewegungen, für die schon QUINTILIAN eindeutige Anweisungen gegeben hat. Vortragende unterstreichen ihre Aussage durch die Öffnung der Hand, sie betonen die Bedeutung durch das Zeichen der Faust, sie verweisen auf etwas Wichtiges durch den erhobenen Zeigefinger und übernehmen eine lehrerhafte Pose.

Eine andere Botschaft wollen sie vermitteln, wenn sie beide Hände benutzen. So breiten sie die Arme aus, formen in der Luft die Bedeutung des Gesagten nach, falten beide Hände auseinander oder legen sie zusammen. Die Varianten sind umfangreich. Sie können sich mit den Händen auf das Pult aufstützen, eine Hand - meist die linke - in die Tasche stecken und mit der Rechten in den Raum zeigen, um die Bedeutung ihrer Worte zu unterstreichen.

Schlussbemerkung

Auch der akademische Lehrvortrag wirkt erst durch eine bewusste Nutzung der Körpersprache. Nur wenn Dozenten gelernt haben, sich angemessen im Raum zu bewegen, wenn sie die Bedeutung von Blick und Mimik zu nutzen wissen und die Gestik passend einsetzen, erhält die Vorlesung jenen Hintergrund, der im Hörsaal die Vermittlung der Sache trägt. Allerdings muss - darauf wurde mehrfach verwiesen - zuerst die wissenschaftliche Qualität der

Vorlesung stimmen, damit die rhetorisch-didaktischen Merkmale als krönende Zugabe wirksam werden können.

4.4 Regeln für anregende Lehrvorträge

Der akademische Lehrvortrag ist eine didaktisch-rhetorische Kunstform. Regeln zu seiner Durchführung müssen deshalb didaktische Maßnahmen und rhetorische Schritte umfassen. Immer noch hat Bedeutung, was schon CICERO dem Redner für seinen öffentlichen Vortrag riet: Bereite Dich gründlich auf den Auftritt vor, indem Du das, was Du sagen willst, vorher geistig gut durchstrukturierst, dann schriftlich verfasst, schließlich in Grundzügen auswendig lernst, um mit diesem Wissen in der rhetorischen Situation auf die Erwartungen Deiner Zuhörer besser eingehen zu können. Zum Abschluss meiner Darstellung schlage ich deshalb einige Regeln für die schriftliche Ausarbeitung, für die mündliche Vorbereitung und schließlich für die Präsentation vor. Dabei darf nicht übersehen werden, dass man sprachliche Darstellung nicht durch Lektüre von Empfehlungen, sondern nur durch Übung und Training, kritische Beurteilung von anderen und deren Analyse, Aufzeichnungen und Selbstbeobachtung verbessert. Der Auftritt im Hörsaal, die Anwendung lenkender Rituale und die Anregung des Lernens durch sprachliche Vermittlung der Sache lernt man nur durch Praxis und kritische Begleitung dieser Praxis.

Die schriftliche Fassung des Vorzutragenden:

- Wählen Sie Themen, die einen Bezug zu den Studien der Studierenden haben.
- Orientieren Sie sich an dem bisherigen Wissen und Können der Studierenden.
- Reflektieren Sie auch das eigene Wissen und Können sowie die Vorerfahrungen mit ähnlichen didaktischen Situationen.
- Präzisieren Sie das Thema eindeutig und klären Sie zentrale Begriffe.
- Erarbeiten Sie Grundlagen für alle Vorlesungsstunden schriftlich.
- Stellen Sie Sachverhalte, Strukturen und Prozesse zu dem Sachverhalt übersichtlich zusammen.
- Gliedern Sie das Geschriebene so, dass es schnell zu überblicken ist.
- Lassen Sie im Manuskript Raum für methodische Eintragungen..
- Stellen Sie die zentralen Aussagen klar dar.
- Unterscheiden Sie wissenschaftliche und persönliche Aussagen.

- Halten Sie in der Regel die Disposition „Einleitung, Darstellung/Argumentation, Schluss“ als Grobgliederung durch. Binden Sie sich nicht sklavisch daran.
- Formulieren Sie begriffliche Übersichten, Argumente, beweisende Schritte.
- Fertigen Sie eine reduzierte Fassung der Vorlesung als Material für die Studierenden an.

Die Vorbereitung des mündlichen Vortrags:

- Fassen Sie für jede Stunde der Vorlesung zentrale Aussagen übersichtlich und gegliedert zusammen.
- Prägen Sie sich die einzelnen Punkte ein und tragen Sie diese auf eine Blatthälfte ein.
- Überlegen Sie die didaktisch-rhetorische Präsentation einschließlich zu nutzender Medien und tragen Sie diese auf der anderen Hälfte des Blattes ein.
- Stellen Sie vorzulesende Passagen und andere Medien bereit.
- Überdenken Sie, wie Sie die Tafel nutzen wollen.

Durchführung des Lehrvortrags - didaktische Hinweise:

- Halten Sie sich an die Gliederung der Tischvorlage.
- Führen Sie das Denken durch eine klare Struktur des Vortrags, lassen Sie aber abweichende Fragen zu.
- Vermeiden Sie geistige Abschweifungen.
- Knüpfen Sie in der Einleitung an Vorheriges, an Bekanntes, an einen aktuellen Vorgang an oder geben Sie einen deutlichen Hinweis auf das Folgende.
- Stellen Sie bei der Darbietung das Thema in einzelnen gut gegliederten Schritten mit sprachlich-rhetorischer Hilfe und optischen Mitteln - wo möglich - anschaulich dar.
- Bringen Sie unterschiedliche Gesichtspunkte, Perspektiven, Positionen, sowie konkurrierende Theorien und Methoden zu einer Sache.
- Erörtern Sie Argumente für zu treffende Entscheidungen oder Beurteilungen.
- Fassen Sie das Vorgetragene mit wenigen prägnanten Aussagen zusammen. Beachten Sie dabei, dass das zuletzt Gesagte besonders gut behalten wird.
- Halten Sie die zeitlichen Vorgaben unbedingt ein. Überziehen Sie nicht.

- Beachten Sie die Aufmerksamkeitskurve bei den Studierenden ebenso wie bei sich selbst.
- Fordern Sie immer wieder dazu auf, zu dem Gesagten Fragen zu stellen.
- Stellen Sie problemorientiert dar. Fragen Sie z.B.: Was wäre wenn, ...?
- „Begin with a problem - end with a solution“[192].
- Benutzen Sie Illustrationen nur dort, wo sie das Denken anregen können.
- Geben Sie Hinweise auf mögliche Lernstrategien.

- *rhetorische Empfehlungen:*

- Sprechen Sie zu den Hörern, wie Sie reden, nicht wie Sie schreiben.
- Vergessen Sie nie, zu wem Sie reden. Eine Vorlesung ist weder Festvortrag noch Leichenrede.
- Sprechen Sie verständlich und wiederholen Sie zentrale Aussagen.
- Konzentrieren Sie sich auf relevante Sachverhalte, Strukturen und Prozesse.
- Vermitteln Sie langsam.
- Reden Sie nie gehetzt. Spitzen Sie unter Zeitdruck den Inhalt ihrer Aussagen zu.
- Vereinfachen, wiederholen Sie, wo es angezeigt ist.
- Verwenden Sie kurze Sätze in geläufiger Umgangssprache.
- Unterscheiden Sie zwischen Tatsachen und Wertungen.
- Verwenden Sie Bilder als Beispiele: „Man muss in der Mühle gearbeitet haben, um weiß zu werden“.
- Knüpfen Sie immer mal wieder an Bekanntes an.
- Würzen Sie den Vortrag mit humorvollen, ironisierenden, provokanten Bemerkungen. Vergessen Sie nicht, auch zu unterhalten!
- Sprechen Sie mit Engagement und Nachdruck. Wechseln Sie bei Gelegenheit die Stimmlage.
- Wechseln Sie die Lautstärke ihrer Darstellung. Reden Sie nicht laut gegen Unruhe im Hörsaal an.

Schlussbemerkung

Regeln wie diese beruhen überwiegend auf Erfahrung. Einige wurden in Studien der Lecture-Forschung als zutreffend bestätigt; andere wurden als sinnvoll in Vortragssituationen erfahren. In erster Linie scheint es wichtig zu sein,

---

192 DUBROW/WILKINSON.

- den Sachverhalt klar gegliedert darzustellen,
- vernünftige Argumente anzuführen,
- angemessen und bereitwillig zu wiederholen,
- gezielt und variierend Medien (vom Text über die Tafel bis hin zu Multimedia) einzusetzen sowie
- abwechslungsreich und mit Humor vorzutragen.[193]

[193] Überblicke über solche und weitere Regeln vermittelt die rhetorische wie die hochschuldidaktische Anwendungsliteratur, so z. B. BERTHOLD 1993, KEINPOINTNER 1997, LEMMERMANN 1962, PABST-WEINSCHENK 1999, REINERS 1957, STAATSINSTITUT 1995.

5. Die Vorlesung als zukunftsfähige akademische Lehrform

In der gegenwärtigen universitären Lehrpraxis kommt dem akademischen Lehrvortrag nach wie vor eine zentrale Bedeutung zu. Allerdings akzeptieren nicht alle Studierende diese Lehrform. Studenten scheinen sie vor allem dann als sinnvoll anzusehen, wenn Zielsetzung und Inhalt im Studiengang weiterführen, wenn grundlegende Kenntnisse verständlich dargestellt werden und wenn Lehrende die Vermittlung ihres Wissens mit einem rhetorisch-didaktischen Können verbinden. Es ist keineswegs so, wie voreilige Kritiker immer wieder meinen, dass die Vorlesung als „Urtypus des Frontalunterrichts ins Museum" gehöre[194] und durch eine didaktisch gekonnte Präsentation des Stoffes im Internet abzulösen sei. Vielmehr zeigt sich, dass Lehrende diesen scheinbar natürlichen Modus des Lehrens in der für ihre Disziplin spezifischen Form einüben müssen, um Studierende logisch wie emotional anzusprechen; denn die Darstellung regt vor allem dann zum Lernen an, wenn Affekte wie Freude, Begeisterung und darauf folgend Interesse erregt wurden. Dies und die Erwartung erfolgreicher Aneignung können einen produktiven Umgang mit dem Vorgetragenen auslösen.

Studien zur Hochschuldidaktik geben Hinweise, dass der akademische Lehrvortrag zwar in vielen Fällen als „ineffizient, zu detailliert und zu unanschaulich"[195] gilt, dass er aber zugleich auch seine Bedeutung im Kreis universitärer Lehrmethoden behält, wenn Lehrende klar strukturiert, engagiert und empathisch, scharfsinnig und überzeugend vortragen. Gerade die Begegnung mit der Person, die Wissenschaft darstellt und erläutert, kann dazu genutzt werden, Interesse für die Sache und Anstrengungsbereitschaft beim Studium anzuregen. Hoch bewertet wird in diesem Zusammenhang „die Qualität der Erklärung".[196] Sie ist das rhetorische Mittel, Hoffnung auf erfolgreiche Studien zu fördern.

Weil diese Form des Lehrvortrags ein Können darstellt, kann sie durch Übung und Aneignung von Techniken des Darstellens bis zu einem gewissen Grade erlernt und kontinuierlich verbessert werden. Deshalb sind rhetorisch-didaktische Trainingseinheiten notwendig. Lehrende müssen lernen,

---

194 FROITZHEIM 1997, S. 182. FROITZHEIM zitiert einen Saarbrücker Wirtschaftsinformatiker.

195 HELMKE/SCHRADER 1998, S. 185.

196 Ebd.

wissenschaftliche Sachverhalte nicht nur schriftlich, sondern auch mündlich wirkungsvoll und verständlich darzustellen. Das erfordert die Umsetzung der verschriftlichten Gedanken in eine klar strukturierte Menge mündlicher Aussagen. Nur wenn Lehrende klar darzustellen und überzeugend zu argumentieren verstehen, dann können sie die Akzeptanz der Vorlesung bei vielen Studierenden sichern.

Zu erwarten ist, dass Multimedia eine Erweiterung der akademischen Lehre mit sich bringen wird. „The advantages of distance education" - so PERRY 1990 - „will enable instructors to bring experts from around the world into their classrooms as guest lecturers".[197] Lernen wird stärker mit den Neuen Medien erfolgen. Schon heute deutet sich auf den universitären Web-Seiten an: „Seminare und Vorlesungen, Kurse und Betreuung werden als multimediale Websites oder als 'training in the box' angeboten"[198] werden. Die Lehre kann eine virtuelle Welt einbeziehen und dadurch andere Lernprozesse auslösen. Zugleich kann es dazu kommen, dass mediatisierte Lehre direkte Kontakte partiell ersetzt. Vorlesungsmaterialien werden im Internet für Selbststudien außerhalb der Universität zur Verfügung stehen; Teile der wissenschaftlichen Kommunikation - wie Anfragen, Vorschläge - werden über den PC per e-mail erledigt. Allerdings darf man dabei nicht übersehen, dass nach wie vor die persönliche Begegnung in sozialen Situationen für das Lernen bedeutsam ist.

Die persönliche Vorlesung könnte in dieser Situation allerdings auch erheblich an Bedeutung gewinnen. Sie würde der Ort, an dem vorgeführt wird, wie selbstständiges Lernen der Studierenden durch vielseitige Darstellung angeregt wird. Dazu bedarf es allerdings noch der didaktisch-rhetorischen Schulung vieler Hochschullehrer. Diese müssen einsehen, dass Lehren neben dem Wissen die Kompetenz des Darstellens erfordert. Zugleich müssen sie die neue Rolle der Universität akzeptieren und didaktisch gestalten. Sie müssen sich bewusst sein, dass „Lehre ... auch im günstigsten Fall nur Lernservice sein [kann], Serviceleistung für autonomes Lernen der Studierenden", wie HELMUT KROMREY in seiner Auswertung studentischer Vorlesungskritik zutreffend schreibt.[199]

Gelingt die didaktisch-rhetorische Verbesserung der Vorlesung, dann ist zu erwarten, dass diese akademische Lehrform mit Varianten wohl auch zukünftig weiter bestehen wird; denn gekonnter Vortrag findet immer Wertschätzung. Die Varianten reichen von der Vorlesung als Darbietung eines zusammenhängenden Textes bis hin zu freien Vorträgen, in denen zugleich

---

197 PERRY 1990, S. 187.

198 EXPERTENKREIS 1999, S. 408.

199 KROMREY 1993, S. 51.

das Vorgetragene durch ansprechende Bilder, Filmsequenzen, virtuelle Veranschaulichungen, Experimente und Fallschilderungen vielfältig vorgestellt wird. Auch die Einbeziehung der Zuhörenden in den Vortrag, die damit verbundene Verlebendigung des Lehrens, ist für die moderne Vorlesung charakteristisch[200]. Eines scheint klar zu sein: Um die Herausforderung durch die Neuen Medien aufnehmen und bestehen zu können, müssen Lehrende vielseitig vortragen und argumentieren können. Sie müssen über ihr fachliches Wissen und Können hinaus didaktisch und rhetorisch geschult sein; didaktisch, um die spezielle Lehr-Lern-Situation zu durchschauen und angemessen in ihr zu handeln; rhetorisch, um qualifiziert und unterhaltend darzustellen: „docere, delectare, movere“- wie schon die Lateiner sagten. Wie die universitäre Vorlesung gegen die Konkurrenz der Neuen Medien bestehen wird, hängt somit wesentlich von der didaktisch-rhetorischen Aus- und Weiterbildung der Lehrenden ab. Über die Bedeutung des akademischen Lehrvortrags entscheiden in jedem Fall die Zuhörenden. Sie werden zeigen, wann die persönliche Verlebendigung des Lehrstoffs in Lehrvorträgen und wann die virtuelle Vermittlung im Netz sie stärker anspricht und motiviert.

---

200 Dass Studierende während der Vorlesung fragen dürfen oder dass Diskussionsunterbrechungen eingerichtet werden, scheint zu gegenwärtigen Vorlesungen bereits grundsätzlich dazuzugehören.

Literatur:

APEL, Hans Jürgen: Der Lehrer als Rhetor? In: APEL. H. J./Koch, L. (Hrsg.): Überzeugende Rede und pädagogische Wirkung. Weinheim 1997, S. 53 - 80.

APEL. Hans Jürgen: „Freier Vortrag vor mitdenkenden Köpfen ..." Geschichte und Zukunft der Vorlesung. In: Forschung & Lehre, H. 2, 1998, S. 60 - 63.

APEL, Hans Jürgen: „Das Abenteuer auf dem Katheder". Zur Vorlesung als rhetorische Lehrform. In: Z.f.Päd., 45. Jg. 1999, Nr. 1, S. 61 - 79.

APEL, Hans Jürgen: Darstellen und Argumentieren - Anmerkungen zur Vorlesung als didaktisch rhetorischer Lehrform. In: DÖRPINGHAUS, A./HELMER, K. (Hrsg.): Zur Theorie der Argumentation in der Pädagogik. Würzburg 1999, S. 115 - 134.

ARGYLE, Michael: Körpersprache und Kommunikation. Paderborn 1979.

ARISTOTELES: Rhetorik. Übersetzt , mit einer Bibliographie, Erläuterungen und einem Nachwort v. F. Sieveke. München 1993 (4. Aufl.).

BAPTIST, Peter: Pythagoras und kein Ende? Leipzig 1997.

BAUMERT, Jürgen: Lernstrategien, motivationale Orientierung und Selbstwirksamkeitsüberzeugungen im Kontext schulischen Lernens. In: Unterrichtswissenschaft, 21, H. 4, 1993, S. 327 - 354.

BECK, Heinrich: Die Dialog-Vorlesung. In: Die Deutsche Universitätszeitung, H. 20, Bonn 1970, S. 3-7.

BEHRENDT, Brigitte (Hrsg.): Massenveranstaltungen - Probleme und Lösungsansätze. Weinheim/Basel 1987.

BERNHEIM, Ernst: Der Universitätsunterricht und die Erfordernisse der Gegenwart. Berlin 1898.

BINNEBERG, Karl: Das didaktische Prinzip in der Wissenschaft. In: Päd. Rundschau, Jg. 51, 1997, S. 419 - 427.

BLIGH, Donald A.: What's the use of lectures? London 1971.

BLK (Hrsg.): Multimedia im Hochschulbereich. Erster Bericht der Staatssekretärs-Arbeitsgruppe. H. 63. Bonn 1998.

BROWN, George: Lectures and Lecturing. In: DUNKIN, M. (Ed.): The International Encyclopedia of Teaching and Teacher Education. Oxford 1988, S. 284 - 287.

BROWN,George/BAKHTAR, M.: Toward a Typology of Lecturing Styles. In: Brit. Journal of educ. Psychology, 54, 1984, S. 93 - 100.

BRUCH, Rüdiger vom: Der akademische Lehrer als eine Leitvorstellung der deutschen Universität? Historische Streifzüge zu einem aktuellen Thema. In: WEBLER, Wolff-Dietrich/OTTO, Hans-Uwe (Hrsg.): Der Ort der Lehre in der Hochschule. Weinheim 1991, S. 117 - 130.

CICERO, Marcus Tullius: De Oratore. Übersetzt und herausgegeben von H. MERKLIN. Stuttgart 1991 (2. Aufl.).

CHRITCHLEY, Macdonald: Silent Language. London 1975.

COING, Helmut: Die juristische Fakultät und ihr Lehrprogramm. In: Ders. (Hrsg.): Handbuch der Quellen und Literatur der neueren Europäischen Privatrechtsgeschichte. Erster Band: Mittelalter (1100 - 1500). München 1973.

COING, Helmut: Die juristische Fakultät und ihr Lehrprogramm. In: Ders. (Hrsg.): Handbuch der Quellen und Literatur der neueren Europäischen Privatrechtsgeschichte. Zweiter Band. Neuere Zeit (1500 - 1800). München 1977.

DOBERKAT, Ernst-Erich/SCHMEDDING, Doris: Zauberformel für die Lehre? Multimedia an deutschen Universitäten. In: Forschung &Lehre, H. 5, 1999, S. 249 - 250.

DUBROW, Heather/WILKINSON, James: The Theory and Practice of Lectures. In: GULLETTE, M. (Ed.): The Art and Craft of Teaching. Cambrigde/Mass. 1983, S. 25 - 37.

ECKSTEIN, Brigitte: Einmaleins der Hochschullehre. München 1978.

ECKSTEIN, Brigitte: Hochschuldidaktik und gesamtgesellschaftliche Konflikte. Frankfurt a. M. 1972.

ELLGRING; Heiner: Nonverbale Kommunikation. In: Rosenbusch, H./Schober, O. (Hrsg.): Körpersprache in der schulischen Erziehung. Hohengehren 1975, S. 9 - 53.

ENTWISTLE, Noel: Styles of Learning and Teaching. Chichester 1981.

ENTWISTLE, Noel/MARTON, Ference: Knowledge objects: understandings constituted through intensive academic study. In: British Journal of Educational Psychology, 64, 1994, S. 161 - 178.

EXPERTENKREIS „Hochschulentwicklung durch neue Medien“: Die Universitäät im Jahre 2005. Ein Szenario. In: Forschung & Lehre, H. 8, 1999, S. 408 - 411.

FICHTE, Immanuel Herrmann (Hrsg.): Fichtes Werke. Bd. VIII, Berlin 1971.

FINK, L. Dee: The Lecture. Analyzing and Improving ist Effectiveness. In: LUCAS, A. F. (Ed.): The Department Chairperson's Role in Enhancing College Teaching. New Directions for Teaching and Learning, no. 37. San Francisco 1989, S. 17 - 30.

FROITZHEIM, Ulf J.: Geld sparen. Virtuelle Seminare, Studium per Netz - Reformer wollen den Lehrbetrieb effizienter gestalten. In: Wirtschaftswoche, Nr. 42, 9. 10. 1997, S. 182 - 187.

GAUGER, Hans-Martin: Über Sprache und Stil. München 1995.

GAUGER, Hans-Martin: Zur politischen Rhetorik - heute. In: Plett, H. F. (Hrsg.): Die Aktualität der Rhetorik. München 1996, S. 36 - 47.

GENRICH, Stefan: Kommt der virtuelle Prof.? In: Unicum 12/1998, S. 32-33.

GIBBS, Graham/HABESHAW, Trevor: Preparing to Teach. Bristol Avon 1992 (2. Aufl.).

GLOTZ, Peter: Im Kern verrottet? Fünf vor zwölf an Deutschlands Universitäten. Stuttgart 1996.

GOEBL, Hans: Universitäre Lehre zwischen Beliebigkeit und Ideologie. In: Magerl, G./Peterlik, M./Rumpler, H. (Hrsg.): Die Wissenschaft und ihre Lehre. Wien/Köln/Weimar 1999, S. 45 - 62

GÖTTERT, Karl-Heinz: Einführung in die Rhetorik. München 1994.

GÖTTERT, Karl-Heinz: *Vox* - ein vernachläässigtes Kapitel der Rhetorik. In: PLETT, H.: (Hrsg.): Die Aktualität der Rhetorik. München 1996, S. 57 - 66.

GRALKI, Heinz: „Professor Mustermann hat es nicht leicht ...“ In: Forschung & Lehre 3/1999, S. 128 - 129.

GRÜTZ, Doris: Strategien zur Rezeption von Vorlesungen. Frankfurt/Berlin 1995.

HAECKER, Horst: Kritische Betrachtungen zur Vorlesung. In: didactica, H. 4, 1969, S. 261-271.

HEINEMANN, Ulrike: Untersuchungen zur Akzeptanz und zur Effektivität herkömmlicher (Buch, Vorlesung) und neuer (Computerlehrprogramme, Videolehrfilm) Lehrmethoden in der Wissensvermittlung. Diss. med. Essen 1996.

HELDMANN; Werner: Studierfähigkeit. Göttingen 1984.

HELMKE, Andreas: Studentische Evaluation in der Lehre - Sackgassen und Perspektiven. In: ZfPäd. Psych., 10, (3/4) 1996, S. 181 - 186.

HELMKE, Andreas: Hochschulsozialisation. In: Rost, D. (Hrsg.): Handwörterbuch Pädagogische Psychologie. Weinheim 1998, S. 188 - 192.

HELMKE,A./KRAPP, A.: Lehren und Lernen in der Hochschule. In: Z.f.Päd., 45. Jg., 1999, Nr. 1, S. 19 - 24.

HELMKE, Andreas/SCHRADER, Friedrich-Wilhelm: Kognitive und motivationale Bedingungen des Studierverhaltens. : Zur Rolle der Lernzeit. In: LOMPSCHER, J./MANDL, H. (Hrsg.): Lehr- und Lernprobleme im Studium. Bedingungen und Veränderungsmöglichkeiten. Bern 1996, S. 39 - 53.

HELMKE, Andreas/SCHRADER, Friedrich-Wilhelm: Hochschuldidaktik. In: Rost, D. (Hrsg.): Handwörterbuch Pädagogische Psychologie. Weinheim 1998, S. 183 - 187.

HELMKE, Andreas/SCHRADER, Friedrich-Wilhelm: Lernt man in Asien anders? Empirische Untersuchungen zum studentischen Lernverhalten in Deutschland und Vietnam. In: Z.f.Päd., 45. Jg., 1999, Nr. 1, S. 81 - 102.

HENLEY, Nancy: Körperstrategien. Frankfurt 1988.

HENNIG, J. C.: Die continuirlich-vorlesende und die conservatorisch-repetitorische Lehrmethode in Anwendung auf Universitätswissen-schaften. Gumbinnen 1844.

HOCHSCHULREKTORENKONFERENZ (Hrsg.): Moderne Informations- und Kommunikationstechnologien (Neue Medien) in der Hochschullehre. Empfehlungen des 179. Plenums der HRK. Dokumente zur Hochschulreform, 111/1996.

HUBER, Ludwig: An- und Aussichten der Hochschuldidaktik. In: Z.f.Päd., 45. Jg., 1999, Nr. 1, S. 25 - 44.

HUMBOLDT, v. Wilhelm: Über die innere und äussere Organisation der höheren wissenschaftlichen Anstalten in Berlin. In: W.v. Humboldts Gesammelte Schriften, Bd. X, Zweite Abt., Berlin 1903 (Nachdruck: Berlin 1968), S. 250-260.

INITIATIVE B. I. G. - Bildungswege in der InformationsGesellschaft: Virtuelles Lehren und Lernen an deutschen Universitäten. Eine Dokumentation. Gütersloh 1997.

JACKSTEL; R./JACKSTEL, Karlheinz: Die Vorlesung - akademische Lehrform und Rede. Berlin 1985.

JACKSTEL, Karlheinz: Akademisches Lehren im universitäts- und wissenschaftsgeschichtlichen Kontext. Versuch einer punktuellen Näherung. In: WEBLER, Wolff-Dietrich/OTTO, Hans-Uwe (Hrsg.): Der Ort der Lehre in der Hochschule. Weinheim 1991, S. 131 - 141.

JASPERS, Karl: Was ist Erziehung? München 1981.

KALVERKÄMPER, H.: Körpersprache. In: Historisches Wörterbuch der Rhetorik. Hrsgg. v. G. Ueding. Tübingen, Bd. IV, 1998, Sp. 1339 - 1371.

KÄMMERLINGS, Richard: Zumindest einer muss im Hörsaal sprechen. Eine kleine Typologie des Vorlesungsstils. In: FAZ, Nr. 86, 14. 4. 1999, S. 56.

KOCH, Lutz: Rhetorisch-pädagogische Stimmungslehre. In: APEL, H. J./KOCH, L. (Hrsg.): Überzeugende Rede und pädagogische Wirkung. Weinheim 1997, S. 101 - 128.

KÖPKE, Andreas: Jenseits von Lamento und modischem Geschrei. Neue Wege zum Umgang mit Massenveranstaltungen. In: Handbuch Hochschullehre. 1994, A 2.1, S. 1 - 25.

KOMMISSION Schulpädagogik/Didaktik in der DGfE (Hrsg.): Empfehlungen zur Weiterentwicklung der Ausbildung von Lehrerinnen und Lehrern. In: Erziehungswissenschaft, 8. Jg., H. 16, 1997, S. 82 - 111.

KORING, Bernhard: Lernen und Wissenschaft im Internet. Bad Heilbrunn 1997 (2. Aufl.).

KONRAD, Klaus: Selbstgesteuertes Lernen an der Hochschule: Untersuchung von situativen und personalen Korrelaten. In: ZfPäd. Psych., 10 (3/4), 1996, S. 39 - 47.

KRAPP, Andreas: Lernstrategien: Konzepte, Methoden und Befunde. In: Unterrichtswissenschaft, 21., H. 4, 1993, S. 291 - 311.

KROMREY, Helmut: Studentische Vorlesungskritik. Empirische Daten und Konsequenzen für die Lehre. In: SOZIOLOGIE, H. 1, 1993, S. 39 - 56.

KROMREY, Helmut: Evaluation der Lehre durch Umfrageforschung? In: Mohler, P. (Hrsg.): Universität und Lehre. Münster 1994, S. 91 - 114.

KROMREY, Helmut: Qualitätsverbesserung in Lehre und Studium statt sogenannter Lehrevaluation. ZfPäd. Psych., 10 (3/4), 1996, S. 153 - 166.

LAMB, Warren/WATSON, Elizabeth: Body code. London 1979.

LEGOWICZ; Jan: Rolle und Möglichkeiten der Vorlesung bei der Heranbildung von wissenschaftlich selbständig denkenden Studenten. In: Aus Theorie und Praxis der Hochschulpädagogik, H. 1, 1983, S. VIII-XI.

LOCH, Werner: Sprache. In: Speck, J./Wehle, G. (Hrsg.): Handbuch pädagogischer Grundbegriffe. Bd. II. München 1970, S. 481-528.

LOMPSCHER, Joachim/MANDL, Heinz (Hrsg.): Lehr- und Lernprobleme im Studium. Bedingungen und Veränderungsmöglichkeiten. Bern 1996.

MANDL, Heinz/GRUBER, Hans/RENKL, Alexander: Neue Lernkonzepte für die Hochschule. In: HÄBERLE,D./SCHMIRBER, G. (Hrsg.): Zur Zukunft der Hochschullehre - Möglichkeiten zu ihrer Verbesserung. München 1994 (Bd. 69, Reihe Kulturpolitik, Hanns-Seidel-Stiftung), S. 73 - 81.

McLEISH, John: The Lecture Method. Cambridge 1968.

McLEISH, John: The Lecture Method. In: GAGE, N. L. (Ed.): The Psychology of Teaching Methods. The 57th Yearbook of the Nation. Society for the Study of Educ. Part I. Chicago 1976, S. 252 - 301.

METZ-GÖCKEL, Sigrid: Theorie und Praxis der Hochschuldidaktik. Frankfurt/New York 1975.

MITTELSTRAß, Jürgen: Forschung und Lehre - das Ideal Humboldts heute. In: Aus Politik und Zeitgeschichte. Beilage 15/1998, S. 3 - 11.

MOLCHO, Samy: Körpersprache. München (1983) 1996.

MÜLLER-WOLF, Hans-Martin: Lehrverhalten an der Hochschule. München 1977.

NENNIGER, Peter: Motiviertes selbstgesteuertes Lernen als Grundqualifikation akademischer und beruflicher Bildung. In: LOMPSCHER,J./MANDL, H. (Hrsg.): Lehr- und Lernprobleme im Studium. Bedingungen und Veränderungsmöglichkeiten. Bern 1996, S. 23 - 38.

NIETZSCHE, Friedrich: Über die Zukunft unserer Bildungsanstalten. Heidelberg 1964.

NITSCH, Wolfgang: Vorlesungsrezensionen als Hochschulkritik. In: Wider die Untertanenfabrik. Hrsg. LEIBFRIED, S., 5. Aufl. Köln 1967. S. 220-245.

PAULSEN, Friedrich: Die deutschen Universitäten und das Universitätsstudium. Hildesheim 1966 (Reprografischer Nachdruck der Ausgabe Berlin 1902).

PAULSEN, Friedrich: Die deutsche Universität als Unterrichtsanstalt und als Werkstätte der wissenschaftlichen Forschung. In: PAULSEN, F.: Gesammelte Pädagogische Abhandlungen, herausgegeben und eingeleitet von SPRANGER, E. Stuttgart/Berlin 1912, S. 151-188.

PAULSEN, Friedrich: Geschichte des gelehrten Unterrichts. Bd.I. Leipzig 1919.

PAULSEN, Friedrich: Geschichte des gelehrten Unterrichts. Bd.II. Leipzig 1921.

PERRY, Raymond: Special Section: Instruction in Higher education. Introduction to the Special Section. In: Journal of Educ. Psychol. 1990, Vol 82, No 2, S. 183 - 188.

PORTELE, Heik: Gute akademische Lehre. Ein Diskussionsbeitrag. In: Das Hochschulwesen, H. 3, 1992, S. 121 - 126.

PRENZEL, Manfred: Bedingungen für selbstbestimmt motiviertes und interessiertes Lernen im Studium. In: LOMPSCHER,J./MANDL, H. (Hrsg.): Lehr- und Lernprobleme im Studium. Bedingungen und Veränderungsmöglichkeiten. Bern 1996. S. 11 - 22.

RAMSDEN, Paul: Learning to Teach in Higher Education. London/New York 1992.

REINMANN-ROTHMEIER, Gabi/MANDL, Heinz: Unterrichten und Lernumgebungen gestalten. Forschungsbericht Nr. 60. Lehrstuhl Empirische Pädagogik und Pädagogische Psychologie, LMU. München 1999.

REINSMITH, William A.: Archetypal Forms in Teaching. New York 1992.

RENKL, Alexander/GRUBER, Hans/MANDL, Heinz: Kooperatives problemorientiertes Lernen in der Hochschule. In: LOMPSCHER, J./MANDL, H. (Hrsg.): Lehr- und Lernprobleme im Studium. Bern 1996, S. 131 - 147.

RIECK, Wolf/RITTER, Ulrich- Peter: Lernsituationen in der Hochschulausbildung. In: HUBER, L. (Hrsg.): Enykl. EZW, Bd. 10, Ausbildung und Sozialisation in der Hochschule, Stuttgart 1983, S. 367-400.

RÖNNE, Ludwig von: Das Unterrichts-Wesen des Preußischen Staates. Bd. II. Berlin 1855 (Mit einer Einleitung neu hrsgg. v. APEL, H.J., Köln Wien 1990).

SADER, Manfred: Kleine Fibel zum Hochschulunterricht. München 1971.

SCHILLER, Friedrich: Schillers Briefe. Bd. 1, Berlin/Weimar 1982.

SCHLEIERMACHER, Friedrich, Daniel, Ernst: Gelegentliche Gedanken über deutsche Universitäten in deutschem Sinn. In: Hrsg. MÜLLER, E.: Gelegentliche Gedanken über Universitäten, Leipzig 1990, S. 159-253.

SCHMALOHR, Emil: Die Wirksamkeit akademischer Lehrveranstaltungen. In: Z.f.Päd., 15. Jg., 1969, Nr. 1, S. 37 - 61.

SCHMIDKUNZ, H.: Einleitung in die akademische Pädagogik. Halle a. S. 1907.

SCHULMEISTER, Rolf: Pädagogisch-psychologische Kriterien für den Hochschulunterricht. In: HUBER, L. (Hrsg.): Enzykl. EZW, Bd. 10, Ausbildung und Sozialisation in der Hochschule, Stuttgart 1983, S. 331-354.

SCHWEER, Martin: Evaluation der Lehre. . In: Rost, D. (Hrsg.): Handwörterbuch Pädagogische Psychologie. Weinheim 1998, S. 122 - 125.

SPRANGER, Eduard: Das Wesen der deutschen Universität. In: SPRANGER, E.: Gesammelte Schriften. Bd. X. Hrsg. SACHS, W.: Hochschule und Gesellschaft. Heidelberg 1973, S. 82-158.

SPRANGER, Eduard: Die Vorlesung. In: Tübinger Hochschulführer. 1948, S. 24-30.

STADLER, Rainer: Gefühl und Vorurteil. Zwei US-Studien belegen, daß Studenten ihre Professoren gut bewerten, sobald sie gute Noten geben. In: Süddeutsche Zeitung, 28. 7. 1998.

THOULESS, Robert: Introductory Note. In: McLEISH, J.: The Lecture Method. Cambridge (Institute of Education) 1968, S. VII - VIII.

UEDING, Gerd/STEINBRINK, Bernd: Grundriss der Rhetorik. (2. Aufl.) Stuttgart 1986.

WEBER, Max: Vom inneren Beruf zur Wissenschaft. In: WEBER, M.: Soziologie, Weltgeschichtliche Analysen, Politik. Hrsg.: WINCKELMANN, J. Stuttgart 1964, S. 311-339.

WENKE, Hans: Die Vorlesung in Vergangenheit und Gegenwart des akademischen Unterrichts. In: Hochschulunterricht im Wandel. Göttingen 1967, S. 11-36.

WEBLER, Wolff-Dietrich: Kriterien für gute akademische Lehre. In: Das Hochschulwesen, H. 6, 1991, S. 243 - 249.

WEBLER, Wolff-Dietrich/OTTO, Hans-Uwe (Hrsg.): Der Ort der Lehre in der Hochschule. Weinheim 1991.

WESSELS, Michael: Kognitive Psychologie. München 1990.

WESTMEYER, Paul: Effective Teaching in Adult and Higher education. Springfield 1988.

WILD, Klaus-Peter: Beziehungen zwischen Belohnungsstrukturen der Hochschule, motivationalen Orientierungen der Studierenden und individuellen Lernstrategien beim Wissenserwerb. In: Lompscher, J./Mandl, H. (Hrsg.): Lehr- und Lernprobleme im Studium. Bedingungen und Veränderungsmöglichkeiten. Bern 1996, S. 54 - 69.

WILLEMS; J./GIJSELAERS, W./de BIE, D.: Qualitätssorge in der Lehre. Neuwied 1994.

WINKLER, Werner: Die Vorlesung - Schule wissenschaftlichen Denkens. In: Aus Theorie und Praxis der Hochschulpädagogik, H. 4, 1982,S. I - IV.

WINTELER, Adi/KRAPP, Andreas: Programme zur Förderung der Qualität der Lehre an Hochschulen. In: Z.f.Päd., 45. Jg., 1999, Nr. 1, S. 45 - 60.

WISSENSCHAFTSRAT (Hrsg.): Empfehlungen zur Hochschulentwicklung durch Multimedia in Studium und Lehre. 1998.

WOLFF, Jörg: Selbstverpflichtung zum Denken. Über Lehre nd Hochschuldidaktik an der Universität. In: Forschung & Lehre, 9/1998, S. 478 - 480.

ZEMB, Jean-Marie: Ist die Vorlesung noch zu retten? In: Bungarten, Th. (Hrsg.): Wissenschaftssprache. Beiträge zur Methodologie theoretischer Fundierung und Deskription. München 1981, S. 454 - 466.

ZIEGLER, Theobald: Über Universitäten und Universitätsstudium. Leipzig/Berlin 1913.

ZIELINSKI, Johannes: Neue Methoden der Hochschullehre. In: Mitteilungen des Hochschulverbandes. Göttingen 1967. S. 116-137.